李健\编著

中国上市公司社会责任研究报告（2015）

国家行政学院出版社

图书在版编目（CIP）数据

中国上市公司社会责任研究报告．2015／李健编著．—北京：国家行政学院出版社，2017.5

ISBN 978－7－5150－1942－0

Ⅰ．①中… Ⅱ．①李… Ⅲ．①上市公司－企业责任－社会责任－研究报告－中国－2015 Ⅳ．①F279．246

中国版本图书馆 CIP 数据核字（2017）第 068929 号

书　　名　中国上市公司社会责任研究报告（2015）
作　　者　李　健
责任编辑　王美丽
出版发行　国家行政学院出版社
　　　　　（北京海淀区长春桥路 6 号 100089）
电　　话　（010）68920640 68929037
编 辑 部　（010）68929009
经　　销　新华书店
印　　刷　北京市金星印务有限公司
版　　次　2017 年 5 月北京第 1 版
印　　次　2017 年 5 月北京第 1 次印刷
开　　本　787 毫米＊1092 毫米 16 开
印　　张　22
字　　数　380 千字
书　　号　ISBN978－7－5150－1942－0
定　　价　48．00 元

图书如有印装问题，请与印刷厂联系调换　电话：（010）69633430

目录
CONTENTS

第一章
总 论

第一节 研究背景与意义

企业作为社会组织，同时具有经济性质和社会性质，企业的经济性质决定了企业的经济责任，即为企业的利益相关者谋求经济利益；企业的社会性质要求企业在承担经济责任的同时还要承担社会责任，与自然环境、社会和员工和谐发展。企业是资源的消耗者，也是工业污染的源头，更是环境保护和清洁生产的实施主体。

企业社会责任报告是反映企业履行社会责任情况的信息载体，是信息使用者决策的依据，它如同财务报告一样在非财务报告中占据核心地位。企业履行社会责任是对利益相关方负责，利益相关方也十分关注企业社会责任报告信息的披露情况，期望获得高质量的报告信息以做出相关决策。企业社会责任报告能够促进利益相关者与管理者的沟通，完善自己在利益相关者方面的管理，指导企业资源应重点分配给哪些利益相关者，关注社会敏感度，让外部相关利益者对企业的社会责任履行情况进行评价。

近年来，我国上市公司社会责任信息披露的意识不断增强，企业发布社会责任报告的数量呈快速增长态势，社会责任信息披露的质量日渐提升，披露工作逐步完善，积极履行社会责任的企业越来越多。但是现状仍不乐观。例如，上市公司都是我国各行各业的优秀企业，但是在2700多家企业中，每年发布社会责任报告的不到1/3。造成我国企业承担社会责任不乐观的情况主要有：一是我国市场经济仍不完善，制度不健全。虽然政府很重视，印发了不少文件，但消费者和企业的认识都有待深化，消费者认识不足，企业也就没有动力。消费者如果拒绝购买不承担社会责任的企业产品，企业就会积极履行自己的社会责任；二是我国大多数企业目前尚处于国际制造产业链中的低端环节，创新能力不足，利润率较低。如果按照国际标准要求履行环境责任、员工责任和人权责任，企业可能就没有利润了，企业也就无法生存。

总体上，能够积极向社会主动提供社会责任报告的企业数量不多，高质量的报告就更少，主要是我国还未形成企业自愿披露社会责任信息的氛围。而这有赖于全社会的努力，包括学术界、教育界、企业界（尤其是会计部门、公共关系部门和上市公司的投资者关系部门）、金融界、新闻媒体、非政府组织及普通公众，而不只是政府“有关部门”。对于企业而言，应当站在战略的高度重视自愿披露社会责任信息。

很多企业对承担社会责任有一个误解，认为这是政府的事，企业是拿钱做贡献。实际上并不是这样，企业关注社会责任问题的同时，也能给企业自身带来商机，将社会责任融合于核心商业运营中，可以推动企业自身的可持续发展。

事实上，履行社会责任是提升企业核心竞争力的重要途径，只有取得社会公信的企业才能被市场青睐，才能具有更强的竞争力，实现健康的持续发展。坚持经济效益和社会效益、环境效益的统一，是推动提升企业竞争力的有效途径。

一份针对美国560家企业高层管理者的询问结果显示，企业履行社会责任可能带来的积极结果包括：有97.4%的企业高管认为关注社会责任能够带来企业信誉的改善，89%认为能够使社会制度得到强化，74.3%认为经济制度可以得到强化，72.3%认为能够使员工的工作满意感增强，60.7%认为能够增加企业生存的机会，此外还包括有利于吸引更好的管理人才、增强长期的获利能力、留住和吸引顾客等，投资者也更喜欢对社会负责的公司。与此同时，也有59.7%的企业高层管理者认为，企业履行社会责任可能会使短期获利能力下降，41.4%的企业高管担心消费者因此承担的价格会提高，27.2%认为这将与管理绩效评估标准产生冲突，24.1%认为会对股东不利。此外，还包括对生产率下降、长期获利能力下降、政府干预增加、经济制度削弱等方面的担心。

2015年6月，我国发布了中华人民共和国国家标准《社会责任指南》（GB/T 36000－2015）、《社会责任报告编写指南》（GB/T 36001－2015）及《社会责任绩效分类指引》（GB/T 36002－2015）三项国家标准。国家标准的实施有利于我国企业转型升级，更好地实现可持续发展；有利于增加企业商业行为的透明度、尊重利益相关方的利益、遵守道德准则、尊重法治、尊重国际行为规范、尊重人权；有利于维护利益相关方的利益，优化组织治理结构；有利于塑造良好的社会组织形象，提高企业美誉度。把责任竞争力作为参与市场竞争的重要资源，从而改善企业与利益相关者的关系，推动中国经济的可持续发展局面的真正到来。

为了推动我国企业积极履行社会责任，北京理工大学社会责任课题组对我国A股市场上市公司社会责任信息披露情况进行了全样本研究，对其社会责任报告展开评价。评价体系以国际标准化组织颁布的社会责任指南（ISO26000）和中华人民共和国国家标准《社会责任指南》（GB/T 36000－2015）、《社会责任报告编写指南》（GB/T 36001－2015）及《社会责任绩效分类指引》（GB/T36002－2015）三项国家标准为依据和基准研究企业社会责任履行，对于我们主动应对全球企业社会责任运动，提升中国企业的国际竞争能力，解决中国当前存在的由于企业活动带来的各种社会问题，构建社会主义和谐社会，具有重要的现实意义。

第二节 社会责任标准及评价回顾

国际上已有400多项社会责任相关标准、规范。影响大的有国际标准化组织（ISO）起草制定的社会责任指南，全球报告倡议组织（简称GRI）推出的可持续发展报告框架，目前已先后推出GRI1、GRI2、GRI3、GRI4 4个版本及其报告指南。“国际社会责任”公布的SA8000标准、“社会和伦理责任协会”制定的AA1000系列以及联合国“全球契约”行动绩效。各交易所也公布相应的标准：香港恒生可持续发展指数、美国道琼斯可持续发展指数、美国纳斯达克可持续发展指数、英国富时社会责任指数等。

1. 国际标准化组织（ISO）制定的社会责任指南

ISO 26000是国际标准化组织（ISO）起草制定的社会责任指南（Guidance on Social Responsibility）的技术编号。

ISO 26000是国际标准化组织继1987年颁布的ISO 9000质量管理体系和1997年颁布的ISO 14000环境管理体系后于2010年颁布的关于社会责

任方面的重要标准。这也是社会责任领域第一个真正意义上的国际标准。

20 世纪 80 年代开始，欧美国家兴起社会责任运动，最初源于关注消费者权益的消费者运动，随后扩展到保护环境、保障人权、消除贫困、遏制腐败、创造社会公平、缩小发展中国家与发达国家间劳工待遇等诸多方面，并逐渐发展成为声势浩大的全球性运动。随着国与国之间、地区与地区之间的关系日益密切，信息传播的速度不断加快、广度不断延伸，全球资源优化配置的内在要求使得企业、组织纷纷跨越国境到境外寻求资源以降低成本，与合作伙伴结盟以提高盈利水平，甚至采用最新的国际分工模式在全球范围内生产、经营、销售产品和服务。新型的全球性产业链重新构建了全球价值链和全球技术链，也使各地的企业生产活动及其影响国际化。在这样的全球背景下，为应对社会责任运动全球化时代的到来，ISO 决定设立战略顾问组（SAG），其下属的消费政策委员会具体负责对社会责任标准化的市场需求和可行性进行研究，这样，一个由 ISO 主持的、在全球范围对社会责任标准化的讨论和开发过程自此开始。

ISO 26000 从研究立项至正式发布历时近 10 年，来自 99 个国家和地区、42 个国际组织的 450 名社会责任领域的专家参与其中，可谓是制定周期最长、参与的国家和地区最多、参与人员最多的一项国际标准。由于社会责任问题的复杂性，1SO 26000 的制定过程采用多利益相关方参与的新型模式：参与专家由最初的 225 人增加为 450 人，参与国家从最初的 43 个发展为 99 个，其中既包括发达国家也包括发展中国家，参与的国际机构从 24 个增加至 42 个。

2010 年 11 月 1 日，国际标准化组织（ISO）向全球正式发布了首个社会责任国际标准。按照 ISO 26000 的定义，社会责任是指组织通过透明和道德的行为，为其决策和活动对社会与环境的影响而承担的责任。这些行为包括：（1）致力于可持续发展，包括健康和社会福祉；（2）考虑利益相关方的期望；（3）遵守适用的法律，并符合国际行为规范；（4）融入整个组织，并在其关系中践行。

国际标准化组织（ISO）ISO 26000 关于社会责任的定义特点有两个：一是强调企业为自己的决策和活动，对社会和环境造成的影响而承担责任。这种影响可能是直接的，也可能是间接的；二是这种责任是自己分内的事，因为是自己对社会和环境造成的影响，并没有把一些宽泛的责任包括进来。

在社会责任的讨论过程中，一直推动企业社会责任发展的非政府组织（Non - government Organization，NGO）倾向于无限扩大组织的社会责任影响力；而作为承担社会责任的主体（组织）却倾向于限定组织社会责任的承担范围，认为组织承担责任是有边界的，不能将社会责任无限化。非政府组织由于其自身的特殊属性以及服务特定民众利益的内在驱动，使得其乐意于扩大社会责任影响范围的界定，而产业组织（指承担社会责任的主体）出于担心增加成本支出而极力缩小社会责任范围，从而尽量减少本应履行的责任。经过多方博弈，ISO 26000 中定义的社会责任强调组织基于其决策和活动对社会环境这一“因果链条”的担责，而不是无限担责。

ISO 26000 提出了社会责任的七大主题，分别是：组织治理、人权、劳工实践、环境、公平运营实践、消费者问题、社区参与和发展。

（1）组织治理。ISO 26000 给出了组织治理的定义，包含 3 个要点：①组织治理是一个系统；②组织是有目标的；③通过组织治理体制，组织制定并执行决策，以实现组织目标。同时，强调组织治理既包括正式的组织治理机制也包括非正式的组织治理机制，组织治理是组织承担社会责任的一个最为关键的因素。

（2）人权。ISO 26000 认为人权是所有人都拥有的基本权利，包含公民权利、政治权利、经济、社会、文化权利。人权是固有的、不可剥夺的、具有普遍性的。这部分总结了 8 个人权问题：尽职调查，人权风险状况，避免同谋关系，投诉处理，歧视弱势群体，公民和政治权利，经济、社会和文化权利以及工作中的基本原则和权利。

（3）劳工实践。组织的劳工实践包括所有由组织执行或以组织名义执行的工作的政策和做法。该部分包含 5 个问题：就业和雇佣关系、劳动条件和社会保护、社会对话、工作中健康与安全、工作场所人的发展和培训。

（4）环境。环境责任是人类生存和发展的先决条件，是社会责任的一个重要方面。环境原则包括环境责任、预防性措施、环境风险管理、污染者付费。这部分包括 4 个基本问题：防止污染、自愿的可持续利用、减缓并适应气候变化、环境保护与自然环境的恢复。

（5）公平运营实践。公平运营实践涉及组织同其他组织和个人打交道时表现出来的道德行为。其原则为尊重法律规则、道德标准、责任和透明度。ISO 26000 总结了 5 个公平运营实践问题：反腐败、负责任的政治参与、公平竞争、促进影响领域的社会责任、尊重产权。

（6）消费者问题。该部分条款适用于承担服务消费者角色的所有组织，这与公平的市场行为、健康和安全保护、可持续消费、争议解决和赔偿、资料和隐私保护、获取基本生活用品和服务以及教育等问题是相关联的。总结了7个消费者问题：公平的买卖、真实公正的信息和公平的合同惯例，保护消费者的健康和安全，可持续消费，消费者服务、支持、投诉和争议处理，消费者的资料保护和隐私，有权获取基本服务、教育和知识。

（7）社区参与和发展。组织应该与其经营所在的社区保持联系，主要措施包括扩大与多样化社区经济活动和技术发展并创造就业、进行社会投资、对地方经济发展倡议创造收入、扩大教育和技能发展计划、实施文化保护以及提供社区健康服务等。总结了7个关于社区参与和发展问题：社区参与、教育和文化、就业创造和技能发展、技术发展和获取、财富和创造收入、健康和社会投资。

国际标准化组织（ISO）ISO 26000关于社会责任的定义，第一次在全球范围内统一了社会责任的定义。

2. 全球报告倡议组织及其社会责任指标

1997年，美国的一个非政府组织“对环境负责的经济体联盟（CERES）”发起成立全球报告倡议组织（Global Reporting Initiative，GRI），1999年联合国环境规划署（UNEP）作为合作者加入。其主要任务是制定、推广和传播全球应用的《可持续发展报告指南》（以下简称《指南》），为全世界的可持续发展报告提供一个共同框架，目的是使这种对经济、环境和社会三重业绩的报告成为像财务报告一样的惯例。

GRI于2000年发布了第一版《指南》，2002年又发布了修订后的《指南（2002版）》，称为G2指引；2006年10月发布了G3指引，目前已发布GRI4版。GRI通过不断完善“可持续发展报告框架”（Sustainability Reporting Framework）来推进全球的社会责任报告，最终的目标是使社会责任报告能够像财务报告一样成为所有机构常规和可比的报告。

可持续发展报告指南中的业绩指标体系分为经济、环境和社会3个方面。每一方面，《指南》都确定了核心指标和附加指标。前者是“完全依照”《指南》编制的报告所必需的指标，被认为与大多数组织和大多数利益相关者都相关。后者则可能只有少数组织需要，或提供对于报告组织特别重要的一些利益相关者感兴趣的信息。附加指标可由报告者选择，以丰富报告的内容。

经济指标反映组织直接或间接地对其利益相关者的经济资源和对当地的、国家的和全球的经济体系产生的影响，有10个核心指标和3个附加指标，包括销售净额和购买成本，工资、养老金和其他支付给员工的福利，支付的税收和收到的政府补贴，等等。《指南》中的经济指标不仅包括传统的财务指标，也包括未在财务报告中确认的一些无形资产。财务报告注重股东和经理所关心的组织的营利性，而《指南》中的经济指标关注组织与其利益相关者之间直接或间接的相互影响。二者是互补的。

环境指标反映组织对有生命或无生命的自然系统的影响，包括生态系统、土地、空气和水，有16个核心指标和19个附加指标，包括使用的材料、能源和水，对生物多样性的影响，产生的温室气体与其他废气、废水和废物，对有害材料的使用，产品回收、污染防治、减废和其他环境管理项目，环境费用，违规的罚款和处罚，等等。在三类指标中，环境指标的发展最成熟，看法最为一致。《指南》鼓励报告者将其环境业绩与更广泛的生态系统联系起来，如将排污量与当地的、地区的或全球的环境承受能力相联系。

社会指标反映组织在其活动中对当地的、国家的和全球的利益相关者的社会系统的影响，共有24个核心指标和25个附加指标，分为四小类，一是劳工管理实务，二是人权，三是其他更广泛的社会问题，四是产品社会责任。社会指标将反映组织的无形资产，如人力资本和声誉。由于许多社会问题难以定量描述，必要时应采用定性信息，包括政策、程序和管理实践。由于各个组织面对的社会情况与问题多种多样，为了尽量完整地反映社会影响，组织应向利益相关者咨询。

3. “国际社会责任”及其SA 8000标准

“国际社会责任”的前身是经济优先委员会（Council on EconomicPriorities，CEP）下属的经济优先委员会认证部（Council on Economic Priorities-Accreditation Agency，CEPAA）。2000年，经济优先委员会认可委员会更名为“国际社会责任”（Social Accountability International，SAI）。“国际社会责任”旨在通过自愿的标准以及独立的验证和公开的报告来改善全球的工作环境。“国际社会责任”下设咨询委员会（Advisory Board），由来自各国的企业、贸易组织、政府和非政府组织的专家组成，负责起草社会责任8000标准（Social Accountability 8000 Standard，SA 8000）。SA 8000就是用于帮助企业确保其所属机构以及供应商的工作条件合理和体面的工具。

SA 8000最早在1997年颁布，2001年进行了修订。SA 8000标准包含了国际劳工组织（ILO）公约、联合国儿童权利公约及世界人权宣言中所有关于劳工权利的核心内容，包括童工、强迫性劳动、安全和卫生、结社自由和集体谈判权、歧视、惩戒性措施、工作时间、工资报酬等9个要素。

（1）童工。公司不应使用或者支持使用童工，应与其他人员或利益团体采取必要的措施确保儿童和应受当地义务教育的青少年的教育，不得将其置于不安全或不健康的工作环境或条件下。

（2）强迫性劳动。公司不得使用或支持使用强迫性劳动，也不得要求员工在受雇起始时交纳“押金”或寄存身份证件。

（3）安全与卫生。公司应具备避免各种工业与特定危害的知识，为员工提供健康、安全的工作环境，采取足够的措施，最大限度地降低工作中的危害，尽量防止意外或伤害的发生；为所有员工提供安全卫生的生活环境，包括干净的浴室、厕所、可饮用的水；洁净安全的宿舍；卫生的食品存储设备；等等。

（4）结社自由和集体谈判权。公司应尊重所有员工自由组建和参加工会以及集体谈判的权利。

（5）歧视。公司不得因种族、社会等级、国籍、宗教、身体、残疾、性别、性取向、工会会员、政治归属或年龄等而对员工在聘用、报酬、培训机会、升迁、解职或退休等方面有歧视行为；公司不干涉员工行使信仰和风俗的权利与满足涉及种族、社会阶层、国籍、宗教、残疾、性别、性取向、工会会员和政治从属需要的权利；公司不能允许强迫性、虐待性或剥削性的性侵扰行为，包括姿势、语言和身体的接触。

（6）惩戒性措施。公司不得从事或支持体罚、精神或肉体胁迫以及言语侮辱。

（7）工作时间。公司应遵守适用法律及行业标准有关工作时间的规定，标准工作周不得经常超过48小时，同时，员工每7天至少有一天休息时间。所有加班工作应支付额外津贴，任何情况下每位员工每周加班时间不得超过12小时，且所有加班必须是自愿的。

(8) 工资报酬。公司支付给员工的工资不应低于法律或行业的最低标准，并且必须足以满足员工的基本需求，以及提供一些可随意支配的收入并以员工方便的形式如现金或支票支付；对工资的扣除不能是惩罚性的，并应保证定期向员工清楚详细地列明工资、待遇构成；应保证不采取纯劳务性质的合约安排或虚假的学徒工制度以规避有关法律所规定的对员工应尽的义务。

(9) 管理系统。高层管理阶层应根据本标准制定公开透明、各个层面都能了解并实施的符合社会责任与劳工条件的公司政策，要对此进行定期审核；委派专职的资深管理代表具体负责，同时让非管理阶层自行选出代表与其沟通；建立并维持适当的程序，证明所选择的供应商与分包商符合本标准的规定。

4. “社会和伦理责任协会”及其 AA 1000 标准

“社会和伦理责任协会”（ISEA）是一个非营利性的会员组织，成立于 1995 年，总部设在英国伦敦，旨在推动社会责任方面的创新，引领负责任的企业行为以及民间社团和公共组织的广泛责任行动。

AA 1000 认证标准是“社会和伦理责任协会”研发的，通过使用一套标准来评价报告主体的社会责任报告的质量，为相关利益者活动、公开披露以及鉴证提供标准，用以提高企业在可持续发展方面的业绩表现。它由 AA 1000 基础标准、指导方针和专业资格 3 个层次构成，与其他社会责任标准不同，它更侧重于过程控制，包括企业社会责任管理中 5 个阶段的标准：计划、会计、审计与报告、整合、利益相关者参与。为了保证 AA 1000认证标准的有效实施，AA 1000 制定机构会对第三方进行培训，确保其胜任能力，为合作企业提供独立性、无偏性的认证服务。

5. 中华人民共和国国家标准

2015 年 6 月 2 日，国家质量监督检验检疫总局、国家标准化管理委员会正式批准发布《社会责任指南》（GB/T 36000 – 2015）、《社会责任报告编写指南》（GB/T 36001 – 2015）和《社会责任绩效分类指引》（GB/T 36002 – 2015）3 项国家标准，2016 年 1 月 1 日起实施。

国家标准自 2012 年正式开始编制，历时 3 年，经过多次征求意见，终于在 2015 年 6 月 2 日向社会发布。此系列标准是我国社会责任领域第一份国家层面的标准性文件。系列标准的发布具有重大的意义，将统一各类组织对社会责任的认识和理解，改变以往国内依据不同标准履行社会责任的混乱局面，给组织履行社会责任提供系统、全面的指导，将对提升国内社会责任水平起到重要作用。

6. 社会责任标准评述

GRI 报告框架是关于可持续发展的报告标准；SA 8000 是更侧重于员工利益，强调生产环境和劳工条件的审核和报告标准，属于狭义的社会责任报告；AA 1000 认证标准是关于社会责任报告的审计标准，更侧重于过程化。

作为社会责任国际标准，ISO 26000 实现了多方面的突破：一是对社会责任内容理解的全面性。以往的标准往往只关注社会责任的某项或几项议题，或者重点指导如何将社会责任融入组织，而 ISO 26000 所提出的七大社会责任主题和 37 项议题基本上囊括了目前国际上普遍期望的社会责任议题，并在此基础上系统阐述了社会责任基本原则、两大基本实践和将社会责任全面融入组织的指南。这一标准是目前国际社会责任领域涵盖范围最广泛、结构最严谨、内容最全面的标准。二是标准在国际社会上的权威性。无论是国际标准化组织多年发展历程所积累的专业影响力和机构权威性，还是制定过程中广泛的国家标准团体和国际组织参与，都使得 ISO 26000 与国际上其他的社会责任标准相比，更具权威性。三是社会责任适用组织的广泛性。这应该是在社会责任标准中第一次明确将社会责任指南的适用范围拓展到包括政府（但不含行使主权职能时的政府）在内的所有组织。标准明确提出，不论组织类型、规模大小和运营所处在何地，都适用 ISO 26000。这在社会责任标准史上是前所未有的。四是对比其他社会责任标准制定过程的更高程度的平衡性。无论是积极吸纳发展中国家的代表及专家参与标准的起草和制定工作，还是努力考虑和回应发展中国家的利益诉求和期望，还是全面考虑不同利益相关团体的参与要求，以及尽可能援引各国政府共同签订的权威国际文书或国际条约，与国际上其他的社会责任标准相比，ISO 26000 都在相当程度上突破了发达国家和发展中国家的不同阵营、国别、地域和主体的限制，实现了标准制定过程更高程度的平衡性。

我国国家标准是以 ISO 26000 为蓝本制定的，其内容基本沿袭了 ISO 26000 的理念，但也根据我国的实际情况进行了调整。

国家系列标准的发布，将统一各类组织对社会责任的认识和理解，改变以往国内依据不同标准履行社会责任的混乱局面，给组织履行社会责任提供系统、全面的指导。

第三节 本书的特色与意义

目前，国内有多家机构和单位对社会责任报告进行分析，本书有独特的视角和特色。

1. 本书的特色

本书的特色体现在 3 个方面：

（1）以国际标准和国家标准为基准

近年来，我国企业社会责任工作取得了长足发展，各式各样的社会责任标准也纷纷出台。一些地方、行业开始制定地方标准和行业标准。这些标准的实施为组织履行社会责任提供了指导，但由于标准不统一，也出现了一些混乱的现象。国家系列标准的发布，将统一各类组织对社会责任的认识和理解，改变以往国内依据不同标准履行社会责任的混乱局面，给组织履行社会责任提供系统、全面的指导。

一是在国际上，要与国际接轨，必须了解新的知识体系、新的思维方式、新的运行规则、新的话语体系、新的决策环境。而 ISO 26000 成为我们难得的关于社会责任甚至组织发展方式的重要知识体系，这一点对于企业社会责任运动蓬勃发展，但是对企业社会责任的认识和理解高度不统一的我国社会各界而言尤为重要。二是 ISO 26000 需要成为我们了解世界，特别是欧洲社会责任思维方式乃至社会运行方式的重要工具，ISO 26000 在相当程度上反映了欧洲发达国家对社会和组织的新的构想，是我们了解欧洲社会期望和组织发展演变趋势的重要途径。三是 ISO 26000 在相当程度上将会成为世界经济社会发展新的潜在或实际的运行规则，虽然不同地区强制性和广泛性会存在着不少差异，但是，其作为规则的属性和潜力是任何一个国家或组织都不能忽视的，特别是对其隐含的价值理念和绩效评价标准需要予以深刻理解和积极应对。四是 ISO 26000 在相当程度上反映了新的全球话语体系，是我们必须理解的、将会在世界通行的表达方式。

在经济全球化的时代，无论是“请进来”，还是“走出去”，都需要我们掌握全球主流话语体系，学会用国际社会通用的语言体系传递我们的价值观和诚意。五是ISO 26000需要成为组织决策和活动需要考虑的新的决策环境或条件。ISO 26000虽然并不是一个管理体系标准，既不以认证为目的、也确实不适合于认证，但它为组织决策和活动的依据或判断标准提供了新的重要视角，一旦该视角被全球社会广泛接受而成为新的普遍的社会期望，就无疑会成为组织决策的重要社会环境和前提条件。

因此，本书以ISO 26000和国家标准为基准，评价的结果具有普遍的意义和适用性。

（2）*以上市公司为对象，以履行社会责任实际为依据*

目前已有数家机构每年对中国企业的社会责任进行评价，这些研究和评价都推动了企业社会责任的履行和社会责任报告的规范。本书与这些机构的评价相比，具有以下特色和区别：

①从研究对象上看，本书研究的企业数量多。目前，数家机构的研究主要以我国排名100强的企业为对象，例如黄群慧、彭华岗等发布的《企业社会责任蓝皮书：中国企业社会责任研究报告（2013版）》，以中国国有企业100强、民营企业100强和外资企业100强为评价对象。而本书以2700多家上市公司为研究对象，研究聚焦在上市公司，企业数量更多。

②从评价内容上看，本书有别于其他研究。本书以企业履行社会责任行为的实际为评价内容，考察的是企业履行社会责任的具体行为和效果，而不是考察企业社会责任报告编写的规范性问题。例如，中国社会科学院经济学部企业社会责任研究中心发布的《中国企业社会责任报告白皮书（2013）》，以企业社会责任报告的完整性、实质性、可比性、可读性、平衡性和创新性六大指标为评价维度，对报告进行逐一评价、打分并划分星级与阶段，得出了中国企业社会责任报告的得分、排名及企业社会责任报告发展阶段特征；而张旺、张杨发布的《中国上市公司社会责任信息披露报告》是从社会责任报告的完整性、充分性、实质性、可比性、可读性、平衡性、创新性和自愿性（强制、非强制）以及网站完整性、时效性、互动性、友好性、易获取性、平衡性等方面进行综合评分。

2. 本书的局限性

第一，本书主要依据的是上市公司公开披露的社会责任报告。显然有些公司履行了未必披露，有些公司披露了未必真正履行。这将导致评级未能完全真实地反映社会责任的履行情况，但我们认为这是最好的近似。

第二，所有的数据都是手工数据，难免存在错误和疏漏。我们通过双工输入来减少误差，即保证每个公司由两个人独立完成，再进行核对，对不一致的重新查询并调整差错。尽管努力减少误差，但肯定也存在错误和疏漏。

第三，报告所依据的数据是上市公司 2014 年披露的 2013 年年度数据，2015 年披露的 2014 年年度数据，难免有些滞后。为保持研究的严谨性，我们牺牲了时效性。

第四，指数所依据的指标体系未必完美。ISO 26000 和国家标准所列举的 7 个核心主题只是众多主题中相对重要的几个方面，然而社会责任是个极其广博的概念，它所包含的内容和议题远远不止 ISO 26000 和国家标准条文中所提及的这几个方面。作为指导性文件，ISO 26000 和国家标准从众多议题中挑出符合多利益相关方期望的议题进行讨论，但这并不意味着社会责任仅包含上文所述 7 个核心主题。

不同利益相关方基于自身利益的考虑，会对社会责任的范围做出不同的预期，在非政府组织和企业之间，非政府组织对于社会责任范围的期望远远大于企业对社会责任范围的期望，消费者希望组织履行更多社会责任以满足其对商品和服务的需要，在保证产品和服务质量的前提下，还应维护消费者健康安全和隐私问题；社区希望组织履行更多社会责任以促进社区的可持续发展，为社区的就业、医疗、教育等方面带来便利，甚至寄希望于组织开展的慈善活动，尽管 ISO 26000 中提出组织应该避免社区对组织的慈善活动产生依赖，但这种社会期望依然存在，员工希望组织履行更多社会责任以维护劳动者在工作中的基本权利，保证劳动者获得必要的安全防护设施，并依据国际劳工组织的相关规定为劳动者提供职业技能培训和公平的晋升发展机会。

绝对的一致性是不存在的，人们的不同文化背景和知识水平的理解能力决定了其对社会责任的理解形式存在差异，从而导致了观点的多样性。各利益相关方之间存在差异是因为不同利益相关方的社会角色和关注重点不同，同一类型利益相关方所关注事项的优先顺序也不同，这就造成了对社会责任的理解上具有多样性和差异性。

第二章
社会责任评价指标及其含义

在国际标准化组织颁布的社会责任指南（ISO 26000）和中华人民共和国国家标准《社会责任指南》（GB/T 36000－2015）中提出社会责任有7大主题，分别是：组织治理、人权、劳工实践、环境、公平运营实践、消费者问题、社区参与和发展。本书把对应的主题分为6个一级指标，具体如下：社会责任治理、员工责任、环境责任、消费者责任、市场责任、社区责任。其中员工责任包含人权与劳工实践两个主题。

第一节　社会责任治理

社会责任治理是指企业（组织）为实现其目标而制定和实施决策的系统，包括正式治理机制和非正式治理机制。对企业履行社会责任而言，治理既是企业社会责任的一个核心主题，又是完成其他核心主题的关键手段。社会责任治理是企业为其决策和活动的影响承担责任，并将社会责任融入整个企业组织及其各种组织关系中最为关键的因素。

社会责任治理的基本要求：一是要把社会责任原则融入企业制定决策和实施决策的全过程；二是企业（组织）在建立和完善其治理系统时，要把社会责任核心主题和相关议题考虑进去；三是要致力于把社会责任融入整个企业（组织）；四是要特别注重发挥领导层的作用，特别是在社会责任决策、培养员工社会责任意识、将社会责任融入整个企业（组织）等方面。

社会责任治理要求企业建立和完善一整套与社会责任相关的决策程序和机构，包括正式和非正式的。决策程序和机构要满足以下要求：

——展示领导层的社会责任承诺，并制定与之相适应的战略、目标和指标体系；

——建立社会责任激励机制，在企业（组织）内营造社会责任文化，鼓励员工参与社会责任活动；

——加强与利益相关方的沟通，并协商解决冲突；

——密切关注社会责任决策的执行情况，定期评审和评估企业（组织）治理程序，根据评审结果调整程序，并将改变传达到整个企业（组织）；

——平衡企业（组织）内代表机构的责任和权利，为不同群体（如妇女等）创造平等的任职机会，有效利用财务资源、自然资源和人力资源。

根据社会责任治理的原则和要求，我们把社会责任治理这一指标进一步分为责任决策、责任治理、责任推进和责任沟通4个二级指标和8个三级指标，具体指标见表2－1。

表2－1　社会责任治理指标

社会责任治理	责任决策	社会责任承诺与战略
		社会责任管理的机构
	责任治理	社会责任管理的程序与制度
		社会责任相关决策的执行
	责任推进	社会责任培训与员工激励
		社会责任文化和环境的营造与培育
	责任沟通	利益相关方的沟通
		社会责任报告的披露

第二节　员工责任

员工是企业最重要的利益相关方。对员工的责任是企业社会责任核心主题之一。本书的员工责任包含人权与劳工实践。

人权是人人享有的基本权利，是固有的、不容剥夺的、具有普遍性的、不可分割的和相互依存的。虽然保护人权是国家的责任，但由于企业也能影响个人人权，因此企业应承担尊重人权的责任。

ISO 26000 认为人权包含公民权利、政治权利、经济权利、社会权利、文化权利，总结了 8 个人权问题：尽职调查，人权风险状况，避免同谋关系，投诉处理，歧视弱势群体，公民和政治权利，经济、社会和文化权利以及工作中的基本原则和权利。在国家标准中，结合中国的实际情况，对 ISO 26000 人权部分内容进行了调整，调整后人权主题下的议题由 8 个变为 3 个，突出了最为重要的 3 个议题：公民和政治权利、经济、社会和文化权利、工作中的基本原则和权利。

在人权责任上，企业应采取积极措施，以避免主动或被动地侵犯他人权利。为了尊重人权，企业有责任开展尽职调查，以识别、评估、预防和处理侵犯人权的行为；要建立有效的申诉机制，以解决有关争议；为确保申诉机制真正发挥作用，要确保申诉机制合法、可获得、可预知、公正、清晰且透明、基于对话和协商。

在 ISO 26000 中，劳工实践包含 5 个问题：就业和雇佣关系、劳动条件和社会保护、社会对话、工作中健康与安全、工作场所人的发展和培训。这一部分，国家标准的内容基本沿用了 ISO 26000 的规定，但也有一些差异。一是不同于 ISO 26000 以国际劳工组织相关公约为依据，国家标准从我国实际出发，以《中华人民共和国劳动法》等国内法律法规为依据；二是将 ISO 26000 中的“社会对话”议题，改为“集体协商和民主管理”议题，使之更符合我国实际。

劳工实践的主要内容包括员工的招聘和晋升、劳动关系的终止、劳动时间和报酬、培训和技能开发、职业健康安全等方面。员工责任还包括尊重员工依法参加和组织工会、支持工会组织的建立、组织员工依法开展民主管理及其他正常活动等。

根据国家标准的人权责任与劳工实践的原则和要求，我们把员工责任这一指标进一步分为 8 个二级指标和 20 个三级指标，具体指标见表 2－2。

表 2－2 员工责任指标

员工责任（YG）	公民和政治权利	生命权和财产权
		言论自由、结社自由与宗教信仰自由权
		员工申诉权
	经济、社会和文化权利	促进经济、社会和文化权利

员工责任（YG）	工作中的基本原则和权利	无强迫或强制劳动
		无童工问题
		就业机会平等和非歧视
	就业和劳动关系	合法雇用
		机会平等无歧视
		保护员工的个人信息和隐私
		合作伙伴的劳动关系审查
	工作条件和社会保护	工作条件
		社会保护
	民主管理和集体协商	民主管理
		集体协商
	职业健康安全	职业健康安全管理体系
		职业健康安全风险控制
		健康与安全管理绩效
	工作场所中人的发展与培训	员工职业发展与培训
		促进员工健康和福祉

第三节 环境责任

环境责任是人类生存和发展的先决条件，是社会责任的一个重要方面。在ISO 26000中，这部分包括4个基本问题：防止污染、资源的可持续利用、减缓并适应气候变化、环境保护与自然环境的恢复。在国家标准中，环境主题包括以下4个议题：污染预防；资源可持续利用；减缓并适应气候变化；环境保护、生物多样性和自然栖息地恢复。

企业（组织）的决策和活动会影响环境，所以，保护环境是企业（组织）重要的社会责任。国家标准为企业（组织）履行环境责任设定了4项原则：一是“环境责任”原则。企业（组织）应为其活动对环境产生的影响承担责任。二是“预防性措施”原则。企业（组织）活动可能对环境造成严重威胁时，即使没有充足证据证明这种威胁的存在，企业（组织）也应采取预防措施。三是“环境风险管理”原则。企业（组织）应制订评估、预防、减少环境风险的计划，以及应对突发环境事件的预案。四是“污染者付费”原则。企业（组织）应当负担其活动造成的污染成本。

国家标准就环境主题向组织提出了详细的建议，可以归纳为以下3点：一是企业（组织）要识别其环境影响，并对其环境影响进行测量、记录和报告，保持透明度，以此来减少其对环境的负面影响；二是企业（组织）要不断提高水、能源等资源的利用效率，减少温室气体排放；三是在促进环境保护方面，要减少对土地资源、水资源的破坏，保护生物栖息地。企业（组织）在承担环境责任时，可以采用的具体方法如下：生命周期方法、环境影响评价、清洁生产和生态效益、产品和服务体系方法、使用环境无害技术和方法、可持续采购以及学习和提高认识。特别值得注意的是，企业（组织）要从全生命周期的角度看待环境问题，并将消极影响最小化，积极影响最大化。从产品或服务的设计阶段就开始考虑环境问题，并在生产、加工、消费和最终废弃物回收方面都要考虑对环境的影响，并尽可能提高资源利用效率，采取环境友好型的技术和方法来预防和减少污染，促进环境保护。

根据国家标准，我们把环境责任这一指标进一步分为4个二级指标和12个三级指标，具体指标见表2-3。

表2-3　环境责任指标

环境责任	污染预防	识别与监测污染
		预防污染和废弃物产生的制度
		对不可避免的污染或废弃物排放进行合理的治理
		减少废弃物排放的技术与制度
		环境事故应急机制
	资源可持续利用	资源有效使用制度与技术
		节约能源、水资源的制度与措施
		可持续采购
	减缓并适应气候变化	阻止或减少温室气体的释放
		积极应对气候变化
	环境保护与自然环境的恢复	厂区及周边生态环境治理
		土地、水资源和生态系统的综合管理战略的制定和实施

第四节 市场责任

市场责任就是在 ISO 26000 和国家标准中的公平运行实践，主要涉及企业（组织）与政府、合作伙伴、供应商、承包商、顾客、竞争者及其加入的协会之间的关系，其内容是指导组织如何利用这些关系推动社会责任。

ISO 26000 总结了 5 个公平运营实践问题：反腐败、负责任的政治参与、公平竞争、促进影响领域的社会责任、尊重产权。与 ISO 26000 相比，国家标准少了“负责任的政治参与”议题，共有 4 个议题：反腐败；公平竞争；在价值链中促进社会责任；尊重产权。

根据国家标准，我们把市场责任这一指标进一步分为 4 个二级指标和 9 个三级指标，具体指标见表 2－4。

表 2－4 市场责任指标

<table>
<tr><td rowspan="9">市场责任</td><td rowspan="2">反腐败</td><td>预防腐败的制度和实施</td></tr>
<tr><td>预防腐败的培训</td></tr>
<tr><td rowspan="2">在价值链中
促进社会责任</td><td>责任采购制度</td></tr>
<tr><td>价值链社会责任评估和推进</td></tr>
<tr><td rowspan="3">公平竞争</td><td>诚信经营和公平竞争培训</td></tr>
<tr><td>公平竞争的理念和制度保障</td></tr>
<tr><td>遵守有关竞争的法律法规</td></tr>
<tr><td rowspan="2">尊重产权</td><td>尊重产权的培训和制度</td></tr>
<tr><td>使用、处置财产的行为合法</td></tr>
</table>

第五节 消费者责任

企业（组织）向消费者及其他顾客提供产品和服务，这就意味着企业（组织）对他们负有责任。ISO 26000 总结了 7 个消费者问题：公平的买卖、真实公正的信息和公平的合同惯例，保护消费者的健康和安全，可持续消费，消费者服务、支持、投诉和争议处理，消费者的资料保护和隐私，有权获取基本服务、教育和知识。在国家标准中有7个议题：公平营销、真实公正的信息和公平的合同实践；保护消费者健康和安全；可持续消费；消费者服务、支持及投诉和争议处理；消费者信息保护与隐私；基本服务获取；教育和意识。

对消费者的责任包括进行消费者教育和提供准确信息，采用公平、透明、有益的市场信息和合同程序，推动可持续消费，产品和服务的设计要考虑易用性，在适当情况下兼顾弱势群体和不利群体的需要。

对消费者的责任还包括通过设计、制造、分销、信息提供、服务支持和撤回与召回等程序，最大限度地降低产品和服务的使用风险，并同时有保护个人信息安全和消费者隐私的责任。

国家标准列举了11项消费者的正当要求，包括安全、知情权、隐私权、选择权、被倾听权、补偿权、教育、健康的环境、预防性措施、促进性别平等和赋予妇女权利、促进通用设计。为便于读者理解，我们归纳为以下4项：

知情权。消费者有权获得足够的信息，了解产品和服务可能产生的影响，从而对产品和服务作出知情、独立的选择。例如免受欺骗性或误导性广告或标签的影响。

选择权。消费者独立做出选择的权利。

安全权。消费者获得的产品应是无害的，不会破坏环境，不会损害消费者的健康，不会侵犯消费者隐私，也不会对当代人和后代人的福祉造成威胁。

救济权。消费者及其团体有机会表达自己的意见，得到充分的倾听，提出的正当要求得到解决，例如，就劣质产品和服务得到补偿。企业（组织）对消费者的责任，包括进行消费者教育，为其提供关于产品和服务的准确信息，合同条款公平、透明；产品和服务的设计要充分考虑易用性，并尽量兼顾弱势群体的需要；通过设计、制造、分销、信息提供、服务支持和召回等程序，最大限度地降低产品和服务的使用风险；保护个人信息安全和消费者隐私。基于这些责任，企业（组织）应遵循以下原则：满足消费者的基本需求（必需的生活水平，持续改善生活条件，获得基本产品和服务）；促进公正、公平和可持续的经济社会发展；保护环境。

在本书中，没有采纳“基本服务获取”这一议题。基本服务包括电、气、水、废水处理、排水系统、下水道系统和通信设施等。ISO 26000 和国家标准提出提供基本服务的组织，应定期维护并更新服务系统，防止服务中断。应尽可能扩大基本服务的覆盖面，无歧视地向所有消费者群体提供相同质量和水平的服务。基本服务定价应以透明的方式进行。如果没有给消费者提供付费的合理期限，不应因消费者未付费而中断提供基本服务。不应为惩罚个别未付费的消费者而中断对集体的服务。由于这一议题是特指提供基本服务的企业，大部分企业都不涉及这一议题，因此我们没有采纳这一议题。

根据国家标准，我们把消费者责任这一指标进一步分为 6 个二级指标和 13 个三级指标，具体指标见表 2－5。

表 2－5 消费者责任指标

消费者责任	公平规范的市场营销	提供全面、准确的产品与服务信息
		公平的合同条款
	消费者健康和安全保护	产品和服务的安全
		给予消费者正确使用产品的指导
		产品缺陷的处理与制度
	可持续消费	提供符合可持续发展要求的产品和服务
		向消费者提供产品和服务的可持续消费信息
	消费者服务、支持和投诉及争议处理	提供充分的售后服务
		积极预防和解决争议
		建立消费者争议解决机制
	消费者信息保护与隐私	合法收集使用消费者信息
		严格、规范的消费者信息保护制度
	教育和意识	产品和服务的知识

第六节 社区责任

ISO 26000 和国家标准总结了 7 个关于社区参与和发展问题：社区参

与、教育和文化、就业创造和技能发展、技术发展和获取、财富和创造收入、健康和社会投资。

社区参与和社区发展均为可持续发展的重要组成部分。为了体现并增强自身的公民价值观，企业（组织）宜积极支持其运行所在社区，为社区发展做出贡献。企业（组织）的社区参与不仅限于有关利益相关方的识别和参与层面，还包含了对社区价值的认同。虽然社区是企业（组织）的利益相关方，但反过来，企业（组织）也是社区的利益相关方，宜与社区分享共同利益。对于社区的所有利益相关方来说，促进社区福祉是大家的共同目标，需要大家共担责任。企业（组织）致力于社区发展可有助于促进更高水平的社区福祉。关于社区参与和社区发展主题所讨论的行动，在某些方面可以被理解为慈善活动。但是仅靠慈善活动，企业（组织）的社会责任将难以真正融入企业（组织）之中。

社区参与和发展除应遵循社会责任的七大原则外，还要遵循以下 3 个原则：一是将自身视为社区的组成部分，以主人翁精神支持和参与社区发展；二是尊重社区文化、宗教、传统和历史等特点，并将此融入企业决策和活动；三是通过建立伙伴关系来交流经验、资源。

在实践中，我国企业开展了大量的慈善活动，企业或者设立（公益基金/基金会，或者直接捐赠给灾区、山区等，这些活动和行为没有在 ISO 26000和国家标准）中得到充分的反映，但是这些也是企业对社会做的贡献。为了更加充分地反映企业履行社会责任的情况以及对社会的贡献，我们增加了一个二级指标：自愿责任。它包含两个三级指标：建立公益基金/基金会；社会捐赠。

基于以上分析和国家标准，我们把社区责任这一指标进一步分为 8 个二级指标和 9 个三级指标，具体指标见表 2－6。

表 2－6　社区责任指标

社区责任	社区参与	社区参与
	教育和文化	教育和文化
	就业创造和技能开发	就业创造和技能开发
	技术开发和获取	帮助当地技术开发
	财富和收入创造	帮助社区创造财富和收入
	健康	对社区健康做出贡献

续 表

社区责任	社会投资	社区投资
	自愿责任	建立公益基金/基金会
		社会捐赠

第七节 计量与评级

1. 计分方法

整个评价指标体系共计6个二级指标和71个三级指标。我们按照71个三级指标分别计量。每一个三级指标又分为三个等级：定性描述、措施与绩效。定性描述是指只有理念，没有具体措施的描述，例如，公司非常重视环境问题。措施是企业在社会责任管理与各分项实践中所采取的具体规定和方针，如节能、节水的措施。绩效是指企业在社会责任管理和各分项实践中所取得的工作成效，多用数据表示。不同的等级有不同的记分：仅有定性描述记1分，有具体措施记2分，有效果描述效果记3分，取得好的效果记4分。

企业社会责任的总分就是71个三级指标的得分之和。

2. 评价等级

根据中国证监会《上市公司行业分类指引》中的分类以及2014年4季度上市公司行业分类结果对全部的企业进行分类，然后把同一行业的企业进行聚类分析，得到三个等级。最好的为A，其次为B，再次为C。

对于没有发布社会责任报告、但在年报中披露了社会责任履行信息的这一类企业，记分原则与上面的一致，由于这类企业的信息较少，所获得的评分相对较低，因此只分为两个等级：E与D。

第三章

农、林、牧、渔业

第一节　公司基本信息

根据证监会发布的2013年4季度上市公司行业分类结果，农、林、牧、渔业有40家企业挂牌交易，其中有10家上市公司发布社会责任报告，占该行业全部企业的比重为25%。2014年农林牧渔业有41家公司挂牌交易，其中有11家上市公司发布社会责任报告，占该行业全部企业的比重为26.83%。基本信息见表3－1。

表3－1　农、林、牧、渔企业基本信息

序号	股票代码	公司名称	发布报告（年）	净利润（百万元）		营业收入（百万元）	
				2013	2014	2013	2014
1	002041	登海种业	2013、2014	337.6767	535.5004	1505.3751	1480.0815
2	600371	万向德农	2013、2014	－35.3934	2.6252	413.0151	438.1993
3	601118	海南橡胶	2013、2014	156.1593	28.8036	11694.7329	11198.6717
4	000592	平潭发展	2013、2014	43.4786	76.8047	857.8605	864.7541
5	000663	永安林业	2013、2014	11.1224	－18.0336	458.9319	460.0062
6	002299	圣农发展	2013、2014	－219.7495	37.9770	4708.2277	6436.0599
7	002477	雏鹰农牧	2013、2014	75.6211	－184.1670	1868.0734	1761.6847
8	002714	牧原股份	2013、2014	303.8294	80.1981	2044.4027	2604.7634
9	002069	獐子岛	2013、2014	96.9428	－1195.2172	2620.8578	2662.2115
10	600467	好当家	2013、2014	114.9493	14.0759	969.3318	881.2546
11	000735	罗牛山	2014		54.6221		1005.8172

第二节 企业社会责任评级

2013 年、2014 年分别对农、林、牧、渔业发布 CSR 报告的企业进行社会责任评级，并通过聚类分析将企业履行社会责任划分为“A”“B”“C”三级。农林牧渔业发布 CSR 报告的企业 CSR 评级具体见表 3－2。

表 3－2 农、林、牧、渔业企业 CSR 评级

序号	股票代码	公司名称	CSR 评级	
			2013	2014
1	002041	登海种业	B	B
2	600371	万向德农	C	C
3	601118	海南橡胶	A	A
4	000592	平潭发展	C	C
5	000663	永安林业	C	C
6	002299	圣农发展	C	C
7	002477	雏鹰农牧	C	C
8	002714	牧原股份	C	B
9	002069	獐子岛	A	A
10	600467	好当家	C	C
11	000735	罗牛山		B

2013 年 10 家企业的企业规模（营业收入）的范围是 4. 13 亿至 116. 95 亿元，并主要集中在 30 亿元以下。30 亿元以下的企业数量有 8 家，占比为 80%，其中 CSR 评级为“A”“B”“C”的分别是 1、1、6 家。企业规模在 30 亿元以上的企业共 2 家，CSR 评级为“A”“C”的分别有 1 家。可以看出，农林牧渔业企业 CSR 评级在一定程度上与企业营业收入有关。相对而言，营业收入较低的企业中，评级为“C”的企业数量较多。10 家企业的规模与 CSR 评级分布情况如图 3－1 所示。

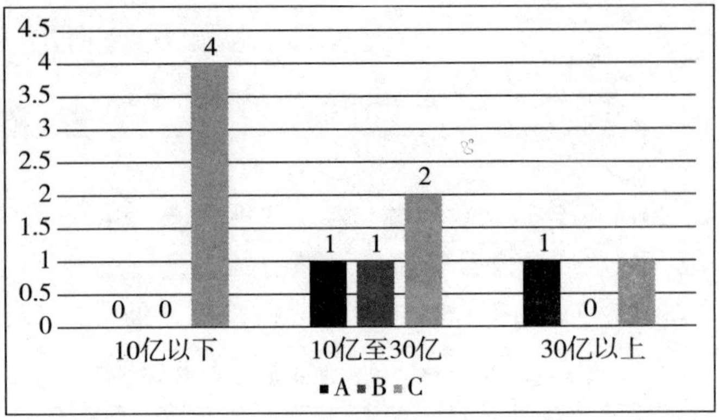

图3－1　2013年农、林、牧、渔业企业规模与CSR评级分布（单位：家、元）

2014年11家企业的企业规模（营业收入）范围是4.38亿至111.98亿元，并主要集中在30亿以下。30亿元以下的企业数量有8家，占比为80%，其中CSR评级为“A”“B”“C”的分别有1、3、5家。企业规模在30亿元以上的企业共2家，CSR评级为“A”“C”的分别有1家。可见，2014年的农、林、牧、渔业企业CSR评级相对2013年有进步。11家企业的规模与CSR评级分布情况如图3－2所示。

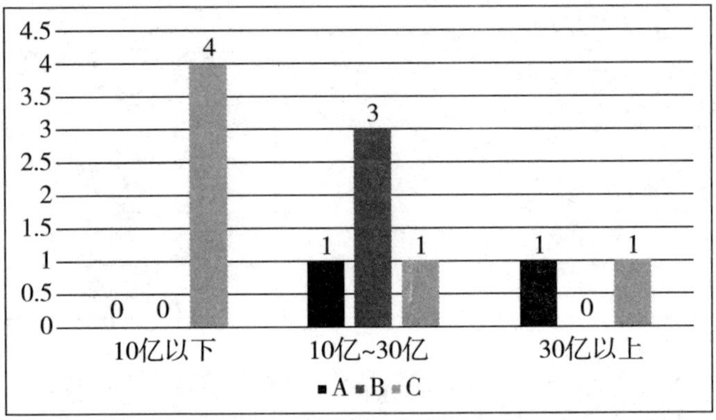

图3－2　2014年农、林、牧、渔业企业规模与CSR评级分布（单位：家、元）

2013年10家企业中有2家企业的净利润率为负，其他企业净利润率范围是1.34%～22.43%，并主要集中于10%以下。净利润率在0至10%的企业共5家，占比达50%，其中CSR评级为“A”“B”“C”的分别有0、1、4家。

净利润率在10%以上的企业有3家，CSR评级为“A”“C”的分别有1、2家。10家企业的净利润率与CSR评级分布情况如图3－3所示。

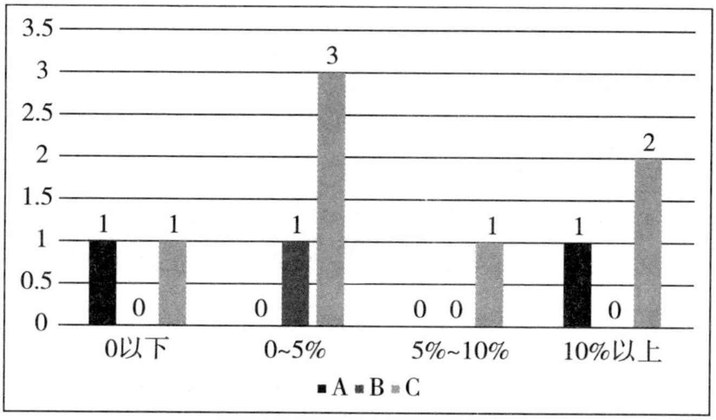

图3－3 2013年农、林、牧、渔业企业净利润率与CSR评级分布（单位：家）

2014年11家企业中有3家企业的净利润率为负，其他企业净利润率范围是0.26%至36.18%，并主要集中于10%以下。净利润率在0至10%的企业共7家，占比达63.64%，其中CSR评级为“A”“B”“C”的分别有0、2、5家。

净利润率在10%以上的企业有1家，CSR评级为“A”。11家企业的净利润率与CSR评级分布情况如图3－4所示。

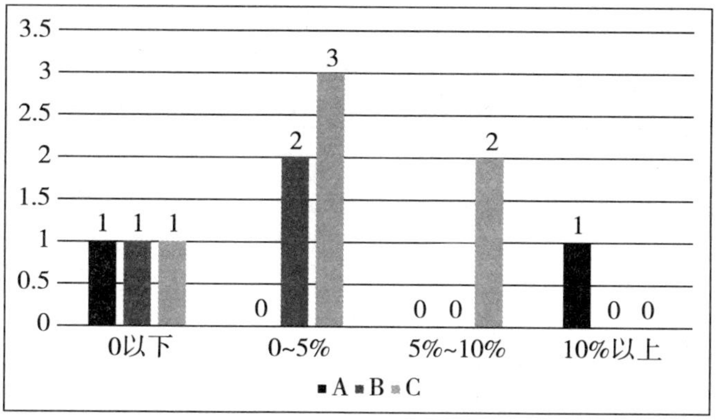

图3－4 2014年农、林、牧、渔业企业净利润率与CSR评级分布（单位：家）

第三节 企业社会责任各维度特征

2013年和2014年的农、林、牧、渔业上市公司在“员工责任”方面的均值最高，在“社会责任治理”“消费者责任”和“社区责任”方面均值较低。具体分析如下：

1. **社会责任治理**

本行业上市公司基本严格按照有关法律法规等相关要求发布《企业社会责任报告》或在年报中提及企业社会责任情况。上市公司在“责任治理”“责任推进”方面评分较低，几乎没有提及社会责任管理的程序与制度、社会责任相关决策的执行、社会责任培训与员工激励以及社会责任文化和环境的营造与培育。但也有不少企业在“责任决策”和“责任沟通”方面评价较高，例如万向德农股份有限公司（股票代码为600371）加强内控建设，充分发挥国家农业产业化龙头企业、种业骨干企业、民族种业的带头作用，有单独的社会责任战略和目标，而中福海峡（平潭）发展股份有限公司（股票代码为000592）、山东登海种业股份有限公司（股票代码为002041）和福建省永安林业（集团）股份有限公司（股票代码为000663）也相应地提及了社会责任的承诺与战略。

2. **员工责任**

上市公司对“工作中的基本原则和权利”“工作条件和社会保护”“职业健康安全”以及“工作场所中人的发展与培训”等问题的关注度普遍较高，执行力度也较大。而“机会平等无歧视”“就业机会平等和非歧视”则容易被企业忽视。海南橡胶股份有限公司（股票代码为601118）在这一问题上做得较好，“2013年，在之前的基础上，海南天然橡胶集团的工厂又安排了26名残疾人就业，自建厂以来，已累计安排110名残疾人就业”。

2014年，海南橡胶股份有限公司坚持“平等雇用原则，在用人标准上，坚持五湖四海、男女平等、民族平等、唯才是举的原则，公司是多地域、多民族员工组成的大家庭。在企业内倡导人人平等、团结协作的良好氛围”。

此外，2014年企业公布的企业社会责任报告中多数企业在“员工责任”方面表现良好，对员工的各方面利益给予了关注并采取了措施。

3. **环境责任**

企业对环境问题的重视程度居于员工问题之后，企业比较重视的是“污染预防”和“资源可持续利用”，在“环境保护与自然环境的恢复”

方面有所行动的企业较少。2013 年山东好当家（股票代码为 600467）在这一方面有所行动，例如“公司水产养殖基地引用潮汐原理进行水体交换，养殖结构科学合理、投放苗种疏密有度，养殖品种全部利用水中的浮游生物及底栖硅藻等天然饵料自然生长，良好的海洋生态环境，使公司实现了海珍品的绿色无公害养殖，公司成为全国水产养殖标准化示范区，山东省名优新水产养殖示范基地”。2014 年海南橡胶在防止污染方面做得较多，“2014 年，公司投资 118.5 万元对下属橡胶加工厂的环保设备进行改造升级，同时，按照政府环保部门对污水处理指标的新要求，采用目前先进的制胶污水处理技术进行工艺改造，确保污染物合理达标排放。下属橡胶加工厂通过推行中水回用、错峰用电、乳清循环，提高沼气产气率和利用率等多种措施，有效减少用电开支，降低水资源、石油和天然气的消耗，减少生产废弃物的排放量”。

4. 市场责任（公平运营）

多数上市公司对“反腐败”“公平竞争”“尊重产权”和“在价值链中促进社会责任”这 4 个方面都有所关注，但是在重视程度和实施深度上则差异较大。相对而言，企业“在价值链中促进社会责任”方面做得较好，主要是表现为对供应商的管理；对“反腐败”的重视程度则不够。有部分公司建立了内部相关制度和规定，用以约束员工行为，但只有极少数公司在其社会责任报告中披露“反腐败”的具体实施情况。例如福建圣农发展股份有限公司（股票代码为 002299）在 2014“针对采购环节做出了详尽严格的规范，杜绝暗箱操作、商业贿赂和不正当交易情形。公司严格遵守并履行合同约定，到期无条件付款，友好协商解决纷争，以保证供应商的合理合法权益”。

5. 消费者责任

本行业上市公司在“消费者责任”这个维度上的得分相对较低，主要原因是企业在其发布的社会责任报告中很少提及“公平规范的市场营销”“消费者信息保护与隐私”“可持续消费”以及“教育和意识”等内容。企业关注的重点普遍集中于“消费者服务、支持和投诉及争议处理”这个方面，具体表现为努力改善服务以及产品质量。简言之，企业在“消费者责任”上关注的范围较为狭窄。2014 年海南橡胶“收集整理并建立全面的客户信息数据库，通过分析客户信息和开展定期回访工作，及时了解客户的产品需求变化，进行分级式管理和维护，制定提供差异化的产品服务，提升客户满意度。2014 年投诉数量同比 2013 年下降 8.9%，所有投诉都得到及时有效的处理”。

6. 社区责任

企业在“社会投资”“社会捐赠”方面相对于“社区责任”的其他方面投入较大，具体行动包括扶贫、助学、救灾等。“社区参与”和公众“健康”则容易被企业忽略，这是企业在“社区责任”这个维度上的特点。2013 年牧原食品股份有限公司（股票代码为 002714）在公众“健康”方面“资助周边的农村地区改善饮水问题”。2014 年海南橡胶在公众“健康”方面“866 名员工无偿献血 18.56 万毫升”。

第四节　其他企业社会责任分析

在农、林、牧、渔业 41 家挂牌交易的公司中，有 15 家企业虽未单独发布企业社会责任报告，但是这些企业在年报中公布了所履行的社会责任情况，占比 36.6%。也有 15 家企业未发布报告也未在年报中体现企业社会责任情况，占比 36.6%。农、林、牧、渔业的 15 家披露社会责任情况的企业基本信息见表 3－3。

表 3－3　企业基本信息表

单位：百万元

序号	股票代码	公司名称	净利润	营业收入
1	000998	隆平高科	325.84	1815.42
2	600540	新赛股份	－10.53	1103.26
3	600598	*ST 大荒	722.56	5113.82
4	002200	云投生态	22.62	730.86
5	002679	福建金森	46.93	190.21
6	600265	ST 景谷	－46.71	95.93
7	002321	华英农业	13.86	1843.10
8	002458	益生股份	23.27	841.92

续 表

序号	股票代码	公司名称	净利润	营业收入
9	600975	新五丰	-68.80	1302.49
10	002086	东方海洋	43.59	604.50
11	002447	壹桥苗业	228.73	540.03
12	002696	百洋股份	60.28	1780.82
13	200992	中鲁 B	14.12	598.38
14	600257	大湖股份	3.36	676.47
15	000713	丰乐种业	61.02	1378.80

在未发布企业社会责任报告，但在年报中涉及企业社会责任情况的 15 家企业中，C 类企业有 0 家，D 类企业有 1 家，E 类企业有 14 家，见表3-4。

表 3-4 企业社会责任评级

股票代码	公司名称	评级结果	股票代码	公司名称	评级结果
000998	隆平高科	E	002458	益生股份	E
600540	新赛股份	E	600975	新五丰	E
600598	*ST 大荒	D	002086	东方海洋	E
002200	云投生态	E	002447	壹桥苗业	E
002679	福建金森	E	002696	百洋股份	E
600265	ST 景谷	E	200992	中鲁 B	E
002321	华英农业	E	600257	大湖股份	E
000713	丰乐种业	E			

第五节 典型案例

1. 2013 年海南天然橡胶产业集团股份有限公司

海南天然橡胶产业集团股份有限公司成立于 2005 年，农业产业化国家重点龙头企业。公司于 2011 年成功登陆国内 A 股市场，实现了从传统的农业企业向现代企业的转变。股票简称：海南橡胶，股票代码：601118。目前，经营范围天然橡胶生产、种植、加工、销售、仓储、运输、电子商务服务、软件开发、畜牧业、养殖业、木业、旅游项目开发、酒店、建筑材料销售、机器制造、通讯、进出口贸易、包装业、广告。

海南天然橡胶产业集团股份有限公司2013年营业收入116.95亿元，净利润1.56亿元，发布的社会责任报告页数为28页，相对于本行业其他企业的报告来说本报告内容较为丰富。2013年度企业CSR评级为：A。在社会责任方面采取的行动具体表现如下：

在“员工责任”方面采取的措施和实施力度主要有：2013年海南橡胶安排了26名残疾人就业，自建厂以来，已累计安排110名残疾人就业。公司为员工提供了充分的社会保障和福利，为员工缴纳各项法定社会保险，具体包括基本养老保险、基本医疗保险、失业保险等“五险一金”。除此之外，认真执行职工带薪年休假、探亲假制度，并根据国家规定充分保障女职工在怀孕、生产、哺乳期间所享有的待遇。海南橡胶工会结合群众路线教育实践活动，继续开展“走基层、听呼声、办实事”活动，共拨出专款44万多元，分别向25家基层工会赠送建设资金10 000元、13家加工分会赠送建设资金3000元，并走访慰问了叶辉等254名困难职工。强化安全生产，保障员工权益。2013年，公司在消防设施、渡口渡船、重大危险源（液氨）设施检测等方面投入安全生产资金1551.9万元。同时，公司还加强员工安全生产培训及安全生产检查、督查工作，通过开展安全生产月、“打非治违”专项整治等活动，不断增强员工的安全生产意识，有效防止生产安全事故的发生。注重员工个人发展与综合素质提高。不断完善培训管理制度，针对不同员工的需求采取多层次、多主体的培训方式，打造学习型团队，在员工间营造良好的学习氛围，促使员工树立不断学习、终身学习的理念。2013年度，公司执行的培训项目是以与公司生产经营密切相关的业务培训为主，培训项目有中层副职领导干部培训班、中层后备干部培训班、新聘大学毕业生入职培训、财务系统业务培训、市场营销部销售业务人员培训等十几个。

公平运营方面：深入开展航空橡胶国内自主研发技术基础研究，建立自主研发、生产、保障技术体系。

在“消费者责任”上，在“公平规范的市场营销”方面根据市场行情，及时调整销售策略，形成重点开发终端大客户、研究二级市场期货套保，配合中国橡胶市场挂单、贸易商协商的销售模式；同时加强营销管控，理顺采销环节，完善针对期货交易、资金、库存和应收账款管理的风险防范体系。“消费者服务、支持和投诉及争议处理”方面不断开展优化服务流程，加强培训教育，增强全员的服务意识，提高服务技能。不断推进服务创新和业务创新，为客户提供个性化服务。在“消费者的健康和安全保护”方面，公司所有加工分公司全部通过 ISO 9001 质量管理体系认证，产品质量严格执行相关的国家标准、行业标准、企业标准和内控标准，落实质量责任制。每一个工作岗位，从源头入手狠抓产品质量，员工积极性较高，产品质量全面提升。

在“环境责任”上关注了“污染预防”和“资源可持续利用”。2013 年，海南橡胶投资 2900 万元对下属橡胶加工厂的环保设备进行改造升级，同时，按照政府环保部门对污水处理指标的新要求，采用目前先进的制胶污水处理技术进行工艺改造，确保污染物合理达标排放。在“资源可持续利用”维度上公司对下属橡胶加工厂通过推行中水回用、错峰用电、乳清循环，提高沼气产气率和利用率等多种措施，有效减少用电开支，降低水资源、石油和天然气的消耗。

海南橡胶在“社区责任”问题维度上的主要举措有：2013 年，公司及下属单位，支援地方乡镇进行基础设施建设，共赞助乡镇用于修路、修桥资金 107.39 万元，支援地方乡镇文化、卫生、教育事业的发展，投入资金达 174.23 万元，为地方经济发展及文化建设做出了自己的贡献。建立胶农服务体系，带动胶农共同致富。公司下属各基地分公司、加工分公司及子公司，在有岗位空缺或需要招聘季节工、临时工时，会优先考虑安排周边村民就业，2013 年共安排就业近 3500 人，对于解决农村剩余劳动力，促进社会稳定、和谐发挥了作用。增加残疾人家庭幸福指数，促进垦区和谐稳定，2013 年，新增残疾人就业 104 人。

从总体上来说，海南天然橡胶产业集团股份有限公司披露的社会责任报告在该行业中较好，在社会责任履行方面也位于该行业的前列。

2. 2014 年海南天然橡胶产业集团股份有限公司

海南天然橡胶产业集团股份有限公司 2014 年营业收入 111.99 亿元，净利润 0.29 亿元，发布的社会责任报告页数为 26 页，相对于本行业其他企业的报告来说本报告内容较为丰富。2013 年度企业 CSR 评级为：A。在社会责任方面采取的行动具体表现如下：

企业在“员工责任”方面采取的措施和实施力度主要有：保护员工基本权益，按照相关法律法规为员工提供工作保障，缴纳“五险一金”，提供法定节假日、带薪年休假、产假等福利。坚持平等雇用原则，在企业内营造人人平等、团结协作的良好氛围。在内部晋升上坚持任人唯贤、以德为先的原则，为员工提供了平等的晋升舞台。公司注重员工成长和发展，“2014 年，公司总部组织各类专项培训 56 项，除了提升广大员工的工作技能培训外，更对关键岗位技术人员和重要管理岗位的人员进行专项培训，支出培训费用约 211 万元，总参训人数约 2160 人次，参加培训满意度调查 456 人，培训满意度 98.9%”。建立有效的渠道沟通，“通过开设宣传栏、企务公开栏、内部 OA 系统发文等方式加强企务公开，确保企业重大事项、中层及以上人员任免等信息公开透明，促进了企业决策的民主化、规范化和科学化”。展开困难员工帮扶，“2014 年，海胶工会拨出专款 44 万元，上门走访 254 名特困员工家庭和 25 个基层工会、13 个加工分会；向 7892 名困难员工发放公司 250 万元春节慰问帮扶资金；开展‘走听办’活动，深入到云南分公司各加工厂、基地各分公司走访慰问 600 名困难员工、派驻岛外人员”。公司注重员工的安全生产，2014 年，海南橡胶先后制定了《海南橡胶安全生产档案管理制度》《海南橡胶防汛防风抗旱应急预案》《海南橡胶健康安全环保考核奖罚管理办法》（待上会审议）、《海南橡胶关于安全生产“党政同责、一岗双责”的实施意见》（党委办办理）等管理制度，进一步建立健全各项管理制度，为海南橡胶安全管理工作规范化、标准化、制度化奠定基础。

在“市场责任”维度上，在“公平竞争”方面，海南橡胶始终秉承“诚信、稳健、共赢”的经营理念，在行业内不乏很多优秀的合作伙伴，为了进一步提升橡胶产业的发展层次，整合橡胶产业的科研资源，响应科技部等六部委的建立科技创新联盟号召，在中国高科技产业研究会的帮助指导下，公司与清华大学携手发起成立“中国先进橡胶产业联盟”，旨在摆脱当前天然橡胶产业和国防应用中的困境，搭建起国防天然橡胶等高端天然橡胶及相关复合材料的研发与创新平台，推进我国国防天然橡胶国产化进程，辅助我国先进橡胶产业的兴起和可持续发展。在“尊重产权”方面，2014 年 3 月 19 日，海南橡胶公司发明的“高弹减震天然橡胶的制备方法”（专利号 ZL201110293325. X）通过国家知识产权局授权。2014 年新申报发明专利三项，包括“一种胶清橡胶的加工方法”“一种轮胎带束层用白炭黑/天然橡胶母炼胶的制备方法”以及“一种用于防治橡胶树六点始叶螨、蚧壳虫的烟雾复合制剂及其制备方法和应用”。

在“消费者责任”维度上，“公司收集整理并建立全面的客户信息数据库，通过分析客户信息和开展定期回访工作，及时了解客户的产品需求变化，进行分级式管理和维护，制定提供差异化的产品服务，提升客户满意度。2014 年投诉数量同比 2013 年下降 8.9%，所有投诉都得到及时有效的处理”。“2014 年，公司加工管理部出台了一系列质量管理措施，通过对质量管理的整改管控，落实了质量责任制，明确了产品质量责任，质量意识贯彻到了每一个生产环节、每一个工作岗位，员工积极性得到有效提高，产品质量全面提升。公司宝岛牌全乳胶被评为‘全国用户满意产品’”。

在“环境责任”上，海南橡胶在“污染预防”和“资源可持续利用”方面均有所行动，2014 年继续加大在环保设施改造方面的投入，取得了显著的社会效益和一定的经济效益。2014 年，公司投资 118.5 万元对下属橡胶加工厂的环保设备进行改造升级。2014 年，海南橡胶下属的分、子公司的生产经营行为均符合《排放污染物许可证》的要求，未因污染物不合格而受到环境保护行政主管部门的处罚。

在“社区责任”上的公司积极参与公益事业，“2014 年，公司组织近 4 万名员工，捐款 91.12 万元，帮扶慰问员工 989 人；组织员工修路 61.6 公里，架桥 147 座；630 多名基层辅导员，为地方及省外兄弟单位培训胶工、胶农近万名”。在台风来临时积极组织抗风救灾，“在省总工会、集团工会的支持下，筹措并下拨 130 多万元的专项资金救助基层 3100 多名因台风造成的失岗生活困难的胶工”。

从总体上来说，海南天然橡胶产业集团股份有限公司披露的社会责任报告在该行业中较好，在社会责任履行方面也位于该行业的前列。

第四章
采矿业

第一节　行业简介及公司基本信息

本门类包括6～12大类，采矿业指对固体（如煤和矿物）、液体（如原油）或气体（如天然气）等自然产生的矿物的采掘；包括地下或地上采掘、矿井的运行，以及一般在矿址或矿址附近从事的旨在加工原材料的所有辅助性工作，例如碾磨、选矿和处理，均属本类活动；还包括使原料得以销售所需的准备工作；不包括水的蓄积、净化和分配，以及地质勘查、建筑工程活动。

根据证监会发布的2013年4季度上市公司行业分类结果，采矿业有65家公司挂牌交易，其中有31家上市公司发布社会责任报告，占该行业全部企业的比重为47.69%。2014年采矿业有71家公司挂牌交易，其中有32家上市公司发布社会责任报告，占该行业全部企业的比重为45.07%。基本信息见表4－1。

表4－1　采矿业企业基本信息表

序号	股票代码	企业名称	发布报告（年）	净利润（百万元）		营业收入（百万元）	
				2013	2014	2013	2014
1	000629	攀钢钒钛	2013、2014	549.0632	－5971.6909	15601.88	16779.3080
2	000655	金岭矿业	2013、2014	261.6715	215.0521	1637.228	1539.7926
3	000758	中色股份	2013、2014	81.8584	320.0061	17865.87	18223.8005
4	000762	西藏矿业	2013、2014	20.1303	－98.8598	718.8157	514.6838
5	000780	平庄能源	2013、2014	37.0439	27.3825	2997.853	2554.4924

续 表

序号	股票代码	企业名称	发布报告（年）	净利润（百万元）		营业收入（百万元）	
				2013	2014	2013	2014
6	000937	冀中能源	2013、2014	1184.004	-163.6508	25833.7	18256.8467
7	000983	西山煤电	2013、2014	1056.163	349.9955	29500.13	24390.9195
8	002155	辰州矿业	2013、2014	204.8092	120.0896	5120.619	5680.6229
9	600028	中国石化	2013、2014	67179	48910	2880311	2825914
10	600123	兰花科创	2013、2014	1001.311	-16.9391	6577.502	5215.9003
11	600188	兖州煤业	2013、2014	1271.211	1858.448	58726.59	63922.738
12	600256	广汇能源	2013、2014	751.0801	1683.8770	4805.285	6717.2688
13	600259	广晟有色	2014		18.3817		2621.1342
14	600497	驰宏锌锗	2013、2014	589.4231	133.2898	18077.62	18897.5871
15	600508	上海能源	2013、2014	152.6452	15.7762	8461.013	6351.6467
16	600583	海油工程	2013、2014	2744.237	4271.8721	20339.22	22031.3752
17	600711	盛屯矿业	2013、2014	106.1063	150.2734	2037.571	3347.9578
18	600882	华联矿业	2014		114.6544		811.2611
19	601088	中国神华	2013、2014	45678	46373	283797	248360
20	601101	昊华能源	2013、2014	526.3333	195.0897	7274.116	6859.8458
21	601168	西部矿业	2013、2014	349.8172	340.4404	25271.52	24247.0854
22	601666	平煤股份	2013、2014	666.7629	225.7538	19151.97	16119.4466
23	601699	潞安环能	2013、2014	1528.86	747.3562	19199.97	16030.3176
24	601808	中海油服	2013、2014	6715.967	7520.1826	27957.93	33720.185
25	601857	中国石油	2013、2014	129577	119034	2258124	2282962
26	601898	中煤能源	2013、2014	3575.602	1222.051	82316.48	70663.84
27	601899	紫金矿业	2013、2014	2125.354	2635.4420	49771.51	58760.5339
28	601918	国投新集	2013、2014	14.9144	-1971.2442	7812.147	6562.4996
29	601958	金钼股份	2013、2014	178.0226	201.6259	8616.01	8526.3718
30	601969	海南矿业	2014		424.0500		1768.0112
31	603993	洛阳钼业	2013、2014	1084.911	1800.2018	5536.469	6662.3821
32	900948	伊泰 B 股	2013、2014	3924.396	2761.3169	25063.55	25393.6048

第二节 企业社会责任评级

2013 年、2014 年分别对采矿业发布 CSR 报告的企业进行社会责任评级，并通过聚类分析将企业履行社会责任划分为“A”“B”“C”三级。CSR 评级具体见下表。

表 4－2 采矿业企业社会责任评级

序号	股票代码	企业名称	CSR 评级		序号	股票代码	企业名称	CSR 评级	
			2013	2014				2013	2014
1	000629	攀钢钒钛	C	A	17	600711	盛屯矿业	C	C
2	000655	金岭矿业	C	C	18	600882	华联矿业		A
3	000758	中色股份	B	B	19	601088	中国神华	A	A
4	000762	西藏矿业	C	C	20	601101	昊华能源	B	B
5	000780	平庄能源	B	B	21	601168	西部矿业	C	C
6	000937	冀中能源	A	A	22	601666	平煤股份	B	B
7	000983	西山煤电	C	C	23	601699	潞安环能	A	B
8	002155	辰州矿业	C	C	24	601808	中海油服	B	A
9	600028	中国石化	B	A	25	601857	中国石油	A	A
10	600123	兰花科创	B	B	26	601898	中煤能源	A	A
11	600188	兖州煤业	A	A	27	601899	紫金矿业	A	A
12	600256	广汇能源	B	A	28	601918	国投新集	B	B
13	600259	广晟有色		B	29	601958	金钼股份	C	C
14	600497	驰宏锌锗	C	C	30	601969	海南矿业		C
15	600508	上海能源	A	A	31	603993	洛阳钼业	B	B
16	600583	海油工程	C	C	32	900948	伊泰 B 股	C	C

以营业收入数据代表公司规模，将采矿业各公司划分为如图 4－1 所示 5 个营业收入区间。2013 年采矿业发布社会责任报告的 31 家企业的企业规模（营业收入）范围是 0.99 亿至 28803.11 亿元，并主要集中在 500 亿元以下。500 亿元以下的企业数量有 26 家，占比为 83.87%，其中 CSR 评级

为“A”“B”“C”的分别有4、14、8家。企业规模在500亿元以上的企业共5家，CSR评级为“A”“B”“C”的分别有4、1、0家。可以看出，采矿业企业CSR评级与企业营业收入呈正相关，营业收入较高的企业社会责任履行状况更好。2013年采矿业31家企业规模与CSR评级分布情况如图4－2所示。

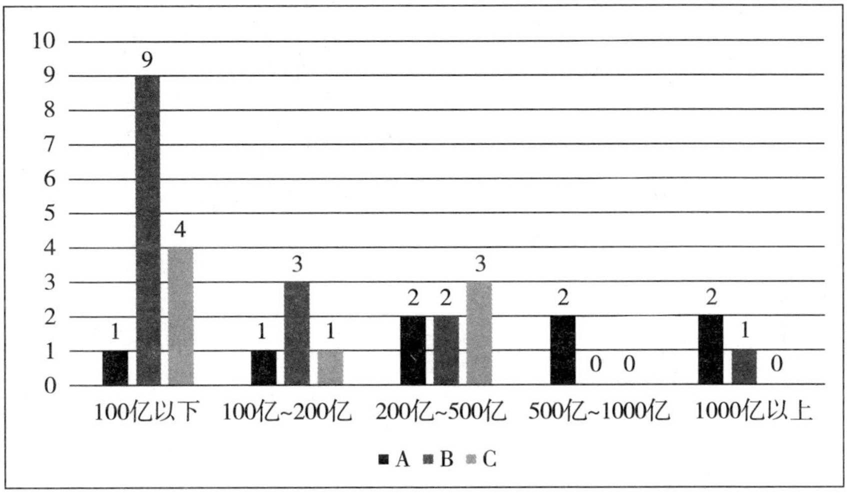

图4－1　2013年采矿业企业规模与CSR评级分布（单位：家、元）

2014年采矿业发布社会责任报告的32家企业的企业规模（营业收入）范围是5.15亿至28259.14亿元，并主要集中在500亿元以下。500亿元以下的企业数量有26家，占比为81.25%，其中CSR评级为“A”“B”“C”的分别有6、9、11家。企业规模在500亿元以上的企业共6家，CSR评级皆为“A”。可以看出，采矿业企业CSR评级与企业营业收入呈正相关，营业收入较高的企业社会责任履行状况更好。且2014年采矿业的社会责任报告质量相对2013年有进步。2014年采矿业32家企业规模与CSR评级分布情况如图4－2所示。

2013年发布报告的31家企业净利润率范围是0.19%至83.94%，并主要集中于5%以下。净利润率在0至5%的企业共17家，占比达54.84%，其中CSR评级为“A”“B”“C”的分别有5、8、4家。净利润率在5%以上的企业有14家，CSR评级为“A”“B”“C”的分别有3、7、4家。所以，较难看出采矿业企业CSR评级与净利润率之间的关系。2013年采矿业31家企业净利润率与CSR评级分布情况如图4－3所示。

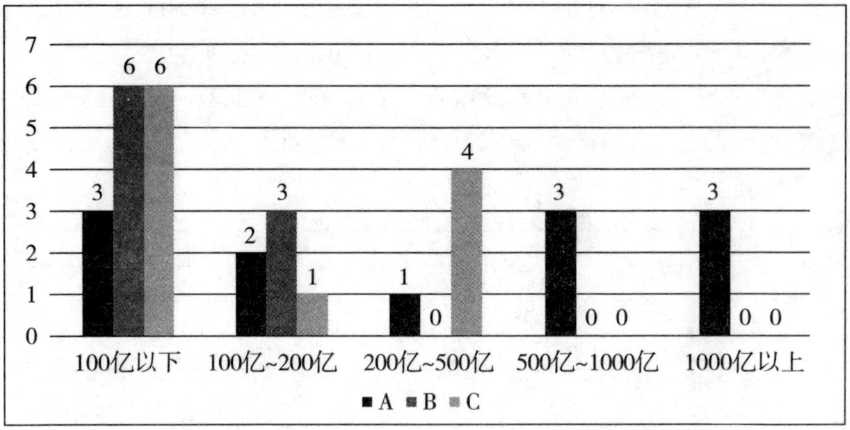

图4－2　2014年采矿业企业规模与CSR评级分布（单位：家、元）

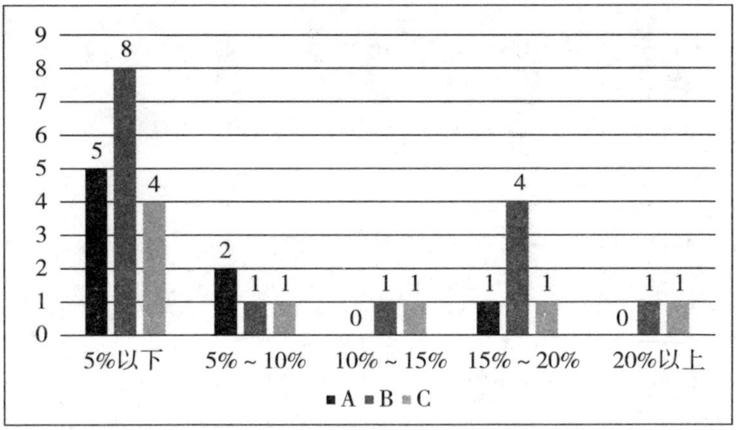

图4－3　2013年采矿业企业净利润率与CSR评级分布（单位：家）

2014年发布报告的32家企业净利润率范围是－35.59%至27.02%，并主要集中于5%以下。净利润率在0至5%的企业共22家，占比达68.75%，其中CSR评级为“A”“B”“C”的分别有7、8、7家。净利润率在5%以上的企业有10家，CSR评级为“A”“B”“C”的分别有5、1、4家。所以，较难看出采矿业企业CSR评级与净利润率之间的关系。2014年采矿业32家企业的净利润率与CSR评级分布情况如图4－4所示。

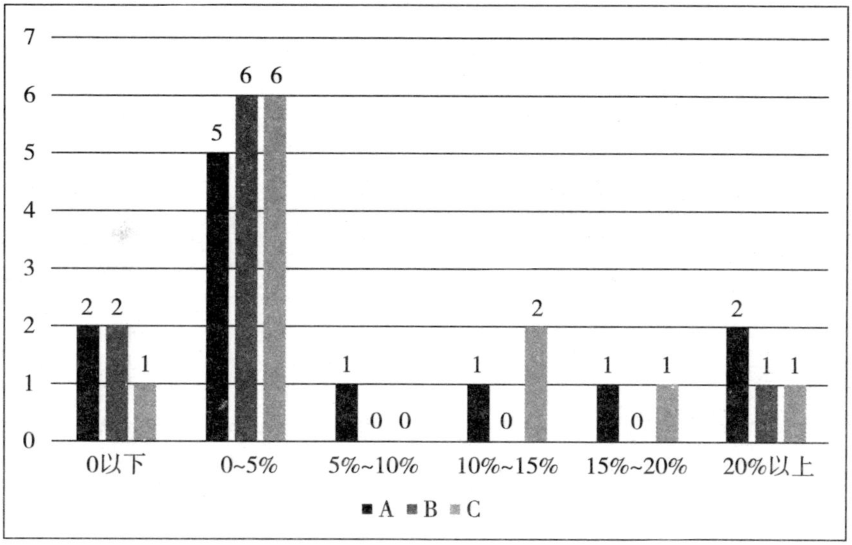

图 4－4 2014 年采矿业企业净利润率与 CSR 评级分布（单位：家）

第三节 企业社会责任各维度特征

2014 年的采矿业上市公司在“员工责任”和“环境责任”方面的均值较高，“消费者责任”和“市场责任”方面均值较低。具体分析如下：

1. 社会责任治理

这个维度共包含“责任决策”“责任治理”“责任推进”以及“责任沟通”4 个具体问题。采矿业上市公司对“责任决策”和“责任沟通”的关注度普遍较高，执行力度也较大。“责任治理”和“责任推进”则容易被企业忽视。

2. 员工责任

这个维度共包含“就业和劳动关系”“工作条件和社会保护”“民主管理和集体协商”“职业健康安全”以及“工作场所中人的发展与培训”等具体问题。采矿业上市公司在员工责任这一维度普遍得分较高，说明该采矿企业比较重视员工责任。其中，对于“职业健康安全”和“工作场所中人的发展与培训”格外重视。以昊华能源为例，该公司不断改善员工工作业时的工作环境和防护设备，以确保员工在安全的作业环境中工作，同时，该公司建立和逐步完善职工培训制度，在2014年共投入教育经费518万元。

3. 环境责任

由于采矿行业的本身对于环境的破坏和污染较大，所以该行业中的企业普遍对环境问题比较重视，普遍得分较高。环境责任维度分为“污染”“资源可持续利用”“减缓并适应气候变化”和“环境保护与自然环境的恢复”这4个具体的问题，总体来看，采矿企业在前两个问题上做得比较好，在后两个问题上，只有部分企业在阻止和减少温室气体排放、厂区及周围环境治理上做得比较好。以山东华联矿业控股股份有限公司（股票代码为600882）为例，公司除了在污染预防以及资源可持续利用上做了大量工作外，2014年，该公司还累计投资1300万余元，新增绿化面积8万余平方米，提高了矿区植被覆盖率，矿区周边环境质量和矿山面貌得到明显改善。

4. 消费者责任

本行业上市公司在“消费者责任”这个维度上的得分非常低，部分企业甚至在责任报告中完全没有提及消费者责任问题。这与行业性质密切相关。采矿业的产品是生产要素，客户都是企业等，没有个体的消费者，所以，采矿企业着重阐述员工责任与环境责任，关注消费者责任的采矿企业其焦点亦集中于提供符合可持续发展要求的产品和服务以及提供充分的售后服务等几个方面，简言之，企业在“消费者问题”上关注的范围较为狭窄。

5. 市场责任（公平运营责任）

总体而言，上市公司对这一部分在重视程度和实施深度上差异较大。相对而言，企业在“在价值链中促进社会责任”方面做得较好，主要表现为对供应商的管理；同时，由于大气候的影响，许多企业建立了预防腐败的制度，也有部分公司建立了内部相关制度和规定，用以约束员工行为。如内蒙古平庄能源股份有限公司（股票代码为000780）在2014年开展了党的群众路线教育实践活动，增强了领导班子和党员干部队伍的作风建设，同时大力开展反腐倡廉警示教育，加强“三公”经费等8项费用管控，在重点领域进行了跟踪审计和效能监察，规范了企业经营行为。公司各级纪检监察部门深入落实党风廉政建设责任制，不断强化教育预防、强化效能监察、强化案件查办、坚决惩处各类腐败和违纪违法行为。

6. 社区责任

采矿企业在“社区责任”问题上的得分差异较大，反映了各企业对于社区责任的不同认知。社区责任覆盖面较广，但多数企业的社区责任集中于教育与文化、社会捐赠等领域，反映出企业对于社区责任的认识仍有待加强。

第四节 年报中所履行的社会责任

在采矿业 71 家挂牌交易的公司中，有 27 家企业虽未单独发布企业社会责任报告，但是在年报中也提到了所履行的社会责任情况，占比为 38.0%。还有 14 家企业未发布报告也未在年报中体现企业社会责任履行情况，占比为 19.7%。采矿业的 27 家披露社会责任履行情况的企业基本信息见表 4－3。

表 4－3 采矿业企业基本信息表

单位：百万元

序号	股票代码	公司名称	净利润	营业收入
1	000552	靖远煤电	332.01	3303.49
2	000571	新大洲 A	96.45	951.95
3	600157	永泰能源	484.33	7912.06
4	600348	阳泉煤业	640.51	20722.68
5	600395	盘江股份	307.21	5174.84
6	600397	安源煤业	70.22	10651.64
7	600403	大有能源	97.10	7480.84
8	600971	恒源煤电	30.00	6444.66
9	601225	陕西煤业	2812.11	41150.15
10	000409	山东地矿	－29.48	317.65
11	600532	宏达矿业	175.96	692.75

续 表

序号	股票代码	公司名称	净利润	营业收入
12	000426	兴业矿业	158.69	1159.39
13	000603	盛达矿业	378.21	741.22
14	000688	建新矿业	322.61	986.92
15	000693	华泽钴镍	212.25	8049.17
16	000697	炼石有色	83.11	243.74
17	000975	银泰资源	352.80	726.12
18	600139	西部资源	12.67	462.54
19	600311	荣华实业	-25.06	215.31
20	600489	中金黄金	291.76	33551.16
21	600547	山东黄金	853.03	45794.27
22	600766	园城黄金	13.93	46.98
23	000813	天山纺织	51.31	559.37
24	600988	赤峰黄金	228.87	851.58
25	002554	惠博普	175.81	1381.42
26	002629	仁智油服	6.51	480.29
27	002683	宏大爆破	229.16	3399.49

在未发布企业社会责任报告，但在年报中涉及企业社会责任履行情况的27家企业中，C类企业有0家，D类企业有6家，E类企业有21家，评级主要以D、E为主，具体见表4-4。

表4-4 采矿业企业CSR评级

股票代码	公司名称	评级结果	股票代码	公司名称	评级结果
000552	靖远煤电	E	000693	华泽钴镍	E
000571	新大洲A	E	000697	炼石有色	E
600157	永泰能源	E	000975	银泰资源	E
600348	阳泉煤业	D	600139	西部资源	D
600395	盘江股份	D	600311	荣华实业	E
600397	安源煤业	E	600489	中金黄金	D

续 表

股票代码	公司名称	评级结果	股票代码	公司名称	评级结果
600403	大有能源	E	600547	山东黄金	D
600971	恒源煤电	E	600766	园城黄金	E
601225	陕西煤业	E	000813	天山纺织	E
000409	山东地矿	E	600988	赤峰黄金	E
600532	宏达矿业	E	002554	惠博普	D
000426	兴业矿业	E	002629	仁智油服	E
000603	盛达矿业	E	002683	宏大爆破	E
000688	建新矿业	E			

第五节 典型案例

中国神华能源股份有限公司是由神华集团有限责任公司控股的 H 股和 A 股上市公司。公司是以煤炭为基础，电力、铁路、港口、航运、煤化工一体化运营的综合能源企业，主营业务为煤炭生产与销售，电力生产与销售，煤炭的铁路、港口和船队运输，煤制烯烃，等等。

2014 年，中国神华能源股份有限公司发布的 CSR 报告篇幅达 118 页，内容丰富，结构清晰，可读性较强。公司在各个维度上的具体表现如下：

在“社会责任治理”维度的 4 个小方面采取的措施和实施力度主要有：①“社会决策”：公司提出“安全高效、清洁环保、和谐共赢”的社会责任理念、“让能源清洁、让生活改变”的社会责任远景等一系列责任文化，指导公司社会责任实践，引领中国神华社会责任践行的方向。同时设置了社会责任的管理部门；②“责任治理”：中国神华建立分工明确、组织有序的社会责任管理架构，从公司总部到子公司，从管理到执行，系统梳理工作流程，完善管理组织体系，明确领导责任，清晰界定工作职责和任务，有效提升了社会责任的专业化水平；③“责任推进”：公司一方面将社会责任融入公司战略，另一方面建立全方位社会责任培训机制；④“责任沟通”。公司重视与利益相关方的沟通，通过建立便于利益相关方参与的通道，将各方意见引入公司重要议题的决策、实施、评估、反馈的全过程，追求与利益相关方形成更为紧密的合作伙伴关系。

在“员工责任”方面，①“就业和劳动关系”：公司严格遵守《劳动法》《劳动合同法》等相关法律法规，建立公平、合法的雇佣环境，不因性别、种族、宗教、政治归属或年龄等方面的因素而区别对待。公司结合工作岗位特点，为残疾员工安排力所能及的工作。公司充分尊重少数民族员工生活习惯，创造条件满足少数民族员工饮食、宗教信仰等各方面需求。截止到 2014 年底，公司共有注册残疾员工 344 人，少数民族员工 4980 人；②“工作条件和社会保护”：2014 年，公司在年度考核的基础上实际支付员工工资、奖金、津贴和补贴总额 12561 百万元。公司依法足额缴纳法定社会保险和住房公积金，建立补充养老保险、补充医疗保险、人身意外保险及企业年金，社会保险覆盖率 100%；③“民主管理和集体协商”：公司依法建立职工代表大会制度和工会组织，在平等互利、协商一致的基础上，工会代表员工与公司签订《集体合同》，维护员工合法权益。在制定和执行与员工切身利益密切相关的重大制度时，均按照法定程序经职工代表大会审议，充分保障员工的知情权、表达权、参与权和监督权；中国神华工会设有专职的工作人员，二级公司工会建会率为 80%，员工入会率达 99%。同时公司建立了员工与管理层之间的沟通平台和机制；④“职业健康安全”：公司重视员工职业健康安全，分级建立职业病危害防治管理机构、管理制度、管理档案、操作规程和考核机制，形成完善的职业安全与健康管理体系。公司严格执行《中华人民共和国职业病防治法》和《煤矿安全教程》，加强职业健康管理，为员工提供足量的劳动保护用品和必要的劳动防护，保证员工生命健康，加强职业病的预防和治疗，定期为员工安排体检。报告期内未发现严重违反员工健康与安全相关准则、规则及规例的情形；⑤“工作场所中人的发展与培训”：公司不断强化人才培训体系建设，依托神华管理学院、各业务板块培训基地，建立了多层次、多渠道的大培训体系，针对不同层级、不同类别员工设计有针对性的培训内容，满足员工培训需求，提升员工职业能力。2014 年，公司累计投入 1. 89 亿元培训资金，累计组织各类员工培训 117. 45 万人次，培训时长 394. 06 万小时，每人次受训平均时数 3. 36 小时。同时，公司关爱员工生活，关爱员工家庭，对困难员工进行帮扶，并且开展丰富多彩的娱乐活动充实员工生活。

在“环境责任”维度共包括 4 个具体方面，公司在环境责任问题上比较重视。具体表现为，①“污染预防”：2014 年，生态环境遥感检测中心完成《露天矿土地复垦检测与考核评价》等 4 个检测报告；主要污染物在线检测与预警系统建设，覆盖 96 家单位的 100 多个排污口，实现了国控污染源的“即时预警、过程监管、闭环管理”。2014 年，公司投入环保资金 34.88 亿元，重点用于锅炉改造、热电联产、变频改造以及除尘脱硫脱硝、水资源综合利用与废水防治、生态建设与排矸场等环保工程。同时，公司积极开展煤炭燃烧阶段的技术研发及改造，提高煤炭燃烧效率，推进燃煤机组的“超低排放”，减少污染物排放，力求煤炭清洁利用，向社会供应绿色煤电；②“资源可持续利用”：2014 年，公司投入节能资金 10.83 亿元，重点用于余热余压再利用等节能工程。同时，中国神华积极构建“安全、绿色、智能、高效”的现代化煤炭生产体系，探索低耗、少排、高效的绿色生产方式。2014 年，公司原煤生产综合能耗月 2.25 千克标煤/吨，选煤电力单耗约 2.34 千瓦时/吨，达到国际清洁生产先进水平。同时，公司通过多种方式提高资源利用效率，开展海水淡化，节约淡水资源，综合利用废水资源以及绿色办公等；③“减缓并适应气候变化”：比如公司注重可再生能源的开发和利用。珠海风电总装机容量 15.75 兆瓦，四川能源公司水力发电机组装机容量 125.2 兆瓦，2014 年，两个电厂累计发电量 6.87 亿千瓦时，折合减少耗用标准煤 20.55 万吨，减排二氧化碳 51.24 万吨，同时，公司积极落实《大气污染防治行动计划（2013－2017）》，大力推进烟气脱硫、脱硝、除尘和锅炉技术改造，减少废气排放量；④“环境保护与自然环境的恢复”：神华集团积极开展了井工矿区生态建设，神东补连塔煤矿、哈拉沟煤矿、布尔台煤矿被国土资源部确定为第四批“国家级绿色矿山试点单位”，还开展了露天矿区生态建设和铁路沿线生态建设。

“消费者责任”维度包括 5 个方面，相对来讲，公司在这一维度做得比较少，其中“公平规范的市场营销”以及“教育和意识”两个方面责任报告没有提及。责任报告中提及的包括，①“可持续消费”：主要表现为公司严格遵守国家法律法规和相关标准要求开展产品质量管理，努力提供贴合客户需求的煤炭、电力、煤化工等产品；②“消费者服务、支持和投诉及争议处理”：公司通过销售订货会、客户服务、定制研发、客户满意度调查等沟通方式了解客户诉求，制定相关机制保障客户基本权益，提升客户满意度，增强公司品牌软实力。2014 年，公司针对华东、华南、东北等区域的 15 家电力、冶金、化工行业用户组织了 4 次专家走访，现场解决用户在采购和使用神华煤过程中出现的问题；③“消费者信息保护与隐私”：公司制定了客户服务管理体系，客户数据按照 CRM、ERP 等系统的要求统一管理，借助信息化平台保障客户隐私安全，全年未发现侵犯客户隐私权及遗失客户资料的情况。

“市场责任”维度中，公司并没有关注“公平竞争”和“尊重产权”这两个具体的问题。公司的焦点集中于“反腐败”和“在价值链中促进社会责任”这两个方面，①“反腐败”：公司秉承“淡泊名利、慎权守职”的廉洁理念，持续推进惩治和预防腐败体系建设，协调联动纪检监察、审计、下派监事会，从落实肃贪责任、强化监督检查、深化廉政教育、构建廉政风险控制评价体系、畅通举报核查渠道等方面强化反腐倡廉工作。2014 年，公司接收信访举报 204 件，核实 125 件，处分 41 人，挽回经济损失 44.62 万元，同时开展廉政教育 1239 场次，接受教育员工达 67851 人次；②“在价值链中促进社会责任”：公司将责任理念贯穿于与供应商合作的始终，以《绿色采购办法》等为依据，在供应商选择时将财务状况、装备水平、节能环保等措施及供应链管理和职业安全作为重要考量标准，同等条件下优先选择管理规范、积极履行社会责任的供应商。

在“社区责任”维度中，除了“技术开发和获取”和“财富和收入创造”外，神华集团做得非常好，具体表现为，①“社区参与”：如澳洲公司以沃特马克文体俱乐部为载体，鼓励员工积极参加社区交流活动，促进文化融合，提升企业社会影响力，并促成临近的澳大利亚利物浦平原郡与山东即墨市建立“友好姊妹城市”关系；②“教育与文化”：表现为公司持续在多地定点扶贫，帮助地方建设基础设施，发展文化教育，开展特色经济项目，有力地缓解了当地教育设施紧缺的局面，同时促进了地方经济产业的繁荣；③“健康”：表现为建立矿区医院服务当地居民；④“社区投资”：表现为对社区进行基础设施投资、安置矿区移民等；⑤“就业创造和技能开发”：如澳洲公司 26 名员工中，有 15 名员工来自当地，俄罗斯公司在股东协议中就员工比例做出相关规定，要求中外籍员工与本地员工的比例为 2 : 8；⑥“自愿责任”：2014 年，公司累计对外捐赠 5700 万元，其中非公益性捐赠 500 万元，公益性捐赠 5200 万元。同时公司成立了神华公益基金会，积极开展公益慈善项目和志愿活动。

总体而言，中国神华能源股份有限公司与其他采矿企业相比在社会责任方面关注范围较广，投入深度较大，尤其是在“社会责任治理”“员工责任”“环境责任”和“社区责任”4个维度上做得非常出色。但公司在“消费者责任”和“市场责任”上略显不足，虽然得分相对其他采矿企业也偏高，但是关注点较窄。中国神华能源股份有限公司作为世界500强企业按照相关规范发布责任报告，篇幅长达118页，内容翔实，报告里面有大量图表数据，增强了报告的可读性、可信度。可以说，中国神华能源股份有限公司是比较严格地履行了社会责任规范的。

第五章 农副食品加工业和食品制造业

第一节 行业简介及公司基本信息

农副食品加工业和食品制造业是制造业的一个下属子行业。2013 年农副食品加工业和食品制造业有 59 家公司挂牌交易，其中有 14 家上市公司发布社会责任报告，占该行业全部企业的比重为 23.73%。2014 年农副食品加工业和食品制造业有 68 家公司挂牌交易，其中有 18 家上市公司发布社会责任报告，占该行业全部企业的比重为 26.47%，基本信息见表 5－1。

表 5－1 农副食品加工业和食品制造业基本信息表

序号	股票代码	企业名称	发布报告（年）	净利润（百万元）		营业收入（百万元）	
				2013	2014	2013	2014
1	000876	新希望	2013、2014	1898.507	2613.413	69395.25	70012.23
2	000895	双汇发展	2013、2014	3858.197	4215.458	44950.46	45695.73
3	002286	保龄宝	2013、2014	41.9311	23.18519	900.7691	910.7103
4	002548	金新农	2013、2014	42.1236	62.59471	1989.918	1987.826
5	002557	洽洽食品	2013、2014	255.1819	292.262	2988.448	3113.231
6	002582	好想你	2013、2014	102.0278	53.70079	908.0377	972.924
7	600251	冠农股份	2013、2014	297.1564	179.0791	1279.255	1153.598
8	600737	中粮屯河	2013、2014	80.3172	26.46386	11264.62	8939.386
9	002216	三全食品	2013、2014	118.1312	80.8543	3603.329	4094.371
10	002570	贝因美	2013、2014	721.0464	63.18107	6117.118	5048.784
11	600298	安琪酵母	2013、2014	146.4398	176.8235	3119.381	3654.115

续 表

序号	股票代码	企业名称	发布报告（年）	净利润（百万元）		营业收入（百万元）	
				2013	2014	2013	2014
12	600597	光明乳业	2013、2014	406.0405	583.0576	16290.91	20385.06
13	600872	中炬高新	2013、2014	212.8378	292.6297	2318.191	2641.897
14	600873	梅花生物	2013、2014	403.6976	506.3424	7780.383	9864.967
15	002385	大北农	2014		811.1527		18444.92
16	002702	海欣食品	2014		18.39329		855.2782
17	002719	麦趣尔	2014		41.43405		321.3625
18	600429	三元股份	2014		38.50675		4502.477

第二节　企业社会责任评级

2013年、2014年分别对农副食品加工业和食品制造业发布CSR报告的企业进行社会责任评级，并通过聚类分析将企业履行社会责任划分为“A”“B”“C”三级。农副食品加工业和食品制造业发布CSR报告的企业CSR评级具体见表5－2。

表5－2　农副食品加工业和食品制造业CSR评级

序号	股票代码	企业名称	CSR评级		序号	股票代码	企业名称	CSR评级	
			2013	2014				2013	2014
1	000876	新希望	A	A	10	002570	贝因美	B	B
2	000895	双汇发展	B	B	11	600298	安琪酵母	B	A
3	002286	保龄宝	B	B	12	600597	光明乳业	A	A
4	002548	金新农	B	B	13	600872	中炬高新	B	B
5	002557	洽洽食品	B	A	14	600873	梅花生物	C	B
6	002582	好想你	B	B	15	002385	大北农		B
7	600251	冠农股份	B	B	16	002702	海欣食品		B
8	600737	中粮屯河	B	B	17	002719	麦趣尔		C
9	002216	三全食品	B	B	18	600429	三元股份		A

2013年14家企业的企业规模（营业收入）范围是9.01亿至693.95亿元，并主要集中在60亿元以下。60亿元以下的企业数量有8家，占比为57.14%，其中CSR评级为“A”“B”“C”的分别有1、7、0家。企业规模在60亿元以上的企业共6家，CSR评级为“A”“B”“C”的分别有2、3、1家。可以看出，农副食品加工业和食品制造业企业CSR评级在一定程度上与企业营业收入有关。相对而言，营业收入较高的企业中，评级为“A”的企业数量占比较多。16家企业的规模与CSR评级分布情况如图5-1所示。

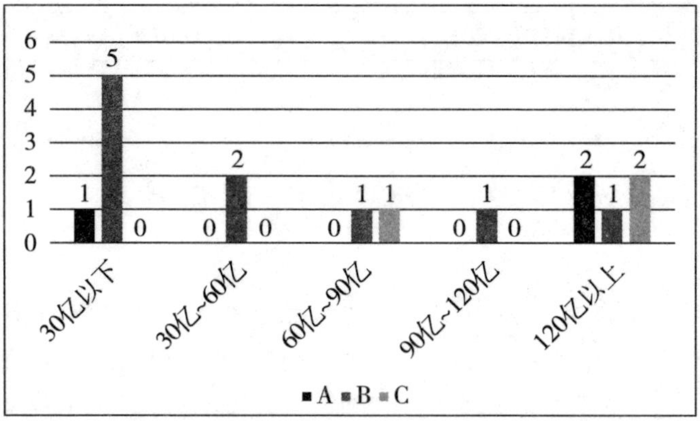

图5-1 2013年农副食品加工业和食品制造业企业规模与CSR评级分布（单位：家、元）

2014年18家企业的企业规模（营业收入）范围是3.21亿至700.12亿元，并主要集中在60亿元以下。60亿元以下的企业数量有12家，占比为66.67%，其中CSR评级为“A”“B”“C”的分别有3、8、1家。企业规模在60亿元以上的企业共6家，CSR评级为“A”“B”“C”的分别有2、4、0家。可以看出，农副食品加工业和食品制造业企业CSR评级在一定程度上与企业营业收入有关。相对而言，营业收入较高的企业中，评级为“A”的企业数量占比较多，评级为“C”的企业数量较少。18家企业的规模与CSR评级分布情况如图5-2所示。

2013年14家企业净利润率范围是0.71%至23.23%，并主要集中于10%以下。净利润率在0至10%的企业共11家，占比达78.57%，其中CSR评级为“A”“B”“C”的分别有2、8、1家。净利润率在10%以上的企业，CSR评级为“A”“B”“C”的分别有1、2、0家。14家企业的净利润率与 CSR 评级分布情况如图 5－3 所示。

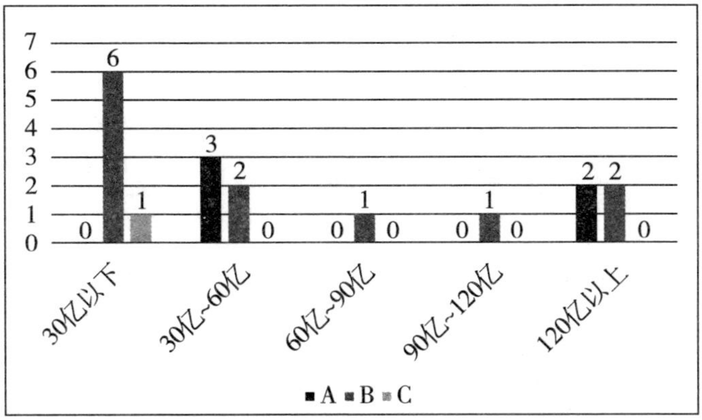

图 5－2　2014 年农副食品加工业和食品制造业
企业规模与 CSR 评级分布（单位：家、元）

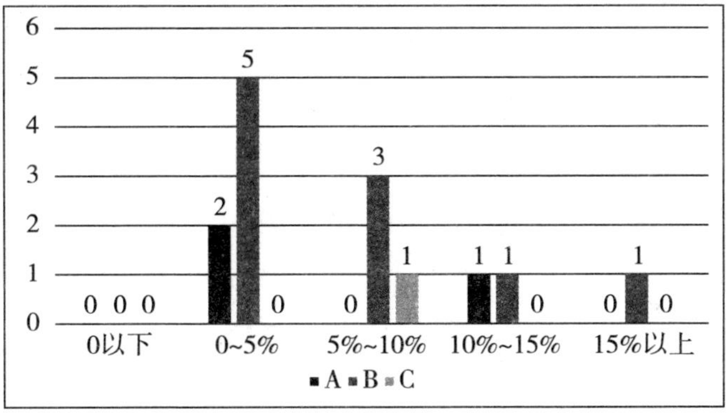

图 5－3　2013 年农副食品加工业和食品制造业
企业净利润率与 CSR 评级分布（单位：家）

2014 年 18 家企业净利润率范围是 0.30% 至 15.52%，15 家集中于 10% 以下，占比达 83.34%，其中 CSR 评级为“A”“B”的分别有 5、10 家。净利润率在 10% 以上的企业，CSR 评级为“B”“C”的分别有 2、1 家。18 家企业的净利润率与 CSR 评级分布情况如图 5－4 所示。

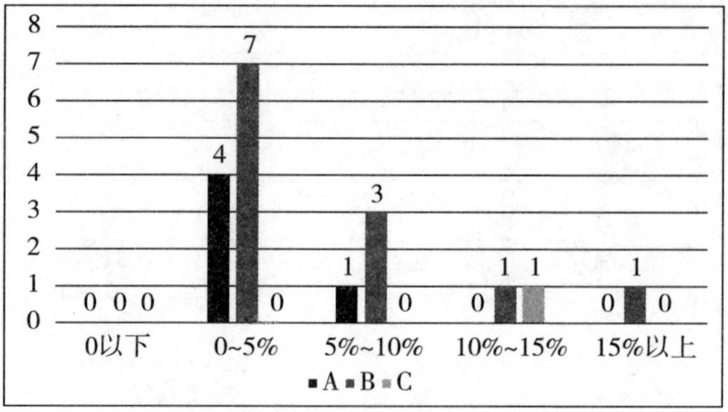

图 5－4　2014 年农副食品加工业和食品制造业企业净利润率与 CSR 评级分布（单位：家）

第三节　企业社会责任各维度特征

2013 年和 2014 年的农副食品加工业和食品制造业上市公司在“员工责任”方面的均值最高，“消费者责任”和“社区责任”“社会责任治理”方面均值较低。具体分析如下：

1. 员工责任

上市公司对“工作中的基本原则和权利”“工作条件和社会保护”“职业健康安全”以及“工作场所中人的发展与培训”等问题的关注度普遍较高，执行力度也较大。而“机会平等无歧视”“就业机会平等和非歧视”则容易被企业忽视。新疆冠农果茸集团股份有限公司（股票代码为 600251）在这一问题上做得较好，主要表现为对女职工的保护：公司连续 5 年为公司女员工办理了“女性安康疾病保险”，2013 年为 368 名女员工缴纳保险费 1.288 万元。2014 年为全体男职工购买男性安康险，平均每年保险额 3.23 万元。

2. 市场责任（公平运营）

多数上市公司对“反贪污腐败”“公平竞争”“尊重产权”和“在价值链中促进社会责任”这 4 个方面都有所关注，但是在重视程度和实施深度上则差异较大。就该维度而言，表现较好的是深圳市金新农饲料股份有限公司（股票代码为 002548）。金新农对“社会责任”的 4 个方面都有所关注：公司在“反腐败”和“在价值链中促进社会责任”方面的行动主要表现为对供应商的管理；新金农通过依法纳税来体现其“公平竞争”；在“尊重产权”上，新金农坚持的原则是从不侵犯供应商及客户的商标权、专利权等知识产权。

3. 消费者责任

上市公司在“消费者责任”这个维度上的得分最低，主要原因是企业在其发布的社会责任报告中很少提及“公平规范的市场营销”“消费者信息保护与隐私”“可持续消费”以及“教育和意识”等内容。企业关注的重点普遍集中于“消费者服务、支持和投诉及争议处理”和“消费者健康和安全保护”这两个方面，具体表现为努力改善服务以及提高产品质量。简言之，企业在“消费者责任”上关注的范围较为狭窄。

4. 环境责任

在这个维度上，本行业企业普遍重视“污染预防”和“资源可持续利用”这两个问题，即节能减排。少部分企业在“减缓并适应气候变化”方面也有所贡献，体现为削减温室气体的排放，如河南双汇投资发展股份有限公司（股票代码为 000895）：2013 年，通过对生产用蒸汽实施吨煤产量的管理创新，吨蒸汽耗煤量同比 2012 年下降 9.2%；2014 年，通过对生产用蒸汽实施吨煤产量的管理创新，吨蒸汽耗煤量同比 2013 年下降 23.76%，在降低对煤炭消耗的同时，又减少了 CO_2、SO_2、氮氧化物等气体的排放。

5. 社区责任

企业在“社会投资”“社会捐赠”方面相对于“社区责任”的其他方面投入较大，具体行动包括扶贫、助学、救灾等。“社区参与”和公众“健康”则容易被企业忽略。另外，值得强调的是，部分企业社会责任报告对“社区责任”的披露有待进一步细化和具体。

第四节　其他企业社会责任的情况

在农副食品加工业和食品制造业 66 家挂牌交易的公司中，有 29 家企业虽未单独发布企业社会责任报告，但是这些企业在年报中也提到了所履行的社会责任情况，占比43.9%。有18家企业未发布报告也未在年报中体现企业社会责任履行情况，占比27.27%。农副食品加工业和食品制造业的29家披露社会责任履行情况的公司基本信息见表5－3。

表5－3 企业基本信息表

单位：百万元

序号	股票代码	公司名称	净利润	营业收入
1	000860	顺鑫农业	364.75	9480.66
2	000972	新中基	108.17	416.77
3	002100	天康生物	201.64	4014.63
4	002124	天邦股份	27.18	2603.35
5	002157	正邦科技	40.17	16483.55
6	002220	天宝股份	134.92	1607.38
7	002515	金字火腿	25.48	212.92
8	002567	唐人神	136.05	10071.26
9	002604	龙力生物	84.76	757.07
10	002695	煌上煌	98.63	983.98
11	002726	龙大肉食	103.51	3546.51
12	600095	哈高科	5.65	440.17
13	600127	金健米业	12.96	1680.90
14	600438	通威股份	337.27	15408.93
15	603609	禾丰牧业	257.35	9139.45
16	000716	黑芝麻	61.80	1497.53
17	002329	皇氏集团	89.87	1130.30
18	002481	双塔食品	148.79	1065.18
19	002495	佳隆股份	36.39	306.69
20	002507	涪陵榨菜	131.99	906.43
21	002626	金达威	194.23	838.25
22	002650	加加食品	132.89	1684.75
23	002661	克明面业	65.66	1527.10

续　表

序号	股票代码	公司名称	净利润	营业收入
24	600073	上海梅林	128.93	10590.81
25	600186	莲花味精	16.51	2004.94
26	600305	恒顺醋业	81.20	1207.58
27	600419	天润乳业	18.20	326.51
28	600887	伊利股份	4166.54	54436.43
29	603288	海天味业	2089.91	9817.19

在未发布企业社会责任报告，但在年报中涉及企业社会责任履行情况的51家企业中，C类企业有0家，D类企业有6家，E类企业有23家。29家企业评级情况见表5－4。

表5－4　企业社会责任评级

股票代码	公司名称	评级结果	股票代码	公司名称	评级结果
000860	顺鑫农业	E	600438	通威股份	E
000972	新中基	E	603609	禾丰牧业	E
002100	天康生物	E	000716	黑芝麻	E
002124	天邦股份	E	002329	皇氏集团	D
002157	正邦科技	D	002481	双塔食品	D
002220	天宝股份	E	002507	涪陵榨菜	E
002515	金字火腿	E	002626	金达威	D
002567	唐人神	E	002650	加加食品	D
002604	龙力生物	E	002661	克明面业	E
002695	煌上煌	E	600073	上海梅林	E
002726	龙大肉食	E	600186	莲花味精	E
600095	哈高科	E	600305	恒顺醋业	E
600127	金健米业	E	600419	天润乳业	D
002495	佳隆股份	E	600887	伊利股份	E
			603288	海天味业	E

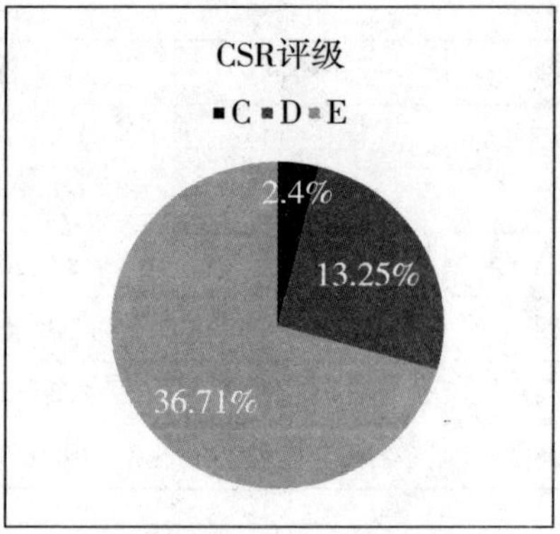

图5－5　企业社会责任评级

第五节　典型案例

新希望六和于1998年由原绵阳希望饲料有限公司整体变更设立并于同年3月在深交所发行上市（股票代码为000876）。公司立足农牧产业，已发展为集饲料、养殖、屠宰、肉制品加工的产业一体化及金融投资等农牧业企业。公司于2011年完成了农牧产业整体上市的重大资产重组后，现已成为中国最大的农牧企业。

2014年，新希望六和股份有限公司营业收入达700.12亿元，净利润达26.13亿元；发布的CSR报告篇幅为54页，内容丰富，结构清晰，可读性较强；公司社会责任评级为A。

新希望采取的行动具体表现如下：

在"员工责任"方面，采取的措施主要有：尊重男女平等的工作权利和机会，奉行非歧视的用工政策，促进平等就业，杜绝使用童工和强迫劳动；公司实行全员劳动合同制，劳动合同签订率100%；2014年公司成立了"美好互助会"，并在这一年度中累计发放救助金70多万元，帮扶了102个家庭，在他们困难的时候给予了及时的援助；2014公司为新入职员工及在职员工提供每年度的体检，体检覆盖率100%；制定《工伤事故管理规定》，给予员工工伤基本保障；加强员工安全宣传与教育，定期或不定期进行安全检查，提高员工防范意识；2014年主导实施及协助业务单元实施的培训多达200多项，培训中高层管理人员6000多人次，组织培训基层员工近10万人次。

在“市场责任”中，2013年，新希望六和荣获“A级纳税信用等级”称号；定期或不定期地召开经销商“圆桌会议”，通过公司的信息传达，结合经销商的意见反馈，实现相互沟通“取长补短”，以形成互利共赢的合作方案，抓住市场机遇。

在“消费者责任”上，在“消费者服务、支持和投诉及争议处理”“教育和意识”“消费者健康和安全保护”方面，新希望六和的表现较为突出：公司通过问卷调查、派员回访、电话回访、定期拜访、座谈会交流等，以顾客为导向，持续聚焦养殖端和消费端，根据客户不同的需求，以多渠道、变方式、立体化与客户沟通，使公司与客户保持良好稳定的合作关系。2014年公司客户满意度为98%，达到了公司制定的目标；投资1亿元，将“三级”检测体系的设备更新换代，新增5个区域性检测中心，各分、子公司化验室也增员增物，保障了对食品产业链资金、资源和人才配置与投入的科学合理，初步建立了比较先进的科学、高效的HSE的管理体系，使食品安全组织管理、高端设施、流程管理、关键环节控制等都实现了升级；养猪大学星火燎原，九大基地棋布全国，37期培训共培训3680人次。“福达蛋多多”培训火热滚动，蛋鸡养殖户口口相传、竞相入营，培训13期，用户415人次，养殖规模达1064万只。

在“环境责任”维度上的举措主要有，①“污染预防”：生物养殖排污采用国际通用的粪污处理工艺，较好地处理生产过程中产生的粪便和污水。将循环经济引入农业领域，致力于通过创新实现农业产业系统生产的效益最大化和危害最小化，达到农业生产和环境保护相融的理想状态。通过对资源的再使用和再循环利用来促使污染或废弃物的减量化甚至零排放，保护、改善农业生态环境并促进当地农村经济的发展。②“资源可持续利用”：2014年，公司以节能降耗为重点，不断加大在信息化办公方面的经费投入，提倡日常办公用复印纸正反面重复使用，减少纸张浪费；办公用笔尽量采用铅笔、钢笔、圆珠笔，减少一次性签字笔的使用数量；在使用签字笔时，也通过更换笔芯重复利用代替重新购买；通过对文印室用纸的使用和控制管理，制订用纸计划，节约用纸，依据工作需要，合理采购和供给；文件传阅全部通过内部OA办公系统，尽量减少使用纸质文稿，力求降低纸张消耗，减少资源浪费和环境污染。

相对本行业其他企业，公司在“社区责任”上表现较好，关注到了其中4个方面并都采取了相关行动，①“社区参与”：自1996年成立以来，太阳村作为非政府性质的慈善组织，一直以无偿代养、代教服刑人员的未成年子女为己任，给了这些特殊的孩子一个遮风挡雨的地方，一个相对安定温馨的大家庭，让他们同样能够受到保护，得到教育，健康快乐地长大；②“教育和文化”：公司每年在14所农业院校设立奖学金、奖教金，定期兑现奖金，已经连续发放12年；③“财富和收入创造”：为养殖户提供养殖资金和设备贷款，截至2014年，公司为养殖户提供担保资金额度为人民币5000万元，帮助养殖户提高了养殖规模和养殖效益，带动广大农民朋友进一步脱贫致富；④“社会投资”：2014年，公司工会捐资190余万元，对雅安市芦山县八步乡八步小学因“4·20”地震受到重创的教学楼进行重建。

总体而言，新希望六和股份有限公司在社会责任方面关注范围较广，投入深度较大，尤其是在“消费者责任”和“社区责任”两个维度上相对本行业其他企业表现突出。

第六章
酒、饮料和精制茶制造业

第一节　行业简介及公司基本信息

酒、饮料和精制茶是制造业的一个下属子行业。2013 年酒、饮料和精制茶制造业有 35 家公司挂牌交易，其中有 15 家上市公司发布社会责任报告，占该行业全部企业的比重为 42.86%。2014 年酒、饮料和精制茶制造业有 37 家公司挂牌交易，其中有 15 家上市公司发布社会责任报告，占该行业全部企业的比重为 40.54%，基本信息见表 6－1。

表 6－1　酒、饮料和精制茶制造业企业基本信息表

序号	股票代码	企业名称	发布报告（年）	净利润（百万元）		营业收入（百万元）	
				2013	2014	2013	2014
1	000568	泸州老窖	2013、2014	3437.823	976.066	10431.12	5353.442
2	000596	古井贡酒	2013、2014	622.0049	597.0419	4580.576	4650.856
3	000729	燕京啤酒	2013、2014	680.6411	791.6342	13748.38	13503.75
4	000858	五粮液	2013、2014	7972.815	6058.215	24718.59	21011.49
5	000869	张裕酒业	2013、2014	1048.186	977.7077	4320.949	4156.728
6	002304	洋河股份	2013、2014	5002.072	4508.044	15023.62	14672.21
7	002387	黑牛食品	2013	14.5708	12.28868	697.1563	583.3441
8	600059	古越龙山	2013、2014	143.9383	185.9375	1467.924	1337.948
9	600197	伊力特	2013、2014	272.7486	268.8161	1753.073	1628.293
10	600573	惠泉啤酒	2013、2014	20.374	31.1591	796.3065	829.0084
11	600600	青岛啤酒	2013	1973.372	2019.532	28290.98	29049.32
12	600616	金枫酒业	2013、2014	116.8635	68.1947	1025.855	941.5485

续 表

序号	股票代码	企业名称	发布报告（年）	净利润（百万元）		营业收入（百万元）	
				2013	2014	2013	2014
13	600702	沱牌舍得	2013、2014	11.7742	13.38935	1418.592	1444.983
14	600809	山西汾酒	2013、2014	960.4248	357.8746	6087.2	3916.067
15	600962	国投中鲁	2013、2014	-93.6679	-128.851	1245.299	877.6052
16	600543	莫高股份	2014		17.01849		325.1737
17	601579	会稽山	2014		111.9988		859.13

第二节　企业社会责任评级

2013 年、2014 年分别对酒、饮料和精制茶制造业发布 CSR 报告的企业进行社会责任评级，并通过聚类分析将企业履行社会责任划分为“A”“B”“C”三级。酒、饮料和精制茶制造业发布 CSR 报告的企业 CSR 评级具体见表 6-2。

表 6-2　酒、饮料和精制茶制造业企业 CSR 评级

序号	股票代码	企业名称	CSR 评级		序号	股票代码	企业名称	CSR 评级	
			2013	2014				2013	2014
1	000568	泸州老窖	B	B	10	600573	惠泉啤酒	C	C
2	000596	古井贡酒	B	B	11	600600	青岛啤酒	A	
3	000729	燕京啤酒	B	B	12	600616	金枫酒业	B	B
4	000858	五粮液	A	A	13	600702	沱牌舍得	B	B
5	000869	张裕酒业	C	C	14	600809	山西汾酒	A	A
6	002304	洋河股份	A	A	15	600962	国投中鲁	B	B
7	002387	黑牛食品	B		16	600543	莫高股份		C
8	600059	古越龙山	B	B	17	601579	会稽山		C
9	600197	伊力特	B	B					

2013 年 15 家企业的企业规模（营业收入）范围是 6.97 亿至 282.9 亿元，并主要集中在 60 亿元以下。60 亿元以下的企业数量有 9 家，占比为 60%，其中 CSR 评级为“A”“B”“C”的分别有 0、7、2 家。企业规模

在60亿元以上的企业共6家，CSR评级为“A”“B”“C”的分别有4、2、0家。可以看出，酒、饮料和精制茶制造业企业CSR评级在一定程度上与企业营业收入有关。相对而言，营业收入较高的企业中，评级为“A”的企业占比重较大。15家企业的规模与CSR评级分布情况如图6－1所示。

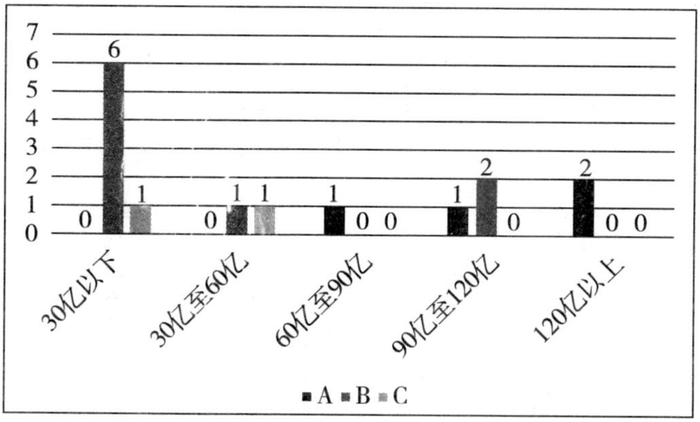

图6－1 2013年酒、饮料和精制茶制制造业企业规模与CSR评级分布（单位：家、元）

2014年15家企业的企业规模（营业收入）范围是3.25亿至210亿，并主要集中在60亿元以下。60亿元以下的企业数量有12家，占比为80%，其中CSR评级为“A”“B”“C”的分别有1、6、5家。企业规模在60亿元以上的企业共3家，CSR评级为“A”“B”的分别有2、1家。可见，酒、饮料和精制茶制造业企业CSR评级在一定程度上与企业营业收入有关。相对而言，营业收入较高的企业中，评级为“A”的企业数量较多。15家企业的规模与CSR评级分布情况如图6－2所示。

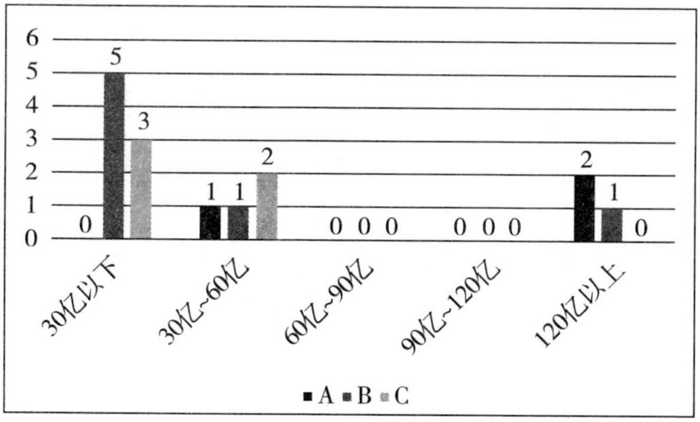

图6－2 2014年酒、饮料和精制茶制造业企业规模与CSR评级分布（单位：家、元）

2013 年 15 家企业中有 1 家企业的净利润率为负，其他企业净利润率范围是 0.83% 至 33.29%。净利润率在 0 至 10% 的企业共 6 家，占比达 40%，其中 CSR 评级为“A”“B”“C”的分别有 1、4、1 家。净利润率在 10% 以上的企业，CSR 评级为“A”“B”“C”的分别有 3、4、1 家。15 家企业的净利润率与 CSR 评级分布情况如图 6－3 所示。

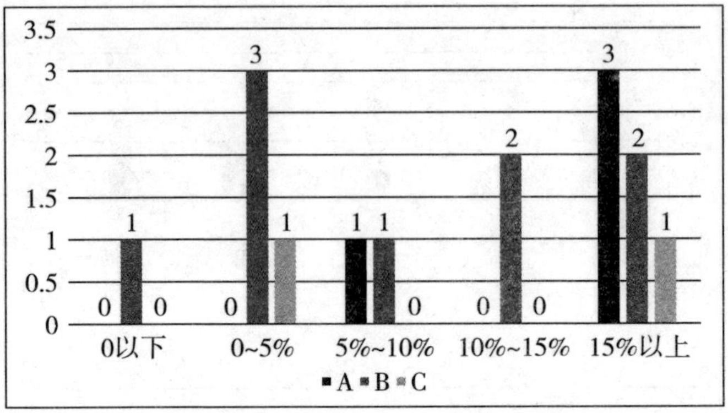

图 6－3　2013 年酒、饮料和精制茶制造业企业净利润率与 CSR 评级分布（单位：家）

2014 年 15 家企业中有 1 家企业的净利润率为负，其他企业净利润率范围是 0.93% 至 30.73%，半数以上集中于 10% 以上。净利润率在 0 至 10% 的企业共 6 家，占比达 40%，其中 CSR 评级为“A”“B”“C”的分别有 1、3、2 家。净利润率在 10% 以上的企业，CSR 评级为“A”“B”“C”的分别有 2、4、2 家。15 家企业的净利润率与 CSR 评级分布情况如图 6－4 所示。

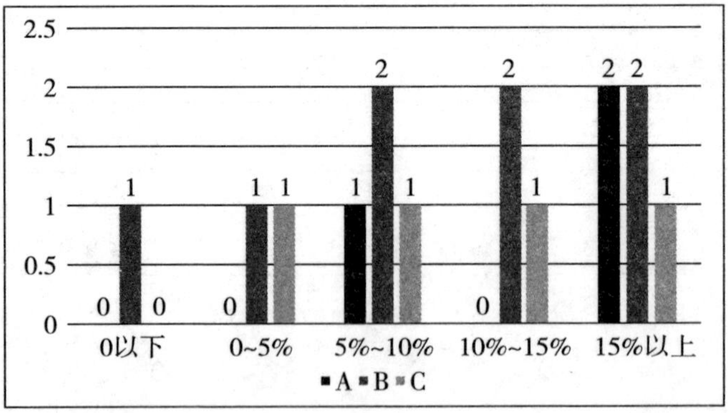

图 6－4　2014 年酒、饮料和精制茶制造业企业净利润率与 CSR 评级分布（单位：家）

第三节 企业社会责任各维度特征

2013 年和 2014 年的酒、饮料和精制茶制造业上市公司在“员工责任”方面的均值最高，“消费者责任”“社会责任治理”方面均值较低。具体分析如下：

1. **社会责任治理**

酒、饮料和精制茶制造业上市公司在社会责任治理的工作并未全面开展，针对该指标的描述多集中在“社会责任承诺与战略”“利益相关方的沟通”“社会责任报告的披露”三方面。本行业上市公司在报告中基本不涉及“社会责任管理的机构“ “社会责任相关决策的执行“。

2. **员工责任**

上市公司对“工作中的基本原则和权利” “工作条件和社会保护”“职业健康安全”以及“工作场所中人的发展与培训”等问题的关注度普遍较高，执行力度也较大。而“机会平等无歧视”“就业机会平等和非歧视”则容易被企业忽视。五粮液股份有限公司（股票代码为 000858）在这一问题上做得较好：对于任何一名普通职工，公司一视同仁，从未发生任何歧视职工的事件。除此之外，在人员招聘过程中，公司也严格遵守国家法律法规的要求，不设置歧视性的招聘条件，对于符合任职要求的应聘人员给予公平对待。

3. **环境责任**

在环境问题上，本行业企业普遍重视“污染预防”和“资源可持续利用”这两个问题，即节能减排。部分企业在“减缓并适应气候变化”方面也有所贡献，体现为削减温室气体的排放。只有极少数公司提及“环境保护与自然环境的恢复”，以宜宾五粮液股份有限公司（股票代码为 000858）为例：公司特向中国生态文明研究与促进会生态文明促进基金捐款 1000 万元。

4. **市场责任**

多数上市公司对“反腐败”“公平竞争”“尊重产权”和“在价值链中促进社会责任”这 4 个方面都有所关注，但是在重视程度和实施深度上则差异较大。相对而言，企业在“在价值链中促进社会责任”方面做得较好，主要是表现为对供应商的管理；对“反腐败”的重视程度相对则不够。部分公司建立了内部相关制度和规定，用以约束员工行为，但具体执行情况和执行力度只有极少数公司在其社会责任报告中进行披露。在这一问题上表现较好的是宜宾五粮液股份有限公司，公司从“人”“财”“物”3个方面以及“产”“供”“销”3个环节，梳理出100余个权力风险类型，清理各单位权力风险2158个，制定防控措施1919个，新修订完善制度384个。

5. 消费者责任

本行业上市公司在“消费者责任”这个维度上的得分相对较低，主要原因是企业在其发布的社会责任报告中很少提及“公平规范的市场营销”“消费者信息保护与隐私”“可持续消费”以及“教育和意识”等内容。企业关注的重点普遍集中于“消费者服务、支持和投诉及争议处理”和“消费者健康和安全保护”，具体表现为努力改善服务以及提高产品质量。简言之，企业在“消费者责任”上关注得不完整。

6. 社区责任

企业在“社会投资”“社会捐赠”方面相对于“社区责任”的其他方面投入较大，具体行动包括扶贫、助学、救灾等。“社区参与”和公众“健康”则容易被企业忽略。另外，值得强调的是，部分企业社会责任报告对“社区问题”的披露有待进一步细化和具体。山西杏花村汾酒厂股份有限公司（股票代码为600809）是本行业中为数不多的关注到公众“健康”的企业：竹叶青酒营销公司在太原开展“关爱健康·拒绝酒驾”万人签名活动，让太原市民在“酒”味中上了一堂生动深刻的拒绝酒驾安全课，并警醒人们“健康饮酒，安全驾驶”。

第四节　年报中的社会责任

在酒、饮料和精制茶制造业36家挂牌交易的公司中，有8家企业虽未单独发布企业社会责任报告，但是在年报中也披露了所履行的社会责任情况，占比22.2%。有12家企业未发布报告也未在年报中体现企业社会责任情况，占比33.3%。酒、饮料和精制茶制造业的8家披露社会责任情况的公司基本信息见表6－3。

表6－3 酒、饮料和精制茶制造业基本信息表

单位：百万元

序号	股票代码	公司名称	公司性质	省份	净利润	营业收入
1	000019	深深宝	地方国有企业	广东省	14.13	368.12
2	000929	兰州黄河	民营企业	甘肃省	106.26	795.71
3	002387	黑牛食品	民营企业	广东省	12.29	583.34
4	600084	中葡股份	公众企业	新疆维吾尔自治区	8.41	523.45
5	600300	维维股份	地方国有企业	江西省	572.52	4080.51
6	600519	贵州茅台	地方国有企业	贵州省	16269.37	32217.21
7	600779	水井坊	外资企业	四川省	－418.50	364.87
8	603369	今世缘	地方国有企业	江苏省	642.07	2399.74

在未发布企业社会责任报告，但在年报中涉及企业社会责任情况的8家企业中，有2家民营企业，占比25%，地方国有企业4家，占比50%，公众企业1家，外资企业1家，各占比12.5%。在这8家企业中，C类企业有0家，D类企业有1家，E类企业有7家，各企业评级情况见表6－4。

表6－4 酒、饮料和精制茶制造业企业CSR评级

股票代码	公司名称	评级结果	股票代码	公司名称	评级结果
000019	深深宝	E	600300	维维股份	E
000929	兰州黄河	E	600519	贵州茅台	E
002387	黑牛食品	E	600779	水井坊	E
600084	中葡股份	D	603369	今世缘	E

第五节 典型案例

宜宾五粮液股份有限公司是生产经营浓香型、酱香型蒸馏酒和果酒的大型现代酒企，坐落于素有“中国白酒之都”美誉的“万里长江第一城”四川宜宾。公司前身是20世纪50年代初8家古传酿酒作坊联合组建而成的“宜宾大曲联营社”“中国专卖公司四川省宜宾酒厂”。于1995年正式定名为“宜宾五粮液酒厂”，1998年改制为股份有限公司并上市。

2014年，五粮液公司营业收入达210.11亿元，净利润达60.58亿元；发布的CSR报告篇幅为44页，内容丰富，结构清晰，可读性较强；公司社会责任评级为A。五粮液公司在5个维度上采取的行动具体表现如下：

五粮液在“员工责任”维度上采取的措施主要有：对于任何一名普通职工，公司一视同仁，从未发生任何歧视职工的事件。除此之外，在人员招聘过程中，公司也严格遵守国家法律法规的要求，不设置歧视性的招聘条件，对于符合任职要求的应聘人员给予公平对待。2014年新安置职工120人，主要包括高校毕业生、退伍军人、社会招聘及职工子女安置等；公司按照《劳动法》《劳动合同法》的管理规定，公司及时与所有在职人员签订劳动合同，劳动合同签订率达到100%。春节、建军节“双拥”慰问活动发放慰问金30000余元，慰问礼品228份；2014年各级“青安岗”认真履行职责，创新工作思路，共计查找安全隐患1167起，提合理化建议212条（采纳168条），制止他人不安全、不规范行为888次，开展安全知识和技能培训1780次，参与人数达49827人次；2014年公司通过社会招聘和校园招聘等多种途径，引进各类高层次人才，与此同时，还积极探索新的人才培养模式，通过“引进来、走出去”的培养机制使公司的科研水平有了较大的提高，如全面参加协会牵头的“3C计划”，请四川大学的日本木田教授到公司举办讲座，派员到中国食品发酵工业研究院学习，博士后来工作站研究，等等。

在“市场责任”这个维度的主要行动：开通电子举报信箱1个、安装举报箱46个，新制定工作制度4个、修订制度2个，开展立项监察项目5个、荣获2项纪检监察工作“优秀创新奖”称号；五粮液作为行业的龙头企业，将引领行业健康发展、规范发展为己任。2008年成为“全国白酒标准化技术委员会浓香型白酒分技术委员会”秘书处承担单位，是国家浓香型白酒标准的主要制定者。五粮液将系统开展浓香型白酒标准研究制定，使产品质量和生产过程更加符合国家政策和消费者要求，起到规范产业行为、促进白酒行业健康快速发展的作用；今年共申报各类专利170项，获得国家专利授权120项；“百年52度”荣获2014年度中国白酒酒体设计奖；五粮液1618（618ml）包装获得天府宝岛2014工业设计大赛铜奖；公司先后帮助省内外100余家白酒企业改进工艺，培训专业人员数千人次，对行业的发展和社会经济发展发挥了重要的作用。

在“消费者责任”上，五粮液公司在“消费者服务、支持和投诉及争议处理”和“消费者健康和安全保护”方面，表现还是突出；2014年及时处理消费者咨询、投诉数百起。在处理消费者投诉的过程中，充分了解、分析顾客心理，注重售后服务细节，改进工作中的不足，不断提升自身的服务质量，通过全程优质的服务，不断提高顾客对品牌的忠诚度；2014年，《地理标志产品五粮液酒》（GB/T 22211－2008）国家标准修改工作已通过专家审查，进入报批阶段，参与制定的《四川省白酒感官质量评委考核规范》地方标准已颁布实施。公司在积极主导和参与国家、行业、地方标准制修订工作的同时，还先后制定了《高温大曲》等3项企业标准，修订了《玻璃酒瓶》等12项包装材料类企业标准，对规范公司生产和检验、保证产品质量安全提供了强力的技术支撑。

在“环境责任”这个维度上，无论是广度还是深度都表现较好；2014年，共处理废水455万吨、废气355202.89万立方米，均实现100%达标排放；主要污染物总量控制方面，公司排放化学需氧量283.09吨、氨氮20.57吨、烟尘1420.21吨、二氧化硫1968.56吨、氮氧化物940.98吨，各污染物排放总量均低于宜宾市委/市政府下达给公司的目标任务；2014年，收到各基层单位循环经济、清洁生产及节能减排项目共计63个，实现经济效益6900余万元；采用低氮燃烧技术及清洁能源——天然气作为燃料，可从源头实现NOX减排约70%。项目实施后，实现节约标准煤约5.68万吨，减排CO_2约2100吨、NO_X约430吨、烟尘约1500吨、CO_2约24万吨及固体煤渣约10万吨，节能减排效果十分显著；为支持中国生态文明研究与促进会开展生态文明课题研究和宣传教育培训活动，加强重点地区、行业、企业生态文明建设试点示范，以及生物多样性保护等促进生态文明建设相关领域工作，公司特向中国生态文明研究与促进会生态文明促进基金捐款1000万元，成为捐赠生态文明促进基金的第一家企业。

在“社区责任”维度上的举措主要有：公司共建服务队50余支，公司级党员服务队6支，每个基层党委组建2支以上服务队。队伍组建以来，各支服务队深入到基层、敬老院、学校等开展活动。如505车间共产党服务队在重阳节前往明威敬老院慰问孤寡老人，为他们送去棉被、衣物等生活用品，还为他们打扫卫生、测量血压，与老人们共度佳节；于2012年设立了“五粮液教育基金”，拟在5年内向宜宾市教育基金会捐赠1000万元；作为全省和酿酒行业利税大户，五粮液公司在有力地支持地方政府财政的同时，更加注重社会效益，主动回报社会，为社会提供近3万个劳动就业岗位；在云南省昭通市鲁甸县发生6.5级地震后，邻近灾区的五粮液公司迅速反应，高层召开紧急会议安排救援工作，立即筹措救灾急用物资，紧急筹措首批价值400万元的救灾物资，调配组织车队向灾区运送。首批出发的15车救灾物资，主要为药品、饮用水、棉被、食品等灾区急需的物资。

总体而言，五粮液股份有限公司在社会责任方面关注范围较广，投入深度较大，尤其是在“市场责任”和“环境责任”两个维度上相对本行业其他企业表现突出。

第七章
纺织业、纺织服装、服饰业以及皮革、毛皮、羽毛及其制品和制鞋业

第一节　行业简介及公司基本信息

纺织业、纺织服装、服饰业以及皮革、毛皮、羽毛及其制品和制鞋业是制造业的 3 个下属子行业。依据中国证监会公布的《上市公司行业分类指引（2012 年修订）》，制造业包括 13 ~ 43 大类，指经物理变化或化学变化后成为新的产品，不论是动力机械制造，还是手工制作；也不论产品是批发销售，还是零售，均视为制造。

根据证监会发布的 2013 年 4 季度上市公司行业分类结果，纺织业、纺织服装、服饰业以及皮革、毛皮、羽毛及其制品和制鞋业有 77 家公司挂牌交易，其中有 22 家上市公司发布社会责任报告，占该行业全部企业的比重为 28.57%。2014 年纺织业、纺织服装、服饰业以及皮革、毛皮、羽毛及其制品和制鞋业有 76 家公司挂牌交易，其中有 23 家上市公司发布社会责任报告，占该行业全部企业的比重为 30.26%，基本信息见表 7 – 1。

表 7 – 1　纺织业、纺织服装、服饰业以及皮革、毛皮、羽毛及其制品和制鞋业企业基本信息表

序号	股票代码	企业名称	发布报告（年）	净利润（百万元）		营业收入（百万元）	
				2013	2014	2013	2014
1	000611	＊ST 蒙发	2014		–52.2385		67.1771
2	000726	鲁泰纺织	2013、2014	999.2567	979.3772	6478.245	6169.6888
3	002003	伟星股份	2013、2014	209.2686	234.3799	1772.065	1848.6289

续 表

序号	股票代码	企业名称	发布报告（年）	净利润（百万元）		营业收入（百万元）	
				2013	2014	2013	2014
4	002029	七匹狼	2013、2014	379.0693	294.3916	2773.491	2391.0348
5	002042	华孚色纺	2013	200.2691		6240.128	
6	002070	众和股份	2013、2014	42.0934	7.6303	1482.829	1260.1831
7	002144	宏达高科	2013、2014	81.2002	117.4249	585.8723	545.1153
8	002154	报喜鸟	2013	160.7382		2017.884	
9	002269	美邦服饰	2013	405.4764		7889.618	
10	002394	联发股份	2013、2014	280.4785	315.0890	3205.147	3391.5831
11	002517	泰亚股份	2013、2014	4.5784	-52.7825	348.3903	334.9043
12	002569	步森股份	2013	6.0663		651.1865	
13	002656	卡奴迪路	2013、2014	149.3223	12.5342	799.0916	699.9203
14	002674	兴业科技	2013、2014	177.4761	119.9524	1780.3894	2233.9054
15	600070	浙江富润	2013	122.4698		1072.373	
16	600177	雅戈尔	2013	1359.597	3214.8187	15166.88	15903.2160
17	600439	瑞贝卡	2013、2014	172.5729	155.7456	2129.1421	1932.2600
18	600483	福建南纺	2013	21.4478		1179.71	
19	600493	凤竹纺织	2013、2014	14.0045	10.0153	880.0878	776.8332
20	600987	航民股份	2013、2014	411.107	518.3997	2930.793	3184.2233
21	601339	百隆东方	2013、2014	507.6388	473.5145	4273.361	4620.6367
22	601566	九牧王	2013、2014	537.3022	350.520	2501.539	2067.8191
23	603555	贵人鸟	2013、2014	1318	312.2418	2406	1919.6504

第二节　纺织业、纺织服装、服饰业以及皮革、毛皮、羽毛及其制品和制鞋业企业社会责任评级

2013 年、2014 年分别对纺织业、纺织服装、服饰业以及皮革、毛皮、羽毛及其制品和制鞋业发布 CSR 报告的企业进行社会责任评级，并通过聚

类分析将企业履行社会责任划分为“A”“B”“C”三级。纺织业、纺织服装、服饰业以及皮革、毛皮、羽毛及其制品和制鞋业发布 CSR 报告的企业 CSR 评级具体见表 7－2。

表 7－2　纺织业、纺织服装、服饰业以及皮革、毛皮、羽毛及其制品和制鞋业企业 CSR 评级

序号	股票代码	企业名称	CSR 评级		序号	股票代码	企业名称	CSR 评级	
			2013	2014				2013	2014
1	000611	*ST 蒙发		C	13	002656	卡奴迪路	C	C
2	000726	鲁泰 A	B	A	14	002674	兴业科技	C	C
3	002003	伟星股份	C	C	15	600070	浙江富润	C	
4	002029	七匹狼	C	C	16	600177	雅戈尔	B	B
5	002042	华孚色纺	A		17	600439	瑞贝卡	C	C
6	002070	众和股份	B	B	18	600483	福建南纺	A	
7	002144	宏达高科	B	B	19	600493	凤竹纺织	C	C
8	002154	报喜鸟	B		20	600987	航民股份	C	C
9	002269	美邦服饰	B		21	601339	百隆东方	A	A
10	002394	联发股份	B	B	22	601566	九牧王	C	C
11	002517	泰亚股份	C	C	23	603555	贵人鸟	C	C
12	002569	步森股份	B						

2013 年纺织业、纺织服装、服饰业以及皮革、毛皮、羽毛及其制品和制鞋业有 22 家企业发布企业社会责任报告，本研究中以营业收入数据代表企业的规模。22 家企业的企业规模（营业收入）的范围是 3.48 亿至 151.66 亿元，并主要集中在 10 亿至 50 亿元。企业规模在 10 亿至 50 亿元的企业有 13 家，占比为 59.09%，其中 CSR 评级为“A”“B”“C”的分别有 2、3、8 家。企业规模在 10 亿元以下的企业共 5 家，其中有 3 家企业 CSR 评级为“B”，2 家企业 CSR 评级为“C”。企业规模在 50 亿元以上的企业共 4 家，CSR 评级为“A”和“B”的分别有 1 家和 3 家，没有评级为“C”的企业。可以看出，纺织业、纺织服装、服饰业以及皮革、毛皮、羽毛及其制品和制鞋业企业 CSR 评级在一定程度上与企业营业收入有关。相对而言，营业收入较高的企业中，评级为“A”的企业数量较多，评级

为“C”的企业数量较少。22 家企业的企业规模与 CSR 评级分布情况如图 7－1 所示。

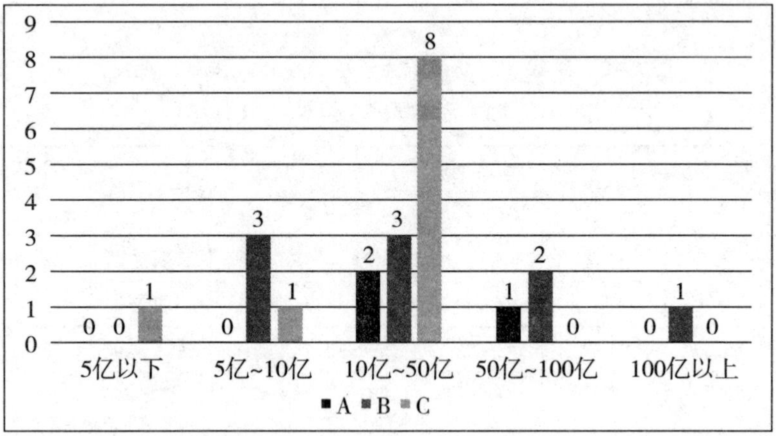

图 7-1 2013 年纺织业、纺织服装、服饰业以及皮革、毛皮、羽毛及其制品和制鞋业企业规模与 CSR 评级分布（单位：家、元）

2014 年纺织业、纺织服装、服饰业以及皮革、毛皮、羽毛及其制品和制鞋业有 17 家企业发布企业社会责任报告（其中，有 6 家企业在 2013 年发布报告，2014 年未发布；2014 年新增企业＊ST 蒙发发布报告）。17 家企业的企业规模（营业收入）范围是 0.67 亿至 159.03 亿元，并主要集中在 10 亿至 50 亿元。企业规模在 10 亿至 50 亿元的企业有 10 家，占比为 58.82%，其中 CSR 评级为“A”“B”“C”的分别有 1、2、7 家。企业规模在 10 亿以下的企业共 5 家，其中有 1 家企业 CSR 评级为“B”，4 家企业 CSR 评级为“C”。企业规模在 50 亿元以上的企业共 2 家，CSR 评级为“A”和“B”的分别有 1 家，没有评级为“C”的企业。17 家企业的企业规模与 CSR 评级分布情况如图 7－2 所示。

2013 年 22 家企业净利润率的范围是 0.93% 至 54.78%，并主要集中于 15% 以下。净利润率在 15% 以下的企业共 18 家，占比达 81.82%，并且这些企业均匀分布在 5% 以内、5% 至 10% 和 10% 至 15%。净利润率在 10% 以内的企业 CSR 评级为“A”“B”“C”的分别有 2、6、4 家；净利润率在 10% 以上的企业 CSR 评级为“A”“B”“C”的分别有 1、2、7 家。可以看出，纺织业、纺织服装、服饰业以及皮革、毛皮、羽毛及其制品和制鞋业中，CSR 评级为“A”和“B”的企业净利润率集中在 10% 以下，

CSR 评级为 “C” 的企业净利润率集中在 10% 以上，即在一定程度上，企业净利润率越低，企业 CSR 评级反而越高。22 家企业的净利润率与 CSR 评级分布情况如图 7－3 所示。

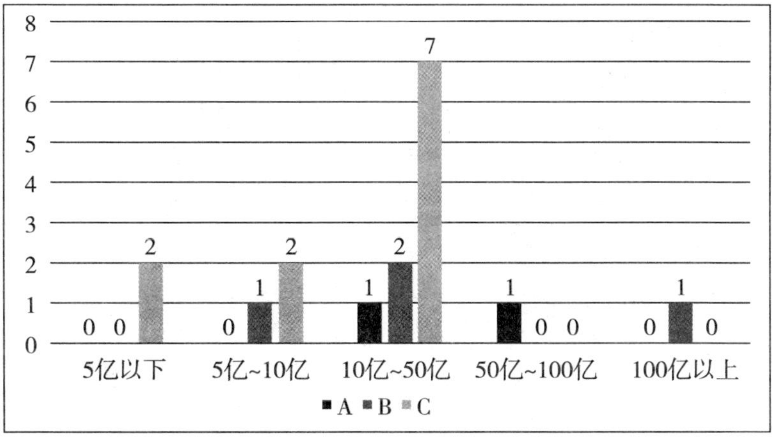

图 7－2　2014 年纺织业、纺织服装、服饰业以及皮革、毛皮、羽毛及其制品和制鞋业企业规模与 CSR 评级分布（单位：家、元）

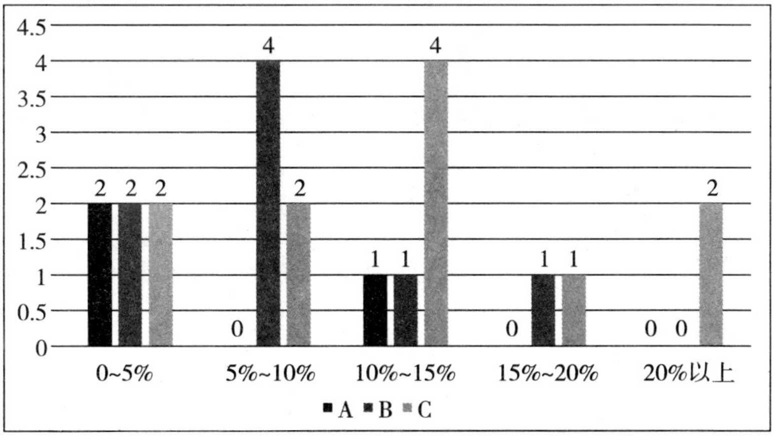

图 7－3　2013 年纺织业、纺织服装、服饰业以及皮革、毛皮、羽毛及其制品和制鞋业企业净利润率与 CSR 评级分布（单位：家）

2014 年 17 家企业净利润率范围是－77.76% 至 21.54%，并主要集中于 15% 以下。净利润率在 15% 以下的企业共 11 家，占比达 64.71%。净利润率在 10% 以内的企业有 8 家，CSR 评级为 “B” 的有 2 家，评级为 “C” 的有 6 家；净利润率在 10% 以上的企业 CSR 评级为 “A” “B” “C” 的分别有2、2、5家。可以看出，在2014年的纺织业、纺织服装、服饰业以及皮革、毛皮、羽毛及其制品和制鞋业中，CSR评级为“A”和“B”的企业净利润率集中在10%以上。17家企业的净利润率与CSR评级分布情况如图7－4所示。

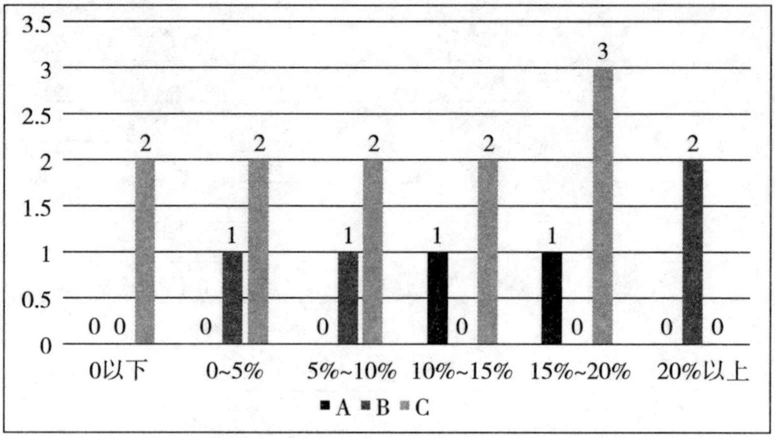

图7－4　2014年纺织业、纺织服装、服饰业以及皮革、毛皮、羽毛及其制品和制鞋业企业净利润率与CSR评级分布（单位：家）

第三节　企业社会责任各维度特征

总体上看，纺织业、纺织服装、服饰业以及皮革、毛皮、羽毛及其制品和制鞋业上市公司在“员工责任”方面责任履行位于首位，“消费者责任”方面均值较低。具体分析如下：

1. **员工责任**

纺织业、纺织服装、服饰业以及皮革、毛皮、羽毛及其制品和制鞋业上市公司对“工作中的基本原则和权利”“工作条件和社会保护”“职业健康安全”以及“工作场所中人的发展与培训”等问题的关注度普遍较高，但执行力度还有待提高。另外，超过半数的企业忽视了“机会平等无歧视”这一问题。百隆东方股份有限公司（股票代码为601339）在这一问题上做得较好，突出表现为2013年，百隆东方安置近40名残疾员工在适合的岗位就业。2014年，众和股份（股票代码为002070）在“就业和劳动关系”这一方面做得较好。表现为尊重和维护员工的个人权益特别是妇女的特殊权益；积极为残疾人提供就业岗位，开展残疾人权益保障工作。报告期内组织开展了多次残疾人竞技比赛，并获中国社会福利协会给予的“2014 年中国百强福利企业”称号。

2. 环境问题

在环境问题上，企业普遍重视“污染预防”和“资源可持续利用”这两个问题，即节能减排。部分企业在“减缓并适应气候变化”方面也有所贡献，体现为削减温室气体的排放。只有极少数公司提及“环境保护与自然环境的恢复”。以百隆东方股份有限公司为例：2013 年公司绿化种植覆盖率达到 30% 以上。2014 年，百隆东方在“节能减排”方面做得较好。如对老染厂实施雨污管网改造，积极应用推广节能环保新型染料和新助剂；对旧设备进行改造和淘汰，合计新配置清梳联 219 台、托盘式络筒机 41 台、粗纱四电机 157 台、异纤电清改造 19 台、并条机（匀整）21 台。

3. 市场责任

多数上市公司对“反腐败”“公平竞争”“尊重产权”和“在价值链中促进社会责任”这 4 个方面都有所关注，但是在重视程度和实施深度上则差异较大。相对而言，企业“在价值链中促进社会责任”方面做得较好，主要表现为对供应商的管理。在“反腐败”和“尊重产权”这两个方面表现较好的是福建南纺股份有限公司（股票代码为 600483），公司推行公开招标和阳光采购，对关键岗位进行廉洁教育并签订《采购人员廉洁自律承诺书》，以杜绝暗箱操作、商业贿赂和不正当交易情形；2013 年公司制定自主研发科技项目 16 项，全年共试制机织基布 124 个，形成批量生产品种 19 个，新产品产值 20656.77 万元。获授权实用新型专利 8 项，申报发明专利 3 项、实用新型专利 7 项。百隆东方股份有限公司在“反腐败”和“尊重产权”方面做得较好。其与供应商签订反贿赂协议、和供应商签订廉洁承诺书，2014 年未发生过一起彼此泄密或侵犯知识产权的投诉。此外，该公司新增发明专利 5 件，实用专利 10 件。其中，以“富丽炫”命名的 EcoFRESH Yarn 产品入围 2015/2016 秋冬中国流行面料，并获得最佳科技应用奖。

4. 消费者责任

本行业上市公司在“消费者责任”这个维度上的得分最低，主要原因是企业在其发布的社会责任报告中很少提及“公平规范的市场营销”“消费者信息保护与隐私”“可持续消费”“教育和意识”等内容。企业关注的重点普遍集中于“消费者服务、支持和投诉及争议处理”和“消费者健康和安全保护”这两个方面，具体表现为努力改善服务以及产品质量。而关于“消费者信息保护与隐私”则几乎没有企业提到。简言之，企业在“消费者问题”上关注的范围较为狭窄。

5. **社区问题**

企业在“社会投资”“社会捐赠”方面相对于“社区责任”的其他方面投入较大，具体行动包括扶贫、助学、救灾等。大部分企业对“社区参与”“教育和文化”“财富和收入创造”等方面是有所关注的，但执行力度不是很强。公众“健康”则是该维度中最易被企业忽略的问题。另外，值得强调的是，部分企业社会责任报告对“社区问题”的披露有待进一步细化和具体。鲁泰纺织（股票代码000726）在社区问题上做得较同行业其他企业更好。公司捐赠8400万元，投资上亿元用于“济困、支教、赈灾、敬老、社区支持”等社会公益活动，获得了“中华慈善事业突出贡献奖”和“履行社会责任贡献突出奖”。

第四节　年报中的社会责任

在纺织业、纺织服装、服饰业以及皮革、毛皮、羽毛及其制品和制鞋业76家挂牌交易的公司中，有45家企业虽未单独发布企业社会责任报告，但是这些企业在年报中也提到了所履行的社会责任情况，占比59.2%。也有14家企业未发布报告也未在年报中体现企业社会责任情况，占比18.4%。纺织业、纺织服装、服饰业以及皮革、毛皮、羽毛及其制品和制鞋业的45家披露社会责任情况的公司基本信息见表7－3。

表7－3　企业基本信息表

单位：百万元

序号	股票代码	公司名称	净利润	营业收入
1	000018	中冠纺织	4.29	11.02
2	000158	常山股份	24.26	6568.52

续 表

序号	股票代码	公司名称	净利润	营业收入
3	000779	*ST 派神	10.05	276.36
4	000803	金宇车城	3.73	162.99
5	000850	华茂股份	356.96	1981.86
6	000955	欣龙控股	4.75	259.90
7	000971	蓝鼎控股	4.10	52.52
8	000982	中银绒业	89.48	3103.53
9	002015	*ST 霞客	-1204.28	1155.57
10	002034	美欣达	-45.48	1086.62
11	002072	凯瑞德	4.59	709.67
12	002087	新野纺织	82.79	3399.46
13	002193	山东如意	-1.79	578.05
14	002293	罗莱家纺	398.17	2761.40
15	002327	富安娜	376.55	1969.77
16	002397	梦洁家纺	148.70	1566.05
17	600061	中纺投资	4.89	4716.84
18	600152	维科精华	-259.33	1253.72
19	600156	华升股份	-33.01	907.09
20	600232	金鹰股份	27.22	1175.97
21	600370	三房巷	30.37	1113.75
22	600448	华纺股份	22.80	2250.31
23	601599	鹿港科技	65.68	2233.14
24	603889	新澳股份	118.85	1532.38
25	002036	汉麻产业	15.28	402.36
26	002044	江苏三友	45.09	716.06
27	002239	金飞达	5.80	450.00
28	002269	美邦服饰	145.64	6620.77
29	002291	星期六	38.63	1758.15
30	002404	嘉欣丝绸	89.49	2006.28
31	002425	凯撒股份	1.53	541.52

续 表

序号	股票代码	公司名称	净利润	营业收入
32	002485	希努尔	-46.59	1029.46
33	002486	嘉麟杰	23.52	872.61
34	002503	搜于特	123.02	1305.82
35	002563	森马服饰	1088.04	8147.13
36	002612	朗姿股份	121.22	1235.44
37	002634	棒杰股份	33.74	374.25
38	600107	美尔雅	7.58	539.52
39	600233	大杨创世	69.52	918.56
40	600398	海澜之家	2378.97	12338.44
41	600400	红豆股份	73.56	2842.34
42	601718	际华集团	1131.75	22241.23
43	603518	维格娜丝	138.28	847.18
44	002494	华斯股份	96.02	833.88
45	603001	奥康国际	258.26	2965.30

在未发布企业社会责任报告，但在年报中涉及企业社会责任情况的45家企业中，C类企业有0家，D类企业有10家，E类企业有35家，见表7-4。

表7-4 企业社会责任评级

股票代码	公司名称	评级结果	股票代码	公司名称	评级结果
000018	中冠纺织	E	601599	鹿港科技	E
000158	常山股份	E	603889	新澳股份	E
000779	*ST派神	D	002036	汉麻产业	E
000803	金宇车城	E	002044	江苏三友	D
000850	华茂股份	E	002239	金飞达	E
000955	欣龙控股	E	002269	美邦服饰	D
000971	蓝鼎控股	E	002291	星期六	E
000982	中银绒业	D	002404	嘉欣丝绸	D

续　表

股票代码	公司名称	评级结果	股票代码	公司名称	评级结果
002015	*ST 霞客	E	002425	凯撒股份	E
002034	美欣达	E	002485	希努尔	E
002072	凯瑞德	E	002486	嘉麟杰	E
002087	新野纺织	E	002503	搜于特	E
002193	山东如意	E	002563	森马服饰	D
002293	罗莱家纺	E	002612	朗姿股份	E
002327	富安娜	D	002634	棒杰股份	E
002397	梦洁家纺	E	600107	美尔雅	E
600061	中纺投资	E	600233	大杨创世	D
600152	维科精华	E	600398	海澜之家	E
600156	华升股份	E	600400	红豆股份	D
600232	金鹰股份	D	601718	际华集团	E
600370	三房巷	E	603518	维格娜丝	E
600448	华纺股份	E	002494	华斯股份	E
603001	奥康国际	E			

第五节　典型案例

百隆东方股份有限公司是一家集研发、生产、销售色纺纱于一体的外商投资股份制企业，企业实际控制人于1989年开始从事色纺纱的生产经营，经20多年的发展，百隆已成为全球最大的色纺纱制造企业之一，并于2012年6月12日在上海证券交易所A股上市，股票代码及简称“601339百隆东方”。

2013年，百隆东方营业收入达42.73亿元，净利润达5.07亿元；发布的CSR报告篇幅为34页，内容丰富，结构清晰，可读性较强；公司社会责任评级为A。

2014年，百隆东方营业收入达46.20亿元，净利润达4.73亿元；发布的CSR报告篇幅为33页，内容丰富，结构清晰，可读性较强；公司社会责任评级为 A。

百隆东方采取的行动具体表现如下：

百隆东方在“员工责任”维度方面采取的措施主要有：2013 年，百隆安置近 40 名残疾员工在适合的岗位就业。2014 年公司未出现一起因歧视、骚扰和虐待引起的投诉或举报。2014 年，公司越南籍员工已达到 3360 人，且公司尊重外籍员工的风俗习惯和宗教信仰，劳资关系较和谐；企业与员工的劳动合同签订率为 100%，劳动合同范本均经地方人力资源和社会保障局审核备案，3 年以上中长期合同签订率达到 50% 以上。百隆旗下宁波百隆纺织有限公司荣获中国棉纺织协会颁发的“全国纺织劳动关系和谐企业”称号；2013 年，百隆东方总部直属工厂人均工资增幅同比达到 14.4%。2014 年，百隆东方总部直属工厂人均工资增幅同比达到 22.60%。公司还为员工免费提供宽敞整洁、设施齐全的员工宿舍和接送班车；除每月发放餐贴以外，逢年过节还发放节日礼物；党工团组织按各自需求组织丰富多彩的各类文体、旅游等活动；三级网络主管人员均获得安全管理资格证书；所有特种设备验证合格、特殊岗位人员持证上岗率均达到 100%。各工厂均按 1% 标准配备持证急救员，生产车间配备医药箱、安保科 24 小时车辆备用以应对突发事件。此外，公司有效实施对污染源的排放控制，按岗位要求提供相应劳保用品；两年一次组织女工健康体检；食堂等特殊岗位工作人员每年一次健康体检和职业病抽检；等等。2014 年，各工厂均组织高楼宿舍逃生、生产车间逃生、消防灭火等演习；2013 年，百隆东方旗下各公司实现各类培训 162 批次，其中高层 10 批次、中层 43 批次，基层 109 批次，员工参与培训率达 98% 以上。2014 年，百隆旗下各企业合计举行各类培训 171 批次。其中，中高层管理人员占 35%，基层员工占 65%，员工参与培训率达 98% 以上，从源头上重视员工成长。2014 年，百隆东方获得“宁波市创建学习型企业示范单位”称号。

在“市场责任”这个维度上：与供应商签订反贿赂协议和供应商廉洁承诺书；参与、承担行业协会、技术工程协会等相关工作，加强与同行的沟通和信息分享，促进行业发展、产业进步。2013 年，企业合并缴纳税金 3.16 亿元。2014 年，公司合并缴纳税金 2.88 亿元，持续入选“宁波市纳税 50 强企业”；2013 年，企业新增发明专利 6 项，实用专利 2 项。2014 年，公司新增发明专利 5 件，实用专利 10 件。其中，以“富丽炫”命名的 EcoFRESH Yarn 产品入围 2015/2016 秋冬中国流行面料，并获得最佳科技应用奖；在全球关注绿色发展、崇尚生态环保、追求产品安全的时代背景下，百隆一方面通过加强与国际国内产业链高端品牌的强强联合，不断提升自身对更高层次责任标准的执行；另一方面，百隆积极引导上下游合作企业共同接受高层次标准化的制约。

在“消费者责任”上，在消费者“消费者服务、支持和投诉及争议处理”“消费者信息保护与隐私”以及“消费者健康和安全保护”方面，百隆东方的表现较为突出：2014 年初，公司通过对 210 家客户有效调查表进行总汇统计，客户总体满意指标为 89.51%，比去年同期上升 0.25%，其中，交付满意率提升 1.11%，过程服务满意率提升 0.34%、产品质量满意度提升 0.65%；公司在内部制定了客户信息保密及诚信守则制度，严格按权限规范操作，并能与客户乃至同行形成互信保密默契。2014 年未发生过一起有关泄密的投诉；百隆以高起点的标准实施对各生产环节的监控：原料 100% 批次检测，成品 100% 批次检测、半成品每 2 小时抽检一次；不定期送第三方认证机构检测抽查；并获得出口商检评级一类管理证书。2014 年，百隆继续以“少人化、自动化、智能化”为目标，投资 1.6 亿元对各原有企业关键工序设备装置进行大手笔技术升级，既保证了产品按国际先进水平质量参数组织生产，又避免了因人员流动过快导致对产品质量的影响。

在“环境责任”上除“环保节能”外还关注到了大部分企业容易忽视的“自然环境恢复”问题：染厂经过前几年的大手笔改造，按照浙江省环保厅的《印染企业整治验收标准（58 条）》，率先高质量完成了“一厂一策”改造方案，于 2013 年底顺利通过宁波市印染行业整治提升验收和区 2013 年度清洁生产现场审核验收。2014 年经第三方测试，“三废”处理和各类排放均达到规定要求，无环境污染事故。报告期内，因环境问题投诉或处罚率为零，2014 年经地方环保部门考评，旗下印染企业被评为绿色企业；2013 年，百隆新建山东百隆、淮安百隆两个募投项目，以及越南新建项目设备投资采用了“高自动化、高信息化、高效率化”的设备首次运用于色纺纱生产。前纺采用了清钢联、高速精梳机，细纱进口印度 LMW 长车，络筒机进口意大利 SAVIO 托盘式自动络筒机，有望使万锭用工同比减少 37%。2014 年，百隆继续通过优化绿色资源配置，大举实施“机器换人”，并对设备进行升级、整合、转移、淘汰；企业绿化种植覆盖率达到 30% 以上。

在“社区责任”上的举措主要有：2013 年，百隆所属企业近 188 人参加无偿献血，其中百隆东方 54 人、余姚百隆 56 人、山东百隆 78 人。2014 年，总部企业参与街道社区文化建设活动 6 项，所属各公司安保部门均协助当地社区参与治安维稳工作，共同参与促进各地方文化和城市文明建设；2013 年，企业新接收大中专以上学历人员 353 人。2014 年新引进博士生 1 人，新招本科生 168 人，大中专生 386 人。随着企业发展吸纳大量社会劳动力，对投资所在地的经济和社会发展具有重大影响力；雅安地震，各公司员工自发参与捐助，合计人民币 203797.50 元，港币 500 元。2014 年，公司组织的慈善一日捐活动就筹得善款 105960 元人民币。同时，公司为孤寡老人捐赠了 100 床棉被。

总体而言，百隆东方在社会责任方面关注范围较广，投入深度较大，尤其是在“员工责任”“市场责任”和“消费者责任”这 3 个维度上相对本行业其他企业表现突出。此外，百隆东方应该加强对“减缓并适应气候变化”“教育和文化”以及公众“健康”等方面的关注和行动。

第八章

造纸、纸制品业、印刷和记录媒介复制业、仪器仪表制造业及文教、工美、体育和娱乐用品制造业

第一节 行业简介及公司基本信息

2013 年造纸及纸制品业、印刷和记录媒介复制业、仪器仪表制造业及文教、工美、体育和娱乐用品制造业有 71 家公司挂牌交易，其中有 15 家上市公司发布社会责任报告，占该行业全部企业的比重为 21.1%。2014 年造纸及纸制品业、印刷和记录媒介复制业、仪器仪表制造业及文教、工美、体育和娱乐用品制造业有 72 家公司挂牌交易，其中有 18 家上市公司发布社会责任报告，占该行业全部企业的比重为 25%，基本信息见表8 -1。

表 8 -1 企业基本信息表

序号	股票代码	企业名称	发布报告（年）	净利润（百万元）		营业收入（百万元）	
				2013	2014	2013	2014
1	000815	*ST 美利	2013、2014	284.6245	-649.097	10895.09	622.0134
2	002078	太阳纸业	2013、2014	16	546.9493	848	10457.88
3	002103	广博股份	2013、2014	85.9269	9.661376	1408.785	907.4302
4	002121	科陆电子	2013、2014	49.0896	128.9895	643.744	1954.609
5	002229	鸿博股份	2013、2014	284.6245	36.44311	10895.09	863.513
6	002292	奥飞动漫	2014		412.5668		2429.673
7	002348	高乐股份	2013、2014	65	45.79753	425	417.0371

续 表

序号	股票代码	企业名称	发布报告（年）	净利润（百万元）		营业收入（百万元）	
				2013	2014	2013	2014
8	300007	汉威电子	2013、2014	39.7702	58.37351	302.4724	399.3068
9	300259	新天科技	2013、2014	105.9157	106.8215	327.5471	380.326
10	600071	＊ST 光学	2013、2014	59.31	-158.178	69.78	890.9723
11	600103	青山纸业	2013、2014	17.2416	41.1535	1809.205	1895.489
12	600163	＊ST 南纸	2013、2014	-771.907	-561.411	1408.904	1070.403
13	600308	华泰股份	2013、2014	64.6134	51.74588	9757.411	9261.782
14	600356	恒丰纸业	2013	73.7016	79.78856	1517.792	1497.279
15	600836	界龙实业	2013、2014	10.646	30.12041	1917.342	1984.741
16	600966	博汇纸业	2014		60.96071		6981.164
17	601222	林洋电子	2014		409.6033		2206.414
18	601515	东风股份	2013、2014	702.6206	766.299	1801.527	2002.046

第二节 企业社会责任评级

2013 年、2014 年分别对造纸及纸制品业、印刷和记录媒介复制业、仪器仪表制造业及文教、工美、体育和娱乐用品制造业发布 CSR 报告的企业进行社会责任评级，并通过聚类分析将企业履行社会责任划分为“A”“B”“C”三级。该行业发布 CSR 报告的企业 CSR 评级具体见表 8-2。

表 8-2 企业社会责任评级

序号	股票代码	企业名称	CSR 评级		序号	股票代码	企业名称	CSR 评级	
			2013	2014				2013	2014
1	000815	＊ST 美利	C	C	10	600071	＊ST 光学	B	B
2	002078	太阳纸业	B	B	11	600103	青山纸业	B	B
3	002103	广博股份	B	B	12	600163	＊ST 南纸	C	C
4	002121	科陆电子	B	B	13	600308	华泰股份	B	B
5	002229	鸿博股份	B	B	14	600356	恒丰纸业	B	B

续 表

序号	股票代码	企业名称	CSR 评级		序号	股票代码	企业名称	CSR 评级	
			2013	2014				2013	2014
6	002292	奥飞动漫		B	15	600836	界龙实业	C	B
7	002348	高乐股份	B	B	16	600966	博汇纸业		C
8	300007	汉威电子	C	C	17	601222	林洋电子		B
9	300259	新天科技	B	B	18	601515	东风股份	B	B

2013 年 15 家企业的企业规模（营业收入）的范围是 0. 69 亿至 108. 95 亿元，并主要集中在 20 亿元以下。20 亿元以下的企业数量有 12 家，占比为 80%，其中 CSR 评级为“A”“B”“C”的分别有 0、9、3 家。企业规模在 20 亿元以上的企业共 3 家，CSR 评级为“A”“B”“C”的分别有 0、2、1 家。可以看出，造纸及纸制品业、印刷和记录媒介复制业、仪器仪表制造业及文教、工美、体育和娱乐用品制造业企业 CSR 评级在一定程度上与企业营业收入有关。相对而言，营业收入较高的企业中，评级为“C”的企业数量较少。15 家企业的规模与 CSR 评级分布情况如图 8 - 1 所示。

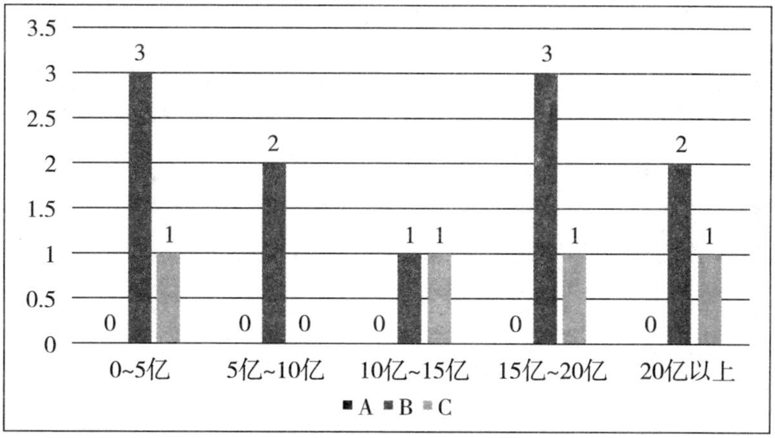

图 8 - 1 2013 年企业规模与 CSR 评级分布（单位：家、元）

2014 年 18 家企业的企业规模（营业收入）范围是 3. 8 亿至 104. 57 亿元，并主要集中在 20 亿元以下。20 亿元以下的企业数量有 12 家，占比为 66. 67%，其中 CSR 评级为“A”“B”“C”的分别有 0、9、3 家。企业规模在 20 亿元以上的企业共 6 家，CSR 评级为“A”“B”“C”的分别有 0、

5、1家。可见，造纸及纸制品业、印刷和记录媒介复制业、仪器仪表制造业及文教、工美、体育和娱乐用品制造业企业CSR评级在一定程度上与企业营业收入有关。相对而言，营业收入较高的企业中，评级为“C”的企业数量较少。18家企业的规模与CSR评级分布情况如图8－2所示。

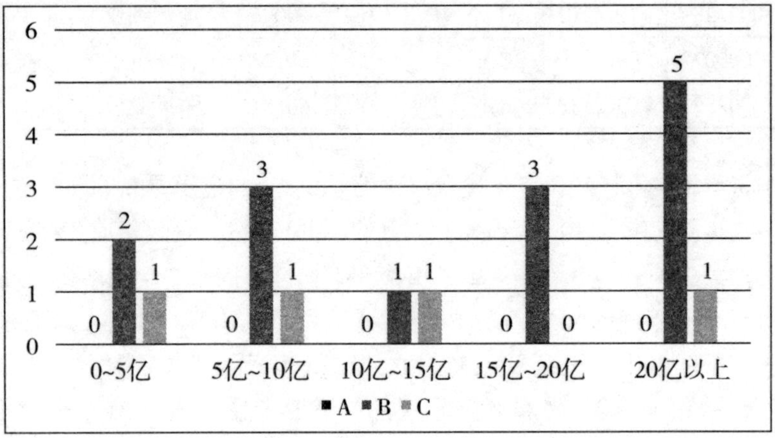

图8－2　2014年企业规模与CSR评级分布（单位：家、元）

2013年15家企业净利润率范围是－54.79%至85%，并主要集中于10%以下。净利润率在10%以下的企业共10家，占比达66.67%，其中CSR评级为“A”“B”“C”的分别有0、7、3家。净利润率在10%以上的企业，CSR评级为“A”“B”“C”的分别有0、4、1家。15家企业的净利润率与CSR评级分布情况如图8－3所示。

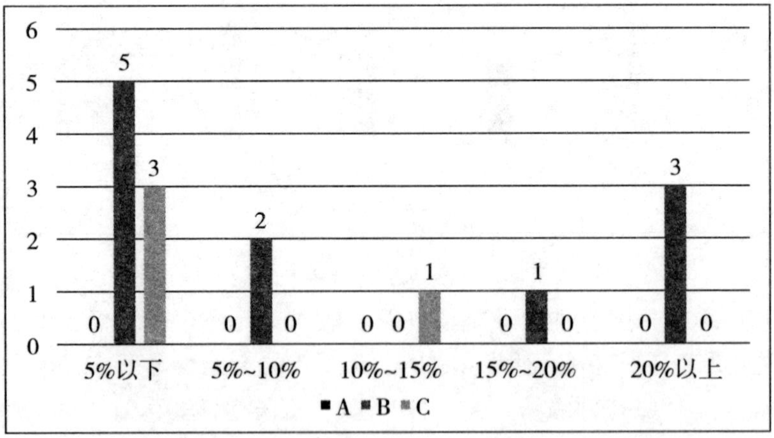

图8－3　2013年企业净利润率与CSR评级分布（单位：家）

2014年18家企业净利润率范围是－104.35%至38.28%，半数以上集中于10%以下。净利润率在10%以下的企业共12家，占比达66.67%，其中CSR评级为"A""B""C"的分别有0、9、3家。净利润率在10%以上的企业，CSR评级为"A""B""C"的分别有0、5、1家。18家企业的净利润率与CSR评级分布情况如图8－4所示。

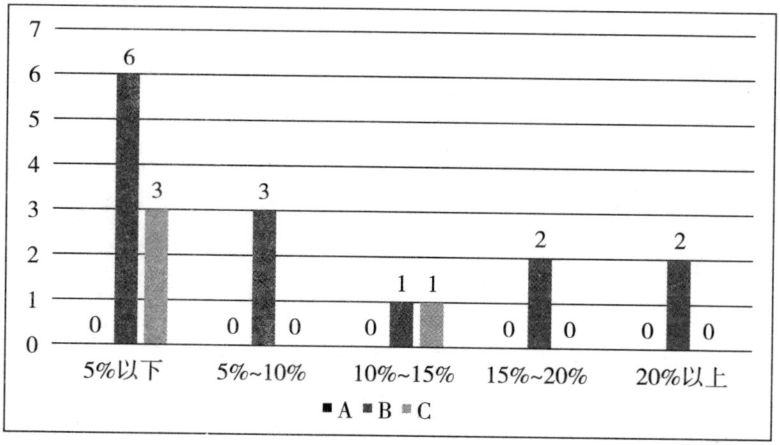

图8－4　2014年企业净利润率与CSR评级分布（单位：家）

第三节　企业社会责任各维度特征

2013年和2014年的造纸及纸制品业、印刷和记录媒介复制业、仪器仪表制造业及文教、工美、体育和娱乐用品制造业上市公司在"员工责任"和"环境责任"方面的均值最高，"消费者责任"和"市场责任"方面均值较低。具体分析如下：

1. 社会责任治理

上市公司在"社会责任治理"方面的工作并未全面开展，针对该指标的描述多集中在"社会责任承诺与战略""利益相关方的沟通""社会责任报告的披露"3方面。本行业上市公司在报告中均未涉及"社会责任管理的机构""社会责任相关决策的执行"。另有5～6家上市公司按照社会责任原则制定职业道德准则或行为原则；培训员工认知企业社会责任，并采取员工激励制度提高企业履行社会责任的水平。在本指标中表现较好的企业如广博集团股份有限公司（股票代码为002103）和新天科技股份有限公司（股票代码为300259），两家企业都通过积极履行社会责任，定期评估社会责任的开展工作，建立定期评审制度来贯彻“社会责任管理的程序与制度”。而从行业整体角度来看，“组织治理”工作多停留在初级阶段。

2. 员工责任

上市公司对“工作中的基本原则和权利”“工作条件和社会保护”“职业健康安全”以及“工作场所中人的发展与培训”等问题的关注度普遍较高，执行力度也较大。而“机会平等无歧视”“就业机会平等和非歧视”则容易被企业忽视。鸿博股份有限公司（股票代码为002229）在这一问题上做得较为突出，公司共有残疾员工173名，占员工总数的9.74%。

3. 环境责任

在这个维度上上述企业做得相对较好，得分仅次于员工问题，但也稍有不足。企业不够重视“环境保护与自然环境的恢复”问题，并在报告中少有提及，说明企业目前对这一问题的认识还不够清楚和深入，并未执行此方面的社会责任工作。

4. 市场责任

多数上市公司对“反腐败”“公平竞争”“尊重产权”和“在价值链中促进社会责任”这4个方面都有所关注，但是在重视程度和实施深度上则差异较大。相对而言，企业“在价值链中促进社会责任”方面做得较好，主要是表现为对供应商的管理。

5. 消费者责任

本行业上市公司在“消费者责任”这个维度上的得分相对较低，主要原因是企业在其发布的社会责任报告中很少提及“公平规范的市场营销”“消费者信息保护与隐私”“可持续消费”以及“教育和意识”等内容。企业关注的重点普遍集中于“消费者服务、支持和投诉及争议处理”和“消费者健康和安全保护”这两个方面，具体表现为努力改善服务以及提高产品质量。简言之，企业在“消费者责任”上关注的范围较为狭窄。

6. 社区责任

企业在“社会投资”即慈善方面相对“社区责任”的其他方面投入较大，具体行动包括扶贫、助学、救灾等。“社区参与”和公众“健康”则容易被企业忽略，慈善方面的工作突出而参与和关怀方面工作不足，这也是我国众多行业上市公司企业社区责任工作的整体特点。

第四节 年报中的企业社会责任

在造纸及纸制品业、印刷和记录媒介复制业、仪器仪表制造业及文教、工美、体育和娱乐用品制造业72家挂牌交易的公司中，有36家企业虽未单独发布企业社会责任报告，但是在年报中也披露了所履行的社会责任情况，占比50%。有24家企业未发布报告也未在年报中体现企业社会责任情况，占比33.3%。造纸及纸制品业、印刷和记录媒介复制业、仪器仪表制造业及文教、工美、体育和娱乐用品制造业的36家披露社会责任情况的企业基本信息见表8-3。

表8-3 企业基本信息表

单位：百万元

序号	股票代码	公司名称	净利润	营业收入
1	000488	晨鸣纸业	453.31	19101.68
2	000576	广东甘化	10.01	476.11
3	000820	金城股份	2.24	305.05
4	000833	贵糖股份	28.15	1054.72
5	002235	安妮股份	-97.42	449.62
6	002511	中顺洁柔	67.50	2521.78
7	002521	齐峰新材	272.87	2537.98
8	002565	上海绿新	-47.92	1945.25
9	600069	银鸽投资	-743.96	3005.24
10	600235	民丰特纸	0.84	1373.11
11	600433	冠豪高新	132.05	962.63
12	600567	山鹰纸业	110.69	7735.39
13	600963	岳阳林纸	13.29	6582.53
14	002228	合兴包装	131.89	2716.47
15	000812	陕西金叶	99.92	589.40

续 表

序号	股票代码	公司名称	净利润	营业收入
16	002191	劲嘉股份	605.11	2323.24
17	002599	盛通股份	11.40	622.21
18	002502	骅威股份	33.71	476.78
19	002575	群兴玩具	14.87	404.16
20	002605	姚记扑克	123.20	751.91
21	002678	珠江钢琴	141.52	1469.32
22	002058	威尔泰	5.26	123.37
23	002175	广陆数测	21.75	242.84
24	002338	奥普光电	68.46	388.70
25	002356	浩宁达	40.14	774.12
26	002658	雪迪龙	198.83	741.43
27	600848	自仪股份	-59.88	1034.29
28	601567	三星电气	372.97	2873.83
29	603100	川仪股份	155.63	3346.26
30	000587	金叶珠宝	144.97	10332.53
31	002120	新海股份	102.59	931.18
32	002173	千足珍珠	-10.84	183.31
33	002247	帝龙新材	99.43	867.05
34	002345	潮宏基	224.74	2470.38
35	002718	友邦吊顶	104.68	378.62
36	600612	老凤祥	1228.30	32835.02

在未发布企业社会责任报告，但在年报中涉及企业社会责任情况的36家企业中，C类企业有3家，D类企业有14家，E类企业有19家。该行业企业社会责任评级相对较好，见表8-4。

表8-4 企业社会责任评级

股票代码	公司名称	评级结果	股票代码	公司名称	评级结果
000488	晨鸣纸业	E	002575	群兴玩具	E
000576	广东甘化	E	002605	姚记扑克	D
000820	金城股份	E	002678	珠江钢琴	C
000833	贵糖股份	E	002058	威尔泰	E
002235	安妮股份	D	002175	广陆数测	C
002511	中顺洁柔	D	002338	奥普光电	D
002521	齐峰新材	E	002356	浩宁达	E
002565	上海绿新	C	002658	雪迪龙	D
600069	银鸽投资	E	600848	自仪股份	E
600235	民丰特纸	E	601567	三星电气	E
600433	冠豪高新	E	603100	川仪股份	E
600567	山鹰纸业	D	000587	金叶珠宝	D
600963	岳阳林纸	D	002120	新海股份	D
002228	合兴包装	E	002173	千足珍珠	D
000812	陕西金叶	E	002247	帝龙新材	D
002191	劲嘉股份	D	002345	潮宏基	E
002599	盛通股份	E	002718	友邦吊顶	D
002502	骅威股份	D	600612	老凤祥	E

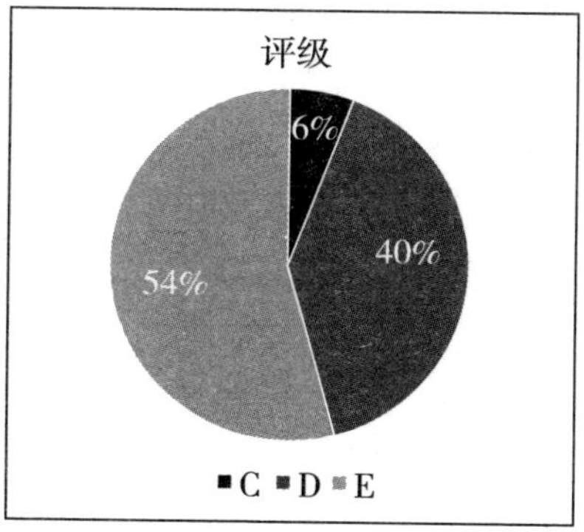

图8-5 企业社会责任评级分布

第九章
石油加工、炼焦及核燃料加工业和化学原料及化学制品制造业

第一节 行业简介及公司基本信息

石油加工、炼焦及核燃料加工业和化学原料及化学制品制造业有193家公司挂牌交易，其中有42家上市公司发布社会责任报告，占该行业全部企业的比重为21.76%。2014年，石油加工、炼焦及核燃料加工业和化学原料及化学制品制造业有199家公司挂牌交易，其中有44家上市公司发布社会责任报告，占该行业全部企业的比重为22.11%，基本信息见表9－1。

表9－1　企业基本信息表

序号	股票代码	企业名称	发布报告（年）	净利润（百万元）		营业收入（百万元）	
				2013	2014	2013	2014
1	000819	岳阳兴长	2013、2014	62.4535	36.4860	1924.5773	1460.8663
2	000968	煤气化	2013、2014	45.4822	－1125.4404	2085.6517	1723.5800
3	600688	上海石化	2013、2014	2003.545	－699.965	115539.829	102182.861
4	600725	云维股份	2013、2014	38.5655	－1293.0576	8474.0097	6623.4636
5	600792	云煤能源	2013、2014	53.8763	37.8930	6473.1372	4886.1025
6	600997	开滦股份	2013、2014	251.7719	159.8999	17176.1667	14296.1655
7	000407	胜利股份	2013、2014	20.58	52.9890	2232.8159	2872.3102
8	000627	天茂集团	2013、2014	－101.011	84.1164	967.9507	806.4427
9	000635	英力特	2013、2014	77.012	52.2945	2739.9493	1932.6454
10	000792	盐湖股份	2013、2014	1052.2066	1331.3821	8094.5726	10474.3632

续　表

序号	股票代码	企业名称	发布报告（年）	净利润（百万元）		营业收入（百万元）	
				2013	2014	2013	2014
11	000902	新洋丰	2014		588.5691		8352.2251
12	000930	中粮生化	2013、2014	50.7175	31.5910	7339.8639	7153.1967
13	000950	建峰化工	2013、2014	7.2778	-360.6268	3437.2284	2968.7133
14	002018	华信国际	2013、2014	44.0348	105.5705	3954.3573	5417.6
15	002054	德美化工	2013、2014	115.2974	114.0243	1184.2555	1228.5045
16	002092	中泰化学	2013、2014	102.3557	337.1157	12045.8528	11176.9530
17	002165	红宝丽	2013、2014	39.7003	100.0514	1916.1688	2130.3995
18	002170	芭田股份	2013、2014	136.6201	187.4088	2132.5536	2361.2093
19	002246	北化股份	2013、2014	48.5211	80.5313	2012.6623	2036.0328
20	002250	联化科技	2013、2014	449.5591	558.8051	3368.3514	3990.2661
21	002470	金正大	2013、2014	663.936	880.0887	11992.1574	13554.4422
22	002584	西陇化工	2013、2014	48.6075	81.4421	2239.8934	2197.9358
23	002601	佰利联	2013、2014	23.5758	64.3334	1722.5006	2063.0663
24	300019	硅宝科技	2013、2014	70.0977	79.5887	464.6717	549.4996
25	300067	安诺其	2013、2014	47.7266	105.0336	506.7441	746.3623
26	300082	奥克股份	2013、2014	81.0679	92.3634	2494.0978	2883.0952
27	300132	青松股份	2013、2014	34.7698	52.2104	632.1422	763.2160
28	300174	元力股份	2013、2014	5.416	8.1084	373.3049	398.3034
29	600078	澄星股份	2014		40.3930		2595.5613
30	600096	云天化	2013、2014	592.7105	-2756.4752	55896.2359	54492.2781
31	600141	兴发集团	2013、2014	60.7608	539.3222	10934.405	11391.9765
32	600160	巨化股份	2013、2014	253.5778	163.8750	9736.5419	9763.5469
33	600227	赤天化	2013、2014	11.075	-564.2917	4149.8799	3286.7003
34	600309	万华化学	2013、2014	2891.4123	3217.5471	20237.9732	22088.3685
35	600352	浙江龙盛	2013、2014	1349.1099	2807.7335	14085.8226	15149.9860
36	600367	红星发展	2013、2014	3.2639	29.0472	1053.0622	1092.7839
37	600389	江山股份	2013、2014	302.7939	201.7593	3162.5721	2975.9167
38	600409	三友化工	2013、2014	445.1696	485.0487	11786.8624	12695.3507

续 表

序号	股票代码	企业名称	发布报告（年）	净利润（百万元）		营业收入（百万元）	
				2013	2014	2013	2014
39	600423	柳化股份	2013、2014	-148.8399	8.6085	2586.6931	3100.1332
40	600486	扬农化工	2013、2014	377.582	468.9750	3004.5808	2820.4903
41	600500	中化国际	2013、2014	608.5337	882.6543	46810.4135	38605.1967
42	600596	新安股份	2013、2014	435.3087	61.4113	6765.3253	7715.8317
43	600618	氯碱化工	2013、2014	16.6238	-587.5907	6974.2117	7015.4903
44	603188	亚邦股份	2014		626.4777		2313.5448
45	000422	湖北宜化	2013	67.9402		19279.9796	

第二节　企业社会责任评级

2013 年、2014 年分别对石油加工、炼焦及核燃料加工业和化学原料及化学制品制造业发布 CSR 报告的企业进行社会责任评级，并通过聚类分析将企业履行社会责任划分为“A”“B”“C”三级。石油加工、炼焦及核燃料加工业和化学原料及化学制品制造业发布 CSR 报告的企业 CSR 评级具体见表 9-2。

表 9-2　企业 CSR 评级

序号	股票代码	企业名称	CSR 评级		序号	股票代码	企业名称	CSR 评级	
			2013	2014				2013	2014
1	000819	岳阳兴长	C	C	24	300019	硅宝科技	B	A
2	000968	煤气化	B	B	25	300067	安诺其	B	B
3	600688	上海石化	A	A	26	300082	奥克股份	B	B
4	600725	云维股份	B	B	27	300132	青松股份	B	B
5	600792	云煤能源	A	A	28	300174	元力股份	C	C
6	600997	开滦股份	B	B	29	600078	澄星股份		C
7	000407	胜利股份	B	B	30	600096	云天化	B	B
8	000627	天茂集团	C	C	31	600141	兴发集团	C	C

续　表

序号	股票代码	企业名称	CSR 评级		序号	股票代码	企业名称	CSR 评级	
			2013	2014				2013	2014
9	000635	英力特	B	B	32	600160	巨化股份	A	A
10	000792	盐湖股份	B	B	33	600227	赤天化	B	B
11	000902	新洋丰		B	34	600309	万华化学	C	C
12	000930	中粮生化	B	B	35	600352	浙江龙盛	A	A
13	000950	建峰化工	C	C	36	600367	红星发展	C	C
14	002018	华信国际	B	B	37	600389	江山股份	B	B
15	002054	德美化工	A	A	38	600409	三友化工	B	B
16	002092	中泰化学	A	A	39	600423	柳化股份	C	C
17	002165	红宝丽	B	B	40	600486	扬农化工	C	C
18	002170	芭田股份	B	B	41	600500	中化国际	B	B
19	002246	北化股份	A	A	42	600596	新安股份	B	B
20	002250	联化科技	A	A	43	600618	氯碱化工	A	A
21	002470	金正大	A	A	44	603188	亚邦股份		B
22	002584	西陇化工	C	C	45	000422	湖北宜化	B	
23	002601	佰利联	B	B					

2013 年 42 家企业的企业规模（营业收入）范围是 3.73 亿至 1155.39 亿元，并主要集中在 10 亿至 50 亿元。企业规模在 10 亿至 50 亿元的企业有 19 家，占比为 45.23%，其中 CSR 评级为“A”“B”“C”的企业分别有 3、10、6 家。企业规模在 10 亿元以下的企业有 5 家，其中 CSR 评级为“A”“B”“C”的企业分别为 0、3、2 家。规模在 50 亿元以上的企业共 18 家，CSR 评级为“A”“B”“C”的分别有 7、9、2 家。42 家企业的 CSR 评级与规模分布情况如图 9－1 所示。

2014 年 44 家企业的企业规模（营业收入）范围是 3.98 亿至 1021.83 亿元，并主要集中在 10 亿至 50 亿元。企业规模在 10 亿至 50 亿元的企业有 21 家，其中 CSR 评级为“A”“B”“C”的企业分别有 4、10、7 家。企业规模在 10 亿以下的企业有 5 家，其中 CSR 评级为“A”“B”和“C”的企业分别为 1、2、2 家。规模在 50 亿以上的企业共 18 家，CSR 评级为“A”“B”“C”的分别有 6、10、2 家。44 家企业的规模与 CSR 评级分布

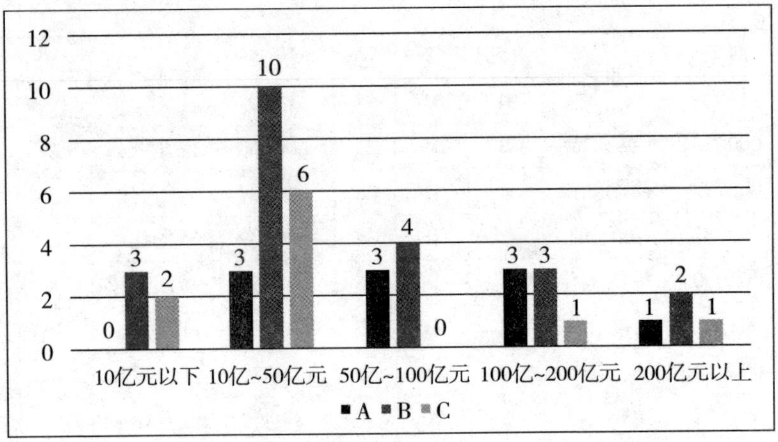

图 9－1　2013 年企业规模与 CSR 评级分布（单位：家）

情况如图 9－2 所示。

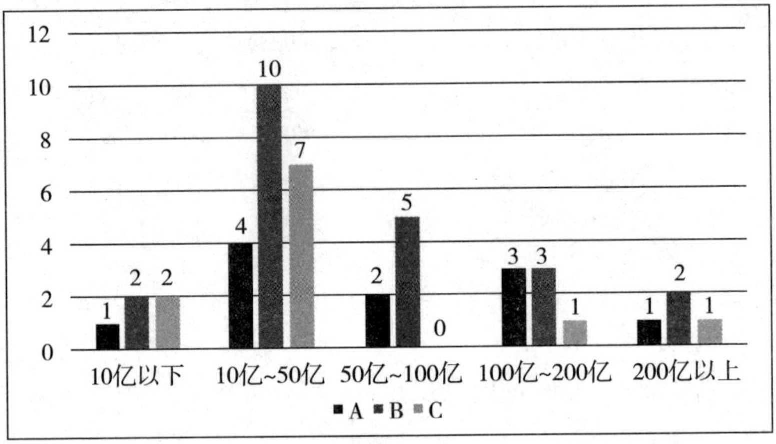

图 9－2　2014 年企业规模与 CSR 评级分布（单位：家、元）

2013 年 42 家企业中有 2 家企业的净利润率为负，其他企业净利润率范围是 0.28% 至 15.09%，并主要集中于 1% 至 5%。净利润率在 1% 至 5% 之间的企业共 16 家，占比为 38.1%，其中 CSR 评级为“A”“B”“C”的分别有 3、10、3 家。净利润率在 1% 以下的企业有 13 家，CSR 评级为“A”“B”“C”的分别有 3、5、5 家。净利润率在 5% 以上的企业也是 13 家，其中有 4 家企业 CSR 评级为“A”，7 家企业 CSR 评级为“B”，2 家企业评级为“C”。42 家企业的净利润率与 CSR 评级分布情况如图 9－3 所示。

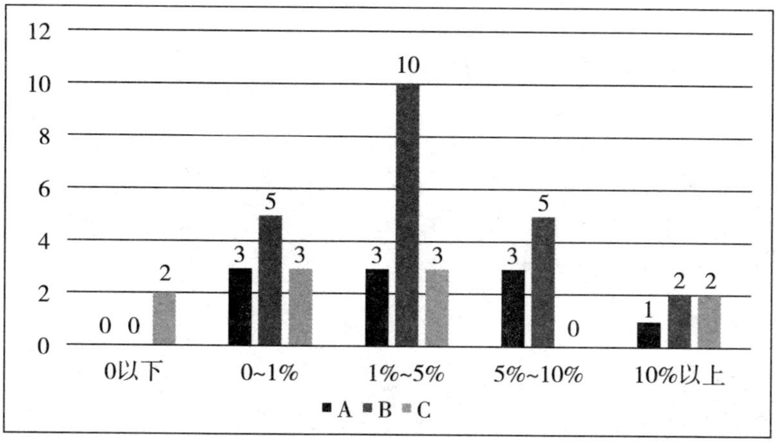

图 9－3　2013 年企业净利润率与 CSR 评级分布（单位：家）

2014 年 44 家企业中有 7 家企业的净利润率为负，其他企业净利润率范围是 0.28% 至 27.08%，并主要集中于 1% 至 5%。净利润率在 1% 至 5% 的企业共 18 家，其中 CSR 评级为“A”“B”“C”的分别有 3、9、6 家。净利润率在 1% 以下的企业有 11 家，CSR 评级为“A”“B”“C”的分别有 3、6、2 家。净利润率在 5% 以上的企业是 15 家，其中企业 CSR 评级为“A”“B”“C”的企业分别为 5、6、4 家。44 家企业的净利润率与 CSR 评级分布情况如图 7－4 所示。

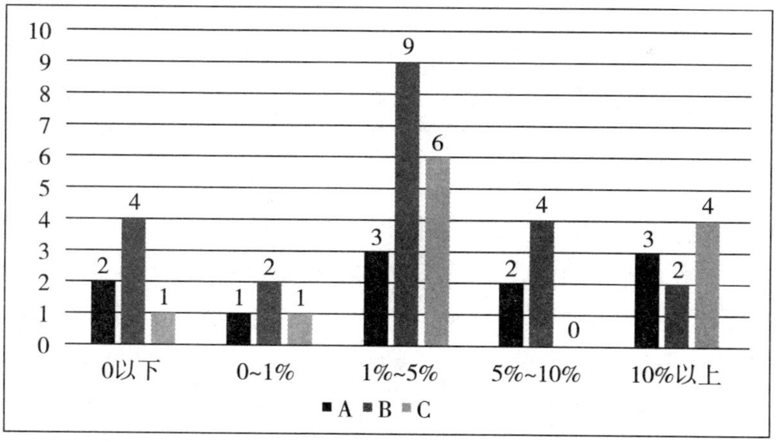

图 9－4　2014 年企业净利润率与 CSR 评级分布（单位：家）

第三节　企业社会责任各维度特征

2013 年和 2014 年的石油加工、炼焦及核燃料加工业和化学原料及化学制品制造业上市公司在“员工责任”方面的均值最高，“社区责任”方面均值较低。具体分析如下：

1. **员工责任**

上市公司对“工作中的基本原则和权利”“工作条件和社会保护”“职业健康安全”以及“工作场所中人的发展与培训”等问题的关注度普遍较高，执行力度也较大。而“机会平等无歧视”“就业机会平等和非歧视”则容易被企业忽视。上海氯碱化工股份技术股份有限公司（股票代码为 600618）在这一问题上做得较好，突出表现为用工平等。2013 年末，公司在岗员工 2056 名，其中男性员工 1509 名，女性员工 547 名。2013 年末，在公司就业的残疾人为 34 人。上海氯碱化工股份技术股份有限公司 2014 年披露的社会责任报告中，员工安全问题表现良好，积极组织员工参加各类职业健康活动，在生产中开展安全审计试点活动，安全投入共计 4255. 77 万元。2014 年公司 612 人参加安全管理类培训，持证人数为 1875 人；221 人参加特种作业的初、复训，持证人数为 2202 人。

2. **环境责任**

在这个维度上，本行业企业普遍重视“污染预防”和“资源可持续利用”这两个问题，即节能减排。部分企业在“减缓并适应气候变化”方面也有所贡献，体现为削减温室气体的排放。只有极少数公司提及“环境保护与自然环境的恢复”，如新疆中泰化学股份有限公司（股票代码为 002092）：公司米东工业园厂区内设置 80 米 × 120 米的绿化防护林带，形成了绿化面积 38 万平方米的植被：阜康工业园投资 4000 余万元，植树面积 166. 5 万平方米，栽种树木 18 万多棵、灌木 8 万棵、花卉 8 万株，使公司绿化面积占可绿化面积的 90% 以上。上海氯碱化工股份技术股份有限公司 2014 年引进节能改造资金 2000 多万元，累计实现碳交易 62. 54 万吨，成交量约为本市当年成交量的一半。2014 年公司环保投入 6514. 58 万元。

3. 市场责任

多数上市公司对“反腐败”“公平竞争”“尊重产权”和“在价值链中促进社会责任”这4个方面都有所关注，但是在重视程度和实施深度上则差异较大。中粮生物化学（安徽）股份有限公司（股票代码为000930）在该维度上表现较好，对4个方面都有所关注和投入。尤其是在“尊重产权”方面：2013年，公司申报专利45件，其中发明专利36件，实用新型专利9件。2013年，获得专利授权64件，其中发明专利36件，实用新型专利28件。2014年，上海氯碱化工股份技术股份有限公司表现较为突出，根据公司党风廉政建设工作的总体部署和要求，按6大类27个党风廉政项目进行对照检查。

4. 消费者责任

本行业上市公司在“消费者责任”这个维度上的得分相对较低，主要原因是企业在其发布的社会责任报告中很少提及“公平规范的市场营销”“消费者信息保护与隐私”“可持续消费”以及“教育和意识”等内容。企业关注的重点普遍集中于“消费者服务、支持和投诉及争议处理”和“教育和意识”这2个方面，具体表现为努力改善服务以及提高产品质量。简言之，企业在“消费者责任”上关注的范围较为狭窄。上海氯碱化工股份技术股份有限公司2014年在产品生产上注重节能环保，实现可持续消费；在售后服务和争议处理方面表现较好，2014年客户投诉数量较2013年减少一半，顾客满意度达98.73%；强调对顾客信息严格保密，任何人均不得擅自查阅。

5. 社区责任

企业在“社会投资”相对“社区责任”的其他方面投入较大，具体行动包括扶贫、助学、救灾等。本行业中，云南云天化股份有限公司（股票代码为600096）在“社区责任”方面表现较好，尤其是关注了极易被企业忽略的公众“健康”问题：2013年3月22日，公司工会、东明矿业工会参加陈旗工会组织的“点燃生命的希望”捐款活动，分别向陈旗患白血病和肾病综合征青少年捐款19035元和10355元。上海氯碱化工股份技术股份有限公司在2014年积极参与社区建设和发展。公司持续开展结对帮扶工作，2014年投入资金6万余元对海渔村开展慰问；组织实业家赞助社会公益事业；防震救灾积极参与，为地区防灾救灾提供有力保障。

第四节　年报中的企业社会责任

在石油加工、炼焦及核燃料加工业和化学原料及化学制品制造业 199 家挂牌交易的公司中，有 95 家企业虽未单独发布企业社会责任报告，但是这些企业在年报中也提到了所履行的社会责任情况，占比 47.7%。有 64 家企业未发布报告，也未在年报中体现企业社会责任情况，占比 32.2%。石油加工、炼焦及核燃料加工业和化学原料及化学制品制造业的 95 家披露社会责任情况的公司基本信息见表 9－3。

表 9－3　企业基本信息表

单位：百万元

序号	股票代码	公司名称	净利润	营业收入
1	000059	华锦股份	－1582.88	36082.04
2	000723	美锦能源	9.99	998.11
3	000835	长城动漫	5.97	448.86
4	002377	国创高新	46.40	1947.59
5	600281	太化股份	21.20	3370.14
6	600333	长春燃气	20.77	1641.93
7	600740	山西焦化	21.44	4965.15
8	000155	川化股份	－1646.78	842.15
9	000510	金路集团	－146.26	2052.19
10	000523	广州浪奇	39.97	5408.83
11	000525	红太阳	405.42	6812.50
12	000545	金浦钛业	41.70	734.94
13	000553	沙隆达	491.28	3131.19
14	000565	渝三峡 A	44.59	552.83
15	000683	远兴能源	276.70	7199.73
16	000707	双环科技	3.35	4000.61
17	000731	四川美丰	－245.38	4769.01
18	000737	南风化工	49.85	2518.91

续 表

序号	股票代码	公司名称	净利润	营业收入
19	000755	*ST 三维	47.68	5926.57
20	000818	方大化工	88.24	2955.96
21	000822	*ST 海化	146.53	4856.37
22	000830	鲁西化工	361.07	13029.38
23	000912	泸天化	-1348.56	4003.54
24	000953	河池化工	17.83	555.29
25	000985	大庆华科	13.92	1422.84
26	000990	诚志股份	76.82	4010.86
27	002010	传化股份	287.82	5029.96
28	002037	久联发展	267.42	3906.93
29	002053	云南盐化	33.78	1877.45
30	002057	中钢天源	19.43	350.25
31	002061	江山化工	-158.33	2378.54
32	002068	黑猫股份	101.98	6167.91
33	002094	青岛金王	49.19	1223.51
34	002125	湘潭电化	-60.28	669.84
35	002136	安纳达	3.19	764.97
36	002145	中核钛白	34.55	1734.42
37	002167	东方锆业	5.92	844.50
38	002192	路翔股份	-77.78	475.67
39	002211	宏达新材	14.05	773.79
40	002215	诺普信	193.97	2202.72
41	002226	江南化工	233.20	1792.55
42	002256	彩虹精化	45.64	528.03
43	002258	利尔化学	95.19	1317.39
44	002274	华昌化工	-123.73	4239.58
45	002326	永太科技	83.00	1061.45
46	002360	同德化工	137.52	896.80
47	002386	天原集团	38.91	9183.98

续 表

序号	股票代码	公司名称	净利润	营业收入
48	002407	多氟多	7.70	2139.73
49	002408	齐翔腾达	310.39	5200.43
50	002409	雅克科技	60.28	1323.07
51	002411	九九久	30.05	1060.27
52	002440	闰土股份	1385.80	5345.22
53	002442	龙星化工	15.00	2438.32
54	002453	天马精化	35.43	1040.18
55	002455	百川股份	54.82	2904.56
56	002466	天齐锂业	281.52	1422.38
57	002476	宝莫股份	48.33	667.61
58	002497	雅化集团	248.94	1454.87
59	002513	蓝丰生化	-37.46	1252.06
60	002539	新都化工	187.02	4667.04
61	002562	兄弟科技	38.95	800.92
62	002568	百润股份	57.00	157.18
63	002588	史丹利	495.13	5654.00
64	002591	恒大高新	5.39	248.79
65	002597	金禾实业	137.95	3214.71
66	002632	道明光学	27.65	462.78
67	002637	赞宇科技	58.19	2495.27
68	002648	卫星石化	32.56	4305.77
69	002669	康达新材	69.91	527.19
70	002709	天赐材料	63.94	705.69
71	600091	ST 明科	-161.46	21.34
72	600226	升华拜克	76.88	1343.93
73	600228	*ST 昌九	40.39	725.82
74	600229	青岛碱业	76.71	1833.37
75	600230	沧州大化	-217.35	3116.03
76	600299	*ST 新材	143.75	9544.44

续　表

序号	股票代码	公司名称	净利润	营业收入
77	600339	天利高新	-195.95	2626.40
78	600470	六国化工	-334.06	5271.75
79	600538	国发股份	-64.79	415.41
80	600589	广东榕泰	30.83	1189.80
81	600636	三爱富	49.14	3939.93
82	600691	阳煤化工	-15.55	19929.07
83	600722	金牛化工	-300.59	1407.83
84	600731	湖南海利	18.97	1136.40
85	600803	威远生化	920.68	4868.71
86	600844	丹化科技	45.35	1027.00
87	600985	雷鸣科化	103.60	987.77
88	601216	内蒙君正	754.92	4783.80
89	603002	宏昌电子	62.72	1216.26
90	603010	万盛股份	42.06	746.94
91	900951	*ST 大化 B	9.27	901.29
92	600426	华鲁恒升	804.43	9710.12
93	600273	嘉化能源	582.05	3385.39
94	600249	两面针	-32.38	1186.99
95	002109	兴化股份	-150.63	948.27

在未发布企业社会责任报告，但在年报中涉及企业社会责任情况的95家企业中，C类企业有5家，D类企业有34家，E类企业有56家，见表9-4。

表9-4　企业CSR评级

股票代码	公司名称	评级结果	股票代码	公司名称	评级结果
000059	华锦股份	E	002408	齐翔腾达	C
000723	美锦能源	D	002409	雅克科技	E
000835	长城动漫	E	002411	九九久	D

续　表

股票代码	公司名称	评级结果	股票代码	公司名称	评级结果
002377	国创高新	E	002440	闰土股份	E
600281	太化股份	E	002442	龙星化工	C
600333	长春燃气	E	002453	天马精化	D
600740	山西焦化	E	002455	百川股份	E
000155	川化股份	D	002466	天齐锂业	D
000510	金路集团	E	002476	宝莫股份	E
000523	广州浪奇	C	002497	雅化集团	D
000525	红太阳	E	002513	蓝丰生化	D
000545	金浦钛业	E	002539	新都化工	D
000553	沙隆达	E	002562	兄弟科技	E
000565	渝三峡 A	C	002568	百润股份	D
000683	远兴能源	D	002588	史丹利	E
000707	双环科技	D	002591	恒大高新	E
000731	四川美丰	D	002597	金禾实业	D
000737	南风化工	E	002632	道明光学	D
000755	*ST 三维	D	002637	赞宇科技	E
000818	方大化工	E	002648	卫星石化	D
000822	*ST 海化	E	002669	康达新材	D
000830	鲁西化工	E	002709	天赐材料	D
000912	泸天化	E	600091	ST 明科	E
000953	河池化工	E	600226	升华拜克	D
000985	大庆华科	E	600228	*ST 昌九	E
000990	诚志股份	E	600229	青岛碱业	D
002010	传化股份	D	600230	沧州大化	E
002037	久联发展	E	600299	*ST 新材	E
002053	云南盐化	D	600339	天利高新	E
002057	中钢天源	E	600470	六国化工	E
002061	江山化工	E	600538	国发股份	E
002068	黑猫股份	D	600589	广东榕泰	E

续 表

股票代码	公司名称	评级结果	股票代码	公司名称	评级结果
002094	青岛金王	D	600636	三爱富	D
002125	湘潭电化	D	600691	阳煤化工	E
002136	安纳达	E	600722	金牛化工	E
002145	中核钛白	E	600731	湖南海利	E
002167	东方锆业	E	600803	威远生化	E
002192	路翔股份	D	600844	丹化科技	E
002211	宏达新材	E	600985	雷鸣科化	E
002215	诺普信	D	601216	内蒙君正	E
002226	江南化工	E	603002	宏昌电子	E
002256	彩虹精化	E	603010	万盛股份	D
002258	利尔化学	D	900951	* ST 大化 B	D
002274	华昌化工	E	600426	华鲁恒升	E
002326	永太科技	D	600273	嘉化能源	D
002360	同德化工	E	600249	两面针	D
002386	天原集团	C	002109	兴化股份	E
002407	多氟多	E			

第五节 典型案例

上海氯碱化工股份技术股份有限公司于1992年由国有特大型企业上海氯碱总厂改制而成，是一家发行A、B股的国有控股上市公司。

2014年，上海氯碱化工股份有限公司营业收入达70.15亿元；发布的CSR报告篇幅为68页，内容丰富，结构清晰，可读性较强；公司社会责任评级为A。氯碱化工在5个维度上采取的行动具体表现如下：

氯碱化工在“员工责任”方面采取的措施主要有：在2014年末，公司在岗员工1394名；其中男性员工1087名，女性员工307名。公司多数员工为汉族，公司对员工籍贯和民族不歧视、不偏袒，员工中也包括少数民族。公司依法实行公司职工代表大会、职工董事和职工监事制度，公司在册员工入会率100%。职工方代表和行政方代表遵循合法公平、平等自愿、协商一致、诚实信用的原则，签订《集体合同》《集体工资合同》《女职工特殊劳动保护专项集体合同》，个人《劳动合同》签订率也达到100%。2014年，公司每季度按岗位配置需求发放各种劳防手套、防尘防毒口罩、安全带及耳塞等劳防用品1150万元。在报告期内，厂区绿化覆盖率达到29.5%，用于改善员工工作环境的资金投入达到61万元。公司将培训费用纳入年初预算内，2014年全年培训预算300万元，实际支出303.16万元，共培训12705人次。

在“市场责任”这个维度上的表现较好，主要体现为氯碱化工对该维度包含的4个小问题都有所关注和行动。签订党风廉政责任书52份，公司纪委加强党风廉政责任制专项检查，开具整改通知书4份，提出改进意见8条，落实整改要求8项。2013年企业合同履约率100%，同时，2013年度公司的资信等级为A-。2014年公司获得授权专利4个，申请专利13项，公司2014年研发投入为20089万元，占公司营业收入的比例为3.09%。公司完善了《设备供应商评价控制程序》等文件与制度，对供应商的资格审查、年度考核、退出机制等做出明确规定，将供应商分为战略供应商、主力供应商、重点供应商和一般供应商4类。

在“消费者责任”上，在“消费者服务、支持和投诉及争议处理”“教育和意识”以及“消费者信息保护与隐私”方面，氯碱化工的表现还是较为突出的，公司设立产品技术服务工作组，充分运用公司技术服务网络，对顾客进行技术培训和技术服务，提高客户满意度。2014年，客户满意度为98.73%。公司通过结合SAP管理系统的上线，对客户的资料进行科学管理，严格保密，任何人均不得擅自查阅，也不能提供给第三方作为他用。公司对所有储运单位进行合格承包商评审，并签订安全协议。日常加强对仓储、装卸、运输方面的检查，确保了危险品的储运安全。

在“环境责任”上，除“环保节能”外还关注到了大部分企业容易忽视的“减缓并适应气候变化”和“环境保护与自然环境的恢复”问题。废水排放量、COD排放量、SS排放量，与2012年相比，分别下降18%、55.6%、39%。废气排放量、粉尘、HCl、Cl_2、氯乙烯，与2012年相比，分别下降14%、21%、53%、16%、35%。固废与2012年相比下降77.25%。2013年公司各生产厂通过抓产品定额控制，节约能源和原材料价值2383万元；2013年综合能耗与华谊集团考核指标下降17.5%；万元产值能耗同比继续下降。2013 年公司推动大气环境保护，全面提高公司区域内烟道特征污染因子排放合格率，控制无组织排放，使公司特征污染物 VCM、Cl_2、HCl 等大气污染浓度全面下降。在报告期内，厂区绿化覆盖率达到 28%。

氯碱化工在“社区责任”维度上的举措主要有：公司持续与金山区漕泾镇海渔村开展结对帮扶工作，2014 年公司投入资金 6 万余元对海渔村开展慰问。2014 年继续承办“天原杯”全国初中学生化学素质和实验能力竞赛上海赛区比赛。深度加强与地区民防部门合作，积极参与“防灾减灾”民防宣传活动和地区防灾救灾应急事件的处置任务，为地区防灾救灾提供有力的保障。

总体而言，上海氯碱化工股份技术股份有限公司在社会责任方面关注范围较广，投入深度较大，尤其是在“市场责任”和“环境责任”两个维度上相对本行业其他企业表现突出。

第十章 医药制造业

第一节 公司基本信息

2013 年医药制药业有 141 家公司挂牌交易，其中有 31 家上市公司发布了社会责任报告，占该行业全部上市公司的比重为 21.98%。2014 年医药制药业有 147 家公司挂牌交易，其中有 34 家发布了社会责任报告，占比为 23.13%，基本信息见表 10－1。

表 10－1 医药制造业企业基本信息

序号	股票代码	企业名称	发布报告（年）	净利润（百万元）		营业收入（百万元）	
				2013	2014	2013	2014
1	000423	东阿阿胶	2013、2014	1202.878	1372.277	4016.304	4009.01
2	000538	云南白药	2013、2014	2321.454	2497.327	15814.79	18814.37
3	000623	吉林敖东	2013、2014	1058.789	1417.792	1956.861	2240.099
4	000999	华润三九	2013、2014	1181.105	1072.142	7801.604	7276.586
5	002001	新和成	2013、2014	882.1207	808.0404	4237.635	4164.209
6	002007	华兰生物	2013、2014	475.3375	538.6197	1117.612	1243.488
7	002030	达安基因	2014		158.6204		1086.153
8	002038	双鹭药业	2013、2014	577.3974	701.0469	1161.779	1242.952
9	002287	奇正藏药	2013、2014	213.3727	235.4695	969.4668	950.1056
10	002422	科伦药业	2013、2014	1079.522	984.6822	6831.282	8023.421
11	300016	北陆药业	2013、2014	65.9717	94.1647	331.6158	439.9804
12	300039	上海凯宝	2014		349.3517		1481.077

续 表

序号	股票代码	企业名称	发布报告（年）	净利润（百万元）		营业收入（百万元）	
				2013	2014	2013	2014
13	300110	华仁药业	2013、2014	121.5194	56.15399	867.2003	916.7614
14	300181	佐力药业	2013、2014	80.9975	106.7573	419.4152	514.9262
15	600056	中国医药	2013、2014	484.832	613.6849	14829.51	17857.37
16	600062	华润双鹤	2013、2014	870.6902	543.6648	6834.574	4280.961
17	600085	同仁堂	2013、2014	656.0137	1253.965	8714.647	9685.868
18	600161	天坛生物	2013、2014	372.0288	226.1559	1836.504	1826.551
19	600195	中牧股份	2013、2014	235.759	283.722	3639.751	4035.441
20	600196	复星医药	2013、2014	2027.058	2369.839	9996.409	12025.53
21	600252	中恒集团	2013、2014	742.5159	1594.478	3996.698	3214.406
22	600267	海正药业	2013、2014	301.8574	551.9705	8604.312	10096.75
23	600329	中新药业	2013、2014	351.7944	379.4366	6010.137	7086.879
24	600332	白云山	2013、2014	980.0451	1210.644	17608.19	18799.88
25	600351	亚宝药业	2013、2014	118.1955	165.1067	1624.883	1889.657
26	600420	现代制药	2014		247.535		2748.836
27	600422	昆明制药	2013、2014	231.6233	307.6951	3584.295	4120.509
28	600436	片仔癀	2013、2014	429.7684	437.8907	1395.869	1453.87
29	600488	天药股份	2013、2014	51.9257	86.72395	1480.538	1388.919
30	600518	康美药业	2013、2014	1879.817	2285.892	13358.73	15949.19
31	600535	天士力	2013、2014	1100.262	1450.377	11097.87	12577.7
32	600750	江中药业	2013、2014	172.2554	266.7726	2777.861	2834.124
33	600829	三精制药	2013、2014	6.4621	26.22832	3177.005	1738.795
34	600867	通化东宝	2013、2014	183.9134	276.5392	1204.24	1451.34

第二节 企业社会责任评级

2013 年、2014 年分别对医药制造业发布 CSR 报告的企业进行社会责任评级，并通过聚类分析将企业履行社会责任划分为“A”“B”“C”三级。医药制造业发布CSR报告的企业CSR评级具体见表10－2。

表10－2　医药制造业企业CSR评级

序号	股票代码	企业名称	CSR评级		序号	股票代码	企业名称	CSR评级	
			2013	2014				2013	2014
1	000423	东阿阿胶	B	B	18	600161	天坛生物	B	B
2	000538	云南白药	A	A	19	600195	中牧股份	C	C
3	000623	吉林敖东	C	C	20	600196	复星医药	A	A
4	000999	华润三九	B	B	21	600252	中恒集团	B	B
5	002001	新和成	C	C	22	600267	海正药业	A	A
6	002007	华兰生物	C	C	23	600329	中新药业	B	B
7	002030	达安基因	–	C	24	600332	白云山	B	B
8	002038	双鹭药业	B	B	25	600351	亚宝药业	C	C
9	002287	奇正藏药	B	B	26	600420	现代制药	–	A
10	002422	科伦药业	B	B	27	600422	昆明制药	C	C
11	300016	北陆药业	B	B	28	600436	片仔癀	B	B
12	300039	上海凯宝	–	C	29	600488	天药股份	C	C
13	300110	华仁药业	B	C	30	600518	康美药业	B	B
14	300181	佐力药业	B	B	31	600535	天士力	C	C
15	600056	中国医药	B	C	32	600750	江中药业	C	C
16	600062	华润双鹤	B	B	33	600829	三精制药	B	B
17	600085	同仁堂	C	C	34	600867	通化东宝	B	B

2013年31家企业的企业规模（营业收入）范围是3.31亿至176.08亿元，主要集中在50亿元以下，其中没有CSR评级为“A”的企业，评级为“B”“C”的分别有11、8家；企业规模在50亿元以上的企业共12家，CSR评级为“A”“B”“C”的分别有3、7、2家。31家企业的规模与CSR评级分布情况如图10－1所示。

2014年34家企业的企业规模（营业收入）范围是4.39亿至188.14亿元，并主要集中在50亿元以下。50亿元以下的企业数量有23家，占比为67.65%，其中CSR评级为“A”“B”“C”的分别有1、11、11家。企

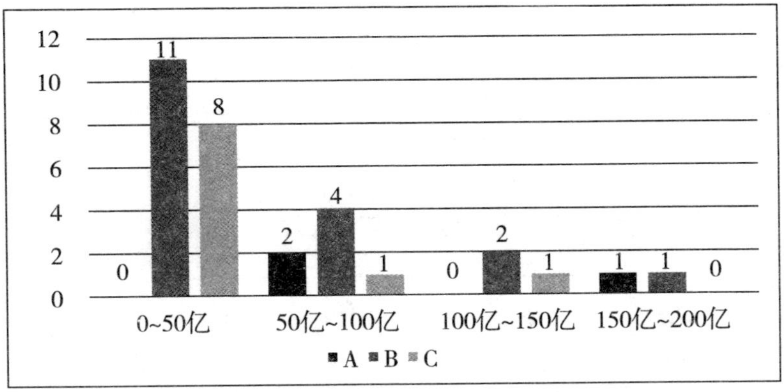

图 10－1 2013 年医药制造业企业规模与 CSR 评级分布（单位：家、元）

业规模在 50 亿元以上的企业共 11 家，CSR 评级为"A""B""C"的分别有 3、5、3 家。可见，医药制造业企业 CSR 评级在一定程度上与企业规模有关，相对而言，规模越大的企业 CSR 评级相对较高，34 家企业的规模与 CSR 评级分布情况如图 10－2 所示。

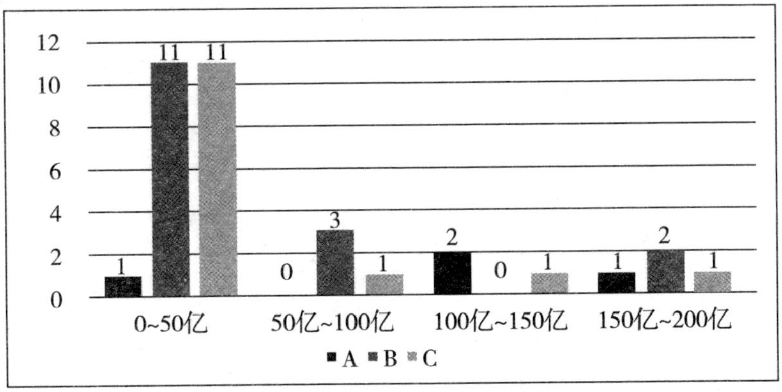

图 10－2 2014 年医药制造业企业规模与 CSR 评级分布（单位：家、元）

2013 年 31 家企业的净利润率均为正，企业净利润率范围集中于 0 至 20%。净利润率在 0 至 20% 的企业共 22 家，占比达 70.97%，其中 CSR 评级为"A""B""C"的分别有 2、13、7 家。净利润率在 20% 以上的企业有 9 家，CSR 评级为"A""B""C"的分别有 1、5、3 家。31 家企业的净利润率与 CSR 评级分布情况如图 8－3 所示。

2014 年 34 家企业的净利润率均为正，企业净利润率范围集中于 0 至 20%。净利润率在 0 至 20% 的企业共 24 家，占比达 70.59%，其中 CSR 评

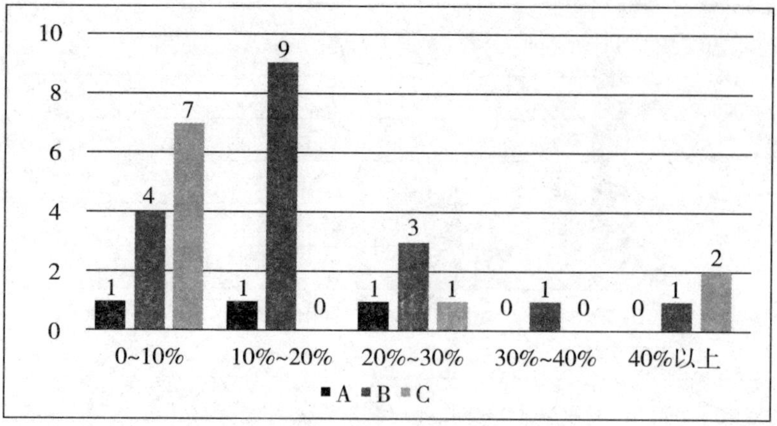

图 10－3　2014 年医药制造业企业净利润率与 CSR 评级分布（单位：家）

级为“A”“B”“C”的分别有 2、12、10 家。净利润率在 20% 以上的企业有 10 家，CSR 评级为“A”“B”“C”的分别有 2、4、4 家。34 家企业的净利润率与 CSR 评级分布情况如图 10－4 所示。

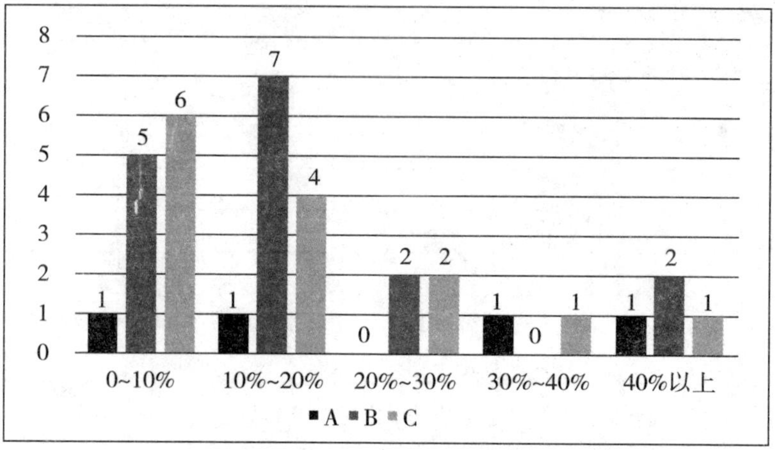

图 10－4　2014 年医药制造业企业净利润率与 CSR 评级分布（单位：家）

第三节　企业社会责任各维度特征

2013 年和 2014 年，上市公司在“员工责任”方面表现最好，在“消费者责任”和“市场责任”方面得分较低。主要是由于企业对社会责任的认知仍集中于“防灾减灾”“环保”“公益捐赠”等被社会广泛熟知的、相关法律法规较为成熟的传统社会责任问题。具体分析如下：

1. **员工责任**

上市公司对“工作中的基本原则和权利”“工作条件和社会保护”“职业健康安全”以及“工作场所中人的发展与培训”等问题的关注度普遍较高，执行力度也较大，信息披露情况较好。而“机会平等无歧视”“就业机会平等和非歧视”则容易被企业忽视，多数企业只提及保障妇女和孕妇的权益。做得相对较好的企业有奇正藏药（股票代码为002287），平等对待少数民族就业问题，2013年，公司少数民族员工246人，占员工总数的17%。浙江佐力药业（股票代码为300181）自1999年起获得了福利企业资格，目前是湖州市安置残疾人最多的一家企业。北京天坛生物制品股份有限公司（股票代码为600161）目前残疾人就业人数8人。

2. **环境责任**

在这个维度上，本行业企业普遍重视“污染预防”和“资源可持续利用”这两个问题，即节能减排。部分企业在“减缓并适应气候变化”方面也有所贡献，体现为削减温室气体的排放。只有极少数公司提及“环境保护与自然环境的恢复”，北京双鹭药业（股票代码为002038）提及了这一问题，公司每年都不断加大在环保方面的投入，改进生产工艺，引进新设备，推广新技术，最大限度地控制污染物的产生。为了进一步美化厂区环境，公司还在厂区内栽培了大量苗木、花卉，为员工营造了轻松舒畅的工作环境，积极创建环境友好型企业。

3. **市场责任**

医药制造业上市公司在“在价值链中促进社会责任”方面做得较好，主要表现为对供应商的管理；“尊重产权”在本行业中也提及较多，集中在公司专利发明及申报数目上的披露；对“反腐败”的重视程度则不够。华润双鹤（股票代码为600062）对此问题执行较好，廉洁经营、诚信经营是公司在经营中一贯践行的原则，与业务单位的合作均在诚实守信的基础上进行。公司坚持与客户签订廉洁协议和反商业贿赂书，创造医药行业廉洁的行业之风。

4. **消费者责任**

本行业上市公司在“消费者责任”这个维度上的得分相对较低，主要原因是企业在其发布的社会责任报告中很少提及“公平规范的市场营销”“消费者信息保护与隐私”“可持续消费”以及“教育和意识”等内容。企业关注的重点普遍集中于“消费者服务、支持和投诉及争议处理”和“教育和意识”，具体表现为努力改善服务以及提高产品质量。简言之，企业在“消费者责任”上关注得不完整。

5. 社区责任

企业在“社会投资”“社会捐赠“方面相对于“社区责任”的其他方面投入较大，具体行动包括扶贫、助学、救灾等。“社区参与”和公众“健康”则容易被企业忽略。

第四节　年报中的社会责任

在医药制造业 147 家挂牌交易的公司中，有 73 家企业虽未单独发布企业社会责任报告，但是以下企业在年报中也提到了所履行的社会责任情况，占比 49.7%。有 42 家企业未发布报告也未在年报中体现企业社会责任情况，占比 28.6%。医药制造业的 73 家披露社会责任情况的公司基本信息如表 10－3 所示。

表 10－3　医药制造业企业基本信息表

单位：百万元

序号	股票代码	公司名称	净利润	营业收入
1	000153	丰原药业	41.12	1698.95
2	000403	ST 生化	106.93	489.50
3	000513	丽珠集团	553.62	5544.23
4	000566	海南海药	170.61	1384.75
5	000597	东北制药	83.82	4333.32
6	000606	青海明胶	－126.82	358.77
7	000650	仁和药业	323.85	2253.21
8	000661	长春高新	444.21	2262.30
9	000756	新华制药	68.33	3589.75

续 表

序号	股票代码	公司名称	净利润	营业收入
10	000766	通化金马	5.17	208.41
11	000915	山大华特	386.28	1373.96
12	000919	金陵药业	245.16	2771.94
13	000952	广济药业	-229.59	485.86
14	000989	九芝堂	245.94	1405.35
15	002019	亿帆鑫富	237.94	1684.98
16	002020	京新药业	107.08	1235.50
17	002099	海翔药业	107.08	1235.50
18	002107	沃华医药	36.55	315.31
19	002118	紫鑫药业	46.95	775.71
20	002166	莱茵生物	41.59	660.40
21	002198	嘉应制药	73.65	565.82
22	002219	恒康医疗	257.15	685.66
23	002275	桂林三金	444.87	1466.35
24	002294	信立泰	1043.38	2882.64
25	002317	众生药业	215.98	1308.52
26	002332	仙琚制药	48.82	2470.53
27	002365	永安药业	31.72	658.42
28	002370	亚太药业	40.57	375.60
29	002390	信邦制药	153.86	2476.18
30	002399	海普瑞	335.33	1958.86
31	002424	贵州百灵	315.05	1574.67
32	002433	太安堂	192.38	1227.64
33	002437	誉衡药业	455.66	1905.82
34	002550	千红制药	242.16	814.61
35	002566	益盛药业	96.31	787.89
36	002603	以岭药业	354.50	2921.16
37	002644	佛慈制药	34.65	399.07
38	002653	海思科	450.54	1210.60

续 表

序号	股票代码	公司名称	净利润	营业收入
39	002675	东诚药业	107.87	751.02
40	002688	金河生物	80.08	839.81
41	002693	双成药业	58.93	161.20
42	300086	康芝药业	58.60	408.54
43	300122	智飞生物	148.00	800.94
44	600079	人福医药	635.73	7051.63
45	600080	金花股份	29.81	712.79
46	600201	金宇集团	402.12	1062.93
47	600216	浙江医药	171.34	4832.29
48	600222	太龙药业	50.17	1254.23
49	600276	恒瑞医药	1572.93	7452.25
50	600285	羚锐制药	76.22	826.27
51	600380	健康元	683.80	7417.91
52	600385	ST 金泰	40.24	2028.60
53	600466	迪康药业	12.56	399.11
54	600479	千金药业	117.70	2194.24
55	600521	华海药业	256.73	2584.99
56	600530	交大昂立	95.41	388.43
57	600556	北生药业	0.61	47.37
58	600557	康缘药业	323.11	2562.93
59	600566	洪城股份	519.39	2986.41
60	600568	中珠控股	31.64	1069.99
61	600572	康恩贝	727.75	3581.62
62	600594	益佰制药	481.20	3157.08
63	600613	神奇制药	180.90	1293.71
64	600614	鼎立股份	75.76	1270.00
65	600664	哈药股份	197.68	16508.91
66	600671	天目药业	2.61	148.73
67	600771	广誉远	25.31	354.15

续 表

序号	股票代码	公司名称	净利润	营业收入
68	600781	辅仁药业	15.93	434.80
69	600789	鲁抗医药	-136.69	2312.10
70	600812	华北制药	31.79	9400.97
71	603168	莎普爱思	131.27	765.58
72	603456	九洲药业	137.11	1286.21
73	603998	方盛制药	85.87	415.61

在未发布企业社会责任报告，但在年报中涉及企业社会责任情况的73家企业中，C类企业有0家，D类企业有25家，E类企业有48家，见表10-4。说明评级相对较低，企业社会责任履行情况较差。

表10-4 医药制造业企业CSR评级

股票代码	公司名称	评级结果	股票代码	公司名称	评级结果
000153	丰原药业	E	002644	佛慈制药	D
000403	ST生化	E	002653	海思科	E
000513	丽珠集团	E	002675	东诚药业	D
000566	海南海药	E	002688	金河生物	E
000597	东北制药	E	002693	双成药业	D
000606	青海明胶	E	300086	康芝药业	E
000650	仁和药业	E	300122	智飞生物	E
000661	长春高新	E	600079	人福医药	E
000756	新华制药	D	600080	金花股份	E
000766	通化金马	E	600201	金宇集团	E
000915	山大华特	E	600216	浙江医药	E
000919	金陵药业	D	600222	太龙药业	D
000952	广济药业	D	600276	恒瑞医药	E
000989	九芝堂	D	600285	羚锐制药	D
002019	亿帆鑫富	D	600380	健康元	D
002020	京新药业	D	600385	ST金泰	E

续 表

股票代码	公司名称	评级结果	股票代码	公司名称	评级结果
002099	海翔药业	D	600466	迪康药业	E
002107	沃华医药	D	600479	千金药业	E
002118	紫鑫药业	E	600521	华海药业	E
002166	莱茵生物	E	600530	交大昂立	E
002198	嘉应制药	D	600556	北生药业	E
002219	恒康医疗	E	600557	康缘药业	E
002275	桂林三金	D	600566	洪城股份	E
002294	信立泰	D	600568	中珠控股	E
002317	众生药业	D	600572	康恩贝	E
002332	仙琚制药	D	600594	益佰制药	E
002365	永安药业	E	600613	神奇制药	E
002370	亚太药业	E	600614	鼎立股份	E
002390	信邦制药	E	600664	哈药股份	E
002399	海普瑞	E	600671	天目药业	E
002424	贵州百灵	D	600771	广誉远	E
002433	太安堂	D	600781	辅仁药业	E
002437	誉衡药业	D	600789	鲁抗医药	E
002550	千红制药	D	600812	华北制药	E
002566	益盛药业	E	603168	莎普爱思	E
002603	以岭药业	D	603456	九洲药业	E
			603998	方盛制药	D

第五节　典型案例

浙江海正药业股份有限公司（股票代码为 600267）2013、2014 年度 CSR 评级均为 A。其社会责任报告内容丰富，结构清晰，可读性较强，故将海正药业选为我国医药制造业企业社会责任披露的典型案例。海正药业采取的行动具体表现如下：

在“员工责任”方面采取的措施主要有：海正对不同国家、种族、性别的员工一视同仁，坚持同工同酬，海正现男女管理者的比例为 5∶1。海正依法与每位入职员工签订劳动合同，按规定为每位职工缴纳社会保险，职工参保率达 100%。每一名员工均可按照国家规定享受各种法定休假节日，部分员工还可享受疗养休假。同时，每位员工按照国家相关规定，按照工龄长短享有不同时间的带薪年假。海正实行全员入职体检，科室人员每 2 年体检一次，车间人员每年体检一次。2013 年，海正员工体检 4300 人次，全体员工皆未发生职业病，是公司致力于职业健康管理的良好结果。在员工的培养和成长上，公司实施职位、薪酬、评价 3 项制度，创新与优化人力资源管理，强化员工的责任意识、创业创新意识和服务意识。2013 年，海正人均受训 45 次，人均受训时间为 45 学时，共投入 170 万元。通过责任文化的实施，凝聚人心，点亮海正梦想。

海正药业在社会责任方面的表现也很突出。公司尊重和平等对待每一个供应商，拒绝厂家腐败和商业贿赂，支持责任采购和本地化采购。在普法教育方面，海正通过法制海报宣传及法律知识培训讲座等多种形式进行日常法律知识普及和宣传，为促进企业健康稳定发展营造良好的法治环境。在报告期间，海正未发生任何重大守法合规负面信息。产权方面，公司在 30 多个国家和地区拥有上百项专利授权，涉及创新化合物、晶型、合成工艺、新药物组合物等方面。在价值链方面，海正主动与各类供应商营造公平合作环境，通过相互信任、优势互补，与供应商建立和谐共赢的战略伙伴关系。完善公司采购管理体系，规范采购管理，实现阳光透明采购，与供应商共创公平运营合作环境。

消费者问题上，海正除产品质量方面，还关注到了被多数企业所忽略的消费者资料保护问题，总体表现较好。具体来看，海正采取多种形式提升公司不同分厂的质量管理水平。采取必要措施完善生产外包的质量管理（包括国内和国外的生产外包）；采取必要措施进一步完善供应链管理（包括外部与内部的供应链）；完善产品转移的质量管理。在报告期间，海正未发生产品质量事故，未曾发生因客户隐私泄露而遭受的投诉，未曾发生因违法违规遭受处罚事情。

环境方面，海正环保投入逐年提高，2014 年共投入 1.94 亿元用于环境保护，其中 2014 年环保投入台州 6914 万元、富阳 4481 万元、如东环保设施约8000万元。海正投资2950万元建设两套固废焚烧系统，该焚烧处理项目在国内生物制药发酵废渣处置方面对解决国内生物制药行业的环保难题及实现可持续发展上具有先行先试的示范意义。在溶剂废气处理上，在原有一套RTO废气处理装置的基础上，再新建一套RTO废气焚烧装置，废气处理效率由85%提高至98%以上。近两年海正还投入了900万元，新建了两套中水回用系统。每年可节约并减少废水排放60多万吨。此外，海正为了给员工营造一个健康、绿色的工作环境，积极种植各色花草树木，绿化面积占公司总占地的30%以上。

社区责任方面，海正的迅速发展为当地提供了大量的就业机会，现有员工4000多人，其中本地员工约为2400人，本地与外地雇用比例3：2。为了更好地促进当地经济的共同发展，海正尽可能从本地选择合格供应商，2013年本地采购的金额达14324万元，占公司所有原材料采购的21%。海正致力于社会公益，曾获“全国五一劳动奖状”“中国医药企业社会责任孺子牛奖”“中国慈善奖”等奖项。近年来，海正通过捐款、捐物等慈善公益活动，积极参与涉及助贫助困、教育、残疾人事业、抗灾救灾、文化事业、献血等公益事业，累计捐赠近亿元。从2007年开始，携手中华慈善总会开展“健行天下”项目，先后实施“股骨头坏死贫困患者援助计划”和“白血病患者援助计划”，提供价值5000多万元的通络生骨胶囊、伊达比星、氟达拉滨等药物，已有4300人次的股骨头坏死、白血病贫困患者得到了援助。通过台州市慈善总会设立“海正集团1000万元定向救助基金”，5年来，定向资助了500多人次特困大学生、750人次贫困家庭中小学生和1800多人次特困老人。2014年，公司向社会捐赠折合人民币约577.2万元。

海正集团的社会责任工作涵盖范围广，内容丰富，措施完善并且在报告中披露了社会责任工作方面的具体数据，整体履行情况良好。

第十一章

化学纤维制造业以及橡胶和塑料制品业

第一节　行业简介及公司基本信息

化学纤维制造业以及橡胶和塑料制品业有74家公司挂牌交易，其中有13家上市公司发布社会责任报告，占该行业全部企业的比重为17.57%。2014年，化学纤维制造业以及橡胶和塑料制品业有76家公司挂牌交易，其中有13家上市公司发布社会责任报告，占该行业全部企业的比重为17.11%，基本信息见表11－1。

表11－1　化学纤维制造业以及橡胶和塑料制品业企业基本信息

序号	股票代码	企业名称	发布报告（年）	净利润（百万元）		营业收入（百万元）	
				2013	2014	2013	2014
1	002064	华峰氨纶	2013	276.7624		2372.4422	
2	002172	澳洋科技	2013	20.9125		3277.4397	
3	002224	三力士	2013、2014	147.6685	198.2488	944.54	969.6512
4	002372	伟星新材	2013、2014	315.673	387.7516	2158.8144	2353.6776
5	002450	康得新	2014		1000.2163		5208.0918
6	002641	永高股份	2013、2014	242.9573	225.0399	2918.4157	3325.6005
7	300198	纳川股份	2013、2014	91.7563	49.7150	655.4954	998.5947
8	600063	皖维高新	2013、2014	20.2983	184.0176	3573.0588	4126.0925
9	600210	紫江企业	2013、2014	227.9212	174.2849	8626.0622	8501.3505
10	600458	时代新材	2013、2014	121.5687	42.3120	4164.7046	6007.7769
11	600469	风神股份	2013、2014	313.0616	331.7977	8538.1806	8166.8368

续 表

序号	股票代码	企业名称	发布报告（年）	净利润（百万元）		营业收入（百万元）	
				2013	2014	2013	2014
12	600623	双钱股份	2013、2014	305.6817	449.4672	14332.1823	14730.5649
13	600871	石化油服	2013、2014	-1454.217	1231.967	17677.171	94481.041
14	600889	南京化纤	2013、2014	24.5397	37.2823	2052.2319	1771.7805
15	601058	赛轮金宇	2014		344.0285		11128.2349

第二节　企业社会责任评级

2013 年、2014 年分别对化学纤维制造业以及橡胶和塑料制品业发布 CSR 报告的企业进行社会责任评级，并通过聚类分析将企业履行社会责任划分为“A”“B”“C”三级。化学纤维制造业以及橡胶和塑料制品业发布 CSR 报告的企业 CSR 评级具体见表 11-2。

表 11-2　化学纤维制造业以及橡胶和塑料制品业企业 CSR 评级

序号	股票代码	企业名称	CSR 评级	
			2013	2014
1	002064	华峰氨纶	A	
2	002172	澳洋科技	C	
3	002224	三力士	C	C
4	002372	伟星新材	B	B
5	002450	康得新		C
6	002641	永高股份	C	C
7	300198	纳川股份	C	C
8	600063	皖维高新	A	A
9	600210	紫江企业	C	C
10	600458	时代新材	B	B
11	600469	风神股份	B	B
12	600623	双钱股份	C	C

续　表

序号	股票代码	企业名称	CSR 评级	
			2013	2014
13	600871	石化油服	B	B
14	600889	南京化纤	C	C
15	601058	赛轮金宇		C

2013 年发布企业社会责任报告的 13 家企业的企业规模（营业收入）范围是6.55 亿至176.77 亿元，并主要集中在10 亿至50 亿元。企业规模在10 亿至50 亿元的企业有7 家，占比为53.85%，其中CSR 评级为“A”“B”“C”的企业分别有2、2、3 家。企业规模在10 亿元以下的企业只有两家，CSR 评级皆为“C”。规模在50 亿元以上的企业有4 家，CSR 评级为“B”和“C”的企业分别有2 家，没有评级为“A”的企业。所以，化学纤维制造业以及橡胶和塑料制品业中，CSR 评级为“A”的企业营业收入全部集中于10 亿至50 亿元。13 家企业的规模与CSR 评级分布情况如图11－1 所示。

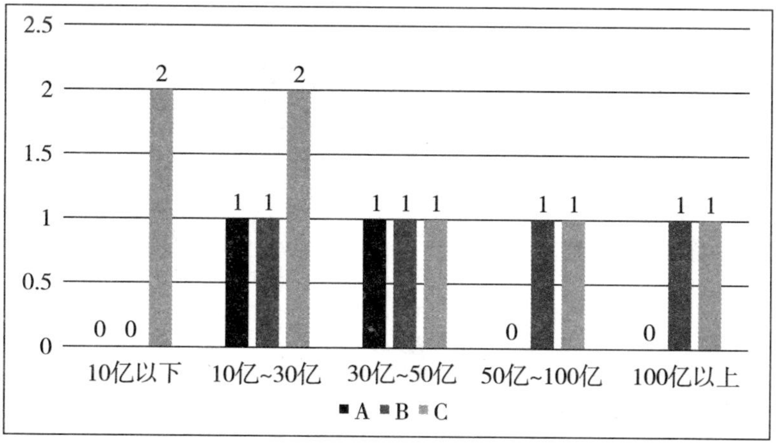

图11－1　化学纤维制造业以及橡胶和塑料制品业
2013 年企业规模与CSR 评级分布（单位：家、元）

2014 年，化学纤维制造业以及橡胶和塑料制品业13 家（原2013 年发布报告的两家未发布，2014 年新2 家，故总数不变）企业的企业规模（营业收入）范围是9.70 亿至944.81 亿元，并主要集中在9 亿至60 亿元。企业规模在9亿至60亿元的企业有7家，占比为53.85%，其中CSR评级为“A”“B”“C”的企业分别有1、1、5家。规模在60亿元以上的企业有6家，其中CSR评级为“B”和“C”的企业分别有3家，没有评级为“A”的企业。13家企业的规模与CSR评级分布情况如图11－2所示。

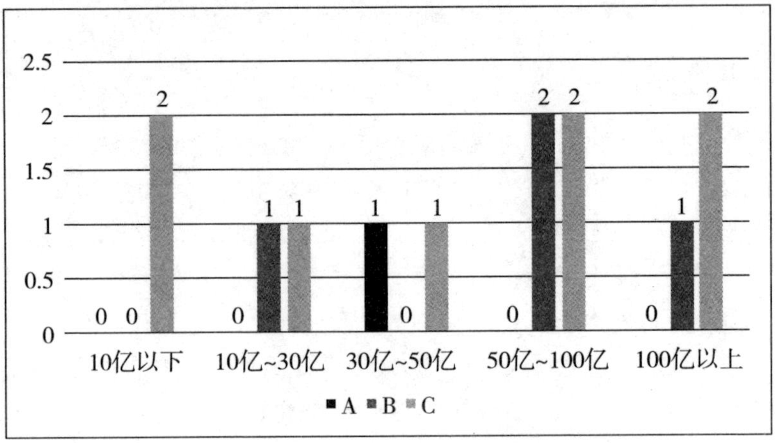

图11－2　2014年企业规模与CSR评级分布（单位：家、元）

2013年、13家企业中有1家企业的净利润率为负，其他企业净利润率范围是0.57%至15.63%，并主要集中在1%至15%。净利润率在1%至15%的企业共9家，占比达69.23%，其中CSR评级为“A”“B”“C”的分别有1、3、5家。净利润率在1%以下的企业3家，CSR评级分别为“A”“B”“C”；净利润率在15%以上的企业只有1家，CSR评级为“C”。所以，较难看出化学纤维制造业以及橡胶和塑料制品业企业CSR评级与净利润率之间的关系。13家企业的净利润率与CSR评级分布情况如图11－3所示。

2014年，13家企业净利润率范围是0.70%至20.44%，并主要集中在1%至15%。净利润率在1%至15%的企业共9家，占比达69.23%，其中CSR评级为“A”“B”“C”的分别有1、2、6家。净利润率在1%以下的企业1家，CSR评级为“B”；净利润率在15%以上的企业有3家，CSR评级为“B”的有1家，评级为“C”的有2家。13家企业的净利润率与CSR评级分布情况如图11－4所示。

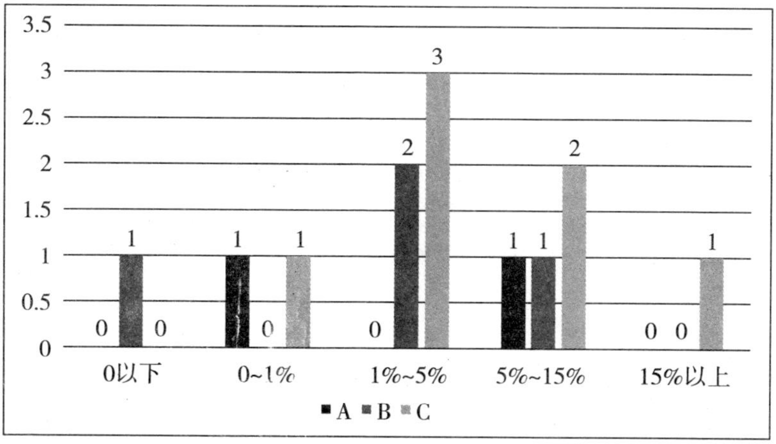

图 11 – 3　2013 年企业净利润率与 CSR 评级分布（单位：家）

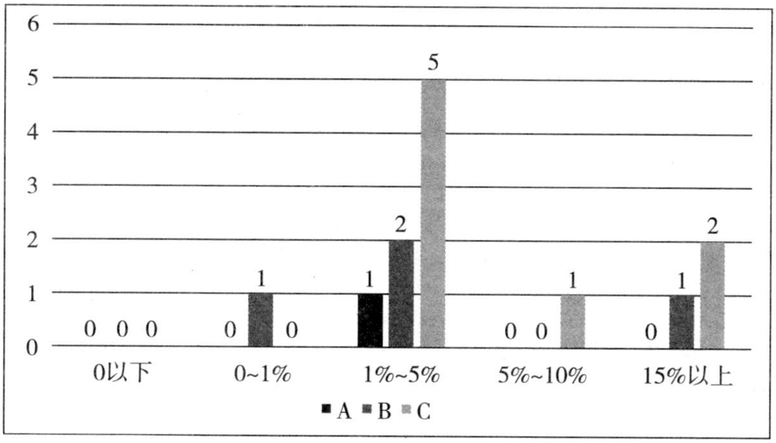

图 11 – 4　2014 年企业净利润率与 CSR 评级分布（单位：家）

第三节　企业社会责任各维度特征

1. 社会责任治理

本行业上市公司在《企业社会责任报告》或在年报中披露社会责任治理内容的很少，评分普遍不高，普遍没有开展培训与激励以及社会责任文化和环境的营造与培育，与利益相关方的沟通不强。社会责任治理履行较好的企业是浙江伟星新型建材股份有限公司（股票代码为002372），其制定了本企业的社会责任的文化理念和社会责任管理体系以及完备的社会责任的沟通方式及权益保障措施。公司的社会责任领导小组组长由公司董事长担任，成员包括董事、监事及高管。社会责任具体实施和组织工作由综合部负责。此外，风神轮胎股份有限公司（股票代码为600469）也提及了本企业的社会责任理念。

2. 员工责任

上市公司对“工作中的基本原则和权利”“工作条件和社会保护”“职业健康安全”以及“工作场所中人的发展与培训”等问题的关注度普遍较高，执行力度也较大。而“机会平等无歧视”“就业机会平等和非歧视”则容易被企业忽视。

2013年，浙江华峰氨纶股份有限公司（股票代码为002064）在这一问题上做得较好，突出表现为反对女职工歧视。2013年，华峰氨纶股份有限公司女性员工占比为20.38%。2014年，皖维高新（股票代码为600063）与女职工签订了《女职工特殊权益保护专项集体合同》，保护女职工三期权益不受侵害。此外，皖维高新还通过员工慈善基金为弱势群体扶贫救助捐赠26万元。

3. 环境责任

在这个环境问题上，本行业企业普遍重视“污染预防”和“资源可持续利用”这两个问题，即节能减排。部分企业在“减缓并适应气候变化”方面也有所贡献，体现为削减温室气体的排放。只有极少数公司提及“环境保护与自然环境的恢复”，但也没有采取相应的有力措施。石化油服（股票代码为600871）在环境问题的责任履行上做得比较完善到位。2014年，该公司钻井、作业废水回收处理达标率100%，危险废物妥善处置率100%，生产单位基层队清洁生产审核率大于80%。万元产值综合能耗为0.28吨标准煤，与2013年比较，万元产值综合能耗下降3.4%，节约4.82万吨标准煤，减少温室气体排放约12.72万吨。此外，该公司在“环境保护与自然环境的恢复”上采取了相应有力措施：确定并实施了“涪陵焦石坝工区油基泥浆回收处理站”“移动式钻井废弃泥浆减量化及无害化处理装置项目”等7个“碧水蓝天”环保治理项目，投入资金3814万元。

4. 市场责任

多数上市公司对“反腐败”“公平竞争”“尊重产权”和“在价值链中促进社会责任”这4个方面都有所关注，但是在重视程度和实施深度上则差异较大。2014年，紫江股份（股票代码为600210）“尊重产权”方面履行较好：申请实用新型专利49项、发明专利30项、外观设计专利3项，获得专利授权实用新型专利34项、发明专利7项、外观设计专利3项。

5. 消费者责任

本行业上市公司在“消费者责任”这个维度上的得分相对较低，主要原因是企业在其发布的社会责任报告中很少提及“公平规范的市场营销”“消费者信息保护与隐私”“可持续消费”以及“教育和意识”等内容。企业关注的重点普遍集中于“消费者服务、支持和投诉及争议处理”和“教育和意识”，具体表现为努力改善服务以及提高产品质量。简言之，企业在“消费者责任”上关注的范围较为狭窄。2014年，浙江伟星是该行业“可持续消费”责任履行的典范：为了帮助消费者解决购买管道产品后安装、使用、质保、改造等问题，公司在行业中首创“星管家”服务。业主购买伟星管并安装完毕后，即可预约“星管家”服务专员上门服务，帮助检查安装过程中的问题隐患，解除后顾之忧，让千万家庭中的隐蔽工程变得透明与安全。

6. 社区责任

企业在“社会投资”“社会捐赠”方面相对于“社区责任”的其他方面投入较大，具体行动包括扶贫、助学、救灾等。“社区参与”和公众“健康”则容易被企业忽略。2014年，风神股份在公众“健康”方面做得较好，具体行动有：关爱智障儿童，为焦作市福康学校送去钢琴，助力智障儿童提升康复训练效果；雷锋日当天慰问焦作市社会救助管理站，向焦作市的孤寡老人及救助人员奉献爱心，传递温暖。

第四节 年报中的社会责任

在化学纤维制造业以及橡胶和塑料制品业76家挂牌交易的公司中，有42家企业虽未单独发布企业社会责任报告，但是这些企业在年报中也提到了所履行的社会责任情况，占比 55.3%。也有 18 家企业未发布报告也未在年报中体现企业社会责任情况，占比 23.7%。化学纤维制造业以及橡胶和塑料制品业的 42 家披露社会责任情况的公司基本信息见表 11－3。

表 11－3　化学纤维制造业以及橡胶和塑料制品业企业基本信息表

单位：百万元

序号	股票代码	公司名称	净利润	营业收入
1	000420	吉林化纤	－1.76	1037.01
2	000584	友利控股	163.43	2013.79
3	000615	湖北金环	15.75	694.89
4	000677	恒天海龙	－429.61	1803.43
5	000687	恒天天鹅	14.48	722.57
6	000703	恒逸石化	－396.46	28062.54
7	000782	美达股份	－237.37	3363.61
8	000936	华西股份	66.52	2066.22
9	000949	新乡化纤	90.56	2840.80
10	002127	＊ST 新民	11.93	1573.34
11	002206	海利得	144.77	2286.09
12	002254	泰和新材	167.81	1776.05
13	002427	尤夫股份	102.68	2479.24
14	002493	荣盛石化	－599.90	31810.85
15	600527	江南高纤	30.93	1643.83
16	601113	华鼎股份	－73.99	1702.40
17	000589	黔轮胎 A	166.98	5563.48
18	000619	海螺型材	122.05	3903.97
19	000659	＊ST 中富	37.52	2370.81
20	000887	中鼎股份	587.66	5040.19
21	000973	佛塑科技	111.62	2731.48
22	002014	永新股份	153.48	1668.45
23	002108	沧州明珠	169.29	2089.96
24	002243	通产丽星	－35.89	1062.79

续　表

序号	股票代码	公司名称	净利润	营业收入
25	002263	大东南	-8.58	917.87
26	002324	普利特	196.05	2025.77
27	002343	禾欣股份	68.79	1613.21
28	002381	双箭股份	133.97	1102.10
29	002382	蓝帆医疗	61.67	1535.09
30	002395	双象股份	1.78	803.27
31	002420	毅昌股份	43.13	3242.65
32	002464	金利科技	-129.45	528.21
33	002522	浙江众成	59.68	541.63
34	002585	双星新材	100.38	2265.48
35	002676	顺威股份	50.83	1484.07
36	002694	顾地科技	18.76	1837.27
37	002735	王子新材	33.00	479.92
38	300021	大禹节水	20.70	789.12
39	600074	中达股份	22.75	739.63
40	600143	金发科技	482.45	16093.63
41	600182	S佳通	418.09	3988.14
42	603806	福斯特	432.09	2385.86

在未发布企业社会责任报告，但在年报中涉及企业社会责任情况的42家企业中，C类企业有0家，D类企业有7家，E类企业有35家，见表11-4。说明评级相对较低，企业社会责任履行情况不足。

表11-4　化学纤维制造业以及橡胶和塑料制品业企业CSR评级

股票代码	公司名称	评级结果	股票代码	公司名称	评级结果
000420	吉林化纤	E	002014	永新股份	E
000584	友利控股	E	002108	沧州明珠	E
000615	湖北金环	E	002243	通产丽星	E
000677	恒天海龙	E	002263	大东南	E

续 表

股票代码	公司名称	评级结果	股票代码	公司名称	评级结果
000687	恒天天鹅	D	002324	普利特	E
000703	恒逸石化	D	002343	禾欣股份	E
000782	美达股份	E	002381	双箭股份	E
000936	华西股份	E	002382	蓝帆医疗	D
000949	新乡化纤	E	002395	双象股份	E
002127	*ST 新民	E	002420	毅昌股份	D
002206	海利得	E	002464	金利科技	E
002254	泰和新材	E	002522	浙江众成	E
002427	尤夫股份	E	002585	双星新材	E
002493	荣盛石化	E	002676	顺威股份	E
600527	江南高纤	E	002694	顾地科技	E
601113	华鼎股份	E	002735	王子新材	D
000589	黔轮胎 A	E	300021	大禹节水	E
000619	海螺型材	E	600074	中达股份	E
000659	*ST 中富	E	600143	金发科技	D
000887	中鼎股份	D	600182	S 佳通	E
000973	佛塑科技	E	603806	福斯特	E

第五节　典型案例

安徽皖维高新材料股份有限公司位于合宁芜经济圈中心地带，依托最具活力的华东市场，地缘经济优势明显，是安徽省重要的化工、化纤、新材料联合制造企业，主导产品聚乙烯醇（PVA）、高强高模 PVA 纤维产能一直保持全国第一、世界前列。

2013 年，皖维高新营业收入达 35.73 亿元，净利润达 2000 万元；发布的 CSR 报告篇幅为 21 页，内容凝练，结构清晰，可读性较强；公司社会责任评级为 A。

2014 年，皖维高新营业收入为 41.26 亿，净利润为 1.84 亿；发布的

CSR 报告篇幅为 26 页，内容凝练，结构清晰，可读性较强；公司社会责任评级为 A。

皖维高新在 5 个维度上采取的行动具体表现如下：

皖维高新在“员工责任”方面采取的措施主要有：根据《女职工保护条例》的规定，公司与女职工签订了《女职工特殊权益保护专项集体合同》，保护女职工三期权益不受侵害；公司严格按照《劳动法》《劳动合同法》等相关法律法规的要求，坚持平等自愿、协商一致的原则与所有员工签订《劳动合同》，公司员工合同签订率达 100%；2013 年公司救助困难职工 98 人次，抚恤职工遗属 72 人，资助困难职工子女 14 人上大学，帮 24 名在职困难职工申请了大病救助，年终“送温暖”活动中慰问了 26 名特困职工。2014 年公司开展“金秋助学”活动，资助 13 户困难职工家庭子女上大学，圆了他们的大学梦；开展互助金救助，通过员工慈善基金为 49 位困难职工发放互助金 11.7 万元，为弱势群体扶贫救助捐款 26 万元；2013 年公司对接触有毒有害、粉尘等有职业健康危害的岗位职工 234 人进行了职业健康体检，没有发现员工患职业病或疑似职业病的病例。2014 年公司对在岗接触粉尘、有毒的职业病危害因素的职工 302 人进行了职业健康体检；请省化工研究院对水泥生产现场进行职业病危害现状评价，对新建项目的职业危害控制效果评价，并通过市安监局的评审和备案；对化工、化纤、建材、新材料接触职业病危害因素在岗职工 1406 人进行了职业健康知识培训；2013 年全公司又有 670 余人接受从中级工到高级技师各等级的培训，126 人获得技师以上职业资格证书。2014 年全年有 400 多名员工参加了职业技能提升培训，392 人获得职业技能等级证书，其中高级技师 22 人、技师 60 人、高级工 130 人。

在“市场责任”上，公司推行公开招标和阳光采购，对供应商进行公平、公正评估，杜绝暗箱操作、商业贿赂和不正当交易等情形；公司一直秉承合法经营、依法纳税的经营理念，严格遵守税收法律法规，如实申报税额，足额缴纳税款，为巢湖地方经济的繁荣和发展贡献了自己的力量，切实履行了企业公民依法纳税的责任和义务。多次受到地方政府相关部门的表彰，连续被税务部门评为 A 级纳税信用单位。2013 年，公司实现销售收入 35.73 亿元，依法缴纳税款 11246 万元。2014 年，公司完成销售收入 41.26 亿元，上缴国家税收 10812.19 万元；2013 年，公司取得多项技术创新成果，全年申请专利 36 项，获得授权专利 30 项，其中一项获得国家发明专利优秀奖。2014 年，公司技术中心新增申请专利 8 项，其中发明专利 6 项；申报中国软件著作权 1 项；获省级新产品 2 项。公司还对所有供应商进行日常测评，对主要供应商进行现场考察与评审，测评或评审不合格的，立即淘汰，以保障供应商产品的质量和供货能力。同时，公司认真履行合同约定，协助供应商解决产品质量问题，友好协商解决纠纷，以保护供应商的合法权益。

在消费者责任方面，在“消费者服务、支持和投诉及争议处理”和“教育和意识”方面表现突出；2013 年，技术服务部人员先后到武汉、山东、河南、浙江、广东、安徽等地走访和服务用户 10 余次，接受电话咨询 50 余次，调查处理客户投诉 20 多起。2014 年，技术服务部共处理客户投诉 29 起，上门提供技术服务 12 次，解答电话咨询近百次。通过技术服务部门细心周到的工作，2014 年各主要产品质量纠纷、质量投诉均较 2013 年大幅下降，进一步增强了客户对皖维产品的信心，维护了皖维品牌的良好形象；2013 年，公司扎实推进企业标准化工作，注重提高企业标准化实施水平，新修订 2 个企业标准；新制定 3 个企业标准。2014 年，公司主产品质量稳中有升，PVA 合格率 99.52%，高强高模 PVA 纤维合格率 99.92%，分散性一级品率 63.88%，熟料 3 天强度 29.51Mpa，均较 2013 年有所上升。

在“环境责任”上，①“污染预防”：2013 年，送合肥吴山固废公司危废处置 44.6 吨，实现了环境保护与资源综合利用并举。公司中水回用改造项目属国家环保部督办的“三河三域”重点环保治理工程。2013 年 12 月 26 日开始施工，2014 年 6 月 11 日安装结束开始进行调试运行，全年完成所有进场废水的处理任务约 600 万吨；②“资源可持续利用”：全年公司实现节能 35835.46 吨标准煤（当量值），完成了安徽省合肥市经信委给公司下达的 23500 吨标煤节能目标任务的 152.49%。2014 年制定了《2014 年度能源计量管理工作目标和月度工作要点》，共组织实施了 12 项节能技改项目；③“减缓并适应气候变化”：2013 年，公司引进整套全自动的 SNCR 脱硝装置，运用水泥窑炉 SNCR 脱硝成熟技术，对水泥 3 号生产线的烟气进行脱硝处理，减排氮氧化物 1653 吨，烟气脱硝率达到 60% 以上。2014 年 7 月 1 日起锅炉烟气执行新的排放限值。

在“社区责任”上的举措主要有，①“社区参与”：公司出资 8 万元援建冯玉祥将军旧居门前停车场，完善了基础设施，推动了社会主义新农村建设。②“教育和文化”：2013 年，公司高管与竹柯村留守儿童结成帮扶对子，进行一对一帮扶助学，关心留守儿童成长。2014 年，公司高管仍以个人出资方式向巢湖市第四中学考入大学的优秀学子们开展“结对捐资助学”活动。③“财富和收入创造”：2013 年公司招聘大中专毕业生 104 人，安置 13 名退伍转业军人。2014 年皖维高新积极响应政府号召，全年共吸纳不同专业高校毕业生 51 人。④“社会投资”：2014 年 7 月公司向黄山市休宁县璜尖乡捐赠现金 30 万元建设美好乡村，其中 10 万元设立“皖维爱心基金”，20 万元用于扶持当地发展旅游经济。2014 年 10 月公司向黄山市休宁县璜尖乡捐赠现金 20 万元，用于璜尖公路改造工程；12 月公司向定点扶贫点怀远县淝南乡徐湾村捐赠修路款 20 万元，以改善当地经济发展环境；同月，公司援助石子 1100 吨修整巢湖市灯塔社区田埠村内一条被山洪冲毁的道路。

总体而言，皖维高新相对同行业在社会责任方面关注范围较广，投入深度较大，尤其是在“市场责任”和“社区责任”两个维度上表现较为突出。

第十二章
非金属矿物制品业

第一节　公司基本信息

非金属矿物制品业是制造业的一个下属子行业。2013 年非金属矿物制品业有 72 家公司挂牌交易，其中有 21 家上市公司发布社会责任报告，占该行业全部企业的比重为 29.17%。2014 年非金属矿物制品业有 77 家公司挂牌交易，其中有 19 家上市公司发布社会责任报告，占该行业全部企业的比重为 24.68%，公司基本信息见表 12－1。

表 12－1　非金属矿物制品业企业基本信息

序号	股票代码	企业名称	发布报告（年）	净利润（百万元）		营业收入（百万元）	
				2013	2014	2013	2014
1	000012	南玻集团	2013	1535.93	939.765	7733.796	7044.502
2	000401	冀东水泥	2013、2014	344.45	－277.481	15710.73	15664.735
3	000672	上峰水泥	2014		369.438		2736.641
4	000877	天山股份	2013	280.2035		7910.941	
5	000885	同力水泥	213、2014	66.3769	243.611	4001.427	3937.869
6	002080	中材科技	2013、2014	107.9491	172.757	3443.076	4424.452
7	002102	冠福家用	2013、2014	28.0373	3.198	1867.163	1873.935
8	002162	斯米克	2013、2014	21.6015	14.219	893.4268	845.394
9	002233	塔牌集团	2013、2014	400.3736	607.580	3816.094	4456.688
10	002271	东方雨虹	2013、2014	363.7066	582.573	3902.627	5005.924
11	300080	新大新材	2013	75.6918		1547.705	

续　表

序号	股票代码	企业名称	发布报告（年）	净利润（百万元）		营业收入（百万元）	
				2013	2014	2013	2014
12	300179	四方达	2013、2014	32.9029	33.597	151.3568	189.073
13	600176	中国玻纤	2013、2014	319.1281	473.383	5209.641	6268.154
14	600291	西水股份	2013、2014	71.8116	411.890	184.5822	9832.082
15	600585	海螺水泥	2013、2014	9380.159	11587.596	55261.68	60758.501
16	600634	中技控股	2013、2014	117.1271	145.331	3552.482	2823.269
17	600660	福耀玻璃	2013、2014	1917.549	2217.281	11501.21	12928.182
18	600802	福建水泥	2013、2014	19.0458	73.047	1819.579	2061.836
19	600876	洛阳玻璃	2013、2014	-98.981	0.343	375.735	612.541
20	600881	亚泰集团	2013、2014	217.5989	165.655	13448.22	14455.361
21	601636	旗滨集团	2013、2014	387.1384	221.059	3525.954	3716.620
22	601992	金隅股份	2013、2014	3215.184	2708.972	44789.76	41241.474

第二节　企业社会责任评级

2013 年、2014 年分别对非金属矿物制品业发布 CSR 报告的企业进行社会责任评级，并通过聚类分析将企业履行社会责任划分为“A”“B”“C”三级。非金属矿物制品业发布 CSR 报告的企业 CSR 评级具体见表 12－2。

表 12－2　非金属矿物制品业企业 CSR 评级

序号	股票代码	企业名称	CSR 评级		序号	股票代码	企业名称	CSR 评级	
			2013	2014				2013	2014
1	000012	南玻集团	C	B	12	300179	四方达	C	C
2	000401	冀东水泥	C	C	13	600176	中国玻纤	B	B
3	000672	上峰水泥		C	14	600291	西水股份	C	C
4	000877	天山股份	B		15	600585	海螺水泥	B	B
5	000885	同力水泥	C	C	16	600634	中技控股	C	C

续 表

序号	股票代码	企业名称	CSR 评级		序号	股票代码	企业名称	CSR 评级	
			2013	2014				2013	2014
6	002080	中材科技	B	B	17	600660	福耀玻璃	B	B
7	002102	冠福家用	B	B	18	600802	福建水泥	C	C
8	002162	斯米克	B	B	19	600876	洛阳玻璃	C	C
9	002233	塔牌集团	C	C	20	600881	亚泰集团	C	C
10	002271	东方雨虹	A	A	21	601636	旗滨集团	C	C
11	300080	新大新材	B		22	601992	金隅股份	A	A

2013 年 21 家企业的企业规模（营业收入）范围是 1.51 亿至 552.61 亿元，并主要集中在 50 亿元以下。50 亿元以下的企业数量有 13 家，占比为 61.90%，其中 CSR 评级为“A”“B”“C”的分别有 2、6、5 家。企业规模在 50 亿元以上的企业共 8 家，CSR 评级为“A”“B”“C”的分别有 2、6、0 家。可以看出，非金属矿物制品业企业 CSR 评级在一定程度上与企业营业收入有关。相对而言，营业收入较高的企业中，评级为“A”的企业数量较多，评级为“C”的企业数量较少。21 家企业的规模与 CSR 评级分布情况如下图 12－1 所示。

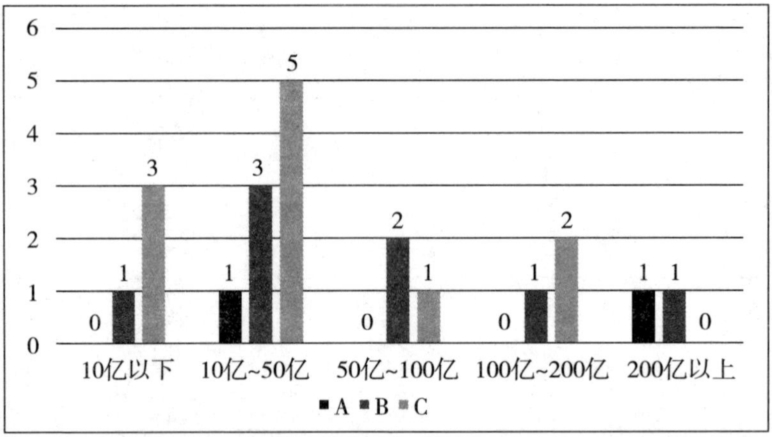

图 12－1 2013 年非金属矿物制品业企业规模与 CSR 评级分布（单位：家、元）

2014 年 20 家企业的企业规模（营业收入）范围是 1.89 亿至 412.41 亿元，50 亿元上下的企业几乎均等。50 亿元以下的企业数量有 11 家，占比为55%，其中CSR评级为“A”“B”“C”的分别有0、3、8家。企业规模在50亿元以上的企业共9家，CSR评级为“A”“B”“C”的分别有2、4、3家。21家企业的规模与CSR评级分布情况如下图12－2所示。

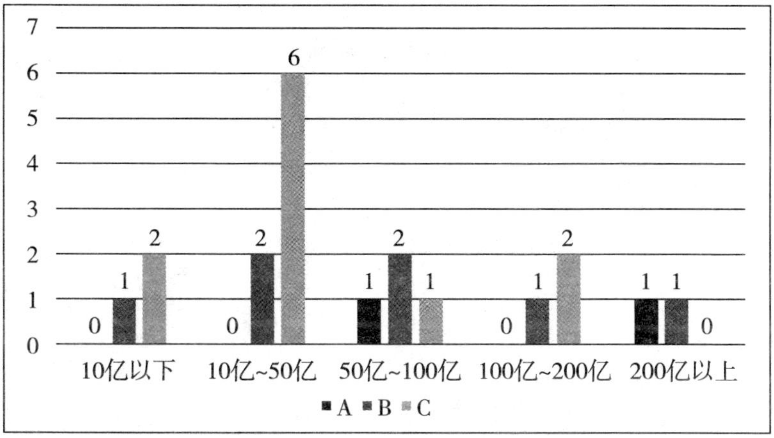

图12－2　2014年非金属矿物制品业企业规模与CSR评级分布（单位：家、元）

2013年21家企业中有1家企业的净利润率为负，其他企业净利润率范围是1.05%至38.90%，并主要集中于0至5%。净利润率在0至5%的企业共10家，占比为47.62%，其中CSR评级为“A”“B”“C”的分别有1、8、1家。净利润率在5%以上的企业，CSR评级为“A”“B”“C”的分别有3、4、3家。所以，较难看出非金属矿物制品业企业CSR评级与净利润率之间的关系。21家企业的净利润率与CSR评级分布情况如下图12－3所示。

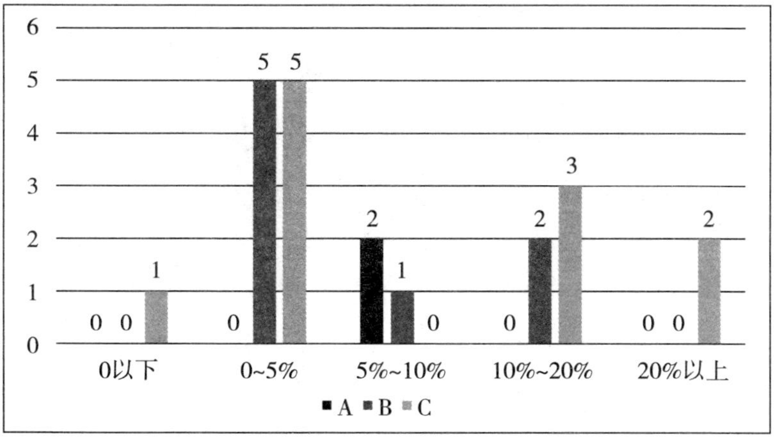

图12－3　2013年非金属矿物制品业企业净利润率与CSR评级分布（单位：家）

2014 年 20 家企业中有 1 家企业的净利润率为负，其他企业净利润率范围是 0.05% 至 19.07%，并主要集中于 0 至 10%。净利润率在 0 至 10% 的企业共 13 家，占比为 65%，其中 CSR 评级为 “A” “B” “C” 的分别有 1、4、8 家。净利润率在 10% 以上的企业，CSR 评级为 “A” “B” “C” 的分别有 1、3、3 家。所以，较难看出非金属矿物制品业企业 CSR 评级与净利润率之间的关系。21 家企业的净利润率与 CSR 评级分布情况如下图 12－4 所示。

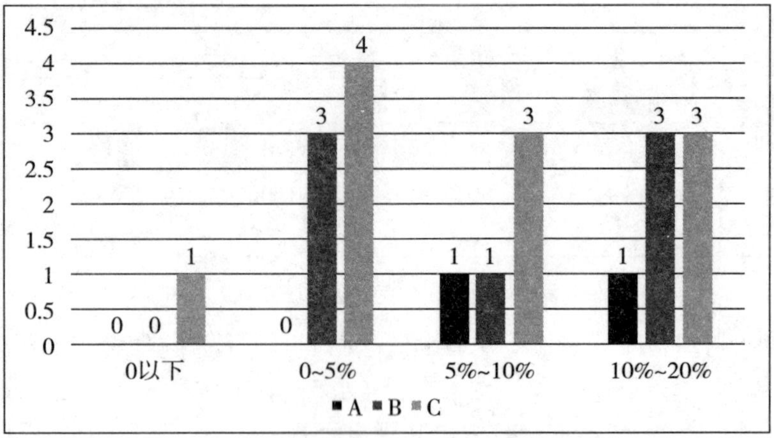

图 12－4　2014 年非金属矿物制品业企业净利润率与 CSR 评级分布（单位：家）

第三节　社会责任各维度特征

2013 年和 2014 年的非金属矿物制品业上市公司在 “员工责任” 和 “环境责任” 方面表现良好，在 “消费者责任” 和 “社区责任” 方面均值较低。具体分析如下：

1. 员工责任

上市公司对 “工作中的基本原则和权利” “工作条件和社会保护” “职业健康安全” 以及 “工作场所中人的发展与培训” 等问题的关注度普遍较高，执行力度也较大。而 “机会平等无歧视” “就业机会平等和非歧视” 则容易被企业忽视。

北京东方雨虹防水技术股份有限公司（股票代码为 002271）在这一问

题上做得较好，公司切实保护少数民族、残疾人等弱势群体的合法权益，少数民族员工数占比为3.06%，2013年共录用残疾人8名。2014年，该公司根据国家法律相关规定，给予怀孕女员工“三期”休假，公司女性员工生育假后返岗率达到100%，女职工占全员参与比例的50%左右，女性高管占比为28%，少数民族员工数占比为3.06%，为残疾人提供了销售代表、施工管理员、内勤等5个岗位共15个就业机会。

2. 环境责任

在这个维度上，本行业企业普遍重视“污染预防”和“资源可持续利用”这两个问题，即节能减排。部分企业在“减缓并适应气候变化”方面也有所贡献，体现为削减温室气体的排放。只有极少数公司提及“环境保护与自然环境的恢复”，以北京金隅股份有限公司（股票代码为601992）为例，2013年报告期内，公司植被绿化投入245.43万元；周边环境治理投入251万元。北京东方雨虹防水技术股份有限公司2014年在固废处理方面投入93.925万元，实现零排放。中国巨石股份有限公司（股票代码为600176）2014年全年节能项目立项74项，节能目标为4720.4吨标煤，实际节约标煤7021.6吨，计划完成率达156.25%，企业万元产值能耗同比降低7.47%，单位产品综合能耗实现历史最低位，同比降低6.72%。

3. 市场责任

多数上市公司能关注“反腐败”“公平竞争”“尊重产权”和“在价值链中促进社会责任”中的2～3个问题并采取相关行动。表现较好的企业是北京东方雨虹防水技术股份有限公司，对该维度包含的4个问题都有所关注，并采取了相应的措施。2014年，公司依法纳税42951.63万元。

4. 消费者责任

本行业上市公司在“消费者责任”这个维度上的得分相对较低，主要原因是企业在其发布的社会责任报告中很少提及“公平规范的市场营销”“消费者信息保护与隐私”“可持续消费”以及“教育和意识”等内容。企业关注的重点普遍集中于“消费者服务、支持和投诉及争议处理”和“教育和意识”，具体表现为努力改善服务以及提高产品质量。2014年北京金隅股份有限公司提供优质专业服务，提供标书1222份，新建及维修方案6097个。2014年，中国巨石股份有限公司的顾客满意指数为83.17，较2013年上升1.1%，忠诚度为74.42%。

5. 社区责任

企业在“社会投资”“社会捐赠”方面相对于“社区责任”的其他方面投入较大，具体行动包括扶贫、助学、救灾等。“社区参与”和公众“健康”则容易被企业忽略。

北京东方雨虹防水技术股份有限公司在2014年积极开展技术交流活动，开展捐赠环保箱公益活动。2014年9月29日，东方雨虹与北京市平谷区王辛庄镇人民政府共同举办了“青山行动，让环境更美好”环保公益活动，捐赠环保箱80组；关爱留守儿童，支持社区的教育和文化发展，向临邑县一中捐赠奖学金8万元。

第四节　其他企业社会责任的情况

在非金属矿物制品业77家挂牌交易的公司中，有29家企业虽未单独发布企业社会责任报告，但是以下企业在年报中也提到了所履行的社会责任情况，占比37.7%。有28家企业未发布报告也未在年报中体现企业社会责任情况，占比36.4%。非金属矿物制品业的29家披露社会责任情况的公司基本信息见表12-3。

表12-3　非金属矿物制品业企业基本信息表

单位：百万元

序号	股票代码	公司名称	净利润	营业收入
1	000023	深天地A	15.07	1092.36
2	000519	江南红箭	396.54	2035.73
3	000786	北新建材	1469.13	8295.03
4	000789	万年青	876.01	6682.76
5	000795	太原刚玉	10.78	779.42
6	000877	天山股份	254.80	6543.57
7	000935	四川双马	165.83	1996.45
8	002066	瑞泰科技	48.05	2089.51
9	002088	鲁阳股份	78.49	1177.72

续　表

序号	股票代码	公司名称	净利润	营业收入
10	002201	九鼎新材	10.73	743.82
11	002225	濮耐股份	165.13	2611.01
12	002302	西部建设	365.53	10211.04
13	002392	北京利尔	203.39	1881.98
14	002457	青龙管业	61.55	855.79
15	002571	德力股份	9.59	947.85
16	002596	海南瑞泽	22.64	1121.31
17	002619	巨龙管业	7.11	375.84
18	002623	亚玛顿	37.82	862.82
19	600172	黄河旋风	223.60	1662.06
20	600318	巢东股份	105.33	1222.28
21	600425	青松建化	-118.40	2731.38
22	600516	方大炭素	263.52	3449.01
23	600539	狮头股份	-49.71	20.69
24	600552	方兴科技	111.05	942.20
25	600668	尖峰集团	319.57	2257.00
26	600720	祁连山	555.78	6146.97
27	600819	耀皮玻璃	13.09	2864.91
28	600883	博闻科技	-47.81	14.84
29	603688	石英股份	64.68	355.68

在未发布企业社会责任报告，但在年报中涉及企业社会责任情况的29家企业中，C类企业有0家，D类企业有10家，E类企业有19家，说明评级情况一般（见表12-4）。

表12-4　非金属矿物制品业CSR评级

股票代码	公司名称	评级结果	股票代码	公司名称	评级结果
000023	深天地A	E	002596	海南瑞泽	D
000519	江南红箭	D	002619	巨龙管业	E

续 表

股票代码	公司名称	评级结果	股票代码	公司名称	评级结果
000786	北新建材	D	002623	亚玛顿	E
000789	万年青	E	600172	黄河旋风	E
000795	太原刚玉	E	600318	巢东股份	E
000877	天山股份	E	600425	青松建化	D
000935	四川双马	D	600516	方大炭素	D
002066	瑞泰科技	E	600539	狮头股份	E
002088	鲁阳股份	E	600552	方兴科技	E
002201	九鼎新材	E	600668	尖峰集团	D
002225	濮耐股份	D	600720	祁连山	E
002302	西部建设	D	600819	耀皮玻璃	E
002392	北京利尔	D	600883	博闻科技	E
002457	青龙管业	E	603688	石英股份	E
002571	德力股份	E			

第五节　典型案例

北京东方雨虹防水技术股份有限公司是一家集防水材料研发、制造、销售及施工服务于一体的中国防水行业龙头企业，是国家高新技术企业、中国防水行业唯一的上市公司。

2013 年，东方雨虹营业收入达 39.02 亿元，净利润达 3.63 亿元；发布的 CSR 报告篇幅为 50 页，内容丰富，结构清晰，可读性较强；公司社会责任评级为 A。2014 年营业收入达 50.06 亿元，发布的 CSR 报告篇幅为 67 页，企业社会责任评级为 A。

在“员工责任”方面采取的措施主要有：公司切实保护少数民族、残疾人等弱势群体的合法权益，少数民族员工数占比为 3.06%。公司按照有关规定建立工会组织，尊重员工的结社自由权，员工入会率 100%；公司建立健全劳动用工制度，规范用工管理，员工劳动合同签订率 100%；3 年来，员工薪酬平均增长率为 15%，高于社会薪酬平均提升水平；公司每年定期安排全体员工进行身体检查，根据性别、年龄等多个角度的区分，设计多种体检方案。2014 年参训学员总计 31308 人次；培训课程时长 210911.33 小时；平均培训时间约为 62.87 小时/人，较 2013 年人均学时增长 30%。

在“市场责任”上，主要体现为东方雨虹对该维度包含的 4 个小问题都有所关注和行动。公司强化全面风险管理，深入开展审计监察，健全腐败的预防和惩罚机制，完善合同履约机制和自律机制，为公司的可持续经营提供坚实保障。2014 年，东方雨虹获得北京银行、兴业银行、汇丰银行、招商银行、平安银行、中国民生银行、东亚银行、上海农村商业银行等银行授信，授信总额度超过 33 亿元，公司还获得建设银行 AA 级评级。公司及其他控股公司诚信经营，不存在拖欠银行利息和本金的情况，资信状况良好。2014 年，公司依法纳税 42951.63 万元。截止到 2015 年 1 月，公司主要产品和技术已申请专利共 292 项，其中授权专利 87 项（含发明 46 项、实用新型 30 项、外观设计 11 项），另有 73 项专利进入实质审查阶段。集中采购是东方雨虹的主要采购模式，以全球化、信息化、阳光采购、诚信为本、环保、遵纪守法为管理理念，携手上游客户共同发展。公司还引入“飞检”（突击检查）这一工程项目类常用的把控质量方法以及供应商质量认证体系，确保质量的同时也在技术方面展开交流探讨。

在“消费者责任”上，在“消费者服务支持和投诉及争议处理”“教育和意识”以及“教育和意识”方面表现突出。公司配备超过 80 人的应用技术服务部门，针对客户要求，年均提供 1500 多个专业的系统防水解决方案，400 多次现场技术交流指导，有效解决施工过程中出现的技术问题。特别是在例如中央储备粮库、奥运工程、机场建设、高铁建设等 2000 多个重大项目的防水工程项目中，均采用了公司原创性技术方案。通过看板拉动系统，管理产品质量安全，使用条形码进行出入库管理，全程实现产品质量追溯，产品抽查检测合格率 100%。产品的包装符合安全标准，密闭无溢漏隐患，产品上张贴安全技术说明书，关于产品如何安全使用、安全注意事项、应急处理措施等向消费者明确告知。

在“环境责任”上，厂区照明采用低频等离子体放电无极灯，造价比普通金属卤化物灯增加近 2 倍，但单体能耗降低 60%，全年照明能耗降低约 70%。卷材生产线引进了进口自动包装机和热塑风机，使卷材生产效率提高了 30.5%。植被绿化投入 350.9 万元，周边环境治理投入 15 万元。

在“社区责任”上的举措主要有：组织开展“无偿献血周”活动，共有超过200人加入无偿献血的行列，累计献血量达4万余毫升。2014年东方雨虹在全国141所院校中开展宣传，其中含15所职业院校，在高校组织大型校园宣讲会36场，参加双选会10场，接收2014年应届毕业生163人，2015年毕业生127人，共计290人。2014年，东方雨虹“服务百姓拒绝渗漏”主题公益活动在全国240多个社区开展了近百场次的房屋渗漏问题知识科普活动，接听了30000人次的渗漏诊断及防水问题咨询电话，现场发放防水科普资料150000多册，为185个家庭上门渗漏义诊，为5个特殊群体家庭提供了免费的渗漏维修。

总体而言，东方雨虹在社会责任方面关注范围较广，投入深度较大，尤其是在“员工责任”和“市场责任”两个维度上相对本行业其他企业表现突出。

第十三章

黑色金属冶炼及压延加工业和金属制品业

第一节 行业简介及公司基本信息

黑色金属冶炼及压延加工业和金属制品业是制造业的两个下属子行业。2013 年，黑色金属冶炼及压延加工业和金属制品业有 74 家公司挂牌交易，其中有 21 家上市公司发布社会责任报告，占该行业全部企业的比重为 28.38%。2014 年，黑色金属冶炼及压延加工业和金属制品业有 71 家公司挂牌交易，其中有 19 家上市公司发布社会责任报告，占该行业全部企业的比重为 26.76%，基本信息见表 13－1。

表 13－1 黑色金属冶炼及压延加工业和金属制品业企业基本信息

序号	股票代码	企业名称	发布报告（年）	净利润（百万元）		营业收入（百万元）	
				2013	2014	2013	2014
1	000709	河北钢铁	2013、2014	116.1759	717.291	110254.9922	98257.447
2	000825	太钢不锈	2013、2014	629.7364	277.619	105020.3248	86766.442
3	000898	鞍钢股份	2013、2014	770	924	75329	74046
4	002110	三钢闽光	2013、2014	53.8983	31.953	19298.5257	18022.319
5	600005	武钢股份	2013、2014	427.2286	1292.597	89581.3026	99373.089
6	600019	宝钢股份	2013	5818.4712		189688.3797	
7	600022	山东钢铁	2013、2014	158.2948	－1393.574	70469.7974	51865.217
8	600117	西宁特钢	2013、2014	－71.2263	72.176	7032.338	7314.388
9	600282	＊ST 南钢	2013、2014	－618.4503	292.278	26822.5136	27885.481
10	600307	酒钢宏兴	2013、2014	－2338.477	22.304	94569.76	95753.197

续 表

序号	股票代码	企业名称	发布报告（年）	净利润（百万元）		营业收入（百万元）	
				2013	2014	2013	2014
11	600507	方大特钢	2013、2014	562.7703	598.679	13214.6575	11509.303
12	600569	安阳钢铁	2013、2014	52.0504	33.423	26137.73	26851.760
13	600808	马钢股份	2013、2014	157.2202	264.048	73848.8834	59820.938
14	601003	柳钢股份	2013、2014	216.7063	168.726	36848.8787	35618.581
15	601005	重庆钢铁	2013、2014	-2499.018	51.643	17563.446	12245.057
16	000039	中集集团	2013、2014	2180.321	3033.928	57874.411	70070.855
17	000778	新兴铸管	2013、2014	1031.2978	556.720	63014.444	60793.274
18	000969	安泰科技	2013、2014	62.9609	-186.028	3848.4461	4155.698
19	002084	海鸥卫浴	2013、2014	40.3511	44.098	1675.6699	1649.972
20	002545	东方铁塔	2013	168.8055		1696.3527	
21	600992	贵绳股份	2013、2014	20.177	20.299	1927.9767	1848.199

第二节　企业社会责任评级

2013 年、2014 年分别对黑色金属冶炼及压延加工业和金属制品业发布 CSR 报告的企业进行社会责任评级，并通过聚类分析将企业履行社会责任划分为“A”“B”“C”三级。黑色金属冶炼及压延加工业和金属制品业发布 CSR 报告的企业 CSR 评级具体见表 13－2。

表 13－2　黑色金属冶炼及压延加工业和金属制品业企业 CSR 评级

序号	股票代码	企业名称	CSR 评级		序号	股票代码	企业名称	CSR 评级	
			2013	2014				2013	2014
1	000709	河北钢铁	B	C	12	600569	安阳钢铁	B	B
2	000825	太钢不锈	A	A	13	600808	马钢股份	C	C
3	000898	鞍钢股份	B	B	14	601003	柳钢股份	A	A
4	002110	三钢闽光	B	B	15	601005	重庆钢铁	C	C
5	600005	武钢股份	B	B	16	000039	中集集团	A	A

续　表

序号	股票代码	企业名称	CSR 评级		序号	股票代码	企业名称	CSR 评级	
			2013	2014				2013	2014
6	600019	宝钢股份	A		17	000778	新兴铸管	B	B
7	600022	山东钢铁	B	B	18	000969	安泰科技	B	B
8	600117	西宁特钢	C	C	19	002084	海鸥卫浴	A	A
9	600282	* ST 南钢	A	A	20	002545	东方铁塔	B	
10	600307	酒钢宏兴	C	C	21	600992	贵绳股份	C	C
11	600507	方大特钢	C	C					

2013 年 21 家企业的企业规模（营业收入）范围是 16. 75 亿至 1896. 88 亿元，并主要集中在 100 亿至 1000 亿元。企业规模在 100 亿至 1000 亿元的企业数量有 13 家，占比为 61. 90%，其中 CSR 评级为 "A" "B" "C" 的分别有 3、6、4 家。企业规模在 100 亿元以下的企业共 5 家，CSR 评级为 "A" "B" "C" 的分别有 1、2、2 家。企业规模在 100 亿以上的企业有 3 家，CSR 评级为 "A" 的有 2 家，评级为 "B" 的有 1 家。21 家企业的规模与 CSR 评级分布情况如图 13 - 1 所示。

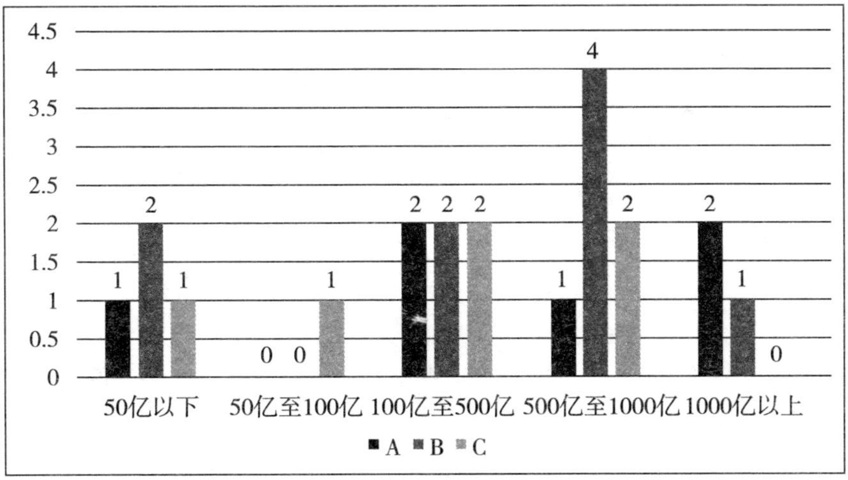

图 13 - 1　2013 年黑色金属冶炼及压延加工业和金属制品业企业规模与 CSR 评级分布（单位：家、元）

2014 年 19 家企业的企业规模（营业收入）范围是 16. 49 亿至 993. 73

亿元，并主要集中在100亿至1000亿元。企业规模在100亿至1000亿元的企业数量有15家，占比为78.95%，其中CSR评级为“A”“B”“C”的分别有4、6、5家。企业规模在100亿元以下的企业共4家，CSR评级为“A”“B”“C”的分别有1、1、2家。21家企业的规模与CSR评级分布情况如图13－2所示。

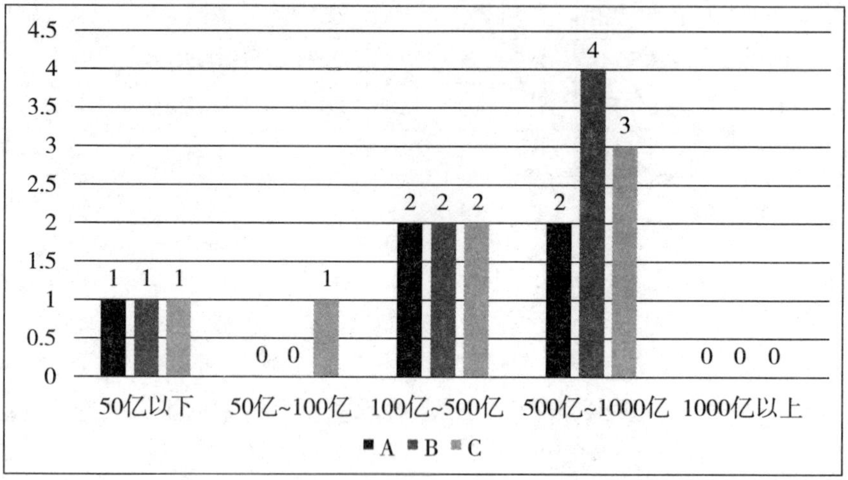

图13－2　2014年黑色金属冶炼及压延加工业和金属制品业企业规模与CSR评级分布（单位：家、元）

2013年21家企业中有4家企业的净利润率为负，其他企业净利润率范围是0.11%至9.95%，并主要集中于0至5%。净利润率在0至5%的企业共16家，占比达76.19%，其中CSR评级为“A”“B”“C”的分别有5、8、3家。净利润率为负的企业中，有1家企业CSR评级为A，剩余3家企业CSR评级均为“C”。净利润率在5%以上的企业只有1家，CSR评级为“B”。21家企业的净利润率与CSR评级分布情况如图13－3所示。

2014年19家企业中有2家企业的净利润率为负，其他企业净利润率范围是0.023%至5.202%，并主要集中于0至5%。净利润率在0至5%的企业共16家，占比达84.21%，其中CSR评级为“A”“B”“C”的分别有5、5、6家。净利润率为负的企业中，2家企业CSR评级均为“B”。净利润率在5%以上的企业只有1家，CSR评级为“C”。21家企业的净利润率与CSR评级分布情况如图13－4所示。

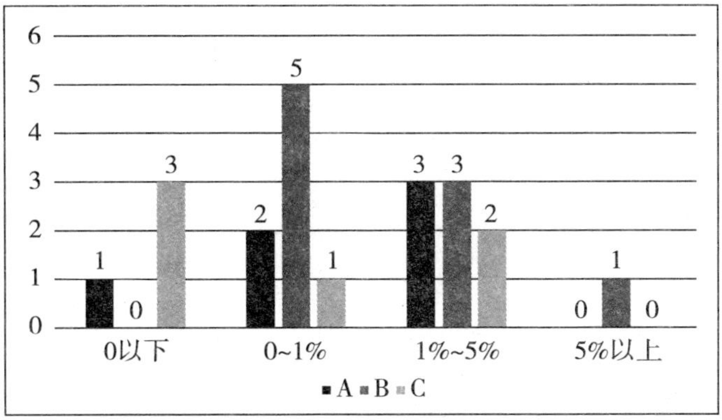

图 13－3　2013 年黑色金属冶炼及压延加工业和金属制品业企业净利润率与 CSR 评级分布（单位：家）

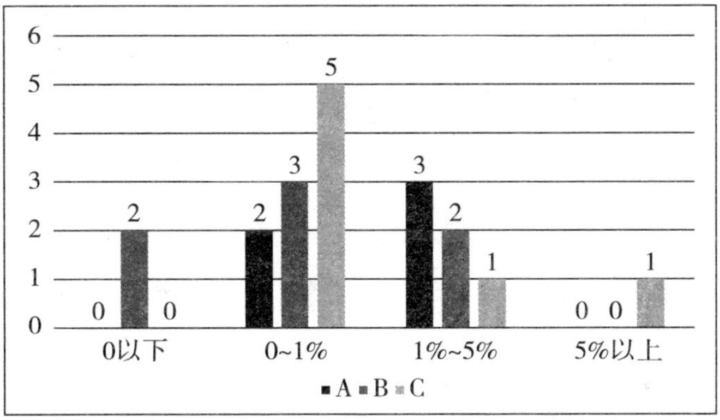

图 13－4　2014 年黑色金属冶炼及压延加工业和金属制品业企业净利润率与 CSR 评级分布（单位：家）

第三节　分维度介绍社会责任特征

黑色金属冶炼及压延加工业和金属制品业上市公司“环境责任”得分位于首位，“消费者责任”得分均值最低，这与行业特点是密切相关的。

1. 员工问题

上市公司对“工作中的基本原则和权利”“工作条件和社会保护”“职业健康安全”以及“工作场所中人的发展与培训”等问题的关注度普

遍较高，执行力度也较大。而“机会平等无歧视”“就业机会平等和非歧视”则容易被企业忽视，投入也较少。在这一问题上做得较好的企业是广州海鸥卫浴用品股份有限公司（股票代码为 002084）：截止到 2013 年 12 月 31 日，公司在职员工中含壮族、土家族、瑶族、苗族、侗族、土族、彝族、布依族、毛南族、白族、黎族、畲族、仡佬族、傈僳族、回族、满族、蒙古族、朝鲜族、佤族等 19 个少数民族员工，占公司总人数的 9%。山西太钢不锈钢股份有限公司，在 2014 年少数民族员工为 100 人，占员工总数的 0.53%；女性管理者占管理者总数比例为 21.15%。

2. 环境责任

在这个维度上，本行业企业普遍重视“污染预防”和“资源的可持续利用”这 2 个问题，即节能减排。部分企业在“减缓并适应气候变化”方面也有所贡献，体现为削减温室气体的排放。只有少数公司在“环境保护与自然环境的恢复”问题上表现较好，其中值得一提的是柳钢股份有限公司（股票代码为 601003）：报告期内柳钢股份完成 10 项环境整治绿化项目，绿化改造面积 3.2 万平方米，在厂区道路、厂界建设防护林带绿化，发挥绿化降噪防尘的功效，新增绿化面积 20 万平方米；B 区料场新增绿化面积 1.1 万平方米；老区新增绿化 0.9 万平方米。山西太钢不锈钢股份有限公司（股票代码为 000825），2014 年通过建设高炉热熔渣制棉工程，使得高炉热渣显热回收率达 80% 以上，可回收利用高炉矿渣约 8.6 万吨，生产高品质保温棉板和粒状棉 7 万吨。

3. 市场责任

上市公司对“工作中的基本原则和权利”“工作条件和社会保护”“职业健康安全”以及“工作场所中人的发展与培训”等问题的关注度普遍较高，执行力度也较大。在“反腐败”方面，主要通过建立内部相关制度和规定来约束员工行为；“公平竞争”则体现在依法纳税和较高的信用评价上；在“在价值链中促进社会责任”方面的行动主要表现为对供应商的管理。在该维度上表现较好的企业是山西太钢不锈钢股份有限公司，太钢不锈钢对该维度包含的 4 个问题都有所关注和行动。公司在 2014 年开展廉洁文化作品征集、讲廉政故事等活动，通过新闻媒体对不履职或不正确履职的行为予以曝光，组织有业务处置权的人员观看警示教育片，等等，营造了浓厚的廉洁从业的氛围。

4. 消费者责任

本行业上市公司在“消费者责任”这个维度上的得分相对较低，主要原因是企业在其发布的社会责任报告中很少提及“公平规范的市场营销”“消费者信息保护与隐私”“可持续消费”以及“教育和意识”等内容。企业关注的重点普遍集中于“消费者服务、支持和投诉及争议处理”和“教育和意识”。这一特点与该行业的特征是密切相关的。山西太钢不锈钢股份有限公司在2014年内走访用户5055次，及时把握客户需求，快速回应客户诉求，提高客户的信任度和忠诚度，2014年客户异议平均处理周期比2013年降低0.48天/件。

5. 社区问题

企业在“社会投资”“社会捐赠”方面相对于“社区责任”的其他方面投入较大，具体行动包括扶贫、助学、救灾等。“社区参与”和公众“健康”则容易被企业忽略。本行业中宝山钢铁股份有限公司在“社区责任”上表现较为突出，尤其是关注到了绝大多数企业都未提及的公众“健康”问题：2013年10月30日，由上海市红十字会、团市委、市文明办主办，宝钢股份、宝钢红十字会承办的“梦圆今朝·心的羽翼托起生的希望”造血干细胞捐献志愿者行动，在宝山宾馆友谊会堂中举行。86名宝钢团员青年用实际行动表达对社会公益事业的无私奉献，为白血病患者点燃生命的希望。山西太钢不锈钢股份有限公司，2014年公司开展慈善捐助，18350人参与捐款，参与率98%，捐款900271元；开展义务献血活动，组织198名青年志愿者义务献血727200毫升。

第四节 年报中的企业社会责任

在黑色金属冶炼及压延加工业和金属制品业71家挂牌交易的公司中，有39家企业虽未单独发布企业社会责任报告，但是这些企业在年报中也提到了所履行的社会责任情况，占比54.9%。有7家企业未发布报告也未在年报中体现企业社会责任情况，占比9.86%。黑色金属冶炼及压延加工业和金属制品业的39家披露社会责任情况的公司基本信息见表13-3。

表 13－3　企业基本信息表

单位：百万元

序号	股票代码	公司名称	净利润	营业收入
1	000708	大冶特钢	268.06	7352.54
2	000717	韶钢松山	－1388.27	19496.62
3	000761	本钢板材	314.87	41422.09
4	000932	华菱钢铁	146.56	55673.22
5	000959	首钢股份	－28.56	23985.25
6	002075	沙钢股份	69.48	10308.07
7	600010	包钢股份	201.31	29791.89
8	600126	杭钢股份	24.13	14449.05
9	600231	凌钢股份	－712.58	14372.96
10	600295	鄂尔多斯	867.48	15568.40
11	600390	金瑞科技	－23.81	1303.89
12	600399	抚顺特钢	46.96	5452.59
13	600408	安泰集团	－857.11	3357.25
14	600581	八一钢铁	－2034.66	20636.34
15	600782	新钢股份	428.14	32370.29
16	000055	方大集团	92.69	1938.32
17	000790	华神集团	66.09	528.22
18	000890	法尔胜	11.39	1552.09
19	002026	山东威达	99.01	806.30
20	002032	苏泊尔	764.94	9534.64
21	002132	恒星科技	47.00	1876.57
22	002318	久立特材	187.22	2901.82
23	002342	巨力索具	32.24	1553.66
24	002359	齐星铁塔	－82.41	590.40
25	002374	丽鹏股份	35.08	701.92
26	002384	东山精密	44.44	3523.74
27	002403	爱仕达	88.50	2206.53
28	002443	金洲管道	71.21	3042.72

续 表

序号	股票代码	公司名称	净利润	营业收入
29	002444	巨星科技	507.65	2866.07
30	002445	中南重工	65.32	724.34
31	002478	常宝股份	282.71	3776.57
32	002487	大金重工	47.26	307.51
33	002514	宝馨科技	16.61	419.87
34	002541	鸿路钢构	137.96	4225.15
35	002545	东方铁塔	53.59	993.94
36	002547	春兴精工	105.21	2220.16
37	002615	哈尔斯	70.32	746.69
38	002701	奥瑞金	805.24	5454.63
39	600114	东睦股份	131.12	1230.67

在未发布企业社会责任报告，但在年报中涉及企业社会责任情况的39家企业中，C类企业有1家，D类企业有7家，E类企业有31家，评级主要以D、E为主，具体见表13－4。

表13－4 黑色金属冶炼及压延加工业和金属制品业企业CSR评级

股票代码	公司名称	评级结果	股票代码	公司名称	评级结果
000708	大冶特钢	D	000055	方大集团	E
000717	韶钢松山	D	000790	华神集团	E
000761	本钢板材	E	000890	法尔胜	E
000932	华菱钢铁	C	002026	山东威达	E
000959	首钢股份	E	002032	苏泊尔	E
002075	沙钢股份	E	002132	恒星科技	E
600010	包钢股份	E	002318	久立特材	E
600126	杭钢股份	E	002342	巨力索具	D
600231	凌钢股份	E	002359	齐星铁塔	E
600295	鄂尔多斯	E	002374	丽鹏股份	E
600390	金瑞科技	E	002384	东山精密	E

续 表

股票代码	公司名称	评级结果	股票代码	公司名称	评级结果
600399	抚顺特钢	E	002403	爱仕达	E
600408	安泰集团	E	002443	金洲管道	D
600581	八一钢铁	E	002444	巨星科技	E
600782	新钢股份	D	002445	中南重工	E
002545	东方铁塔	E	002478	常宝股份	E
002547	春兴精工	E	002487	大金重工	E
002615	哈尔斯	E	002514	宝馨科技	E
002701	奥瑞金	D	002541	鸿路钢构	D
600114	东睦股份	E			

第五节　典型案例

中国国际海运集装箱（集团）股份有限公司（简称中集集团，股票代码为000039）于1980年1月创立于深圳，由招商局与丹麦宝隆洋行合资成立，初期由宝隆洋行派员管理。1994年公司在深圳证券交易所上市，目前主要股东为中远集团和招商局集团，是国有控股的公众上市公司。公司致力于以下主要的业务领域：集装箱、道路运输车辆、能源和化工装备、海洋工程、物流服务、空港设备等。

2013年，中集集团营业收入达578.74亿元，净利润达21.8亿元；发布的CSR报告篇幅为90页，内容丰富，结构清晰，可读性较强；公司社会责任评级为A。2014年，营业收入为700.71亿元，净利润达24.79亿元，发布的CSR报告篇幅为101页，社会责任评级为A。中集集团在五个维度上采取的行动具体表现如下：

中集在“员工责任”上采取的措施主要有：中集集团坚决杜绝任何形式的就业歧视。在招聘录用、员工职业发展机会提供等方面，坚决不因性别、年龄、种族、信仰等因素的差异而予以区别对待。截止到2014年末，中集集团未发生相关歧视、强迫劳动事件。集团及成员企业认真贯彻执行《劳动法》《劳动合同法》等法律法规，切实维护员工权益，依法与员工签订劳动合同。为加强劳动合同管理，规范用工行为，集团公司制定了《集团公司劳动合同管理办法》，对劳动合同的签订、续订及终止等情形作出明确规定。2014 年度，集团劳动合同的签约比例为 100%。集团公司除向员工提供法定的福利（五险一金、法定假期、高温补贴、独生子女费等），还向员工提供额外的人文关怀和服务（额外带薪假期、学习资助计划、员工生日祝贺、健康体检、文体活动等）。全年投入安全生产费用 1000 多万元，加大新技术推广应用，其中投入安全专项技术措施资金占总资金的 80% 以上，完成重点危险安全技术措施项目 1000 项以上。2014 年，中集用于员工知识和技能提升的投入为 1225. 93 万元。

在“市场责任”上，主要体现为中集集团对该维度包含的 4 个小问题都有所关注和行动。完善投诉举报的渠道，以及对举报案件的及时调查、有效处理，努力营造对“腐败零容忍”的氛围。2014 年，集团纪检监察机构经领导交办、投诉举报和常规审计等渠道，收集到有关涉嫌违纪违规事项 10 余项。中集集团严格遵守国家相关税收法规及政策，自觉依法经营，诚信纳税。截止到 2014 年 12 月 31 日，中集集团专利累计申请 4066 项，其中海外专利 298 项，中国专利 3768 项；累计授权 2758 项，其中发明专利 551 项；2014 年新申请专利 472 项，其中发明 208 项占总数的 44. 1%。在采购业务方面，中集集团通过制定《中集集团供应商管理制度》，明确了合格供应商应具备的资质、能力等方面要求，特别将环保、安全生产和员工职业健康等内容列为供应商评审项目，促使供应商提高对企业社会责任的重视，促进和保障供应链持续健康发展。

在“消费者责任”上，中集集团制定了具体的客户管理办法，定期组织客户满意度调查；设立专门的客户投诉受理机构，针对客户提出的意见，进行及时沟通和反馈。中集集团各产业/企业在营销活动中，通过建立客户信息管理办法，加强业务人员培训教育，严格操作流程，保障客户的信息安全。以 H256 项目为例，在项目生产过程中不断加强质量控制和检验，NDT 检测合格率大幅提升，船检抽检合格率 100%。2011 年，中集车辆集团与交通运输部公路科学研究院合作，获得主持甩挂运输车辆轻量化技术研究的国家级科研项目资格。比国内普通钢质波板厢式半挂车的整备质量轻 2. 3 吨左右，厢内容积提高了 10% 左右，节能效果显著。2014 年 11 月，该项目正式通过了交通运输部专家组的技术成果评估。从客户利益与可持续发展出发，中集集团各产业/企业在营销活动中积极倡导绿色消费。

在“环境责任”上除“环保节能”外，还关注到了大部分企业容易忽视的“减缓并适应气候变化”和“环境保护与自然环境的恢复”问题。大连重化污水处理系统每年可净化污水800吨左右。将空压机运行过程中产生的余热通过换热器把空压机高温阶换热加热纯水，使其温度超过80℃，供应给公司280个员工宿舍冲凉，完全取代以前的电热水器，年减少用电约80万度。南方中集余热综合利用，变废为宝，减少二氧化碳排放超过1000吨/年。集木业潜心研究的展平竹复合地板，是竹木复合地板的第三代产品，展平竹复合地板以速生可循环的竹材代替传统的热带雨林木材，对森林的保护起到了积极的作用。

在“社区责任”上表现极为突出，是本行业中极少数能对该维度的各个小方面都给予重视并投入较大的企业。2014年，青岛中集为社区老人购买春节慰问物品价值30000元；漳州中集资助社区新通道路建设60000元；中集车辆洛阳基地与贫困山区结成帮扶对象，向当地农村社区提供了500个就业机会；中集车辆扬州基地向扬州市慈善总会的“扬州市农村扶贫慈善基金”捐赠20万元。2014年，中集对有关高校、蛇口工业区育才集团、深圳市景安精神关爱基金等单位及公益机构进行了捐赠，总捐赠金额近200万元。同时，中集成员企业进行了有利于当地教育、文化及卫生事业发展和扶贫帮困的一些活动，青岛冷箱为公司30余名外来务工员工解决子女入学问题，赞助当地昌新小学、开发区小学20000元；天津中集参与保税区“圆梦计划”项目，3年内通过政府、大学和企业提供资助，帮助优秀外来务工人员参加学历教育，等等。

总体而言，中集集团在社会责任方面关注范围较广，表现都很突出。

第十四章
有色金属冶炼及压延加工业

第一节　基本信息

有色金属冶炼及压延加工业是制造业的一个下属子行业。2013 年，有色金属冶炼及压延加工业有 55 家公司挂牌交易，其中有 24 家上市公司发布社会责任报告，占该行业全部企业的比重为 43.6%。2014 年，有色金属冶炼及压延加工业仍有 55 家公司挂牌交易，其中有 22 家上市公司发布社会责任报告，占该行业全部企业的比重为 40%，基本信息见表 14-1。

表 14-1　有色金属冶炼及压延加工业企业基本信息

序号	股票代码	企业名称	发布报告（年）	净利润（百万元）		营业收入（百万元）	
				2013	2014	2013	2014
1	000060	中金岭南	2013、2014	413.12	550.73	21117.72	24608.71
2	000630	铜陵有色	2013、2014	572.56	337.3239	76164.73	88818.49
3	000807	云铝股份	2013	16.09	-721.449	14927.92	19092.8
4	000831	五矿稀土	2014		-63.0245		701.9016
5	000878	云南铜业	2013、2014	-1496.12	129.2062	50100.30	62404.46
6	000933	神火股份	2013、2014	116.96	-412.433	25687.20	23967.12
7	000960	锡业股份	2013、2014	-1340.66	37.36195	21921.77	26133.65
8	000962	东方钽业	2013、2014	3.54	-336.713	2873.43	2452.596
9	002082	栋梁新材	2013、2014	111.56	113.3495	11786.34	11451.69
10	002203	海亮股份	2013、2014	288.51	451.8969	13094.76	12061.45
11	002578	闽发铝业	2013	46.10	34.99356	1156.22	1316.866

续 表

序号	股票代码	企业名称	发布报告（年）	净利润（百万元）		营业收入（百万元）	
				2013	2014	2013	2014
12	002716	金贵银业	2013	1600.00	117.2852	3610.00	4297.392
13	300034	钢研高纳	2013、2014	86.66	109.5838	519.77	616.5832
14	600111	包钢稀土	2013、2014	1574.19	263.4579	8471.93	5837.826
15	600206	有研新材	2013、2014	1.93	69.5137	490.87	2422.938
16	600219	南山铝业	2013、2014	793.63	994.9322	14524.52	14056.03
17	600255	鑫科材料	2013、2014	-53.81	35.53061	4378.72	5891.865
18	600331	宏达股份	2013	26.45	-339.55	3511.26	3759.124
19	600362	江西铜业	2013、2014	3565.01	2849.556	175890.20	198833.5
20	600432	吉恩镍业	2013、2014	98.54	-607.027	2369.35	3537.277
21	600456	宝钛股份	2013、2014	11.66	17.64021	2372.56	2481.228
22	600459	贵研铂业	2014		91.48396		6880.705
23	600531	豫光金铅	2013、2014	-498.66	27.04436	11291.25	8879.175
24	600549	厦门钨业	2013、2014	459.55	933.3065	9875.45	10142.73
25	600595	中孚实业	2013、2014	-848.64	-178.976	10668.32	9672.85
26	601600	中国铝业	2013、2014	947.89	-17049.4	173038.10	141772.3

第二节　企业社会责任评级

2013 年、2014 年分别对有色金属冶炼及压延加工业发布 CSR 报告的企业进行社会责任评级，并通过聚类分析将企业履行社会责任划分为“A”“B”“C”三级。有色金属冶炼及压延加工业发布 CSR 报告的企业 CSR 评级具体见表 14-2。

表 14-2　有色金属冶炼及压延加工业企业 CSR 评级

序号	股票代码	企业名称	CSR 评级		序号	股票代码	企业名称	CSR 评级	
			2013	2014				2013	2014
1	000060	中金岭南	B	B	14	600111	包钢稀土	A	A

续　表

序号	股票代码	企业名称	CSR 评级		序号	股票代码	企业名称	CSR 评级	
			2013	2014				2013	2014
2	000630	铜陵有色	B	B	15	600206	有研新材	C	C
3	000807	云铝股份	B		16	600219	南山铝业	C	C
4	000831	五矿稀土		B	17	600255	鑫科材料	C	C
5	000878	云南铜业	A	A	18	600331	宏达股份	C	
6	000933	神火股份	C	C	19	600362	江西铜业	B	B
7	000960	锡业股份	A	A	20	600432	吉恩镍业	B	B
8	000962	东方钽业	B	B	21	600456	宝钛股份	B	B
9	002082	栋梁新材	B	B	22	600459	贵研铂业		A
10	002203	海亮股份	C	B	23	600531	豫光金铅	B	B
11	002578	闽发铝业	C		24	600549	厦门钨业	B	B
12	002716	金贵银业	C		25	600595	中孚实业	C	C
13	300034	钢研高纳	B	B	26	601600	中国铝业	A	A

2013 年 24 家企业的企业规模（营业收入）范围是 4.91 亿至 1758.90 亿元，主要集中在 500 亿元以下，其中 CSR 评级为“A”的企业有 4 家，评级为“B”“C”的分别有 11、9 家；并且规模越大的企业 CSR 评级相对越高，CSR 评级为“C”的样本企业规模均在 500 亿元以下。24 家企业的规模与 CSR 评级分布情况如图 14－1 所示。

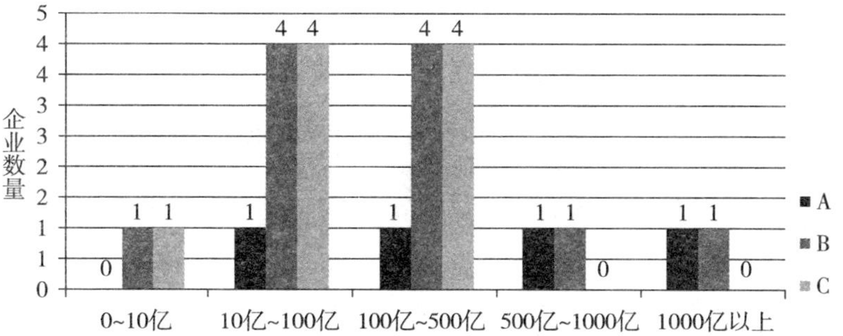

图 14－1　2013 年有色金属冶炼及压延加工业企业规模与 CSR 评级分布（单位：家、元）

2014 年 22 家企业的企业规模（营业收入）范围是 6.17 亿至 1988.34 亿元，并主要集中在 500 亿元以下。500 亿元以下的企业有 18 家，占比为

81.82%，其中CSR评级为“A”“B”“C”的分别有3、10、5家。企业规模在500亿元以上的企业共4家，CSR评级为“A”“B”的分别有2家，没有评级为“C”的企业。可见，有色金属冶炼及压延加工业企业CSR评级在一定程度上与企业规模有关，相对而言，规模越大的企业CSR评级相对越高，22家企业的规模与CSR评级分布情况如图14-2所示。

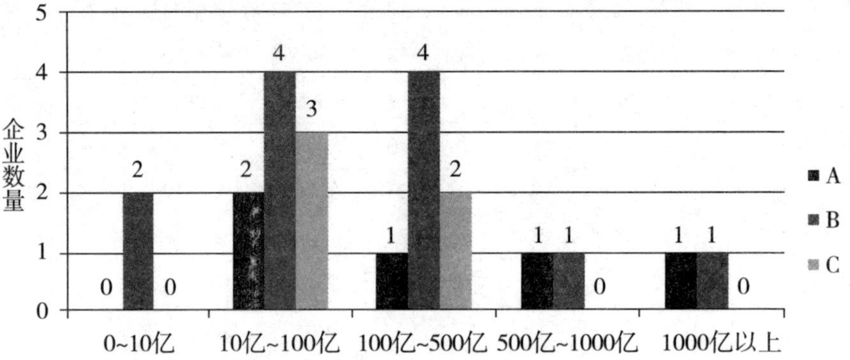

图14-2　2014年有色金属冶炼及压延加工业企业规模与CSR评级分布（单位：家、元）

2013年24家企业中有5家企业的净利润率为负，其他企业净利润率范围是0.14%至17.77%，并主要集中于5%以下。净利润率在0至5%的企业共15家，占比达62.5%，其中CSR评级为“A”“B”“C”的分别有1、9、5家。净利润率为5%以上的企业中，CSR评级为“A”的企业有1家，评级为“B”的有1家，评级为“C”的有2家。24家企业的净利润率与CSR评级分布情况如图14-3所示。

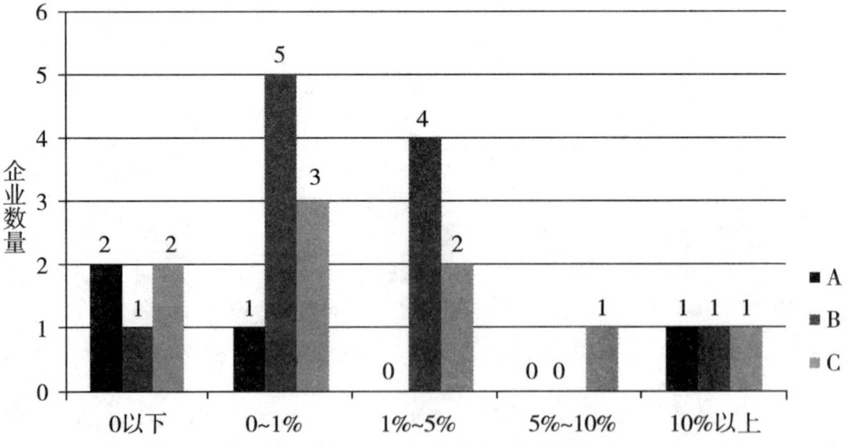

图14-3　2013年有色金属冶炼及压延加工业企业净利润率与CSR评级分布（单位：家）

2014 年 22 家企业中有 6 家企业的净利润率为负，占比为 27.27%；其他企业净利润率范围集中于 0 至 5%。净利润率在 0 至 5% 的企业共 13 家，占比达 59.10%，其中 CSR 评级为 "A" "B" "C" 的分别有 4、7、2 家。净利润率在 5% 以上的企业仅有 3 家，CSR 评级为 "B" 的企业有 2 家，评级为 "C" 的有 1 家。22 家企业的净利润率与 CSR 评级分布情况如图 14-4 所示。

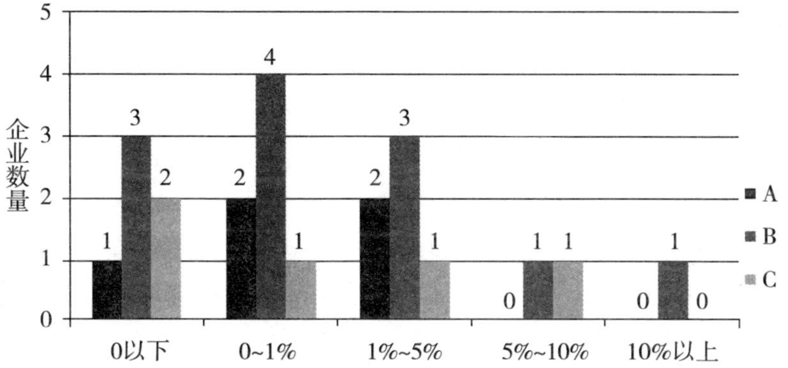

图 14-4 2014 年有色金属冶炼及压延加工业企业净利润率与 CSR 评级分布（单位：家）

第三节 企业社会责任各维度特征

2013 年和 2014 年的有色金属冶炼及压延加工业上市公司在 "员工责任" 方面表现最好，在 "消费者责任" 和 "社区参与" 方面表现不足。这也是大多数行业企业在社会责任表现方面的普遍特点。

1. 社会责任治理

在 "社会责任治理" 这个维度上，上市公司普遍重视 "利益相关方的沟通" 和 "社会责任报告的披露" 两个方面。另有部分企业对 "社会责任承诺与战略" "社会责任相关决策的执行" 简要介绍，而针对 "社会责任管理的机构的设置，社会责任原则的落实" 等方面，仅有中国北方稀土（集团）高科技股份有限公司（股票代码：600111）和中国铝业股份有限公司（股票代码：601600）在报告中提及。在本行业的所有上市公司中，均未涉及企业社会责任的培训和制定履行社会责任的激励制度。

2. 员工责任

上市公司对“工作中的基本原则和权利”“工作条件和社会保护”“职业健康安全”以及“工作场所中人的发展与培训”等问题的关注度普遍较高，执行力度也较大。而“机会平等无歧视”“就业机会平等和非歧视”则被企业忽视。大多公司依然将歧视和弱势群体问题停留在女职工问题上。中国铝业股份有限公司在这一问题上履行全面，具体表现为提到公司反对民族、肤色、性别、宗教、国籍等方面歧视，确保妇女、残障人员、农民工等弱势群体充分有效参与社会且能为社会所包容，实现待遇平等和机会平等。

3. 市场责任

多数上市公司对“反腐败”“公平竞争”“尊重产权”和“在价值链中促进社会责任”这4个方面都有所关注，但是在重视程度和实施深度上则差异较大。相对而言，企业在“在价值链中促进社会责任”方面做得较好，主要表现为对供应商的管理；对“尊重产权”也多有提及，集中在专利申报方面；而对“反腐败”的重视程度则不够。完成较好的有深圳市中金岭南有色金属股份有限公司，报告中提到在运营过程中公司构建了商务信息系统，产品销售价格和原燃料采购价格定时在商务信息系统和公司EAS办公平台上公布，购销合同的审批、签订、履约均在商务信息系统上完成，扎实推进营销活动严谨、高效、精细运作，从而构筑了惩治和预防商业贿赂的长效机制，有效杜绝商业贿赂行为的发生。

4. 消费者责任

本行业上市公司在“消费者责任”这个维度上的得分相对较低，主要原因是企业在其发布的社会责任报告中很少提及“公平规范的市场营销”“消费者信息保护与隐私”“可持续消费”以及“教育和意识”等内容。企业关注的重点普遍集中于“消费者服务、支持和投诉及争议处理”和“教育和意识”，具体表现为努力改善服务以及产品质量。这与行业特点密切相关，其客户是企业而不是一般的消费者。

5. 环境责任

在这个维度上，企业普遍重视“污染预防”和“资源可持续利用”这两个问题，即节能减排。部分企业在“减缓并适应气候变化”方面也有所贡献，体现为削减温室气体的排放。只有极少数公司提及“环境保护与自然环境的恢复”，例如中国铝业股份有限公司，其新建项目均执行环境影响评价制度，对占地尤其是矿山生物多样性的影响做全面评估，制定施工期、运营期、关闭后全过程的保护生物多样性措施。

6. 社区责任

企业在“社会投资”“社会捐赠”方面相对于“社区责任”的其他方面投入较大，具体行动包括扶贫、助学、救灾等。“社区参与”和“健康”则被大多数企业忽略。

第四节 年报中的企业社会责任

在有色金属冶炼及压延加工业55家挂牌交易的公司中，有27家企业虽未单独发布企业社会责任报告，但是这些企业在年报中也提到了所履行的社会责任情况，占比49.1%。有8家企业未发布报告也未在年报中体现企业社会责任情况，占比14.5%。有色金属冶炼及压延加工业27家披露社会责任情况的公司基本信息见表14－3。

表14－3 企业基本信息表

单位：百万元

序号	股票代码	公司名称	净利润	营业收入
1	000657	中钨高新	46.74	8379.79
2	000751	锌业股份	88.87	4358.89
3	002114	罗平锌电	23.33	664.71
4	002149	西部材料	39.12	1224.67
5	002160	*ST常铝	21.40	2163.89
6	002171	精诚铜业	55.95	8222.64
7	002182	云海金属	18.17	3215.68
8	002333	罗普斯金	53.71	1080.32
9	002378	章源钨业	65.12	2038.83
10	002379	鲁丰环保	-346.62	2039.06
11	002428	云南锗业	125.28	555.91

续 表

序号	股票代码	公司名称	净利润	营业收入
12	002460	赣锋锂业	84.40	869.48
13	002540	亚太科技	220.18	2242.07
14	002716	金贵银业	117.29	4297.39
15	600338	西藏珠峰	10.37	1541.60
16	600392	盛和资源	195.66	1514.50
17	600961	株冶集团	39.83	15102.24
18	601137	博威合金	69.35	2853.49
19	601388	怡球资源	30.08	4313.95
20	601677	明泰铝业	190.72	6517.78
21	603399	新华龙	52.89	2284.24
22	600165	新日恒力	-114.1	1343.2
23	600558	大西洋	71.2	2178.5
24	600615	丰华股份	15.3	70.5
25	600673	东阳光科	187.9	5112.3
26	601028	玉龙股份	114.4	2589.7
27	601700	风范股份	197.7	2353.5

在未发布企业社会责任报告，但在年报中涉及企业社会责任情况的27家企业中，C类企业有0家，D类企业有7家，E类企业有20家，该行业社会责任评级相对较低（表14-4）。

表14-4 企业社会责任评级

股票代码	公司名称	评级结果	股票代码	公司名称	评级结果
000657	中钨高新	D	002460	赣锋锂业	D
000751	锌业股份	E	002540	亚太科技	D
002114	罗平锌电	E	002716	金贵银业	D
002149	西部材料	E	600338	西藏珠峰	E
002160	*ST常铝	E	600392	盛和资源	D
002171	精诚铜业	E	600961	株冶集团	D

续　表

股票代码	公司名称	评级结果	股票代码	公司名称	评级结果
002182	云海金属	E	601137	博威合金	D
002333	罗普斯金	E	601388	怡球资源	E
002378	章源钨业	E	601677	明泰铝业	E
002379	鲁丰环保	E	603399	新华龙	E
002428	云南锗业	E	600673	东阳光科	E
600165	新日恒力	E	601028	玉龙股份	E
600558	大西洋	E	601700	风范股份	E
600615	丰华股份	E			

第五节　典型案例

中国铝业股份有限公司2013、2014年年度CSR评级均为A。其社会责任报告内容丰富，结构清晰，可读性较强，故将中国铝业选为我国“有色金属冶炼及压延加工业”企业社会责任披露的典型案例。

中国铝业在“员工责任”方面采取的措施主要有：公司反对民族、肤色、性别、宗教、国籍等方面歧视，确保妇女、残障人员、农民工等弱势群体充分有效参与社会且能为社会所包容，实现待遇平等和机会平等；公司所属企业严格按照有关规定建立工会组织，并实现3个100%，即建会率100%，员工入会率100%，集体合同覆盖率100%；健全社会保险制度，按规定及时为员工缴纳养老、失业、工伤、医疗、生育保险和住房公积金，社会保险覆盖率100%。大部分企业为员工建立了午餐费、供暖费、防暑降温费等福利补贴项目。2014年，员工福利待遇进一步提高，按照国家《职工带薪年休假条例》享受带薪休假，落实国家法定节假日加班工资制度和各类休假制度。长期以来，公司一直把安全培训教育作为强化安全管理、提升员工安全意识的根本落脚点。公司按照本部、分公司、分厂和车间4个层级开展培训，主要内容涉及：与国内外先进企业对标培训、QHSE体系培训、国家法律法规培训、职业健康等，仅职业健康内容全公司2013年累计培训人数65663人，2014年累计培训人数58320人。此外，

2014 年公司职工职业健康体检率为 98.8%；健康档案覆盖率达 100%；千人负伤率 0.158；本年新增职业病 1 例。2013 年全年公司开展技能竞赛涉及 60 多个工种近 2 万人。同年，公司共有 2 人获“全国五一劳动奖章”，10 人获“中央企业劳动模范”称号，广西分公司、遵义氧化铝供排水车间乙班荣获了“全国工人先锋号”称号。2014 年，先后组织 70 名中层管理人员和青年后备干部进行集中轮训；围绕国际化战略，积极开展国际化人才培训，与力拓集团、杜克教育集团联合举办了两期卓越全球领导力培训，选派 20 名管理骨干赴力拓北美、澳洲企业参观学习，开阔了管理人员的国际化视野；加强基层班组建设，组织 70 名班组长参加了清华大学举办的中央企业班组长岗位管理能力资格认证培训，为提升企业班组管理水平奠定了基础。

在“市场责任”上表现较为突出，①“反腐败”：按照美国萨班斯法案的要求，公司制定了《董事、高级职员和各级员工职业道德行为准则》及《反舞弊工作条例》，进一步规范及约束了公司董事、高级管理人员及普通员工的行为。严格遵守企业公民道德，建立健全反商业贿赂机制，将反商业贿赂纳入经营决策和日常管理，并接受政府和社会公众的监督。2014 年，公司信访举报件处理率为 100%；②“公平竞争”：公司始终坚持依法合规经营，与客户、供应商的业务往来严格遵守国家的法律法规，遵守社会公德、商业道德，诚实守信，接受政府和社会公众的监督，承担社会责任。公司研究制定了营销管理办法、采购管理办法等一系列制度，以规范业务运作，为公平经营提供制度保障；③“在价值链中促进社会责任”：在供应商管理方面，公司对供应商的准入进行严格的审核，要求凡是与公司开展业务的供应商，必须与公司签订《廉洁承诺书》，严禁通过贿赂等不正当手段谋取利益。公司对供应商进行年度考核评价，并综合考量供应商在环境、劳工、人权、社会等方面的负面信息，进行综合打分后，排除不合格供应商，再进一步对合格供应商进行细化评价，分为 A、B、C3 个等级，作为今后签订新合同的主要依据。

在“消费者责任”上，中国铝业的关注和行动范围相对较广，①“公平规范的市场营销”：中铝国贸在网站公开设立产品信息栏目，对产品价格、产品质量、业务流程等信息定期进行更新，提供公开透明的产品信息，方便客户查阅。②消费者服务、支持和投诉及争议处理：公司不断加强客户服务管理，定期开展客户走访座谈，总结合同执行情况，沟通市场信息，不断改进服务措施。根据建立的客户评价体系，要求下属企业定期开展客户满意度调查，确保用户满意度。③“消费者信息保护与隐私”：公司与下属实体企业均设立由公司主要领导挂帅的保密工作委员会，下设保密工作办公室，负责建立和完善商业秘密保护机制，对于经营活动中产生的包括用户信息在内的所有商业秘密予以严格保护；2013 年和 2014 年公司均未发生消费者信息泄露情况。④“教育和意识”：公司保护用户健康安全。通过改进技术，增强产品安全性；加强化学危险品的管理，防渗系数符合国家标准；危险废物交由有相应资质的单位进行处理，严格按照国家规定建设危险废物存储场；针对产品质量问题，公司认真查明原因，并及时采取措施进行整改。⑤“可持续消费”：公司加大投入，促进科技创新，致力于生产可持续消费产品；通过科技创新，改进产品质量，减少产品在生命周期内对环境的影响；注重循环利用，借助铝的循环再生特性，为消费者提供回收再利用平台，积极宣传促进可持续消费的理念，倡导与客户共同推动公平运营，关注消费者利益，关注社会和谐。⑥“教育和意识”：公司要求在产品包装物上完整张贴产品说明书，向客户警示产品使用风险，公开该产品和服务对人身健康安全的评价，最大限度地减少产品和服务对健康和环境的消极影响。

在“环境责任”上除了“环保节能”之外，还关注到了大部分企业容易忽视的“自然环境的恢复”问题。具体来看，①“污染预防”：2014 年，公司 SO_2 排放量较上年同比下降 11.6%；氮氧化物排放量较上年同比下降 36%；CO_2 排放较上年同比下降 7.7%。②“资源可持续利用”：2013 年，铝锭综合交流电耗同比下降 112 千瓦时/吨，氧化铝综合能耗同比下降 11.1%，累计同比节能 95 万吨标煤。固废综合利用率达到 19%；重复水利用率达到 95%。2014 年与 2013 年数据同比，铝锭综合交流电耗下降 162 千瓦时/吨，氧化铝综合能耗下降 12.75%。2014 年，公司重复用水 27 亿吨。③“减缓并适应气候变化”：贵州分公司利用碳素厂煅烧窑烟气余热富余部分，进行烟气余热“梯级利用”改造，实现利用烟气余热替代原燃油热媒锅炉，提供碳素阴、阳极成型热煤油系统所需热能，每年可节约 6494.31 吨标准煤，减少 CO_2 排放约 16190 吨，取得良好效果。④“环境保护与自然环境的恢复”：公司积极贯彻落实国家环境保护政策与法规，改造高污染及落后产能，加强地区绿化美化建设，环境治理成效显著。公司 2013 年新增矿山复垦面积 2803 亩，2014 年新增复垦面积 2743 亩，累计复垦面积达到29965亩。公司的新建项目均执行环境影响评价制度，对占地尤其是矿山生物多样性的影响做全面评估，制定施工期、运营期、关闭后全过程的保护生物多样性措施。

在“社区责任”上的举措主要有，①“社区参与”：印度尼西亚是个多民族、多宗教的国家，中国铝业香港有限公司印尼合资公司的两个矿区就位于当地的多民族混居区。公司在当地进行勘探项目和开采项目前，均会做到和当地细致沟通、友好交流，以尊重当地的民风民俗的方式，开展各项工作。②“教育和文化”：公司从承担对口支援西藏昌都地区察雅县的任务以来，持续投入援藏专项资金，建成多所完全小学、村级教学点、幼儿园，每年资助贫困学生，奖励优秀学生和教师。③“财富和收入创造”：公司坚持属地化用工政策，积极实施本土化招聘，努力促进所在国或所在地居民就业。公司所属广西分公司、中州分公司、山东分公司、青海分公司等企业都建立了有良好工作实习条件的实习基地，承担了企业及周边社会人员培养工作。公司在阳新县开办农民田间学校后，当地农民积极参加培训。2014年，培训农民群众达1100人次，培养技术示范户200多户，推广农业新品种、新技术5项，使每个受训的贫困群众能基本掌握1~2项新的种植养殖技术。④“健康”：2013年，贵州分公司出资330万元建设饮水工程，解决了白朗坝村、打鼓村、芒侏坝等700户约2900人的人畜饮水问题。2014年，公司山西企业医院卫生支农，2014年共选派专家及医护人员17名，参加卫生支农320人次，共诊治患者2660人次；开展义诊活动4次，参加义诊专家及医护人员60人次，义诊患者920人次，发放宣传资料8000余份。⑤“社会投资”：2013年，在生产经营面临严峻挑战的情况下，公司共向社会捐赠1460万元，支持贫困地区教育、医疗、新农村建设和其他公益事业。2014年，公司对外捐赠总额达1076万元。

第十五章
通用设备制造业及铁路、传播、航空航天和其他运输设备制造业

第一节　行业简介及公司基本信息

通用设备制造业及铁路、传播、航空航天和其他运输设备制造业是制造业的两个下属子行业。2013 年，通用设备制造业有 96 家公司挂牌交易，其中有 18 家上市公司发布社会责任报告①，占该行业全部企业的比重为 18.7%；铁路、传播、航空航天和其他运输设备制造业有 33 家公司挂牌交易，其中有 9 家上市公司发布社会责任报告，占比为 27.3%。2014 年，通用设备制造业有 102 家公司挂牌交易，其中有 24 家上市公司发布社会责任报告，占比为 23.5%；铁路、传播、航空航天和其他运输设备制造业有 34 家公司挂牌交易，其中有 8 家上市公司发布社会责任报告，占比为 23.5%，基本信息见表 15－1。

表 15－1　企业基本信息

序号	股票代码	企业名称	发布报告	净利润（百万元）		营业收入（百万元）	
				2013	2014	2013	2014
1	000530	大冷股份	2013、2014	153.01	114.52	1535.71	1425.72
2	002046	轴研科技	2014		15.35		512.63
3	002122	天马股份	2014		35.32		2175.80

① 轴研科技（股票代码为 002046）2013 年度社会责任报告存在异常故不列入样本数据。

续　表

序号	股票代码	企业名称	发布报告	净利润（百万元）		营业收入（百万元）	
				2013	2014	2013	2014
4	002202	金风科技	2014		1853.51		17704.22
5	002367	康力电梯	2013	277.77		2228.40	
6	002438	江苏神通	2013、2014	65.89	53.82	511.12	465.61
7	002529	海源机械	2013、2014	8.76	3.23	252.55	206.70
8	002639	雪人股份	2014		-8.68		422.32
9	300004	南风股份	2013、2014	46.36	107.70	407.47	818.36
10	300024	机器人	2014		332.08		1523.54
11	600218	全柴动力	2013、2014	34.55	35.40	3187.37	2712.89
12	600243	青海华鼎	2013、2014	15.29	-4.06	1095.08	1125.79
13	600592	龙溪股份	2013、2014	50.78	28.30	705.11	730.46
14	600619	海立股份	2013、2014	104.13	137.40	6621.62	6808.45
15	600765	中航重机	2013、2014	153.31	128.23	6385.86	5822.55
16	600806	昆明机床	2013、2014	7.44	-209.46	1062.84	867.89
17	600835	上海机电	2013、2014	943.83	1799.79	19907.08	20778.93
18	600841	上柴股份	2013、2014	205.33	148.05	2980.86	2776.89
19	600875	东方电气	2013、2014	2349.43	1320.62	42390.80	39036.16
20	600894	广日股份	2014		691.41		4541.66
21	601177	杭齿前进	2013、2014	23.86	16.15	1849.88	1765.65
22	601313	江南嘉捷	2013、2014	180.60	242.82	2423.00	2733.92
23	601727	上海电气	2013、2014	2462.79	4725.79	79214.93	76784.52
24	603611	诺力股份	2014		83.24		1205.89
25	603699	纽威股份	2014		572.11		2734.28
26	900956	东贝 B 股	2013	897.00		4264.00	
27	000768	中航飞机	2013、2014	350.89	375.64	17285.65	21198.08
28	002013	中航机电	2013	418.59		6729.59	
29	600372	中航电子	2013、2014	627.42	613.18	5998.58	6606.66
30	600495	晋西车轴	2013、2014	114.38	140.37	2830.02	2502.59
31	600685	广船国际	2013、2014	13.60	150.43	4166.07	9530.74

续 表

序号	股票代码	企业名称	发布报告	净利润（百万元）		营业收入（百万元）	
				2013	2014	2013	2014
32	600893	航空动力	2013、2014	329.81	1001.52	7927.45	26764.40
33	601299	中国北车	2013、2014	4128.56	5492.35	97240.67	104290
34	601766	中国南车	2013、2014	4139.97	6631.58	97886.30	119724.27
35	601989	中国重工	2013、2014	2935.38	2049.92	51269.18	60972.05

第二节 企业社会责任评级

2013 年、2014 年分别对通用设备制造业及铁路、传播、航空航天和其他运输设备制造业发布 CSR 报告的企业进行社会责任评级，并通过聚类分析将企业履行社会责任划分为“A”“B”“C”三级。通用设备制造业及铁路、传播、航空航天和其他运输设备制造业发布 CSR 报告的企业 CSR 评级具体见表 15－2。

表 15－2 企业社会责任评级

序号	股票代码	企业名称	CSR 评级		序号	股票代码	企业名称	CSR 评级	
			2013	2014				2013	2014
1	000530	大冷股份	C	C	19	600875	东方电气	B	B
2	002046	轴研科技		B	20	600894	广日股份		A
3	002122	天马股份		B	21	601177	杭齿前进	B	B
4	002202	金风科技		B	22	601313	江南嘉捷	B	B
5	002367	康力电梯	B		23	601727	上海电气	A	A
6	002438	江苏神通	B	B	24	603611	诺力股份		A
7	002529	海源机械	B	B	25	603699	纽威股份		C
8	002639	雪人股份		B	26	900956	东贝 B 股	B	
9	300004	南风股份	C	C	27	000768	中航飞机	B	B
10	300024	机器人		B	28	002013	中航机电	B	
11	600218	全柴动力	B	B	29	600372	中航电子	B	B

续 表

序号	股票代码	企业名称	CSR 评级		序号	股票代码	企业名称	CSR 评级	
			2013	2014				2013	2014
12	600243	青海华鼎	C	C	30	600495	晋西车轴	B	B
13	600592	龙溪股份	B	B	31	600685	广船国际	B	B
14	600619	海立股份	A	A	32	600893	航空动力	A	A
15	600765	中航重机	B	B	33	601299	中国北车	A	A
16	600806	昆明机床	B	B	34	601766	中国南车	B	B
17	600835	上海机电	B	B	35	601989	中国重工	A	A
18	600841	上柴股份	B	B					

2013 年 27 家企业的企业规模（营业收入）范围是 2.52 亿至 978.86 亿元，并主要集中在 100 亿元以下。100 亿元以下的企业有 18 家，占比为 66.67%，其中 CSR 评级为“A”“B”“C”的分别有 2、13、3 家。企业规模在 100 亿元以上的企业共 9 家，其中没有 CSR 评级为“C”的企业，评级为“A”“B”的企业分别有 3、6 家。2013 年 27 家企业的企业规模与 CSR 评级分布情况如图 15－1 所示。

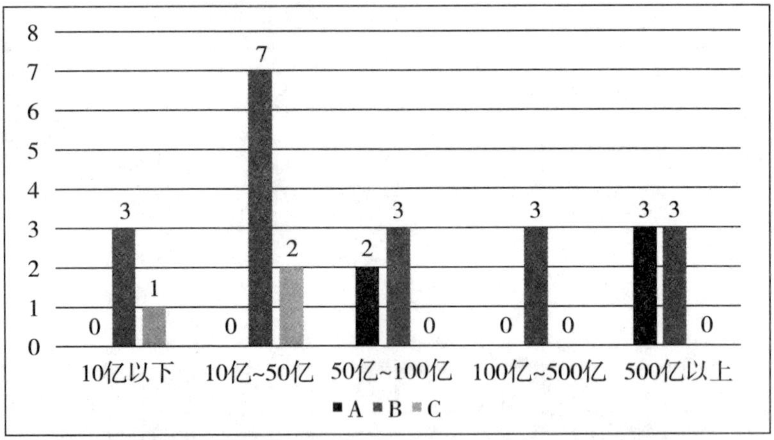

图 15－1　2013 年企业规模与 CSR 评级分布（单位：家、元）

2014 年 32 家企业的企业规模（营业收入）范围是 2.06 亿至 1197.24 亿元，并主要集中在 50 亿元以下。50 亿元以下的企业有 19 家，占比为 59.4%，其中 CSR 评级为“A”“B”“C”的分别有 2、13、4 家。企业规模在50亿元以上的企业共13家，CSR评级为“A”“B”的分别有5、8家，没有评级为“C”的企业。2014年32家企业的企业规模与CSR评级分布情况如图15－2所示。

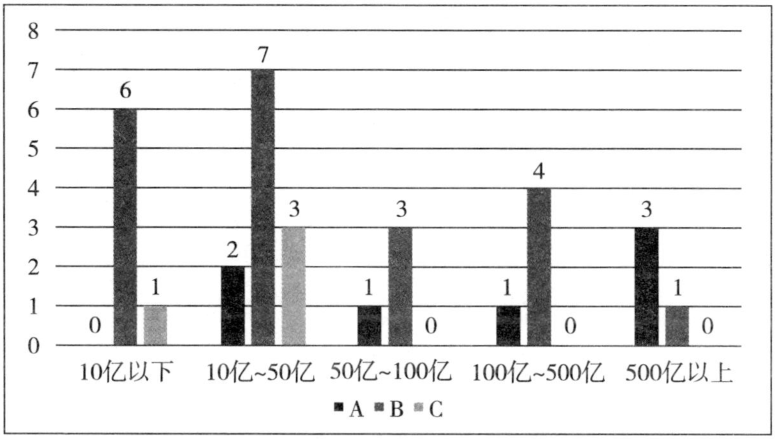

图15－2 2014年企业规模与CSR评级分布（单位：家、元）

2013年27家企业净利润率范围是0.33%至21.04%，并主要集中于10%以下。净利润率在0至10%的企业共22家，占比达81.5%，其中CSR评级为“A”“B”“C”的分别有5、15、2家。净利润率在10%以上的企业中没有CSR评级为“A”的企业，评级为“B”“C”的企业分别有4、1家。2013年27家企业的净利润率与CSR评级分布情况如图15－3所示。

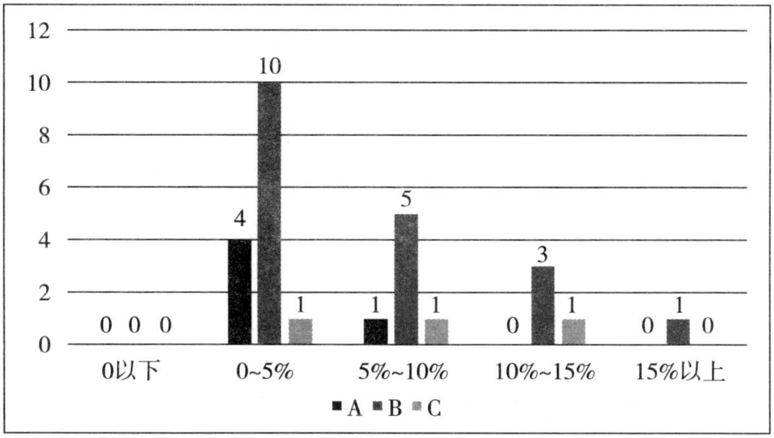

图15－3 2013年企业净利润率与CSR评级分布（单位：家）

2014 年 32 家企业中有 3 家企业的净利润率为负，其他企业净利润率范围是 0.91% 至 21.80%，主要集中于 10% 以下。净利润率在 0 至 10% 的企业共 23 家，占比达 81.2%，其中 CSR 评级为"A""B""C"的分别有 6、16、1 家。净利润率在 10% 以上的企业仅有 6 家，其中 CSR 评级为"A""B""C"的分别有 1、3、2 家。2014 年 32 家企业的净利润率与 CSR 评级分布情况如图 15－4 所示。

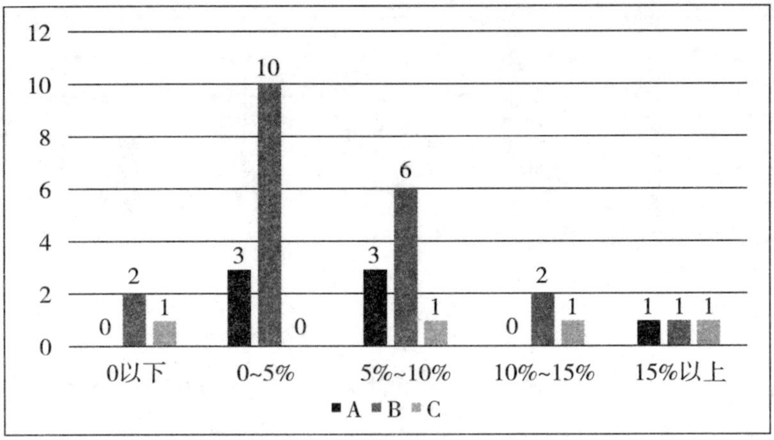

图 15－4　2014 年企业净利润率与 CSR 评级分布（单位：家）

第三节　企业社会责任各维度特征

2013 年和 2014 年的通用设备制造业及铁路、传播、航空航天和其他运输设备制造业上市公司在"员工责任"方面的均值最高，"消费者责任"和"市场责任"方面均值较低。具体分析如下：

1. 社会责任治理

上市公司对"责任决策""责任治理""责任推进"和"责任沟通"这 4 个方面都有所关注，但是在重视程度和实施深度上则差异较大。相对而言，企业在"责任沟通"方面做得较好，主要表现为"社会责任报告的披露"和"利益相关方的沟通"；而对"责任治理"的重视程度则不明显，几乎没有企业在报告中提及如何开展"社会责任管理的程序和制度"、如何进行"社会责任相关决策的执行"。而针对"责任决策"和"责任推进”两方面，表现较好的有：杭州前进齿轮箱集团股份有限公司（股票代码为601177）和上海海立（集团）股份有限公司（股票代码为600619），它们积极开展社会责任文化和环境的营造与培育工作，通过建立经济与非经济的手段，激励员工积极履行企业社会责任。

2. 员工责任

上市公司对“工作中的基本原则和权利”“工作条件和社会保护”“职业健康安全”以及“工作场所中人的发展与培训”等问题的关注度普遍较高，执行力度也较大。而“机会平等无歧视”“就业机会平等和非歧视”则容易被企业忽视。

杭州前进齿轮箱集团股份有限公司提到了员工在公司上岗，不因民族、种族、性别、宗教信仰等不同而受歧视，坚持同工同酬；关注女员工权益，维护女员工在怀孕、产假、哺乳期的合法权益。

3. 市场责任

多数上市公司对“反腐败”“公平竞争”“尊重产权”和“在价值链中促进社会责任”这4个方面都有所关注，但是在重视程度和实施深度上则差异较大。相对而言，企业在“在价值链中促进社会责任”方面做得较好，大多具体表现为对供应商的管理。对“反腐败”的重视程度则不够，有部分公司建立了内部相关制度和规定，用以约束员工行为，但只有极少数公司在其社会责任报告中披露了“反腐败”的具体实施情况。例如广船国际（股票代码为600685）的具体措施为：在2013年，公司纪委进一步修订完善了各类《廉洁责任书》的条款，明确“一岗双责”的要求，并与各级领导干部和员工共计736人签订了《党风廉政建设责任书》，与50个外来劳务单位、54个外协单位、178个国内主要供应厂商签订了《廉洁协议书》。

4. 消费者责任

本行业上市公司在“消费者责任”这个维度上的得分相对较低，主要原因是企业在其发布的社会责任报告中很少提及“公平规范的市场营销”“消费者信息保护与隐私”“可持续消费”以及“教育和意识”等内容。企业关注的重点普遍集中于“消费者服务、支持和投诉及争议处理”和“教育和意识”，具体表现为努力改善服务以及产品质量。简言之，企业在“消费者责任”上关注得不完整。

5. **环境责任**

在这个维度上，本行业企业普遍重视“污染预防”和“资源可持续利用”这两个问题，即节能减排。部分企业在“减缓并适应气候变化”方面也有所贡献，体现为削减温室气体的排放。只有极少数公司提及“环境保护与自然环境的恢复”。中国北车（股票代码为601299）在2013年，济南装备公司与中国科学院生态环境研究中心合作的国家“十二五”水专项课题取得实质性进展。该公司将真空技术应用于排水和污水治理领域，以常熟市宝岩村作为首个试点，将有效解决该地区70公顷范围内5000多居民的污水处理难题，还居民一个健康舒适的生活环境。

6. **社区责任**

企业在“社会投资”“社会捐赠”方面相对于“社区责任”的其他方面投入较大，具体行动包括扶贫、助学、救灾等。“社区参与”和“健康”则容易被企业忽略。在“社区参与”维度上，该行业中比较突出的是西安航空动力股份有限公司（股票代码为600893），具体措施有：一是为社区8600余名职工家属办理医保缴费、年审，同时为1000余名职工家属新办医保和住院报销；二是为1200余名老人办理高龄保健补贴并上门发放；三是为社区300余名职工家属办理养老保险；四是积极为残疾人家庭提供帮助，集中入户办理残疾证，为300余名残疾人办理了手续，给他们提供了无障碍设施、辅具等便利条件。

第四节　年报中的企业社会责任

在通用设备制造业和铁路、传播、航空航天和其他运输设备制造业136家挂牌交易的公司中，有65家企业虽未单独发布企业社会责任报告，但是这些企业在年报中也提到了所履行的社会责任情况，占比47.8%。有28家企业未发布报告也未在年报中体现企业社会责任情况，占比20.6%。通用设备制造业和铁路、传播、航空航天和其他运输设备制造业的65家披露社会责任情况的公司基本信息见表15－3。

表 15－3 企业基本信息表

单位：百万元

序号	股票代码	公司名称	净利润	营业收入
1	000404	华意压缩	289.57	7002.91
2	000410	沈阳机床	22.08	7814.94
3	000595	西北轴承	20.59	445.00
4	000617	石油济柴	－115.18	929.52
5	000678	襄阳轴承	7.70	1266.75
6	000757	浩物股份	18.18	405.29
7	000777	中核科技	71.10	1040.67
8	000811	烟台冰轮	227.65	1690.69
9	000862	银星能源	28.58	1438.47
10	000880	潍柴重机	46.64	3076.47
11	000903	云内动力	154.93	2421.00
12	000908	天一科技	257.42	1957.43
13	002009	天奇股份	93.11	1781.17
14	002011	盾安环境	105.31	6601.45
15	002050	三花股份	488.78	5823.91
16	002131	利欧股份	213.13	2874.27
17	002147	方圆支承	1.68	358.29
18	002152	广电运通	817.42	3151.91
19	002158	汉钟精机	183.35	989.74
20	002164	＊ST 东力	23.84	507.95
21	002197	证通电子	62.63	966.42
22	002248	＊ST 东数	－26.11	345.50
23	002255	海陆重工	65.65	1404.15
24	002266	浙富控股	104.84	686.02
25	002270	法因数控	18.38	300.62
26	002272	川润股份	10.61	844.88
27	002347	泰尔重工	8.42	373.04
28	002366	丹甫股份	35.25	573.47

续 表

序号	股票代码	公司名称	净利润	营业收入
29	002367	康力电梯	404.62	2821.28
30	002418	康盛股份	-32.64	1864.50
31	002468	艾迪西	4.61	1715.96
32	002472	双环传动	122.30	1266.39
33	002483	润邦股份	146.71	2211.59
34	002523	天桥起重	13.00	502.00
35	002530	丰东股份	34.90	367.18
36	002532	新界泵业	93.39	1145.31
37	002534	杭锅股份	105.13	3132.78
38	002537	海立美达	51.03	2506.08
39	002552	宝鼎重工	14.25	324.43
40	002559	亚威股份	83.96	893.57
41	002598	山东章鼓	76.05	554.63
42	002633	申科股份	-37.68	267.90
43	002685	华东重机	11.87	498.78
44	002686	亿利达	91.10	690.22
45	002689	博林特	188.89	1957.99
46	200706	瓦轴 B	-103.90	3007.58
47	200771	杭汽轮 B	423.95	3722.33
48	600416	湘电股份	54.40	7749.44
49	601002	晋亿实业	134.91	3008.10
50	603011	合锻股份	28.62	449.84
51	900956	东贝 B 股	83.20	3559.01
52	600967	北方创业	203.19	2983.64
53	600877	中国嘉陵	11.51	1359.60
54	603111	康尼机电	143.30	1308.92
55	601890	亚星锚链	27.54	1528.03
56	603766	隆鑫通用	637.49	6643.84
57	600391	成发股份	37.25	1963.06

续 表

序号	股票代码	公司名称	净利润	营业收入
58	002105	信隆实业	-3.91	1596.85
59	600150	中国船舶	-40.37	28323.67
60	600099	林海股份	2.93	357.83
61	600072	*ST 钢构	11.79	979.74
62	200054	建摩 B	-133.54	1763.62
63	002608	舜天船舶	-1809.68	3007.64
64	002013	中航机电	381.82	7562.19
65	000920	南方汇通	241.47	2062.12

在未发布企业社会责任报告，但在年报中涉及企业社会责任情况的65家企业中，C类企业有1家，D类企业有18家，E类企业有46家，见表15-4。

表15-4 企业社会责任评级

股票代码	公司名称	评级结果	股票代码	公司名称	评级结果
000404	华意压缩	D	002523	天桥起重	E
000410	沈阳机床	E	002530	丰东股份	E
000595	西北轴承	D	002532	新界泵业	D
000617	石油济柴	E	002534	杭锅股份	E
000678	襄阳轴承	D	002537	海立美达	E
000757	浩物股份	E	002552	宝鼎重工	E
000777	中核科技	D	002559	亚威股份	E
000811	烟台冰轮	E	002598	山东章鼓	E
000862	银星能源	E	002633	申科股份	E
000880	潍柴重机	E	002685	华东重机	E
000903	云内动力	D	002686	亿利达	E
000908	天一科技	E	002689	博林特	E
002009	天奇股份	E	200706	瓦轴 B	E
002011	盾安环境	E	200771	杭汽轮 B	D

续　表

股票代码	公司名称	评级结果	股票代码	公司名称	评级结果
002050	三花股份	E	600416	湘电股份	E
002131	利欧股份	E	601002	晋亿实业	E
002147	方圆支承	E	603011	合锻股份	E
002152	广电运通	D	900956	东贝 B 股	E
002158	汉钟精机	D	600967	北方创业	D
002164	*ST 东力	E	600877	中国嘉陵	E
002197	证通电子	D	603111	康尼机电	E
002248	*ST 东数	E	601890	亚星锚链	E
002255	海陆重工	E	603766	隆鑫通用	E
002266	浙富控股	E	600391	成发股份	E
002270	法因数控	E	002105	信隆实业	C
002272	川润股份	E	600150	中国船舶	E
002347	泰尔重工	E	600099	林海股份	E
002366	丹甫股份	D	600072	*ST 钢构	E
002367	康力电梯	D	200054	建摩 B	D
002418	康盛股份	E	002608	舜天船舶	E
002468	艾迪西	D	002013	中航机电	D
002472	双环传动	D	000920	南方汇通	D
002483	润邦股份	E			

第五节　典型案例

西安航空动力股份有限公司的企业社会责任报告涵盖内容相对全面，不单单提出描述性理念，更在报告中给出了社会责任行动的具体执行情况，公司 2013 年和 2014 年的社会责任评级均为 A。西安航空动力在社会责任方面采取的行动具体表现如下：

在“员工责任”方面采取的措施和效果主要有：公司完成了落实残疾

人劳动就业及按比例安置残疾人的相关工作，并被西安市未央区残疾人联合会评为2013年度对残疾人就业工作做出突出贡献单位。公司与所有员工都签订了《劳动合同书》，无劳动争议案件。同时，公司为员工建立基本养老保险、基本医疗保险、工伤保险、失业保险、生育保险、住房公积金、企业年金，充分落实“老有所养、病有所医、伤有所偿、弱有所扶、住有所居”的保障职能，进一步细化工作流程，完善服务员工渠道。2013年，公司全年举办各类培训班271个，培训员工10386人次。2014年，各分、子公司积极落实职业危害应急管理工作，其中组织事故应急救援演练193次，参加演练人数14363人。为防止职业伤害，保护职工身心健康，公司所属各分、子公司对职业病危害作业场所及接触有害作业人员进行定期检测。其中岗前体检841人次，体检率100%，在岗体检11874人次，离岗体检216人次，体检率100%。

在“市场责任”方面，2013年公司多维度质量评价和改进体系已经步入正轨，并与公司IBSC考核评价体系实现对接，初步建立了供应商管理与评价机制，推动供应商产品质量和管理水平的提升。2014年，公司共申请专利648项，其中发明专利405项，实用新型专利243项；本年度获得专利授权404项，其中发明专利176项，实用新型专利228项。

与大多数企业相同，西安航空动力对“消费者责任”的关注和执行力度相对较小，主要集中在产品质量方面。2013年，公司全年开展各种质量培训247课时，参与人数1181人；有4个班组荣获“全国质量信得过班组”。2014年，公司防务产品质量管理体系均通过了新时代认证中心的监督审核；外贸质量管理体系均通过BV认证机构的复评审核；多个专业通过PRI国际认证机构的NADCAP新一轮审核认证；顺利通过客户组织的产业链审核。

西安航空动力在“环境责任”方面的表现较为突出。公司认真落实减排责任，加强环境保护。西安分公司拆除了4台燃煤锅炉，投资3923.89万元新建了两台50蒸吨的天然气锅炉，对两个车间的废水废气设备进行了提标改造，全面提升了公司污染物的治理水平。公司对各分、子公司节能指标进行监控，加强管理，2014年万元增加值综合能耗较2010年下降31.41%。西安分公司、黎明公司、黎阳动力、南方公司均提前完成发改委下达的“十二五”万家企业节能量目标。工业废气排放满足《西安市燃煤锅炉烟尘和二氧化硫排放限值》要求，达标排放。此外，2013年，西安市环保局推荐公司参加了陕西省环保局举办的创建环境友好企业诚信联盟活动，向公众承诺，向社会承诺：保护环境，清洁生产，对环境友好，自觉接受社会监督，履行企业的环保社会责任。

在“社区责任”方面，2014 年，公司投入 28 万元用于对口扶贫村路灯建设 40 个和厕所改造 78 个。2014 年累计注册青年志愿者 4692 人，累计参与活动 2460 余人次，累计服务时间 2000 余小时；组织开展了“3. 5 学雷锋”走进社区、“青春携手乐重阳”、英语支教、爱心助学、爱心献血等志愿活动。

第十六章

汽车制造业

第一节　公司基本信息

汽车制造业是制造业的一个下属子行业。2013 年，汽车制造业有 79 家公司挂牌交易，其中有 20 家上市公司发布社会责任报告，占该行业全部企业的比重为 26.6%。2014 年，汽车制造业有 92 家公司挂牌交易，其中有 20 家上市公司发布社会责任报告，占该行业全部企业的比重为 21.74%，基本信息见表 16－1。

表 16－1　汽车制造业企业基本信息

序号	股票代码	企业名称	发布报告	净利润（百万元）		营业收入（百万元）	
				2013	2014	2013	2014
1	000338	潍柴动力	2013、2014	3570.791	5784.496	58311.71	79637.16
2	000550	江铃汽车	2013、2014	1698.232	2107.852	20889.71	25537.29
3	000559	万向钱潮	2013、2014	530.6231	782.2549	9262.158	9828.876
4	000581	威孚高科	2013、2014	1108.222	1589.077	5589.308	6354.48
5	000625	长安汽车	2013、2014	3505.641	7517.979	38481.86	52913.33
6	000800	一汽轿车	2013、2014	1007.094	137.0527	29675.13	33857.24
7	000927	一汽夏利	2013、2014	－479.917	－1657.88	5623.746	3231.643
8	002454	松芝股份	2013、2014	239.5184	301.2442	1968.161	2527.246
9	002594	比亚迪	2013、2014	553.059	739.87	52863.28	58195.88
10	600006	东风汽车	2013、2014	50.1826	176.2443	19305.69	17471.25
11	600066	宇通客车	2013、2014	1822.575	2652.631	22093.83	25728.3

续 表

序号	股票代码	企业名称	发布报告	净利润（百万元）		营业收入（百万元）	
				2013	2014	2013	2014
12	600104	上汽集团	2013、2014	2480.363	38250.77	56334.57	630001.2
13	600166	福田汽车	2013、2014	763.0554	458.6334	34152.54	33691.28
14	600303	曙光股份	2013、2014	-268.851	23.73795	4836.309	4056.481
15	600418	江淮汽车	2013、2014	917.25	539.0772	33620.24	34195.33
16	600501	航天晨光	2013、2014	38.1549	100.8847	3766.24	3625.271
17	600523	贵航股份	2013、2014	131.2692	151.4155	2720.258	3067.527
18	600741	华域汽车	2013、2014	3461.442	6195.514	69329.47	73972.59
19	601238	广汽集团	2013、2014	2668.922	2927.498	18824.2	22375.93
20	601633	长城汽车	2013、2014	8223.648	8041.196	56784.31	62599.1

第二节 企业社会责任评级

2013 年、2014 年分别对汽车制造业发布 CSR 报告的企业进行社会责任评级，并通过聚类分析将企业履行社会责任划分为“A”“B”“C”三级。汽车制造业发布 CSR 报告的企业 CSR 评级具体见表 16-1。

表 16-2 汽车制造业企业 CSR 评级

序号	股票代码	企业名称	CSR 评级		序号	股票代码	企业名称	CSR 评级	
			2013	2014				2013	2014
1	000338	潍柴动力	A	A	11	600066	宇通客车	B	B
2	000550	江铃汽车	B	B	12	600104	上汽集团	A	A
3	000559	万向钱潮	B	B	13	600166	福田汽车	B	B
4	000581	威孚高科	C	C	14	600303	曙光股份	B	B
5	000625	长安汽车	B	B	15	600418	江淮汽车	B	B
6	000800	一汽轿车	B	B	16	600501	航天晨光	B	B
7	000927	一汽夏利	B	B	17	600523	贵航股份	B	B
8	002454	松芝股份	C	B	18	600741	华域汽车	B	B

续　表

序号	股票代码	企业名称	CSR 评级		序号	股票代码	企业名称	CSR 评级	
			2013	2014				2013	2014
9	002594	比亚迪	C	B	19	601238	广汽集团	B	B
10	600006	东风汽车	B	A	20	601633	长城汽车	C	B

2013 年 20 家企业的企业规模（营业收入）范围是 19.68 亿至 693.29 亿元，并主要集中在 100 亿元以上。100 亿元以下的企业有 7 家，占比为 35%，其中 CSR 评级为“B”“C”的分别有 5、2 家。企业规模在 100 亿元以上的企业共 13 家，CSR 评级为“A”“B”“C”的分别有 2、9、2 家。可以看出，汽车制造业企业 CSR 评级在一定程度上与企业营业收入有关。相对而言，营业收入较高的企业中，评级为“A”的企业数量较多。20 家企业的规模与 CSR 评级分布情况如图 16－1 所示。

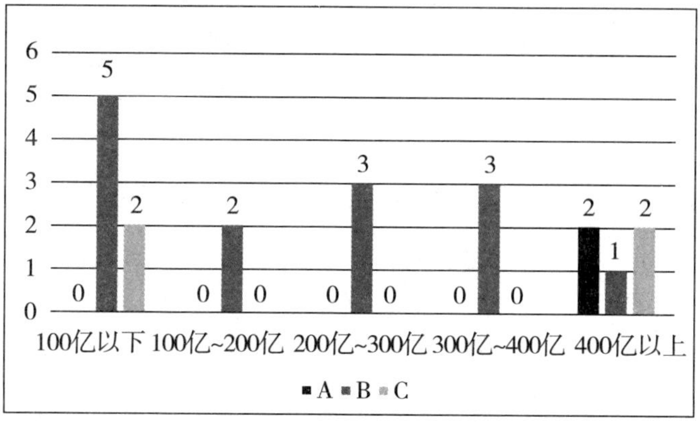

图 16－1　2013 年汽车制造业企业规模与 CSR 评级分布（单位：家、元）

2014 年 20 家企业的企业规模（营业收入）范围是 25.27 亿至 630 亿元，并主要集中在 100 亿元以上。100 亿元以下的企业数量有 7 家，占比为 35%，其中 CSR 评级为“B”“C”的分别有 6、1 家。企业规模在 100 亿元以上的企业共 13 家，CSR 评级为“A”“B”“C”的分别有 3、10、0 家。可见，汽车制造业企业 CSR 评级在一定程度上与企业营业收入有关。相对而言，营业收入较高的企业中，评级为“A”的企业占比较多，评级为“C”的企业数量较少。20 家企业的规模与 CSR 评级分布情况如图 16－2 所示。

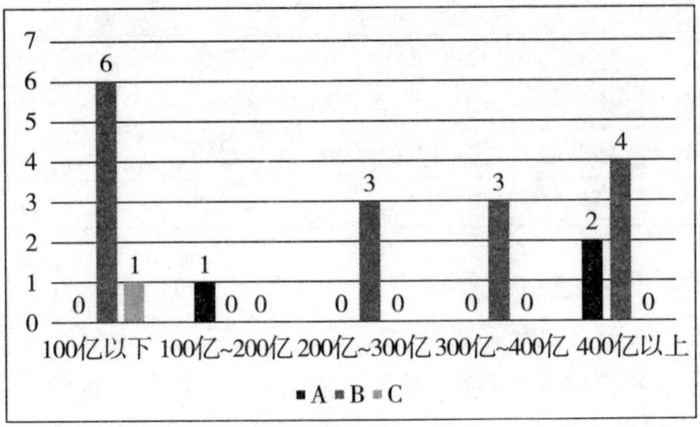

图 16－2　2014 年汽车制造业企业规模与 CSR 评级分布（单位：家、元）

2013 年 20 家企业中有 2 家企业的净利润率为负，其他企业净利润率范围是0. 26%至 19. 82%，并主要集中于 10%以下。净利润率在 0 至 10%的企业共 14 家，占比达 70%，其中 CSR 评级为“A”“B”“C”的分别有 2、11、1 家。净利润率在 10%以上的企业中，CSR 评级为“A”“B”“C”的分别有 0、1、3 家。20 家企业的净利润率与 CSR 评级分布情况如图 16－3 所示。

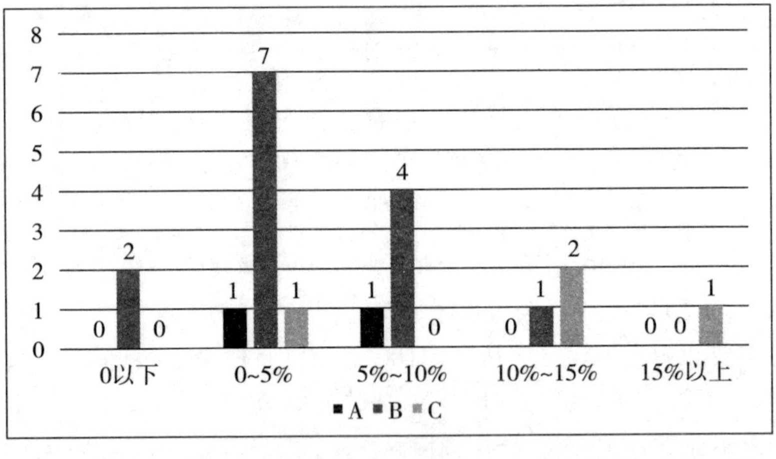

图 16－3　2013 年汽车制造业企业净利润率与 CSR 评级分布（单位：家）

2014 年 20 家企业中有 1 家企业的净利润率为负，其他企业净利润率范围是0. 4%至 25%，半数以上集中于 10%以下。净利润率在 0 至 10%的企业共 13 家，占比达 65%，其中 CSR 评级为“A”“B”“C”的分别有

2、10、1 家。净利润率在 10% 以上的企业中，CSR 评级为“B”“C”的分别有 3、3 家。20 家企业的净利润率与 CSR 评级分布情况如图 16－4 所示。

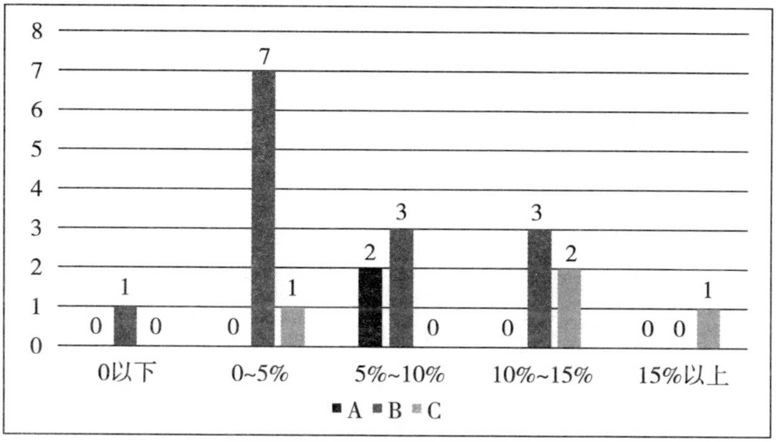

图 16－4　2014 年汽车制造业企业净利润率与 CSR 评级分布（单位：家）

第三节　企业社会责任各维度特征

2013 年和 2014 年的汽车制造业上市公司在“员工责任”方面的均值最高，“消费者责任”方面均值较低。具体分析如下：

1. 员工责任

上市公司对“工作中的基本原则和权利”“工作条件和社会保护”“职业健康安全”以及“工作场所中人的发展与培训”等问题的关注度普遍较高，执行力度也较大。而“机会平等无歧视”“就业机会平等和非歧视”则被企业忽视。东风汽车股份有限公司（股票代码为 600006）在这一问题上做得较好，突出表现为公司在劳动用工方面无对性别、年龄、职等、民族、种族、宗教信仰等方面歧视的规定。

2. 公平运营

多数上市公司对“反腐败”“公平竞争”“尊重产权”和“在价值链中促进社会责任”这 4 个方面都有所关注，但是在重视程度和实施深度上则差异较大。相对而言，企业在“在价值链中促进社会责任”方面做得较好，主要表现为对供应商的管理；对“反腐败”的重视程度则相对不够。部分公司建立了内部相关制度和规定，用以约束员工行为，但只有极少数公司在其社会责任报告中披露了“反腐败”的具体实施情况。例如广州汽车集团股份有限公司（股票代码为601238）搭建包括“3个工程、1个指标、6个系统、1个预警防控平台”的“3161预防腐败体系”，并且“领导干部廉洁从业信息系统”和“信访及案件检查系统”已开发完成并即将投入使用，“制度+科技+文化”的反腐倡廉格局初步形成。

3. 消费者责任

本行业上市公司在“消费者责任”这个维度上的得分相对较低，主要原因是企业在其发布的社会责任报告中很少提及“公平规范的市场营销”“消费者信息保护与隐私”“可持续消费”以及“教育和意识”等内容。企业关注的重点普遍集中于“消费者服务、支持和投诉及争议处理”和“教育和意识”，具体表现为努力改善服务以及产品质量。简言之，企业在“消费者责任”上关注得不完整。

4. 环境责任

在这个维度上，本行业企业普遍重视“污染预防”和“资源可持续利用”这两个问题，即节能减排。部分企业在“减缓并适应气候变化”方面也有所贡献，体现为削减温室气体的排放。只有极少数公司提及“环境保护与自然环境的恢复”，做得最好的是上海通用，该企业非常重视环保工作。企业旗下的广德研发试验中心总占地面积为5.67平方公里，其中，野生生物栖息地占地约1.34平方公里。在项目建设过程中，企业尽可能少地改变或破坏原有的植被，保留原生态环境，同时尽可能采用本地植被、灌木和果树等，为小型哺乳动物、鸟类、昆虫等动物提供和维持一个良好的生存环境。2012年以来，企业员工共种植了5025株植物，品种多达92种。

5. 社区责任

企业在“社会投资”“社会捐赠”方面相对于“社区责任”的其他方面投入较大，具体行动包括扶贫、助学、救灾等。“社区参与”和“健康”则容易被企业忽略。另外，值得强调的是，部分企业的社会责任报告中对“社区责任”的披露有待进一步细化和具体。

第四节　年报中的社会责任

在汽车制造业87家挂牌交易的公司中，有53家企业虽未单独发布企业社会责任报告，但是这些企业在年报中也提到了所履行的社会责任情况，占比60.9%。基本实现行业内所有企业对社会责任情况的披露，仅有5家企业未发布报告也未在年报中体现企业社会责任情况，占比5.74%。汽车制造业的53家披露社会责任情况的公司基本信息见表16－3。

表16－3　汽车制造业企业基本信息表

单位：百万元

序号	股票代码	公司名称	净利润	营业收入
1	000030	富奥股份	5010.01	5010.01
2	000700	模塑科技	248.84	3395.4
3	000760	斯太尔	8.95	740.73
4	000951	中国重汽	574.17	23865.96
5	000980	金马股份	42.07	1111.38
6	002048	宁波华翔	721.92	8712.81
7	002085	万丰奥威	529.52	5535.13
8	002101	广东鸿图	117.95	2214.86
9	002126	银轮股份	163.18	2414.53
10	002213	特尔佳	14.2	261.33
11	002265	西仪股份	8.25	467.84
12	002283	天润曲轴	138.14	1619.51
13	002284	亚太股份	181.14	3278.88
14	002328	新朋股份	156.66	3661.56
15	002355	兴民钢圈	50.2	1325.39
16	002363	隆基机械	44.46	1238.03
17	002406	远东传动	129.24	1186.84
18	002434	万里扬	198.81	1382.03
19	002448	中原内配	180.98	1083.98

续 表

序号	股票代码	公司名称	净利润	营业收入
20	600715	松辽汽车	-47.78	1061.62
21	600742	一汽富维	606.2	11273.38
22	601777	力帆股份	377.42	11416.75
23	601799	星宇股份	272.41	2016.02
24	603006	联明股份	66.28	527.84
25	603009	北特科技	45.43	634.45
26	603306	华懋科技	118.51	531.12
27	900953	凯马 B	-180.44	4585.43
28	600609	金杯汽车	-10.56	5146.55
29	002592	八菱科技	94.6	638.83
30	600698	湖南天雁	14.36	577.95
31	600699	均胜电子	349.6	7077.99
32	600760	中航黑豹	-172.8	2523.29
33	601965	中国汽研	412.8	1568.89
34	600686	金龙汽车	486.64	21431.03
35	600960	渤海活塞	98.1	1178.8
36	600480	凌云股份	275.92	6553.59
37	600213	亚星客车	-144.77	1473.15
38	600148	长春一东	55.16	668.68
39	600081	东风科技	381.55	4901.61
40	002725	浙江跃岭	93.93	832.64
41	002715	登云股份	18.62	296.07
42	002708	光洋股份	62.98	622.17
43	002664	信质电机	184.01	1553.63
44	002662	京威股份	428.3	2447.36
45	002625	龙生汽车	39.14	402.07
46	002602	世纪华通	211.12	1712.23
47	002593	日上集团	39.52	1341.93
48	002590	万安科技	74.93	1322.29

续 表

序号	股票代码	公司名称	净利润	营业收入
49	002536	西泵股份	41.14	1614.69
50	002510	天汽模	165.67	1489.13
51	002488	金固股份	62.2	1313.15
52	002555	顺荣三七	58.6	59.8
53	600654	中安消	109.98	1155.6

在未发布企业社会责任报告，但在年报中涉及企业社会责任情况的53家企业中，C类企业有2家，D类企业有13家，E类企业有38家，见表16-4。

表16-4 汽车制造业CSR评级

股票代码	公司名称	评级结果	股票代码	公司名称	评级结果
000030	富奥股份	E	002101	广东鸿图	E
000700	模塑科技	E	002126	银轮股份	E
000760	斯太尔	E	002213	特尔佳	E
000951	中国重汽	E	002265	西仪股份	E
000980	金马股份	D	002283	天润曲轴	E
002048	宁波华翔	E	002284	亚太股份	E
002085	万丰奥威	E	002328	新朋股份	E
002355	兴民钢圈	E	601777	力帆股份	E
002363	隆基机械	E	601799	星宇股份	E
002406	远东传动	E	603006	联明股份	E
002434	万里扬	D	603009	北特科技	E
002448	中原内配	E	603306	华懋新材	E
600715	松辽汽车	E	900953	凯马B	E
600742	一汽富维	E	600609	金杯汽车	E
002592	南宁八菱	D	600480	凌云股份	E
600698	湖南天雁	C	600213	亚星客车	E
600699	均胜电子	E	600148	长春一东	E

续 表

股票代码	公司名称	评级结果	股票代码	公司名称	评级结果
600760	中航黑豹	D	600081	东风科技	D
601965	中国汽研	E	002725	浙江跃岭	E
600686	金龙汽车	D	002715	登云股份	C
002708	光洋股份	D	002590	万安科技	D
002664	信质电机	E	002536	西泵股份	D
002662	京威股份	D	002510	天汽模	D
002625	龙生汽车	D	002488	金固股份	D
002602	世纪华通	D	002593	日上集团	E
600960	渤海活塞	E	002555	顺荣三七	E
600654	中安消	E			

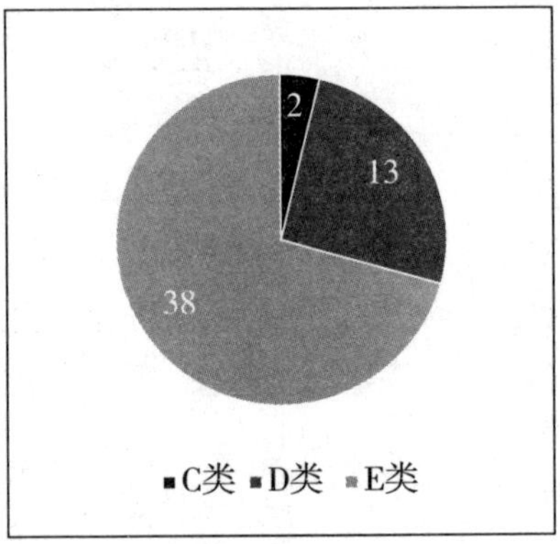

16－5　汽车制造业 CSR 评级分布

第五节　典型案例

上海汽车集团股份有限公司（股票代码为 600104）2014 年度营业收入为 6300 亿元，净利润为 382 亿元；发布的 2014 年度企业社会责任报告合计 72 页，内容丰富，维度广泛，数据翔实，在报告等级评定中为 A。

上汽集团关注社会责任工作中的全面情况，不仅提出描述性工作更在报告中给出了社会责任工作的具体数据和执行情况。

员工责任方面主要表现为：招聘录用中不存在性别、民族、生理歧视等情况。同时，在《集体合同》签订全覆盖的基础上，上汽积极推进女职工权益保障、工资、劳动安全卫生3个专项集体合同的签订，所属企业中有39家签订了女职工专项合同，40家签订了工资专项合同，31家签订了劳动安全卫生专项合同。在“工作中的基本原则和权利”上，上汽集团及下属企业均建立了完善的招聘与录用机制，录用手续公开透明，劳动合同签订规范，劳动合同签订率达到100%，不存在使用未成年工情况。在“工作条件和社会保护”上，上汽集团举办“同心筑梦”春节团拜会、“缘定上汽、荣威同行”优秀青年员工集体婚礼，来自上汽所属29家单位的45对新人乘坐45辆荣威950，从上汽大厦总部出发，分成5路巡游上海，并在家人和同事的祝福声中步入婚姻殿堂。在“职业健康安全”上，在安全培训方面，报告期内公司共组织2100余人参加安全培训。其中，160多名企业负责人参加企业负责人安全上岗持证培训，350多名安全管理人员参加安全管理人员上岗持证培训，450多人参加安全标准化和培训师能力培训，1200多人参加班组长安全持证培训。在“工作场所中人的发展与培训”上，上汽集团2014年约有1.2万技能人员通过职业技能培训和鉴定实现职业技能等级晋升，其中高级工及以上900余人。2014年上汽集团获得国家级高技能人才培养基地资助。

市场责任上的主要表现为，①“反腐败”：2014年上汽认真贯彻党的十八大以来中央对党风廉政建设和反腐败工作提出的新要求，通过开展学习教育，加强干部作风建设，提高领导干部落实中央八项规定的自觉性；通过严格监督管理，开展专项检查，提高领导干部落实党风廉政建设责任制的有效性。②“公平竞争”：公司建立了由党委统一领导、党政齐抓共管、公司纪委和监察室组织协调、部门各司其职、职工群众积极参与的反舞弊的领导体制和工作机制；设立了纪律检查委员会和监察室，由其在公司内部网站上发布相关法律法规和公司反舞弊政策，建立了重点监控部门和重点监控部位制度，明确了反舞弊工作中的职责权限和协调机制，规范了反舞弊调查处理程序，完善了情况通报制度；防范、发现和处理舞弊行为。③“在价值链中促进社会责任”：上汽要求产业链上的合作伙伴严格遵守法律法规，秉持诚信和“公平、公开、公正”的合作原则，共同打造诚实守信的行业氛围；同时，推动合作伙伴积极运用并贯彻ISO和TS

16949 等国际标准，持续提升管理水平和员工满意度，构建和谐经营环境。

在消费者责任方面的主要表现为：2014 年 3 月 28 日，上汽车享网新车销售模块正式上线运行；7 月 28 日，针对售后服务的“车享汇”和“保养管家”模块同步上线并开通微信服务号；10 月 28 日，二手车业务“车享拍”正式上线运营。目前，车享平台的日均访问流量保持在 10 万，OTO 业务流程初步打通。车享平台致力于为消费者打造线上线下一致性服务体验，覆盖用户“看、选、买、用、卖”五大环节的各类需求，为消费者用车生活提供一站式服务。在消费者健康和安全保护上，2014 年上汽集团所属企业共荣获市级以上群众性质量管理活动荣誉 87 项。

在环境责任上，①“污染预防”：上汽集团所属企业通过不断提升传动技术能级，大力发展新能源技术，减少单车油耗、排放、噪声污染等。例如新一代科鲁兹使用全新的 ECOTEC 发动机系列，噪声方面比同类竞品发动机低 6 分贝，搭载双离合变速箱，在燃油经济性方面有 15% 以上的提升；②“资源可持续利用”：集团五大重点节能改造项目（余热利用、高效电机、水蓄冷、节能热水技术、光伏发电）继续推广和实施，2014 年完成 32 项节能技改项目，节能投入 1.2 亿元，节能量 9200 吨标煤；③“减缓并适应气候变化”：上海通用旗下 3 大品牌、28 个系列、136 款车型已全部更新为绿色产品，共节省燃油 7.5 万吨，减少 CO_2 排放 24 万吨，约等于 297 万棵树一年的碳汇；④“环境保护与自然环境的恢复”：企业非常重视环保工作，如前面所述广德研发试验中心在项目建设过程中，企业尽可能少地改变或破坏原有的植被，保留原生态环境。

在社区责任上，①“社区参与”：2014 年，上汽集团以“服务改革创新大局、夯实依法治企基础、持续推进‘清’字文化、创新法宣教育阵地建设”为重点，进一步引导基层单位做好法制宣传教育工作，为深化改革、创新发展营造良好的氛围。继续推进“X+1”培训模式，将有关法律法规纳入《上汽合格汽车工人培训 5W 读本（2014 版）》，在各类人员培训项目中加入法制宣传模块，围绕安全生产、产品质量、保密、知识产权保护、环境保护等法律制度组织培训，夯实依法治企基础。组织编写相关案例解析。通过全员化、系统化培训，引导广大员工增强知法守法意识。②“教育和文化”：向江西省 6 所学校幼儿园捐赠校车 6 辆。③“财富和收入创造”：上海大众湖南（长沙）项目落户长沙经济技术开发区，占地面积 138 万平方米，预计 2015 年建成投产，形成年产 30 万辆整车的能力。长沙项目签约标志着上汽集团与大众汽车间的合作不断巩固加深，将共同开启长江沿线联动发展的崭新篇章；同时，该项目对湖南加快推进新型工业化、促进转方式调结构、拉动内需、扩大社会就业等方面都具有十分重要的意义。④“健康”：2014 年向上海市水资源保护基金会捐赠 250 万元“社会投资”；上汽集团及所属企业积极投身各类社会公益事业，据不完全统计，2014 年上汽集团及主要所属企业捐赠钱款及物品折合人民币超过 3500 万元。

上汽集团 2014 年度社会责任报告总体披露情况较好，社会责任内容涵盖广泛，信息量充实。总体而言，上汽集团社会责任报告质量处于同行业领先水平。

第十七章
电气机械及器材制造业

第一节　公司基本信息

电气机械及器材制造业是制造业的一个下属子行业。2013 年，电气机械及器材制造业有 155 家公司挂牌交易，其中有 29 家上市公司发布社会责任报告，占该行业全部企业的比重为 18.71%。2014 年，电气机械及器材制造业有 170 家公司挂牌交易，其中有 26 家上市公司发布社会责任报告，占该行业全部企业的比重为 15.29%，基本信息见表 17-1。

表 17-1　电气机械及器材制造业企业基本信息

序号	股票代码	企业名称	发布报告（年）	净利润（百万元）		营业收入（百万元）	
				2013	2014	2013	2014
1	000333	美的集团	2013	5317.4581		120975.0031	
2	000400	许继电气	2013、2014	522.9117	1289.267	7154.6255	8359.194
3	000651	格力电器	2013、2014	10870.6728	14252.955	118627.9482	140005.394
4	002035	华帝股份	2013	223.8367		3708.6288	
5	002056	横店东磁	2013、2014	279.3506	381.431	3268.503	3668.800
6	002249	大洋电机	2013、2014	215.4393	338.201	3273.1238	4443.313
7	002300	太阳电缆	2013、2014	138.6271	175.053	3359.9073	3353.543
8	002498	汉缆股份	2013、2014	433.8301	238.075	4807.4365	4637.610
9	002508	老板电器	2013、2014	385.6323	567.693	2653.81	3588.940
10	002527	新时达	2013、2014	166.109	203.235	1000.5672	1305.076
11	002543	万和电气	2013、2014	247.7171	266.866	3692.4803	3977.717

续 表

序号	股票代码	企业名称	发布报告（年）	净利润（百万元）		营业收入（百万元）	
				2013	2014	2013	2014
12	002560	通达股份	2013、2014	59.4819	67.511	916.7116	798.571
13	300062	中能电气	2013、2014	39.9397	33.522	446.1297	457.529
14	300124	汇川技术	2013、2014	560.2287	690.063	1725.8683	2242.550
15	600089	特变电工	2013、2014	1328.3758	1811.418	29174.688	36074.756
16	600110	中科英华	2013、2014	5.5274	-285.664	1972.9885	1892.372
17	600261	阳光照明	2013、2014	231.7576	293.774	3168.9957	3251.187
18	600468	百利电气	2013、2014	33.7846	55.824	756.2338	910.529
19	600487	亨通光电	2013	291.0428		8586.5332	
20	600517	置信电气	2013、2014	283.4205	305.576	3268.9064	4201.374
21	600550	*ST天威（保变电气）	2013、2014	-5233.347	76.196	4358.9937	3895.043
22	600580	卧龙电气	2013、2014	364.032	475.970	5727.6505	6892.562
23	600690	青岛海尔	2013、2014	4168.1529	6692.262	86487.7236	88775.444
24	600884	杉杉股份	2013、2014	183.7891	328.534	4047.9207	3658.991
25	600973	宝胜股份	2013、2014	99.3568	129.371	9807.863	12162.376
26	600983	合肥三洋（惠而浦）	2013、2014	362.659	293.624	5325.3243	5504.826
27	601126	四方股份	2014		335.676		3264.111
28	601369	陕鼓动力	2013、2014	915.6051	531.579	6288.5274	4860.782
29	601877	正泰电器	2013、2014	1541.7394	1967.182	11956.5072	12767.230

第二节 企业社会责任评级

2013年、2014年分别对电气机械及器材制造业发布CSR报告的企业进行社会责任评级，并通过聚类分析将企业履行社会责任划分为“A”“B”“C”三级。电气机械及器材制造业发布CSR报告的企业CSR评级具体见表 17－2。

表 17－2　电气机械及器材制造业企业 CSR 评级

序号	股票代码	企业名称	CSR 评级		序号	股票代码	企业名称	CSR 评级	
			2013	2014				2013	2014
1	000333	美的集团	A		15	600089	特变电工	A	A
2	000400	许继电气	C	C	16	600110	中科英华	C	C
3	000651	格力电器	B	B	17	600261	阳光照明	C	C
4	002035	华帝股份	B		18	600468	百利电气	C	C
5	002056	横店东磁	C	C	19	600487	亨通光电	A	
6	002249	大洋电机	B	B	20	600517	置信电气	B	B
7	002300	太阳电缆	C	C	21	600550	＊ST 天威（保变电气）	C	C
8	002498	汉缆股份	C	C	22	600580	卧龙电气	C	C
9	002508	老板电器	C	C	23	600690	青岛海尔	A	A
10	002527	新时达	B	B	24	600884	杉杉股份	C	C
11	002543	万和电气	C	C	25	600973	宝胜股份	C	C
12	002560	通达股份	C	C	26	600983	合肥三洋（惠而浦）	B	B
13	300062	中能电气	C	C	27	601126	四方股份		C
14	300124	汇川技术	C	C	28	601369	陕鼓动力	B	B
					29	601877	正泰电器	A	A

2013 年 29 家企业的企业规模（营业收入）范围是 4.46 亿至 1209.75 亿元，并主要集中在 60 亿元以下。60 亿元以下的企业有 20 家，占比为 68.97%，其中 CSR 评级为“A”“B”“C”的分别有 5、7、8 家。企业规模在 60 亿元以上的企业共 9 家，CSR 评级为“A”“B”“C”的分别有 5、3、1 家。可以看出，电气机械及器材制造业企业 CSR 评级在一定程度上与企业营业收入有关。相对而言，营业收入较高的企业中，评级为“A”的企业数量较多，评级为“C”的企业数量较少。29 家企业的规模与 CSR 评级分布情况如图 17－1 所示。

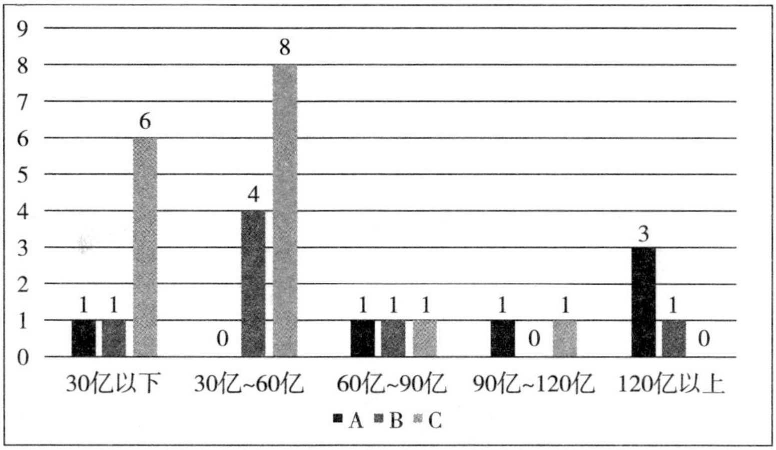

图 17－1 2013 年电气机械及器材制造业企业规模与 CSR 评级分布（单位：家、元）

2014 年 26 家企业的企业规模（营业收入）范围是 4.58 亿至 1400.05 亿元，并主要集中在 60 亿元以下。60 亿元以下的企业有 19 家，占比为 73.08%，其中 CSR 评级为“B”“C”的分别有 2、17 家。企业规模在 60 亿元以上的企业共 7 家，CSR 评级为“B”“C”的分别有 4、3 家。可见，电气机械及器材制造业企业 CSR 评级在一定程度上与企业营业收入有关。相对而言，营业收入较高的企业中，评级为“C”的企业数量较少。26 家企业的规模与 CSR 评级分布情况如图 17－2 所示。

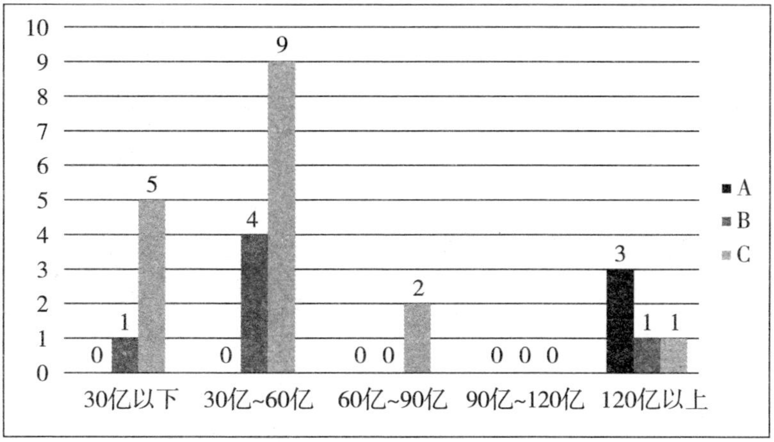

图 17－2 2014 年电气机械及器材制造业企业规模与 CSR 评级分布（单位：家、元）

2013 年 29 家企业中有 1 家企业的净利润率为负，其他企业净利润率范围是 0.28% 至 32.46%，并主要集中于 10% 以下。净利润率在 0 至 10%

的企业共23家，占比达79.31%，其中CSR评级为“A”“B”“C”的分别有7、8、8家。净利润率在10%以上的企业，CSR评级为“A”“B”“C”的分别有3、2、1家。29家企业的净利润率与CSR评级分布情况如图17－3所示。

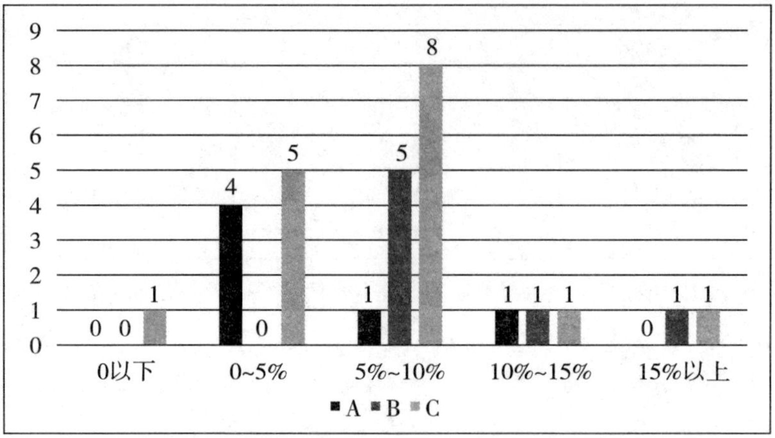

图17－3　2013年企业净利润率与CSR评级分布（单位：家）

2014年26家企业中有1家企业的净利润率为负，其他企业净利润率范围是1.06%至30.77%，半数以上集中于10%以下。净利润率在0至10%的企业共17家，占比达65.38%，其中CSR评级为“B”“C”的分别有4、13家。净利润率在10%以上的企业，CSR评级为“B”“C”的分别有2、7家。26家企业的净利润率与CSR评级分布情况如图17－4所示。

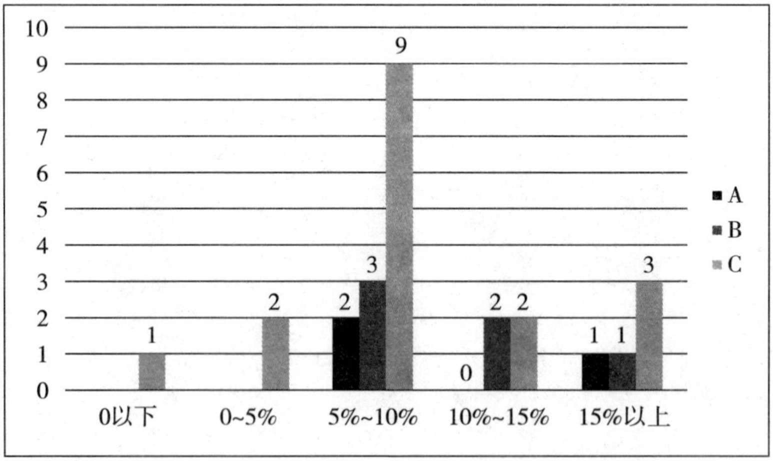

图17－4　2014年企业净利润率与CSR评级分布（单位：家）

第三节　企业社会责任各维度特征

2013 年和 2014 年的电气机械及器材制造业上市公司在“员工责任”方面的均值最高，“消费者责任”和“社区责任”方面均值较低。具体分析如下：

1. **社会责任治理**

本行业上市公司均能够较好开展“企业社会责任披露”的工作，即发布《企业社会责任报告》或在年报中提及企业社会责任情况。另外，企业在“利益相关方的沟通”中定期披露其企业经营、社会责任履行情况。本行业上市公司在“社会责任培训与员工激励”方面评价最低，这也是所有行业对社会责任关注偏弱的普遍问题，主要原因为针对员工培训部分，多开展针对“员工工作中的安全”“员工工作技能”“员工职业发展”等方面，较少涉及针对企业社会责任的培训。而仅有 3 ~4 家企业在报告中简要介绍了“社会责任管理的机构的设置，社会责任原则的落实”两方面工作的开展情况。例如安徽合力股份有限公司（股票代码为 600761）和广西柳工机械股份有限公司（股票代码为 000528）定期评审组织治理程序，并根据评审结果调整程序，在本行业属于治理工作开展得较成熟的行业。

2. **员工责任**

浙江正泰电器股份有限公司（股票代码为 601877）在“机会平等无歧视”“就业机会平等和非歧视”方面做得较好，突出表现为坚决反对地方歧视等不平等待遇。2013 年，浙江正泰电器股份有限公司职工男女比例达到接近 1∶1，本地雇用比例为 19.9%。2014 年，中山大洋电机（股票代码为 002249）股份有限公司员工的性别比例结构为男女比 3∶2，其中中层管理人员女性比例为 22%，高层管理人员女性比例为 17%。此外，2014 年企业公布的企业社会责任报告中多数企业在“员工责任”方面表现良好，对员工的各方面利益给予了关注并采取了措施。

3. **市场责任**

部分上市公司建立了内部相关制度和规定，用以约束员工行为，但具体执行情况和执行力度只有极少数公司在其社会责任报告中进行披露。例如中航光电科技股份有限公司（股票代码为 002179）在 2013 年修订完善了《党风廉政建设责任制考核评价办法》等制度，推进党风廉政建设责任制深入落实；根据不同岗位特点和职责要求，对责任内容进行细化完善，组织签订《党风廉政责任书》57 份、《岗位任职期间党风廉政建设责任书》23 份，组织各单位签订《在岗期间廉政建设责任书》387 份、《廉洁自律承诺书》559 份。特变电工股份有限公司（股票代码为 600089）在 2014 年编制下发了《特变电工股份有限公司廉政手册》《特变电工股份有限公司违纪、违规处罚制度》，开展“倡廉洁、树新风”主题活动，通过一系列活动，各级党员领导干部、关键岗位人员签订《党风廉政目标责任书》1269 份，组织开展廉政警示教育活动 30 次，累计参与 2141 人次，廉政合同签署率达到 100%。

4. 消费者责任

本行业上市公司在“消费者责任”这个维度上的得分相对较低，只有少数上市公司做得比较好。

珠海格力电器股份有限公司（股票代码为 000651）在 2014 年发布的企业社会责任报告中提到了“可持续消费”这一方面内容。其中，格力电器推出的润系列挂机中加入了高效去除 PM2. 5、Wi – Fi 物联控制等使用功能，为改善人们的睡眠做出了贡献；推出光伏空调，采用太阳能清洁能源，节能环保，促进了可持续消费。格力电器在售后服务方面表现得也较为良好，在权威机构 2014 年中国顾客满意度调查中，格力电器又一次在空调行业中获得满意度最高分值，蝉联 2014 年度的满意度冠军。

5. 环境责任

珠海格力电器股份有限公司注重在设计产品时通过技术使产品在被消费者使用过程中减少对环境的污染，并通过零耗材等离子体空气净化器，防止二次污染，后续使用更实现了“零耗材”。只有极少数公司提及“环境保护与自然环境的恢复”，以特变电工股份有限公司为例：2013 年特变电工加强了土地复垦、水土流失防治项目的开展，加大绿化面积，共计投入资金 4000 多万元。

6. 社区责任

企业在“社会投资”“社会捐赠”方面相对于“社区责任”的其他方面投入较大，具体行动包括扶贫、助学、救灾等。“社区参与”和“健康”

则容易被企业忽略。

第四节 年报中的企业社会责任

在电气机械及器材制造业 170 家挂牌交易的公司中，有 82 家企业虽未单独发布企业社会责任报告，但是这些在年报中也提到了所履行的社会责任情况，占比 48.2%。有 54 家企业未发布报告也未在年报中体现企业社会责任情况，占比 31.8%。电气机械及器材制造业的 32 家披露社会责任情况的公司基本信息见表 17－3。

表 17－3 电气机械及器材制造业企业基本信息表

单位：百万元

序号	股票代码	公司名称	净利润	营业收入
1	002518	科士达	151.37	1387.88
2	002531	天顺风能	174.84	1402.32
3	002533	金杯电工	132.96	3177.13
4	002546	新联电子	155.97	580.36
5	002576	通达动力	－16.56	1052.36
6	002580	圣阳股份	19.39	1246.12
7	002606	大连电瓷	24.87	591.60
8	002610	爱康科技	98.64	3002.78
9	002616	长青集团	62.79	1385.52
10	002617	露笑科技	－41.99	2648.29
11	002622	永大集团	47.25	161.04
12	002638	勤上光电	10.97	905.79
13	002647	宏磊股份	－58.95	4634.46
14	002665	首航节能	210.14	1116.02
15	002668	奥马电器	203.15	4461.01
16	002670	华声股份	93.36	1497.07
17	002677	浙江美大	137.73	469.61
18	002684	猛狮科技	10.52	488.29

续 表

序号	股票代码	公司名称	净利润	营业收入
19	002692	远程电缆	109.74	2493.81
20	002705	新宝股份	212.59	5668.89
21	002706	良信电器	100.27	855.71
22	002724	海洋王	171.63	1056.43
23	002733	雄韬股份	99.64	1975.40
24	200512	闽灿坤 B	66.10	2008.16
25	300272	开能环保	68.28	374.74
26	600105	永鼎股份	179.08	1928.87
27	600192	长城电工	82.29	2058.00
28	600268	国电南自	-277.18	4860.58
29	600290	华仪电气	92.89	1749.03
30	600379	宝光股份	20.41	592.14
31	600482	风帆股份	138.84	5748.02
32	600487	亨通光电	383.44	10471.13
33	600522	中天科技	591.39	8641.34
34	600590	泰豪科技	58.18	2920.71
35	600651	飞乐音响	77.74	2134.15
36	600847	万里股份	2.25	236.01
37	002491	通鼎互联	185.70	3031.15
38	002452	长高集团	88.08	478.37
39	002451	摩恩电气	30.78	646.65
40	002413	常发股份	33.40	2164.84
41	002380	科远股份	43.55	314.30
42	002364	中恒电气	125.71	600.91
43	002358	森源电气	271.18	1145.74
44	002350	北京科锐	76.98	1347.77
45	002339	积成电子	141.12	1108.75
46	002335	科华恒盛	137.27	1485.66
47	002334	英威腾	160.00	1057.88

续 表

序号	股票代码	公司名称	净利润	营业收入
48	002322	理工监测	60. 41	195. 38
49	002309	中利科技	249. 70	9246. 07
50	002298	鑫龙电器	16. 65	809. 41
51	002276	万马股份	236. 77	5846. 95
52	002260	伊立浦	34. 74	691. 04
53	002242	九阳股份	615. 43	5943. 51
54	002227	奥特迅	81. 17	457. 96
55	002218	拓日新能	-4. 94	545. 79
56	002212	南洋股份	51. 79	2258. 89
57	002205	新疆国统	60. 16	803. 45
58	002176	江特电机	43. 77	793. 30
59	002169	智光电气	49. 96	607. 41
60	002139	拓邦股份	63. 42	1115. 44
61	002129	中环股份	131. 52	4767. 84
62	002123	荣信电力股份	-272. 86	927. 80
63	002112	三变科技	16. 04	923. 83
64	002090	金智科技	115. 52	1179. 08
65	002076	雪莱特	16. 74	441. 85
66	002074	东源电器	47. 46	885. 51
67	002028	思源电气	503. 89	3671. 30
68	000967	上风高科	68. 68	3019. 07
69	000922	佳电股份	5. 65	2052. 09
70	000921	海信科龙	711. 51	26534. 42
71	002005	德豪润达	13. 36	4154. 73
72	000738	中航动力	189. 17	2575. 88
73	000806	银河投资	23. 00	801. 92
74	000682	东方电子	108. 86	1840. 60
75	000676	思达高科	-82. 16	373. 08
76	000633	合金投资	-28. 90	87. 50

续 表

序号	股票代码	公司名称	净利润	营业收入
77	000585	东北电气	6.06	197.51
78	000541	佛山照明	266.67	3068.64
79	000533	万家乐	160.16	3896.46
80	000418	小天鹅	790.83	10804.22
81	000049	德赛电池	312.88	6389.60
82	000333	美的集团	11646.33	142310.97

在未发布企业社会责任报告，但在年报中涉及企业社会责任情况的82家企业中，C类企业有5家，D类企业有30家，E类企业有47家。见表17－4。

表17－4　电气机械及器材制造业企业评级

股票代码	公司名称	评级结果	股票代码	公司名称	评级结果
002518	科士达	D	002380	科远股份	D
002531	天顺风能	E	002364	中恒电气	E
002533	金杯电工	E	002358	森源电气	E
002546	新联电子	E	002350	北京科锐	D
002576	通达动力	E	002339	积成电子	E
002580	圣阳股份	E	002335	科华恒盛	D
002606	大连电瓷	E	002334	英威腾	E
002610	爱康科技	D	002322	理工监测	E
002616	长青集团	D	002309	中利科技	C
002617	露笑科技	E	002298	鑫龙电器	E
002622	永大集团	E	002276	万马股份	D
002638	勤上光电	E	002260	伊立浦	D
002647	宏磊股份	E	002242	九阳股份	E
002665	首航节能	D	002227	奥特迅	D
002668	奥马电器	E	002218	拓日新能	D
002670	华声股份	D	002212	南洋股份	E

续 表

股票代码	公司名称	评级结果	股票代码	公司名称	评级结果
002677	浙江美大	D	002205	新疆国统	E
002684	猛狮科技	C	002176	江特电机	E
002692	远程电缆	E	002169	智光电气	D
002705	新宝股份	E	002139	拓邦股份	E
002706	良信电器	E	002129	中环股份	D
002724	海洋王	D	002123	荣信电力股份	E
002733	雄韬股份	D	002112	三变科技	E
200512	闽灿坤 B	E	002090	金智科技	D
300272	开能环保	E	002076	雪莱特	D
600105	永鼎股份	D	002074	东源电器	E
600192	长城电工	E	002028	思源电气	D
600268	国电南自	E	000967	上风高科	D
600290	华仪电气	D	000922	佳电股份	E
600379	宝光股份	E	000921	海信科龙	D
600482	风帆股份	D	002005	德豪润达	E
600487	亨通光电	D	000738	中航动力	D
600522	中天科技	E	000806	银河投资	E
600590	泰豪科技	E	000682	东方电子	E
600651	飞乐音响	C	000676	思达高科	E
600847	万里股份	E	000633	合金投资	E
002491	通鼎互联	D	000585	东北电气	E
002452	长高集团	E	000541	佛山照明	E
002451	摩恩电气	E	000533	万家乐	D
002413	常发股份	E	000418	小天鹅	D
000049	德赛电池	C	000333	美的集团	C

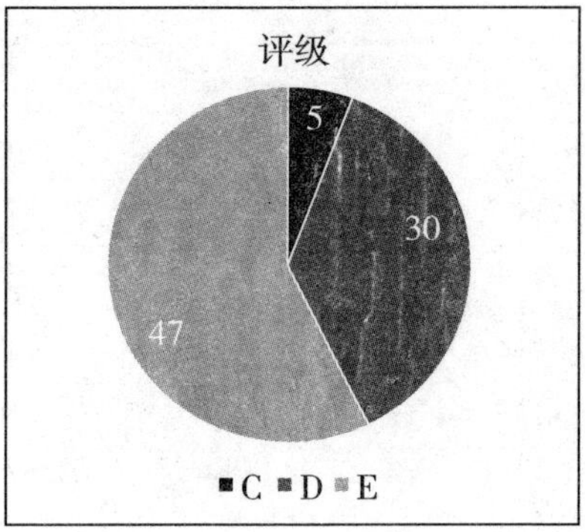

表 17－5　电气机械及器材制造业企业评级分布

第五节　典型案例

1. 青岛海尔股份有限公司

青岛海尔股份有限公司成立于 1989 年，是在对原青岛电冰箱总厂改组的基础上，以定向募集资金方式设立的股份有限公司。公司于 1993 年 11 月 19 日在上海证券交易所上市交易，股票简称青岛海尔，股票代码为 600690。目前，公司经营范围包括冰箱、洗衣机、空调、热水器、厨房电器等成套白色家电研发、生产、销售以及渠道综合服务业务。

2013 年，青岛海尔营业收入达 864.87 亿元，净利润为 41.86 亿元；发布的 CSR 报告篇幅为 63 页，内容丰富，结构清晰，可读性较强；公司社会责任评级为 A。青岛海尔在社会责任方面采取的行动具体表现如下：

在“员工责任”方面采取的措施主要有：遵守国家劳动法律法规，建立平等雇佣制度，与员工在平等自愿、协商一致的基础上，依法签订劳动合同。劳动合同签订率、社会保险覆盖率、员工受工会保护率以及员工投诉处结率均达 100%，公司女职工专项合同签订率 100%。2013 年，海尔集团工会委员会被授予“山东省企业工会工作红旗单位称号”，并颁发“富民兴鲁劳动奖状”，是青岛市唯一被授予该称号的企业。海尔从“安全生产管理机构”“安全生产责任制落实”“安全文化教育培训”“强化应急体系和保障体系建设”“安全检查和隐患整改整治”“危险源管理工作推进计划”和“职业健康体检和环境因素检测”等方面加强对职工安全的管理和保护。海尔集团安全生产委员会2013年度安全控制指标完成情况，①火灾、爆炸事故发生：0起。②员工因工死亡、重伤：0人次；员工因工轻伤：5人次。③刑事案件（纵火、故意伤害、破坏设备、20000元以上盗窃案件）：0起。④员工职业病发生：0起。⑤3人以上中毒事故发生：0起。⑥环保违规/事故：0起。⑦食品安全事件：0起。⑧责任重伤以上交通事故：0起。⑨现场6S绩效达标率：B级以上单位占96%。⑩新改扩项目安全/环评三同时达标率100%；1111类应急处置到位率100%。海尔为员工提供了“2+1”发展通道、海尔大学——人才培养基地、劳动竞赛（技能比武）活动以及员工创新成果推广应用活动。海尔组织员工参加各类专业技术培训，培训人数达63652人。海尔是世界上首家通过ISO 10015国际培训管理体系认证的企业，具备完善的课程和讲师管理体系。

在“市场责任”这个维度上的表现较好，主要体现为海尔对该维度包含的4个小问题都有所关注和行动：海尔2013年开展了针对供应商廉政问题的《海尔集团模块商资源网全员与供应商廉政共建大会》培训，对供应商高层管理者进行宣传培训沟通。海尔与业内同行在国家法律框架下开展竞争与合作，共同推动中国家电行业的发展。海尔的竞争手段主要是：研发创新、模式创新、产品创新和战略转型。专利方面，截至2013年底，海尔集团及子公司在国内累计申请专利15737项，其中发明专利5598项，仅2013年，国内申请专利就1785项，其中发明专利882项。海尔与每一家供应商签订环保承诺书，并定期对供应商进行评估。

在“消费者责任”上，海尔在消费者“服务”“健康”以及“可持续消费”方面的表现较为突出。海尔在全国建设了8000多家县级专卖店、3万余家乡镇网络；遍布全国的物流体系可以保障24小时之内配送到县，48小时之内配送到镇，实现即需即送、送装一体化；20000多家服务商，保障随叫随到，为用户提供及时上门、一次就好的成套精致服务。海尔的虚实网融合的优势实现了企业与用户的零距离，这一切为海尔服务消费者提供了便利。2013年9月，海尔基于用户对饮用水健康问题的关注，开展了免费测水质送健康饮水方案的服务模式，保护了消费者的健康和安全。海尔提倡促进可持续消费，为消费者提供环保节能产品，颠覆传统漩涡式洗涤模式，创新上下翻滚洗涤模式，均匀渗透纤维，比滚筒洗衣机能效1级耗水标准节省8.3%，达到国际领先水平，节能减碳。

在“环境责任”上除“环保节能”外，还关注到了大部分企业容易忽视的“气候”和“自然环境的恢复”问题。2013 年初海尔率先在青岛市投建大型光伏发电系统，预计未来 25 年内将发电量 706275 万千瓦时，可节约标准煤 28.25 万吨，减排粉尘 19.21 万吨，减排二氧化碳 70.42 万吨，减排二氧化硫 2.12 万吨。2013 年再生资源利用率为 83.94%。海尔采用全球领先的 R410A 无氟冷媒，避免造成对大气臭氧层的破坏。2013 年 3 月 23 日，由海尔团委主办的“海尔绿智能，走进大自然植树活动”在王哥庄庙石村植树点举行，来自青岛市各行各业的 300 余名志愿者共种植了 100 余棵树木。

海尔在“社区责任”维度上的举措主要有：2013 年 9 月 16 日上午，由大众网联合海尔幸福社区主题活动共同发起，针对海尔幸福镇所在村学校留守儿童进行爱心捐赠的大型公益活动在泰安市宁阳县东疏镇顺利启动。2013 年 9 月 13 日，海尔在新疆英吉沙县援建的希望小学举行揭牌仪式。在揭牌仪式现场，海尔向青基会捐赠了 600 万元用于 2013 年全国希望小学的建设。截至目前，海尔集团已经在新疆援建了 8 所希望小学。10 多年来，海尔共向基金会捐款 104 万元，救助了家庭贫困的患先天性心脏病、脑瘫的儿童及弃婴、连体婴等危重病儿近 300 人。在获悉四川雅安芦山地震的消息后，海尔集团及旗下两家上市公司高度重视，宣布共同向灾区捐款 1000 万元，用于采购救灾物资，开展灾后重建。

总体而言，海尔集团在社会责任方面关注范围较广，投入深度较大，尤其是在“市场责任”和“环境责任”两个维度上相对本行业其他企业表现突出。

2. 特变电工股份有限公司

特变电工股份有限公司（简称：特变电工）是中国重大装备制造业的核心骨干企业，国家级重点高新技术企业，目前已成为中国最大的变压器、电线电缆研发、制造和出口企业。公司经过 16 年的创业发展，拥有 3 个分公司、9 个控股公司、13 个参股公司。公司拥有自主知识产权核心专利技术及国内外专有技术 500 余件，其中发明专利近百项。特变电工股票简称为“特变电工”，股票代码为 600089。

2014 年度，特变电工实现归属于上市公司股东的净利润 16.49 亿元，营业收入、利润总额归属于上市公司股东的净利润与 2013 年度相比分别增长了 23.65%、32.01%、24.11%；实现营业总收入 3607475.63 万元，利润总额205092.26万元。2014年度特变电工披露的企业社会责任报告共31页，内容丰富，结构清晰，涵盖内容较全，企业社会责任评级为B。特变电工在5个维度上采取的行动具体表现如下：

特变电工在“员工责任”维度上的表现为，公司依法建立和完善劳动规章制度，为员工提供符合公司实际的福利与待遇，严格按国家规定为员工缴纳五险一金。通过职工代表大会审议并确定了2014年民心工程170项，涵盖员工住房、改善车间一线员工工作环境、员工婚恋、困难帮扶、餐饮、培训、员工福利、健康体检、交通改善等各个方面。公司新变厂自2013年4月15日制定《公共困难帮扶制度》后，新变厂已累计向社会及困难员工捐款近60万元，仅2014年就向困难员工捐款20余万元，其中为箱变车间员工张冠立的父亲治疗肺癌捐款7.56万元，为工程检修公司员工姚斐患肝癌晚期的父亲捐款7.01万元等。2014年公司实施对包含建设项目在内的安全检查共27次，累计排查各类安全隐患527项；督导各单位专项及周期性安全检查72次，发现安全隐患限期整改。2014年6月，公司启动了以“强化红线意识，推动安全发展”为主题的安全生产月活动，取得良好成效。2014年，公司培训学院80个项目公司共开展243个重点培训项目，累计2.5万课时、17万人次参与，实现员工与企业共同成长，学习型组织为公司健康发展保驾护航。衡变公司2014年继续深化员工学习环境建设，培训角数量达到19个，实现了车间全覆盖。各车间共编制和完善培训教材300余次，培训12000余人次，培养新进员工600余人。

在“市场责任”这个维度上，公司开展“倡廉洁、树新风”主题活动，开展形式多样的廉政警示教育活动，通过组织专题学习、上廉洁党课、发廉洁短信、看廉洁教育片、写心得体会等一系列活动，使广大员工进一步加深对纪律的认识，在思想上营造了浓郁的反腐倡廉氛围。2014年6月，公司组织员工到新疆维吾尔自治区第四监狱进行廉政警示教育，提高了反腐倡廉的自觉性和自身免疫力。近年来，公司在依法经营、诚信经营、承担社会责任等方面发挥了表率作用，赢得了社会各界的广泛赞誉，树立了良好的商业信誉和企业形象。

在“消费者责任”问题上，公司严格遵守诚信交易原则，秉承“客户称心”的经营宗旨，践行“以客户为中心，为客户创造价值”的企业文化。公司高度重视用户的反馈意见以及用户的需求情况，组织客户回访，确保客户关心的问题得到充分回应，通过24小时客服电话、客户满意度调查、客户座谈会、技术合作、新产品发布会、新技术交流会、专家型服务等多种渠道、多种方式与用户进行技术、质量方面的交流，给客户提供更加节能、环保、优质的产品，最大限度地为客户提供增值服务，赢得了客户的支持和认可，提高了客户满意度。

在“环境责任”这个维度上，公司将废水经过处理后尽可能多地进行二次利用，实施绿化灌溉等，降低污染的同时美化环境。公司为废油、废油漆等液态不可回收污染物建立危废临时堆放点，严格实行转移联单制度，将其交给有资质的处理机构进行安全处理。公司采用先进的生产工艺技术和自动化设备，提高资源、能源的利用率。针对在生产过程中产生的材料尾料等固体废弃物，公司建有专门的废品回收站，对固体废弃物进行分类存放和管理，并建有严格的管理和处理制度，对于有利用价值的固体废弃物，通过集中招标的方式处理，使之再利用；对于不可回收再利用的固体废弃物统一交给具有相关经营许可的单位回收处理。公司对废气采用吸附、淋洗、蒸发回收+氢氧化钙水溶液水解、静电除尘、湿法脱硫、低氮燃烧技术+选择性催化还原脱硝等处理方法，废气污染物处理效率均达到80%以上，满足合格排放标准。

在“社区责任”维度上，在“财富和收入创造”与“社会投资”2个方面获得的效果不错。公司通过广阔的事业发展平台吸引各类人才就业，为高校毕业生、复转军人、残疾人提供良好的就业机会，吸纳社会劳动力，减轻社会压力，促进社会和谐、稳定。2014年，公司加大社会公益事业的开展力度，先后为新疆哈密捐赠300万元用于希望工程建设，向新疆喀什捐赠300万元、喀什莎车县捐赠300万元、乌什地区捐赠600万元用于当地民生工程建设；2014年6月，公司在赞比亚东方省Chipata的SOS儿童村举办了捐助SOS儿童村和Magwero聋哑学校活动；2014年12月，由公司援建的位于吉尔吉斯斯坦比什凯克市郊的希望小学举行了奠基仪式。

总体来说，特变电工的企业社会责任各方面关注范围较广，并且实施了切实可行的措施，取得了一定的效果，特别是在“员工责任”中的“职业健康安全”“市场责任”中的“反腐败”“环境责任”等方面表现较好。

第十八章
计算机、通信和其他电子设备制造业

第一节　公司基本信息

计算机、通信和其他电子设备制造业是制造业的一个下属子行业。2013 年计算机、通信和其他电子设备制造业有 212 家公司挂牌交易，其中有 47 家上市公司发布社会责任报告，占该行业全部企业的比重为 22.17%。2014 年，计算机通信和其他电子设备制造业有 217 家公司挂牌交易，其中有 49 家上市公司发布社会责任报告，占该行业全部企业的比重为 22.58%，基本信息见表 18－1。

表 18－1　计算机、通信和其他电子设备制造业企业基本信息

序号	股票代码	企业名称	发布报告	净利润（百万元）		营业收入（百万元）	
				2013	2014	2013	2014
1	000050	深天马 A	2013、2014	143.5	686.9306	4519.4	9322.363
2	000021	长城开发	2013	158.87	160.5562	15039.53	16444.16
3	000063	中兴通讯	2013	1357.657	2727.73	75233.72	81471.28
4	000066	长城电脑	2013、2014	29.5	－48.6873	77858.6	75801.74
5	000100	TCL 集团	2013	2884.689	4232.727	85324.09	101296.6
6	000536	华映科技			374.0654		7018.187
7	000547	闽福发	2013、2014	156.5712	229.2073	536.1502	855.9813
8	000636	风华科技	2013	462.7578	95.1114	5543.854	2247.92
9	000725	京东方	2013、2014	2353.366	2715.914	33774.29	36816.32
10	000970	中科三环	2013、2014	340.9791	345.2489	3638.669	3885.116

续 表

序号	股票代码	企业名称	发布报告	净利润（百万元）		营业收入（百万元）	
				2013	2014	2013	2014
11	000977	浪潮信息	2014		338.7981		7306.636
12	002079	苏州固锝	2013、2014	42.2815	36.19805	819.0644	922.1132
13	002106	莱宝高科	2013、2014	66.5174	17.13318	2000.781	2343.271
14	002161	远望谷	2013	39.0478	54.8854	541.1201	642.086
15	002179	中航光电	2013	244.4447	374.4283	2601.763	3491.246
16	002189	利达光电	2013、2014	10.3791	13.14389	604.4983	707.7273
17	002222	福晶科技	2013、2014	39.2355	-14.2076	178.0384	202.0078
18	002236	大华股份	2013、2014	1130.922	1144.265	5410.094	7331.881
19	002241	歌尔声学	2013、2014	1306.627	1684.312	10048.82	12698.99
20	002281	光迅科技	2013、2014	163.5147	144.1285	2132.697	2433.053
21	002296	辉煌科技	2013、2014	70.3992	100.3171	387.5537	525.6238
22	002396	星网锐捷	2013、2014	239.1775	371.7172	3276.163	3641.687
23	002415	海康威视	2013、2014	3066.649	4680.701	10745.91	17233.11
24	002417	三元达	2013、2014	-132.025	-331.727	757.595	520.7834
25	002456	欧菲光	2013、2014	571.3355	681.5465	9101.764	19482.29
26	002465	海格通信	2014		526.9012		2953.828
27	002475	立讯精密	2014		738.6597		7295.949
28	002635	安洁科技	2013、2014	142.5512	123.1851	605.3763	731.3006
29	300077	国民技术	2013、2014	4.6851	10.13773	433.6216	425.6955
30	600060	海信电器	2013、2014	1582.879	1442.802	28479.86	29007.07
31	600100	同方股份	2013、2014	676.9512	1213.411	22650.14	25993.72
32	600118	中国卫星	2013、2014	305.7953	410.1477	4803.527	4664.104
33	600151	航天机电	2013、2014	144.2552	47.98573	3358.869	3786.811
34	600171	上海贝岭	2013、2014	40.3938	40.44446	585.515	467.9022
35	600183	生益科技	2013、2014	557.8503	522.3876	6570.259	7418.067
36	600198	大唐电信	2013、2014	155.6159	247.6753	7915.173	7984.031
37	600271	航天信息	2013、2014	1092.534	1671.84	16582.46	19959.19
38	600288	大恒科技	2013、2014	37.0835	9.154573	3548.695	3349.485

续 表

序号	股票代码	企业名称	发布报告	净利润（百万元）		营业收入（百万元）	
				2013	2014	2013	2014
39	600360	华微电子	2013/2014	43.9778	27.28314	1247.866	1235.814
40	600405	动力源	2014		46.00194		939.3267
41	600435	北方导航	2013、2014	22.9133	113.1585	1051.699	1606.267
42	600460	士兰微	2013、2014	115.2677	167.0659	1637.934	1870.029
43	600498	烽火通信	2013、2014	519.1171	630.1151	9109.45	10721.25
44	600525	长园集团	2013、2014	303.8995	386.982	2821.511	3348.64
45	600601	方正科技	2013、2014	70.3854	317.2155	5233.793	6862.487
46	600680	上海普天	2013、2014	15.5731	9.820313	1725.505	1786.921
47	600775	南京熊猫	2013、2014	182.8392	196.426	2479.485	3487.641
48	600839	四川长虹	2013、2014	512.4816	267.5022	58875.27	59503.9
49	600888	新疆众和	2013、2014	87.0431	-529.187	3721.66	5328.75
50	600980	北矿磁材	2013、2014	13.8307	-28.3355	252.1774	228.0618
51	600990	四创电子	2013、2014	51.1919	82.37303	1116.668	1684.528
52	601231	环旭电子	2013、2014	564.2131	701.394	14272.35	15873
53	603005	晶方科技	2014		196.3109		615.8103
54	603019	中科曙光	2014		118.0373		2796.751

第二节 企业社会责任评级

2013 年、2014 年分别对计算机、通信和其他电子设备制造业发布 CSR 报告的企业进行社会责任评级，并通过聚类分析将企业履行社会责任划分为“A”“B”“C”三级。计算机、通信和其他电子设备制造业发布 CSR 报告的企业 CSR 评级具体见表 18－2。

表 18－2　计算机、通信和其他电子设备制造业 CSR 评级

序号	股票代码	企业名称	CSR 评级		序号	股票代码	企业名称	CSR 评级	
			2013	2014				2013	2014
1	000050	深天马 A	A	A	28	002635	安洁科技	B	B
2	000021	深科技	B	B	29	300077	国民技术	B	B
3	000063	中兴通讯	A		30	600060	海信电器	C	C
4	000066	长城电脑	B	B	31	600100	同方股份	C	C
5	000100	TCL 集团	A	A	32	600118	中国卫星	C	C
6	000536	华映科技		C	33	600151	航天机电	B	B
7	000547	闽福发		C	34	600171	上海贝岭	B	B
8	000636	风华高科	B		35	600183	生益科技	B	B
9	000725	京东方	A	A	36	600198	大唐电信	B	B
10	000970	中科三环	C	C	37	600271	航天信息	B	B
11	000977	浪潮信息		C	38	600288	大恒科技	B	B
12	002079	苏州固锝	B	B	39	600360	华微电子	B	B
13	002106	莱宝高科	B	B	40	600405	动力源		
14	002161	远望谷	B	B	41	600435	北方导航	B	B
15	002179	中航光电	A		42	600460	士兰微	C	C
16	002189	利达光电	C	C	43	600498	烽火通信	B	
17	002222	福晶科技	C	C	44	600525	长园集团	B	B
18	002236	大华股份	B	B	45	600601	方正科技	C	C
19	002241	歌尔声学	A	A	46	600680	上海普天	C	C
20	002281	光迅科技	B	B	47	600775	南京熊猫	C	C
21	002296	辉煌科技	C	B	48	600839	四川长虹	B	B
22	002396	星网锐捷	C	C	49	600888	新疆众和	B	B
23	002415	海康威视	B	B	50	600980	北矿磁材	B	B
24	002417	三元达	B	B	51	600990	四创电子	B	
25	002456	欧菲光	B		52	601231	环旭电子	A	A
26	002465	海格通信		B	53	603005	晶方科技		C
27	002475	立讯精密		B	54	603019	中科曙光		C

2013 年 47 家企业的企业规模（营业收入）范围是 1.78 亿至 853.24 亿元，并主要集中在 60 亿元以下。60 亿元以下的企业数量有 31 家，占比为 65.96%，其中 CSR 评级为“A”“B”“C”的分别有 3、19、9 家。企业规模在 60 亿元以上的企业共 16 家，CSR 评级为“A”“B”“C”的分别有 5、9、2 家。可以看出，计算机、通信和其他电子设备制造业企业 CSR 评级在一定程度上与企业营业收入有关。相对而言，营业收入较高的企业中，评级为“A”的企业数量较多，评级为“C”的企业数量较少。47 家企业的规模与 CSR 评级分布情况如图 18－1 所示。

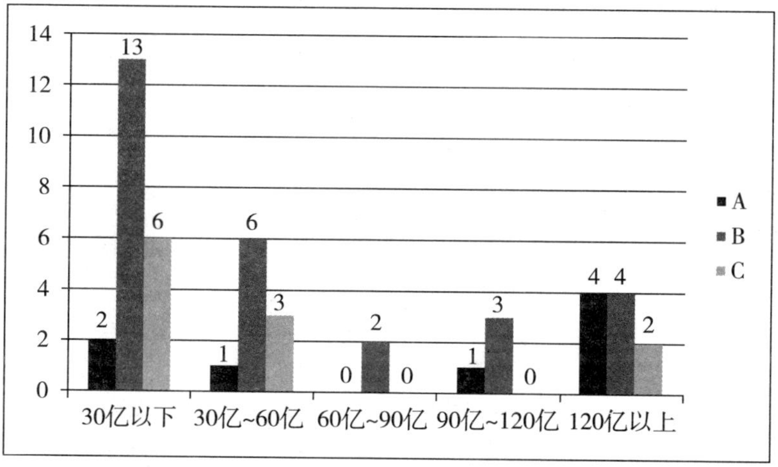

图 18－1　2013 年计算机、通信和其他电子设备制造业
企业规模与 CSR 评级分布（单位：家、元）

2014 年 49 家企业的企业规模（营业收入）范围是 2.02 亿至 1012.97 亿元，并主要集中在 60 亿元以下。60 亿元以下的企业数量有 30 家，占比为 61.22%，其中 CSR 评级为“B”“C”的分别有 12、18 家。企业规模在 60 亿元以上的企业共 19 家，CSR 评级为“A”“B”“C”的分别有 5、8、6 家。可见，计算机、通信和其他电子设备制造业 CSR 评级在一定程度上与企业营业收入有关。相对而言，营业收入较高的企业中，评级为“A”的数量较多，评级为“C”的企业数量较少。49 家企业的 CSR 评级与规模分布情况如图 18－2 所示。

2013 年 47 家企业中有 1 家企业的净利润率为负，其他企业净利润率范围是 0.04% 至 29.2%，并主要集中于 10% 以下。净利润率在 0 至 10% 的企业共 39 家，占比达 82.98%，其中 CSR 评级为“A”“B”“C”的分

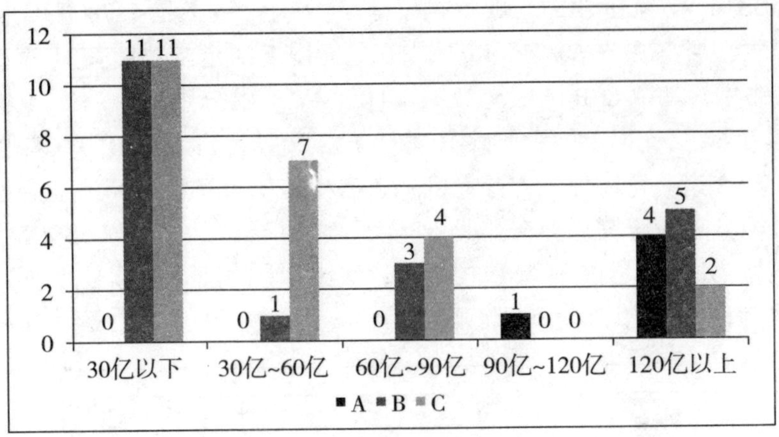

图 18－2　2014 年计算机、通信和其他电子设备制造业企业规模与 CSR 评级分布（单位：家、元）

别有 7、23、9 家。净利润率在 10% 以上的企业，CSR 评级为“A”“B”“C”的分别有 1、5、2 家。47 家企业的净利润率与 CSR 评级分布情况如图 18－3 所示。

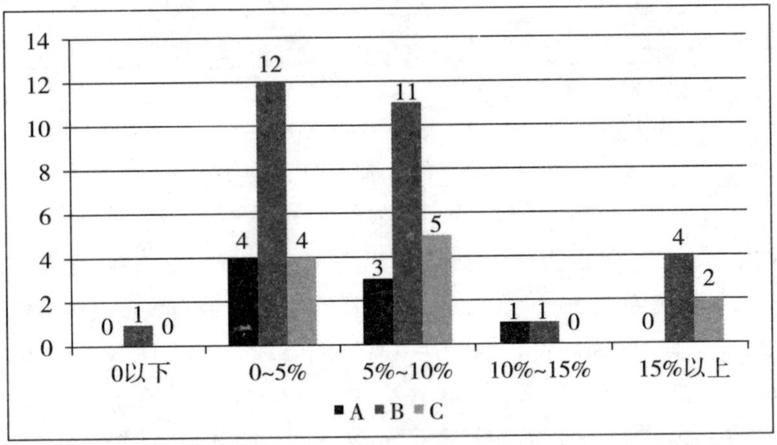

图 18－3　2013 年企业净利润率与 CSR 评级分布（单位：家）

2014 年 49 家企业中有 5 家企业的净利润率为负，其他企业净利润率范围是 0.27% 至 31.88%，半数以上集中于 10% 以下。净利润率在 0 至 10% 的企业共 33 家，占比达 67.35%，其中 CSR 评级为“A”“B”“C”的分别有 4、11、18 家。净利润率在 10% 以上的企业，CSR 评级为“A”“B”“C”的分别有 1、6、4 家。49 家企业的净利润率与 CSR 评级分布情况如图 18－4 所示。

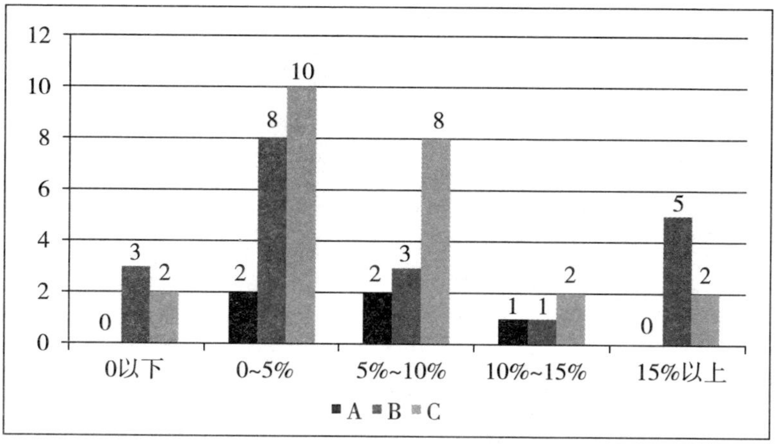

图 18－4 2014 年企业净利润率与 CSR 评级分布（单位：家）

第三节 企业社会责任各维度特征

2013 年和 2014 年的计算机、通信和其他电子设备制造业上市公司在“员工责任”方面的均值最高，“消费者责任”方面均值较低。具体分析如下：

1. 员工责任

上市公司对“工作中的基本原则和权利”“工作条件和社会保护”“职业健康安全”以及“工作场所中人的发展与培训”等问题的关注度普遍较高，执行力度也较大。而“机会平等无歧视”“就业机会平等和非歧视”则被企业忽视。环讯电子（股票代码为 601231）在这一问题上做得较好，突出表现为秉持公正及不歧视的原则，提供员工平等的雇佣机会。

2. 市场责任

多数上市公司在“反腐败”“公平竞争”“尊重产权”和“在价值链中促进社会责任”这 4 个方面能够顾及其中 2～3 个小方面，但是在重视程度和实施深度上则差异较大。在“反腐败”方面，部分公司建立了内部相关制度和规定，用以约束员工行为，但具体执行情况和执行力度只有极少数公司在其社会责任报告中进行了披露。“在价值链中促进社会责任”方面，企业的行动主要表现为对供应商的管理。

3. 消费者责任

本行业上市公司在“消费者责任”这个维度上的得分相对较低，主要原因是企业在其发布的社会责任报告中很少提及“公平规范的市场营销”“消费者信息保护与隐私”“可持续消费”以及“教育和意识”等内容。企业关注的重点普遍集中于“消费者服务、支持和投诉及争议处理”和“教育和意识”，具体表现为努力改善服务以及产品质量。简言之，企业在“消费者责任”上关注得不完整。

4. 环境责任

在这个维度上，本行业企业普遍重视“污染预防”和“资源可持续利用”这两个问题，即节能减排。部分企业在“减缓并适应气候变化”方面也有所贡献，体现为削减温室气体的排放。只有极少数公司提及“环境保护与自然环境的恢复”，以苏州安洁科技股份有限公司（股票代码为002635）为例：公司十分重视环境的绿化保护，通过植树种草，并请专业人员进行维护，使公司内部和周边环境四季绿色盎然。

5. 社区责任

环旭电子股份有限公司（股票代码为601231）在该维度上表现较好，尤其是关注到了公众健康问题：2013年，公司积极参与台商协会组织的各类公益活动，在台商协会组织的自闭症患者活动中共捐款5000元。2014年，公司在“百万种植计划”中捐种林地，合计面积44.9亩。计划除能抵御由沙化引起的沙尘暴，避免该地区居民被迫离开家园外，也使得当地居民能在成林后的林地间种植农作物以维持生计，重振当地活力。

第四节　年报中的企业社会责任

在计算机、通信和其他电子设备制造业217家挂牌交易的公司中，有79家企业虽未单独发布企业社会责任报告，但是这些企业在年报中也提到了所履行的社会责任情况，占比36.4%。有85家企业未发布报告也未在年报中体现企业社会责任情况，占比39.2%。计算机、通信和其他电子设备制造业的79家披露社会责任情况的公司基本信息见表18-3。

表 18－3　企业基本信息表

单位：百万元

序号	股票代码	公司名称	净利润	营业收入
1	000016	深康佳	60.52	19423.49
2	000032	深桑达 A	17.92	1440.91
3	000413	东旭光电	909.17	2143.40
4	000586	汇源通信	8.92	474.89
5	000636	风华高科	95.11	2247.92
6	000727	华东科技	14.89	988.55
7	000733	振华科技	133.59	4170.02
8	000748	长城信息	98.09	1709.83
9	000801	四川九洲	78.17	2238.65
10	000810	创维数字	385.01	3501.63
11	000823	超声电子	196.72	3981.24
12	000938	紫光股份	172.23	11144.91
13	002017	东信和平	58.69	1287.02
14	002027	七喜控股	6.59	396.65
15	002045	国光电器	90.78	2015.62
16	002049	同方国芯	303.75	1086.56
17	002052	同洲电子	－416.76	1601.84
18	002055	得润电子	87.80	2634.87
19	002089	新海宜	146.98	1142.27
20	002104	恒宝股份	292.19	1550.77
21	002115	三维通信	14.78	904.59
22	002119	康强电子	7.62	1328.68
23	002130	沃尔核材	136.13	1629.19
24	002134	*ST 普林	9.63	520.30
25	002137	实益达	12.76	546.52
26	002156	通富微电	120.82	2090.69
27	002180	艾派克	209.48	479.53

续 表

序号	股票代码	公司名称	净利润	营业收入
28	002185	华天科技	-20.20	115.79
29	002188	新嘉联	-20.20	115.79
30	002194	武汉凡谷	136.63	1772.36
31	002199	东晶电子	-162.07	309.47
32	002214	大立科技	50.77	362.23
33	002231	奥维通信	4.61	438.50
34	002273	水晶光电	156.44	977.22
35	002288	超华科技	11.01	1201.68
36	002289	宇顺电子	-323.71	2750.03
37	002308	威创股份	105.19	802.97
38	002312	三泰电子	95.06	1256.37
39	002313	日海通讯	46.89	2428.74
40	002351	漫步者	91.15	681.42
41	002362	汉王科技	10.41	354.29
42	002369	卓翼科技	44.32	3586.88
43	002371	七星电子	73.52	961.73
44	002376	新北洋	334.37	992.44
45	002388	新亚制程	13.50	517.21
46	002389	南洋科技	54.64	699.62
47	002402	和而泰	46.62	868.03
48	002414	高德红外	67.96	397.98
49	002426	胜利精密	147.83	3255.82
50	002429	兆驰股份	665.66	7107.63
51	002436	兴森科技	125.72	1673.83
52	002446	盛路通信	47.13	525.97
53	002449	国星光电	133.97	1543.03
54	002463	沪电股份	-12.11	3291.79
55	002484	江海股份	162.61	1155.21

续 表

序号	股票代码	公司名称	净利润	营业收入
56	002512	达华智能	129.28	789.88
57	002519	银河电子	122.56	1175.60
58	002528	英飞拓	33.72	979.43
59	002577	雷柏科技	65.83	521.33
60	002579	中京电子	19.32	482.70
61	002583	海能达	43.27	1949.38
62	002587	奥拓电子	69.05	367.05
63	002600	江粉磁材	-3.50	2060.29
64	002618	丹邦科技	90.93	502.09
65	002636	金安国纪	41.30	2261.19
66	002655	共达电声	23.95	653.62
67	002681	奋达科技	145.46	1080.46
68	002729	好利来	34.85	173.28
69	200468	宁通信 B	-8.52	2293.34
70	600345	长江通信	39.63	865.93
71	600355	精伦电子	6.08	383.30
72	600366	宁波韵升	219.61	1435.38
73	600485	信威集团	1909.91	3156.81
74	600562	国睿科技	145.87	961.97
75	600584	长电科技	208.76	6428.27
76	600667	太极实业	107.53	4202.88
77	600776	东方通信	177.25	3711.61
78	600800	天津磁卡	18.73	153.09
79	603328	依顿电子	360.96	2628.32

在未发布企业社会责任报告，但在年报中涉及企业社会责任情况的 39 家企业中，C 类企业有 2 家，D 类企业有 15 家，E 类企业有 22 家。见表 18-4。说明该类企业社会责任履行情况一般。

表 18－4 计算机、通信和其他电子设备制造业 CSR 评级

股票代码	公司名称	评级结果	股票代码	公司名称	评级结果
000016	深康佳	D	002351	漫步者	E
000032	深桑达 A	E	002362	汉王科技	E
000413	东旭光电	E	002369	卓翼科技	D
000586	汇源通信	E	002371	七星电子	D
000636	风华高科	E	002376	新北洋	D
000727	华东科技	D	002388	新亚制程	E
000733	振华科技	D	002389	南洋科技	E
000748	长城信息	E	002402	和而泰	E
000801	四川九洲	E	002414	高德红外	E
000810	创维数字	E	002426	胜利精密	E
000823	超声电子	E	002429	兆驰股份	D
000938	紫光股份	E	002436	兴森科技	D
002017	东信和平	E	002446	盛路通信	E
002027	七喜控股	E	002449	国星光电	D
002045	国光电器	D	002463	沪电股份	D
002049	同方国芯	E	002484	江海股份	E
002052	同洲电子	C	002512	达华智能	D
002055	得润电子	E	002519	银河电子	D
002089	新海宜	D	002528	英飞拓	E
002104	恒宝股份	D	002577	雷柏科技	D
002115	三维通信	D	002579	中京电子	D
002119	康强电子	E	002583	海能达	D
002130	沃尔核材	E	002587	奥拓电子	E
002134	*ST 普林	E	002600	江粉磁材	E
002137	实益达	D	002618	丹邦科技	D
002156	通富微电	D	002636	金安国纪	E
002180	艾派克	E	002655	共达电声	D
002185	华天科技	D	002681	奋达科技	E
002188	新嘉联	E	002729	好利来	E

续 表

股票代码	公司名称	评级结果	股票代码	公司名称	评级结果
002194	武汉凡谷	D	200468	宁通信 B	D
002199	东晶电子	E	600345	长江通信	E
002214	大立科技	D	600355	精伦电子	E
002231	奥维通信	C	600366	宁波韵升	E
002273	水晶光电	E	600485	信威集团	E
002288	超华科技	D	600562	国睿科技	E
002289	宇顺电子	E	600584	长电科技	D
002308	威创股份	E	600667	太极实业	E
002312	三泰电子	D	600776	东方通信	E
002313	日海通讯	D	600800	天津磁卡	E

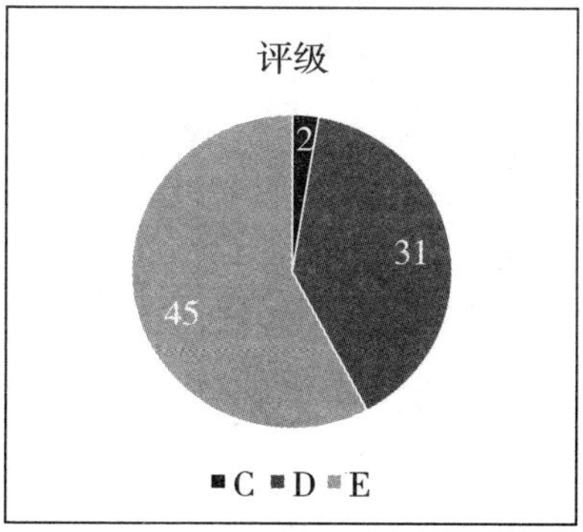

图 18－5 企业社会责任评级分布

第五节 典型案例

环旭电子股份有限公司是外商投资的股份有限公司，为上海证券交易所上市公司。环旭电子结合公司本身先进的微小化技术，建立独特的竞争优势，从电子产品的开发设计、物料采购、生产制造、物流、维修等专业服务中，为客户提供高时效、高质量、高附加价值及最具成本竞争的整体性服务。

2014 年，环旭电子营业收入达 158.73 亿元，净利润达 7.01 亿元；发布的 CSR 报告篇幅为 129 页，内容丰富，结构清晰，可读性较强；公司社会责任评级为 A。环旭电子行动具体表现如下：

在“员工责任”上采取的措施主要有：在招募员工时，依循公平及公正原则，对于不同年龄、性别、种族、宗教、国籍或政党，均一视同仁，无任何偏见和歧视。2014 年，环旭电子的女性员工总数为 8109 人，比例约 50%。在“工作中的基本原则和权利”上，环旭电子遵守各地相关劳动法令，杜绝招收童工，保障劳工在就业自由、人道待遇、结社自由与免受歧视的权利，妥善保存员工档案数据库，各厂区依据当地法律规范，通知员工工作变动事项。在“工作条件和社会保护”上，环旭电子不仅遵守当地劳动法令之要求，各厂区的男、女性基层人员（直接员工）标准起薪与当地最低薪资的比例为 1∶1，并积极参与当地最具知名的企管顾问公司举办的薪资调查及地区性的薪资联谊会，以确保公司整体薪酬在人才市场中具竞争力。在“工作中的健康与安全”上，公司除了提供优于一般法规的健康检查外，也透过举办健康减重竞赛活动及健康讲座，增加员工的健康知识；确保工作场所的安全卫生，并降低制程、活动及产品的环境冲击。在“工作场所中人的发展与培训”上，环旭电子最重要的学习发展系统为环旭大学。环旭大学拥有管理学院、理工学院、质量学院及制造学院四大学院，整合全球学习资源，打造创新学习环境，供环旭电子员工学习与发展。2013 年，公司男性员工和女性员工受训平均时数分别为 173 小时和 122 小时。

在“市场责任”这个维度上的表现较好：①“反腐败”：为确保环旭电子员工与往来厂商无不当的利益输送，并加强环旭电子员工对廉洁行为的重视，公司于员工工作规则中，明确要求员工不得假借公司名义办理私人事务，利用职权营私舞弊，为新进人员培训时，也会提供相关训练课程。目前公司内部已制定《舞弊风险管理办法》及《阳光采购》等相关政策，严格禁止任何贪渎贿赂行为。②“公平竞争”：遵守国家及其他适用的法律，遵守公司签署的其他规章及尊重国际条例；实施公平自由竞争，进行廉洁及公平的企业活动。③“尊重产权”：公司强调尊重智能产权。④“在价值链中促进社会责任”：为了建立环旭电子与供货商的良好沟通机制，我们邀集质量、工程及采购单位组成供货商评鉴审核小组，处理与供货商沟通的相关事宜，并邀请供货商参加环旭电子每季召开的 QBR

(Quarterly Business Review) 会议，主动向供货商倡导环旭电子社会责任观点及环安卫管理政策，如：环旭电子的绿色供应链、产品有害物质限用规定、环保相关法令规范及客户产品质量要求等，与供货商保持紧密的互动。

在“消费者责任”上，表现突出的有，①“公平规范的市场营销”：产品营销上致力遵循所有适用于国家或国际的法律；②注重服务和争议处理：环旭电子以高质量、高效率及弹性化的服务，提供给客户全方位的售后服务，满足客户需求。并且设有专责单位处理客户服务事件，举办定期及不定期的会议及问卷调查收集客户反应，持续改善本公司的服务品质并强化与客户的良好合作关系。③“教育和意识”：环旭电子相当注重客户意见，设有将顾客需求纳入产品设计的机制，产品及作业体系也都符合国际相关标准的要求。例如：严格控管产品的原物料使用，选用低污染及无毒性的原物料；在产品规划的部分，会确认标的产品环保规格符合相关法规及指令，再进行产品生命周期盘查及生态化设计评估，并制作产品生态特性说明书，以因应欧盟 ErP 指令，进而提供给客户优质及符合健康安全的产品。环旭电子 2014 年并未接获产品危害人体健康安全的控诉案件，且产品标示及服务信息皆遵守相关法规及无任何违法情形。④“可持续消费”：实施预防性的环境保护政策，有效减轻制程、产品及服务对环境的影响；设计绿色产品，降低产品危害物质使用量，增加产品可回收再利用的比率并积极推动建立产品包装执行易拆解、可回收设计的理念。

在“环境责任”维度上的成果主要有，①“污染预防”：根据统计数据显示，相较于 2013 年，2014 年公司一般事业废弃物产出量减少 5.91%，回收再利用废弃物产出量增加 21.33%；②“资源可持续利用”：2014 年的总能源消费量为 541533 GJ，较 2013 年的 504368 GJ 增加 37165 GJ（增加 7%）。若以营业额分析，则 2014 年每百万人民币营业额之能源消费量较 2013 年减少 1.22 GJ（减少 3.58%）；③“减缓并适应气候变化”：环旭电子最近一次报告书所涵盖期间为 2014 年，边界范围涵盖张江、深圳、昆山及台湾 4 个生产基地，排放量较基准年（2010 年）增加 21.76 吨 CO_2e（19%）；若以营业额分析，2014 度每百万人民币所产生的排放量则较基准年减少 0.6 吨 CO_2e（-8.7%）。

在“社区责任”上表现极为突出，是本行业中极少数能对该维度投入较大的企业。①“社区参与”：至 2006 年起，深圳厂区持续参与助残活动，每个月为残疾人士提供生活保障津贴，并为他们购买社会保险。2014年捐助了21名残疾人士，累积捐助金额为60万元。每逢节日和生日皆有专人前往慰问公司捐助的残疾人士，平时也紧密联系，经常规划活动互动；②“教育和文化”：2014年下半年，为偏乡离岛地区师生带来丰富的阅读资源，参与台东县离岛（绿岛兰屿）地区书库设置计划。捐赠40箱图书，成立兰屿乡椰油国小“爱的书库”，获台东县政府颁赠感谢状表扬；配合书库成立，2015年上半年预计邀请作家及第一线教学经验丰富的教师协助，规划办理“与作家有约”阅读推广研习；③“健康”：2014年公司在“百万种植计划”中捐种林地，合计面积44.9亩。计划除能抵御由沙化引起的沙尘暴，避免该地区居民被迫离开家园外，也使得当地居民能在成林后的林地间种植农作物以维持生计，重振当地活力；④“社会投资”：员工于公司内部自发性成立公益性社团“慈济社”“爱心社”，长期关怀弱势族群。定期捐款给慈济基金会，2014年捐款金额为20万余元。

总体而言，环旭电子股份有限公司在社会责任方面关注范围较广，投入深度较大，尤其是在“市场责任”和“社区责任”2个维度上相对本行业其他企业表现突出。

第十九章
专用设备制造业

第一节　公司基本信息

专用设备制造业是制造业的一个下属子行业。2013 年专用设备制造业有 132 家公司挂牌交易，其中有 29 家上市公司发布社会责任报告，1 家公司发布了环境报告，共占比重为 22.7%。2014 年专用设备制造业有 157 家公司挂牌交易，其中有 28 家上市公司发布社会责任报告，占该行业全部企业的比重为 17.8%，基本信息见表 19－1。

表 19－1　专用设备制造业企业基本信息

序号	股票代码	企业名称	发布报告	净利润		营业收入	
				2013	2014	2013	2014
1	000157	中联重科	2013、2014	3838.973	627.8748	38541.78	25851.2
2	000425	徐工机械	2013、2014	1508.517	406.9218	26994.74	23306.28
3	000528	柳工	2013、2014	335.1685	193.1588	12584.69	10293.41
4	000680	山推股份	2013、2014	－327.033	－27.8874	10135.37	7269.453
5	002006	*ST 精功	2013、2014	－198.059	9.612114	744.1789	901.8677
6	002008	大族激光	2013、2014	548.7875	716.6938	4334.253	5565.594
7	002073	软控股份	2013、2014	126.1345	190.1094	2519.801	2949.608
8	002353	杰瑞股份	2013、2014	985.1913	1218.781	3700.233	4460.602
9	002423	中原特钢	2013、2014	2.3152	－46.6422	1315.918	1218.502
10	002509	天广消防	2013、2014	91.072	120.1818	572.3878	693.73

续 表

序号	股票代码	企业名称	发布报告	净利润		营业收入	
				2013	2014	2013	2014
11	002535	林州重机	2013、2014	199.2412	56.8851	2051.873	1874.349
12	002595	豪迈科技	2013、2014	316.358	501.6426	1134.705	1814.646
13	300003	乐普医疗	2013	361.6455	452.2365	1303.268	1668.637
14	600031	三一重工	2013、2014	2903.595	755.972	37327.89	30364.72
15	600055	华润万东	2013、2014	43.6232	25.38393	764.681	739.8749
16	600184	光电股份	2013	-166.335	62.053	1742.911	1836.045
17	600262	北方股份	2013、2014	118.3128	107.3662	2181.24	1479.741
18	600388	龙净环保	2013、2014	456.7151	466.9877	5568.212	6026.664
19	600499	科达洁能	2013、2014	370.2062	428.2059	3811.896	4465.876
20	600526	菲达环保	2013、2014	40.099	57.35227	1960.018	2783.376
21	600560	金自天正	2013、2014	62.5378	20.49879	1030.122	571.9669
22	600582	天地科技	2013、2014	852.6937	1862.085	12674.15	16578.63
23	600761	安徽合力	2013、2014	502.076	606.8763	6553.351	6700.95
24	600815	厦工股份	2013、2014	-589.973	17.27742	6497.415	4559.52
25	600860	*ST京城	2013、2014	-108.239	13.01202	2828.194	1806.333
26	600879	航天电子	2013、2014	230.2953	258.1251	4106.485	4901.798
27	600970	中材国际	2013、2014	89.3497	55.75636	20731.57	22864.77
28	601038	一拖股份	2013、2014	221.9498	164.2259	10965.44	9026.979
29	601608	中信重工	2013、2014	499.7103	407.6972	5083.111	5286.295
30	601717	郑煤机	2013、2014	866.7124	193.3327	8055.311	6124.457

第二节　企业社会责任评级

2013年、2014年分别对专用设备制造业发布CSR报告的企业进行社会责任评级，并通过聚类分析将企业履行社会责任划分为“A”“B”“C”三级。专用设备制造业发布CSR报告的企业CSR评级具体见表19-2。

表 19－2　专用设备制造业企业 CSR 评级

序号	股票代码	企业名称	CSR 评级		序号	股票代码	企业名称	CSR 评级	
			2013	2014				2013	2014
1	000157	中联重科	B	B	16	600184	光电股份	C	-
2	000425	徐工机械	B	B	17	600262	北方股份	B	B
3	000528	柳工	A	A	18	600388	龙净环保	C	C
4	000680	山推股份	A	A	19	600499	科达洁能	B	B
5	002006	＊ST 精功	B	B	20	600526	菲达环保	C	C
6	002008	大族激光	B	B	21	600560	金自天正	B	B
7	002073	软控股份	B	B	22	600582	天地科技	B	B
8	002353	杰瑞股份	B	B	23	600761	安徽合力	A	A
9	002423	中原特钢	B	B	24	600815	厦工股份	B	B
10	002509	天广消防	C	C	25	600860	＊ST 京城	C	C
11	002535	林州重机	B	B	26	600879	航天电子	C	C
12	002595	豪迈科技	C	C	27	600970	中材国际	B	B
13	300003	乐普医疗	C	——	28	601038	一拖股份	A	A
14	600031	三一重工	B	B	29	601608	中信重工	B	B
15	600055	华润万东	B	B	30	601717	郑煤机	C	C

2013 年 30 家企业的企业规模（营业收入）范围是 5.72 亿至 385.42 亿元，并主要集中在 160 亿元以下。160 亿元以下的企业数量有 26 家，占比为 86.67%，其中 CSR 评级为“A”“B”“C”的分别有 4、13、9 家。企业规模在 160 亿元以上的企业共 4 家，其 CSR 评级均为“B”。2013 年 30 家企业的企业规模与 CSR 评级分布情况如图 19－1 所示。

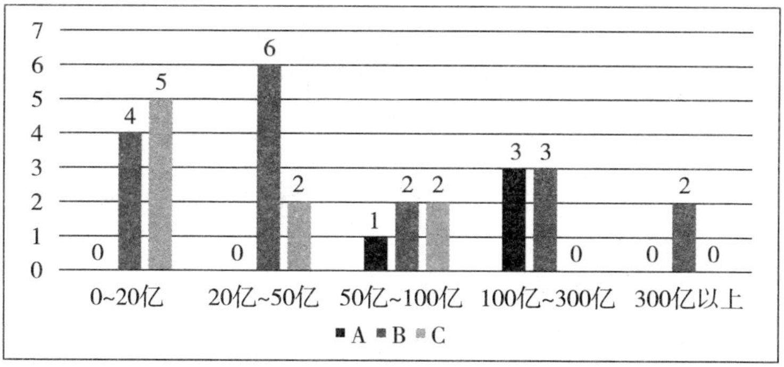

图 19－1　2013 年专用设备制造业企业规模与 CSR 评级分布（单位：家、元）

2014 年 28 家企业的企业规模（营业收入）范围是 5.72 亿至 303.65 亿元，并主要集中在 100 亿元以下。100 亿元以下的企业数量有 22 家，占比为 78.6%，其中 CSR 评级为“A”“B”“C”的分别有 3、12、7 家。企业规模在 100 亿元以上的企业共 6 家，其中 1 家评级为“A”，5 家评级为“B”。可见，在专用设备制造业中，规模较大的企业 CSR 评级相对较好。2014 年 28 家企业的企业规模与 CSR 评级分布情况如图 19－2 所示。

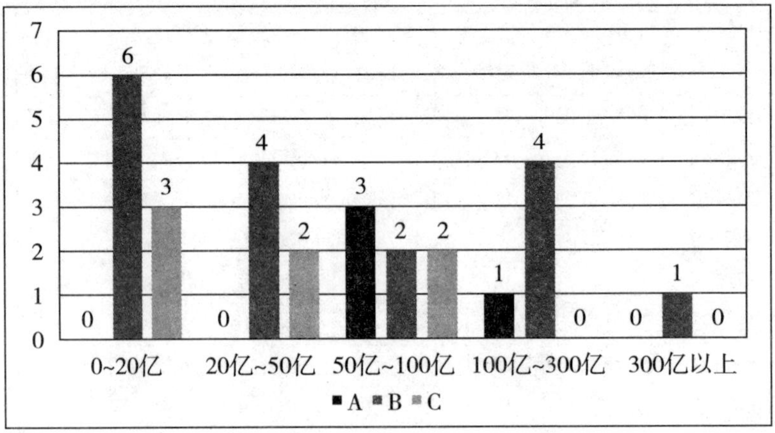

图 19－2　2014 年专用设备制造业企业规模与 CSR 评级分布（单位：家、元）

2013 年 30 家企业中有 5 家企业的净利润率为负，其他企业净利润率范围是 0.18% 至 27.88%，主要集中于 10% 以下。净利润率在 0 至 10% 的企业共 19 家，占比达 63.3%，其中 CSR 评级为“A”“B”“C”的分别有 3、13、3 家。净利润率在 10% 以上的企业中，没有 CSR 评级为“A”的企业，评级为“B”“C”的分别有 2、4 家。2013 年 30 家企业的净利润率与 CSR 评级分布情况如图 19－3 所示。

2014 年 28 家企业中有 2 家企业的净利润率为负，其他企业净利润率范围是 0.24% 至 27.64%，半数以上集中于 10% 以下。净利润率在 0 至 10% 的企业共 21 家，占比达 75%，其中 CSR 评级为“A”“B”“C”的分别有 3、13、5 家。净利润率在 10% 以上的企业共有 5 家，其中没有评级为“A”的企业，评级为“B”“C”的企业分别有 3、2 家。2014 年 28 家企业的净利润率与 CSR 评级分布情况如图 19－4 所示。

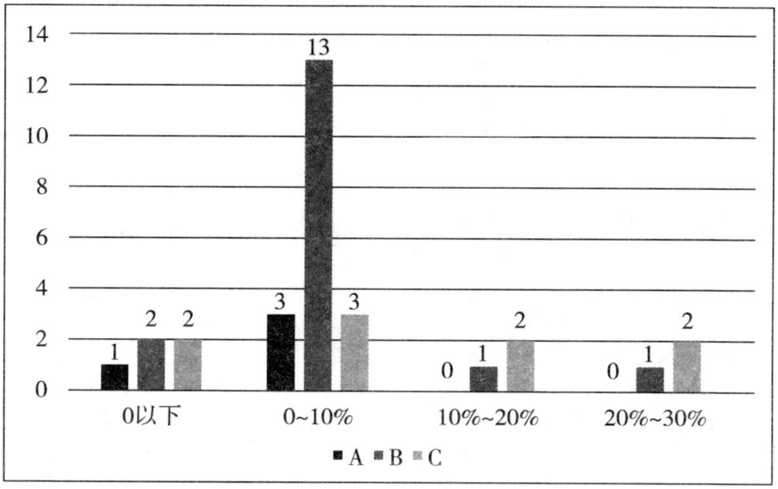

图 19-3 2013 年专用设备制造业企业净利润率与 CSR 评级分布（单位：家）

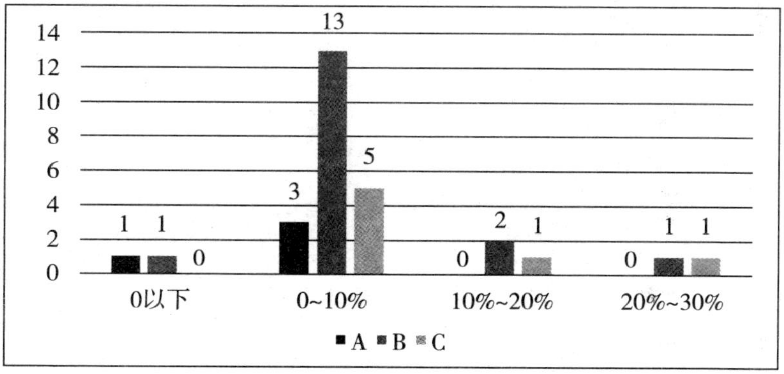

图 19-4 2014 年专用设备制造业企业净利润率与 CSR 评级分布（单位：家）

第三节 企业社会责任各维度特征

2013 年和 2014 年的专用设备制造业上市公司在“员工责任”方面表现最好，在“消费者责任”方面表现不足。具体分析如下：

1. 企业社会责任治理

上市公司均能够较好开展“企业社会责任披露”的工作，即发布《企业社会责任报告》或在年报中提及企业社会责任情况。另外，企业在“与利益相关方的沟通”中定期披露其企业经营、社会责任履行情况。本行业上市公司在“社会责任培训与员工激励”方面评价最低，这也是所有行业对社会责任关注偏弱的普遍问题，主要原因为针对员工培训部分，多开展针对“员工工作中的安全”“员工工作技能”“员工职业发展”等领域方面，较少涉及针对企业社会责任的培训。而仅有3～4家企业在报告中简要介绍了“社会责任管理的机构的设置”“社会责任原则的落实”两方面工作的开展情况。例如安徽合力股份有限公司（股票代码为600761）和广西柳工机械股份有限公司（股票代码为000528）定期评审组织治理程序，并根据评审结果调整程序，在本行业属于组织治理工作开展的较成熟的行业。

2. 员工问题

安徽合力股份有限公司（股票代码为600761）在这一问题上做得较好，突出表现为公司共为近30余名残疾员工提供了力所能及的就业机会，并保证其享受平等的员工待遇。

3. 市场责任

一拖股份有限公司（股票代码为601038）在2013年深化反腐倡廉宣传教育，实施党风廉政建设责任制，层层签订《廉洁承诺书》，实现反腐倡廉全面覆盖。同时，“尊重产权”在本年度报告中披露较多，较之前发布的社会责任报告相比，公司明显对这一社会责任问题加以较大关注，多数企业都有提及。

4. 消费者问题

上市公司往往关注的重点普遍集中于“消费者服务、支持和投诉及争议处理”和“教育和意识”，具体表现为努力改善服务以及产品质量。简言之，企业在“消费者责任”上关注得不完整。

5. 环境责任

上市公司中往往只有极少数公司提及“环境保护与自然环境的恢复”，如柳工集团的报告中提及保护当地生态环境的措施，但也并未披露具体数据。

6. 社区责任

浙江菲达环保股份有限公司（股票代码为600526）在“社区参与”

中提及公司诸暨开展“菲达环保社区行”活动，社区建立环保宣传牌、楼层示意牌、环保绿色信箱、废电池箱，发放环保小贴士、绿色环保袋、环保宣传资料等一系列活动。而对“健康”问题的认识还很窄，需要更加深入的认识和更多的实际行动关注“健康”。

第四节 年报中的企业社会责任

专用设备制造业140家挂牌交易的公司中，有39家企业虽未单独发布企业社会责任报告，但是这些企业年报中也提到了所履行的社会责任情况，占比为27.9%。有72家企业未发布报告也未在年报中体现企业社会责任情况，占比为51.4%。专用设备制造业的39家披露社会责任情况的公司基本信息见表19－3。

表19－3 专用设备制造业企业基本信息表

单位：百万元

序号	股票代码	公司名称	净利润	营业收入
1	000010	深华新	－75.32	230.30
2	000622	恒立实业	－40.05	54.73
3	000666	经纬纺机	2002.51	10013.39
4	000821	京山轻机	21.96	923.08
5	000923	河北宣工	－72.06	243.60
6	002031	巨轮股份	153.52	1067.15
7	002097	山河智能	3.99	1839.57
8	002111	威海广泰	111.12	1015.11
9	002190	成飞集成	29.96	918.67
10	002196	方正电机	10.19	622.48
11	002209	达意隆	13.24	954.66
12	002223	鱼跃医疗	297.89	1681.80
13	002430	杭氧股份	162.95	5933.82
14	002459	＊ST天业	11.05	630.38
15	002490	山东墨龙	14.26	2522.10

续 表

序号	股票代码	公司名称	净利润	营业收入
16	002499	科林环保	8.15	404.63
17	002551	尚荣医疗	111.00	1166.78
18	002564	天沃科技	65.42	2329.81
19	002645	华宏科技	10.04	360.44
20	002680	黄海机械	14.18	106.94
21	002690	美亚光电	250.77	661.18
22	002691	石中装备	37.50	306.75
23	002698	博实股份	185.77	607.67
24	002722	金轮股份	33.95	397.92
25	600169	太原重工	33.23	9023.32
26	600184	光电股份	62.05	1836.04
27	600302	标准股份	-96.00	798.26
28	600320	振华重工	148.05	25069.42
29	600343	航天动力	75.46	1310.62
30	600579	天华院	63.02	823.86
31	600610	*ST 中纺	99.73	69.72
32	600710	常林股份	-180.29	1164.93
33	600984	建设机械	-127.84	283.20
34	601100	恒立油缸	89.27	1093.29
35	601106	中国一重	19.29	7328.00
36	601798	蓝科高新	56.61	864.67
37	603088	宁波精达	37.43	231.87
38	603169	兰石重装	432.80	1447.36
39	603308	应流股份	109.03	1376.37

未发布企业社会责任报告，在年报中涉及企业社会责任情况的39家企业中，C类企业有0家，D类企业有5家，E类企业有34家，见表19-4。说明该行业评级相对较低，企业社会责任履行情况较差。

表 19－4 专用设备制造业企业 CSR 评级

股票代码	公司名称	评级结果	股票代码	公司名称	评级结果
000010	深华新	E	002690	美亚光电	E
000622	恒立实业	E	002691	石中装备	E
000666	经纬纺机	E	002698	博实股份	E
000821	京山轻机	E	002722	金轮股份	E
000923	河北宣工	E	600169	太原重工	E
002031	巨轮股份	E	600184	光电股份	E
002097	山河智能	E	600302	标准股份	E
002111	威海广泰	D	600320	振华重工	E
002190	成飞集成	D	600343	航天动力	E
002196	方正电机	E	600579	天华院	E
002209	达意隆	E	600610	*ST 中纺	E
002223	鱼跃医疗	D	600710	常林股份	E
002430	杭氧股份	D	600984	建设机械	E
002459	*ST 天业	E	601100	恒立油缸	E
002490	山东墨龙	E	601106	中国一重	E
002499	科林环保	E	601268	*ST 二重	E
002551	尚荣医疗	D	601798	蓝科高新	E
002564	天沃科技	E	603088	宁波精达	E
002645	华宏科技	E	603169	兰石重装	E
002680	黄海机械	E	603308	应流股份	E

第五节 典型案例

广西柳工集团 2013、2014 年度 CSR 评级均为 A。其社会责任报告内容丰富，结构清晰，可读性较强，故将柳工集团选为我国专用设备制造业的企业社会责任披露的典型案例。柳工集团采取的行动具体如下：

柳工集团在“员工责任”方面采取的措施和力度主要有：公司完善员

工队伍，保持结构合理、稳定发展；奉行平等、非歧视的用工政策，公平公正对待不同国籍、民族、性别和文化背景的员工，组建了一支兼容并包的多元化队伍。柳工集团严格按照《劳动合同法》等相关法律法规保障员工享有各项权利，杜绝雇用童工和强迫劳动，依法与员工签订劳动合同，合同签订率100%，全年未发生重大劳动争议事件。公司每年召开两次职代会和一次民主协商对话会，畅通员工与领导的沟通渠道，收集回应员工意见。截至2014年底，职代会共收集48条建议，通过民主协商对话会落实到有关职能部门进行整改。柳工集团结合经营状况，建立合理的绩效回报体系，按时足额为员工发放应得劳动报酬。为全员缴纳五险，参保率和缴费率达100%。公司秉持“以人为本、安全发展”的安全理念，全力做好劳动安全防保措施，保障员工安全。2013年，公司重新完善并发布《职业健康安全环境管理手册》等安全文件和岗位安全操作规程，并投入698.5万元为员工配备或更换全新安全防护用品和设备。公司通过强有力的培训支持系统和“多方位、多层级”的培训方式，不断增强员工的知识、技术和能力。截至2014年底，公司共投入培训经费600余万元，累计培训课时达62.35万小时，年度人均培训41.33课时。

“市场责任”这个维度上的表现较好，主要体现为柳工对该维度包含的4个小问题都有所关注和行动：2014年，柳工集团督促新聘中层经理14人签订《廉洁承诺书》，全公司范围内宣传贯彻并要求各单位严格落实公务出访、商务接待等相关规定，开展“会所歪风”自查清理工作和违规多占住房清退工作。全年未发现有违反中央八项规定的现象。公司坚持诚信运营，依法合规纳税。此外，柳工集团积极保障供应商权益，依法公开采购原则和标准，确保招投标的决策过程及结果信息的透明度，严格按期付款，不随意拖欠货款，保障供应商的基本权益。开展供应商管理，持续完善供应商的管理制度，不断提高供应商可持续的经营管理水平和企业竞争力。

“消费者责任”上，在消费者“服务”“健康”以及“可持续消费”方面，柳工集团的表现较为突出。公司将“卓越品质”视为企业核心竞争力，始终坚持质量第一的原则，不断完善质量管理体系，强化企业质量文化氛围，确保为客户提供可靠、耐用、满意的产品。2014年，公司产品质量得到客户及国家质量监督检验部门的肯定，再次荣获由中国质量协会颁发的“全国质量奖”殊荣。公司不断完善服务模式，向客户提供精益、互动和专业化的服务，让客户最大限度感受到柳工“至诚至极”的服务，获得更优质的服务感知和服务体验。2014 年，公司开展针对客户、机手和服务人员的“神州万里行”活动，走访客户共计 1100 人。

“环境责任”上除了“环保节能”之外，还关注到了大部分企业容易忽视的“自然环境的恢复”问题。具体来看，公司严格执行总量控制及排污许可证制度，制订减排计划，控制产品生产过程中产生的“三废”物质，逐步削减污染排量。2014 年，公司单位产品废气排量 3372 标准立方米，单位产品废水排量 25.2 吨，单位产品二氧化硫排放量 0.22 千克，主要污染物排放总量达标且显著优于总量控制指标。2014 年，柳工共投入 6267 万元用于环保治理，全年未发生环境污染事故，未发生投诉事件，圆满地完成了年度各项环境管理目标。

“社区责任”维度上的举措主要有：公司鼓励员工以高度的责任心和热情参与社区服务，帮助他人，传递温暖。公司将继续推动更多员工奉献爱心，关爱他人，让爱温暖社会。截至 2014 年底，柳工集团员工参与志愿活动累计 1528 人次，志愿活动时间累计达 536 小时。“教育和文化”方面，公司一直关注儿童的教育事业，热心开展爱心助学活动，为经济条件相对落后地区的孩子给予一定的经济支持和更为宝贵的精神财富，为孩子们的快乐成长尽一份绵薄之力。公司在海外投入大量资金，以先进的技术、设备和管理经验，带动当地产业升级和技术进步，促进地区经济发展。至 2013 年底，柳工集团已在全球设立了 8 家海外营销型子公司，2 个研发制造基地。2014 年，波兰柳工逐步开展各项业务的整合和优化工作，为当地提供了 1800 多个就业岗位，使公司在波兰逐步进入了健康可持续的发展轨道。柳工锐斯塔机械有限公司荣获“2014 波兰最佳中国投资者”殊荣。“社会投资”上，2013 年 4 月 20 日，四川省雅安市芦山县发生 7.0 级地震，牵动着全国人民的心。公司闻讯后，第一时间成立了抗震救灾小组，与公司经销商一起，集结了包括装载机、挖掘机等 40 多台设备、30 多名救援人员，迅速赶往灾区，日夜开展抢险救灾工作。柳工救援队在灾区抢修道路、清理塌方、平整灾民安置场地，用行动诠释“一方有难，八方支援”的柳工大爱精神。

第二十章
电力、热力、燃气及水生产和供应业

第一节　公司基本信息

2013 年电力、热力、燃气及水生产和供应业有 81 家公司挂牌交易，其中有 35 家上市公司发布社会责任报告，占该行业全部企业的比重为 43.21%。2014 年电力、热力、燃气及水生产和供应业有 84 家公司挂牌交易，其中有 36 家上市公司发布社会责任报告，占该行业全部企业的比重为 42.86%，基本信息见表 20－1。

表 20－1　电力、热力、燃气及水生产和供应业企业基本信息

序号	股票代码	企业名称	发布报告（年）	净利润（百万元）		营业收入（百万元）	
				2013	2014	2013	2014
1	000027	深圳能源	2013、2014	1452.987	2336.1	12350.78	12506.042
2	000301	东方市场	2013、2014	330.0789	224.7	1027.001	785.481
3	000539	粤电力	2013、2014	3086.429	4328.75	30830.76	29046.569
4	000690	宝新能源	2013、2014	1107.336	1021.47	5655.573	4697.107
5	000993	闽东电力	2013、2014	61.4888	20.264	1678.481	1159.454
6	002039	黔源电力	2013、2014	－99.1007	511.098	1017.417	2147.12
7	600011	华能国际	2013、2014	10520.13	13364.213	133832.9	125406.855
8	600021	上海电力	2013、2014	1180.628	1952.364	15131.58	16101.967
9	600027	华电国际	2013、2014	4138.608	7458.68	66624.67	68397.717
10	600098	广州发展	2013	1028.043	1706.661	16628.45	19445.795

续　表

序号	股票代码	企业名称	发布报告（年）	净利润（百万元）		营业收入（百万元）	
				2013	2014	2013	2014
11	600116	三峡水利	2013、2014	104.2028	125.476	1369.113	1297.835
12	600310	桂东电力	2013、2014	54.7471	-4.202	2223.704	2114.535
13	600396	金山股份	2013、2014	215.8938	459.549	4412.671	4612.343
14	600452	涪陵电力	2013、2014	54.1495	71.961	1243.922	1268.629
15	600483	福能股份	2014		799.834		5809.322
16	600505	西昌电力	2013、2014	66.8753	60.111	652.7268	763.135
17	600578	京能电力	2013、2014	2196.372	3194.683	10070.84	12963.858
18	600644	乐山电力	2013、2014	-298.593	-1838.383	1462.704	1539.81
19	600674	川投能源	2013、2014	1366.427	3520.871	1148.092	1102.775
20	600726	华电能源	2013、2014	14.2514	158.082	10237.92	9829.384
21	600780	通宝能源	2013、2014	383.2368	572.1	6413.547	6402.884
22	600795	国电电力	2013、2014	6279.156	9111.32	65097.28	61474.849
23	600886	国投电力	2013、2014	3305.279	10161.222	28338.98	32957.169
24	600900	长江电力	2013、2014	9070.741	11830.216	22697.64	26897.793
25	600979	广安爱众	2013、2014	79.3109	-203.296	1251.687	1513.168
26	600982	宁波热电	13、14	142.8624	186.201	772.8343	1101.2
27	600995	文山电力	2013	129.5137	103.797	2031.813	2016.033
28	601991	大唐发电	2013、2014	3526.885	1926.066	75227.46	70194.327
29	600635	大众公用	2013、2014	279.0241	374.256	3874.093	4153.331
30	600642	申能股份	2013、2014	2448.933	2717.094	25745.4	25407.408
31	601139	深圳燃气	2013、2014	707.0106	732.232	8574.55	9530.873
32	000598	兴蓉投资	2013、2014	745.5185	761.453	2416.65	2724.256
33	600187	国中水务	2013、2014	142.7635	154.923	589.4012	719.927
34	600323	瀚蓝环境	2013、2014	233.8781	351.630	1001.449	2435.296
35	600874	创业环保	2013、2014	281.899	317.712	1749.861	1828.079
36	601199	江南水务	2013、2014	145.6081	177.29	585.5573	749.402

第二节 企业社会责任评级

2013 年、2014 年分别对电力、热力、燃气及水生产和供应业发布 CSR 报告的企业进行社会责任评级，并通过聚类分析将企业履行社会责任划分为“A”“B”“C”三级。电力、热力、燃气及水生产和供应业发布 CSR 报告的企业 CSR 评级具体见表 20－2。

表 20－2 电力、热力、燃气及水生产和供应业企业 CSR 评级

序号	股票代码	企业名称	CSR 评级		序号	股票代码	企业名称	CSR 评级	
			2013	2014				2013	2014
1	000027	深圳能源	C	B	19	600674	川投能源	C	C
2	000301	东方市场	B	A	20	600726	华电能源	C	C
3	000539	粤电力	A	A	21	600780	通宝能源	C	B
4	000690	宝新能源	B	B	22	600795	国电电力	A	B
5	000993	闽东电力	C	B	23	600886	国投电力	B	B
6	002039	黔源电力	B	B	24	600900	长江电力	A	A
7	600011	华能国际	C	C	25	600979	广安爱众	C	C
8	600021	上海电力	A	A	26	600982	宁波热电	C	C
9	600027	华电国际	C	B	27	600995	文山电力	B	B
10	600098	广州发展	A	A	28	601991	大唐发电	B	B
11	600116	三峡水利	C	C	29	600635	大众公用	C	B
12	600310	桂东电力	C	B	30	600642	申能股份	C	C
13	600396	金山股份	C	C	31	601139	深圳燃气	A	A
14	600452	涪陵电力	C	C	32	000598	兴蓉投资	B	B
15	600483	福能股份		B	33	600187	国中水务	B	B
16	600505	西昌电力	B	A	34	600323	瀚蓝环境	A	A
17	600578	京能电力	C	B	35	600874	创业环保	C	B
18	600644	乐山电力	C	C	36	601199	江南水务	A	A

2013 年 35 家企业的企业规模（营业收入）范围是 5.85 亿至 1338.32 亿元，并主要集中在 100 亿元以下。100 亿元以下的企业数量有 22 家，占比为 62.86%，其中 CSR 评级为“A”“B”“C”的分别有 3、7、12 家。企业规模在 100 亿元以上的企业共 13 家，CSR 评级为“A”“B”“C”的分别有 5、2、6 家。所以，从总体上看，本行业中企业的 CSR 评级与企业规模呈正相关关系，企业规模越大，评级为“A”的企业占比越大。35 家企业的规模与 CSR 评级分布情况如图 20－1 所示。

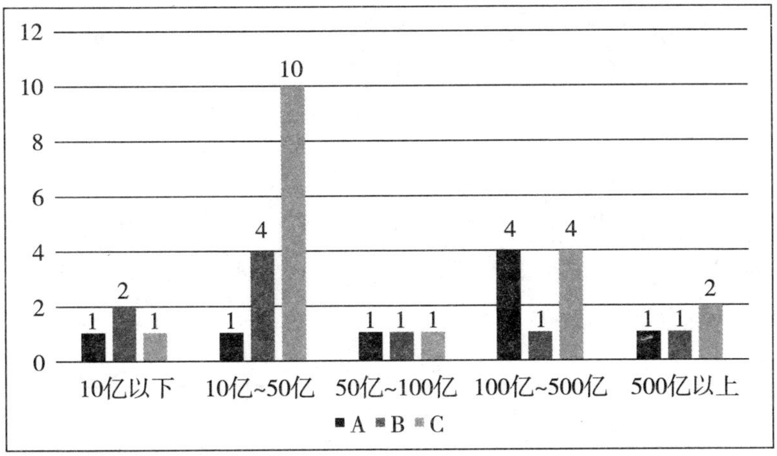

图 20－1　2013 年电力、热力、燃气及水生产和供应业企业规模与 CSR 评级分布（单位：家、元）

2014 年 36 家企业的企业规模（营业收入）范围是 7.19 亿至 1254.6 亿元，并主要集中在 100 亿元以下。100 亿元以下的企业数量有 24 家，占比为 66.67%，其中 CSR 评级为“A”“B”“C”的分别有 5、12、7 家。企业规模在 100 亿元以上的企业共 12 家，CSR 评级为“A”“B”“C”的分别有 4、6、2 家。36 家企业的规模与 CSR 评级分布情况如图 20－2 所示。

2013 年 35 家企业中有 3 家企业的净利润率为负，其他企业净利润率范围是 0.14% 至 119.02%，并主要集中于 20% 以下。净利润率在 0 至 20% 的企业共 27 家，占比达 77.14%，其中 CSR 评级为“A”“B”“C”的分别有 5、6、16 家。净利润率在 20% 以上的企业，CSR 评级为“A”“B”“C”的分别有 3、3、2 家。所以，在电力、热力、燃气及水生产和供应业中，企业 CSR 评级与净利润率在总体上呈正相关关系，净利润率越

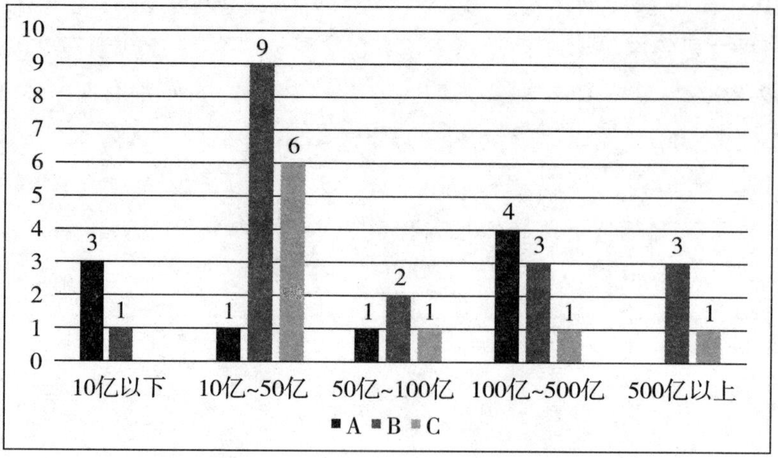

图 20－2　2014 年电力、热力、燃气及水生产和供应业
企业规模与 CSR 评级分布（单位：家、元）

高，评级高的企业所占比重也越大。35 家企业的净利润率与 CSR 评级分布情况如图 20－3 所示。

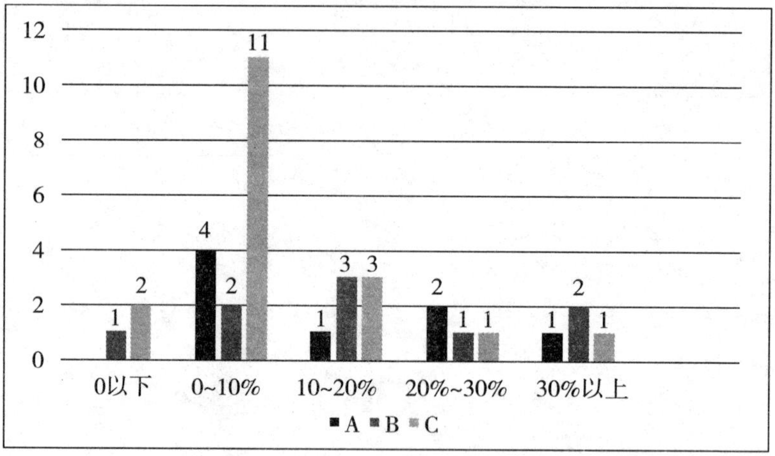

图 20－3　2013 年电力、热力、燃气及水生产和供应业
企业净利润率与 CSR 评级分布（单位：家）

2014 年 36 家企业中有 3 家企业的净利润率为负，其他企业净利润率范围是 1.61% 至 319.27%，并主要集中于 20% 以下。净利润率在 0 至 20% 的企业共 26 家，占比达 72.22%，其中 CSR 评级为“A”“B”“C”的分别有 6、11、9 家。净利润率在 20% 以上的企业，CSR 评级为“A”

"B""C"的分别有3、6、1家。36家企业的净利润率与CSR评级分布情况如图20－4所示。

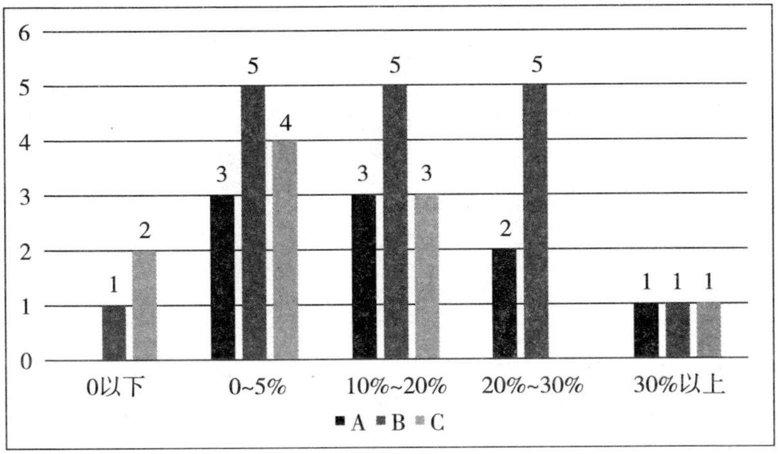

图20－4　2014年电力、热力、燃气及水生产和供应业企业净利润率与CSR评级分布（单位：家）

第三节　企业社会责任各维度特征

2014年的能源供应产业上市公司在"环境责任"方面的均值最高，在"消费者责任"和"市场责任"方面均值较低。具体分析如下：

1. 员工责任

上市公司对"民主管理和集体协商""职业健康安全""工作场所中人的发展与培训"3个问题的关注度普遍较高，执行力度也较大。"保护员工的个人信息和隐私"则容易被企业忽视。国电电力发展股份有限公司（股票代码为600795）对员工责任方面表现得较为出色：①男女比例，国电电力男性员工共计20860人，女性员工为7475人，占员工总数的26.3%；②国电电力达到了工会入会率100%，劳动合同签订率100%，职代会按时召开率100%；③国电电力独有的"三改四定"制度，有效地发挥了薪酬绩效的激励导向作用，提高了人力资源的优化配置。

2. 环境责任

在这个维度上，所有企业都非常重视。企业普遍采取了各种措施结合自身企业实际达到了最大限度的节能减排，改进废物处理技术，保护厂区及周边环境。但是只有极少数公司在“环境保护、生物多样性和自然栖息地恢复”取得了很大的成就，以中国长江电力股份有限公司（股票代码为600900）为例：公司处于长江流域，因此，更加重视生物多样性的保护，维护生态平衡。2014 年，公司投入生物多样性科研资金 225 万元，并每年为中华鲟研究所提供资助，用于中华鲟的研究和培育；改善四大家鱼繁殖条件，2014 年 6 月上旬，三峡水库开展生态调度实验，形成较大规模的家鱼产卵的现象；以三峡苗圃研究中心为平台，培育珍稀植物，加强三峡珍稀植物和高档花卉组的技术研究。

3. 市场责任

多数上市公司对“反腐败”“公平竞争”“尊重产权”3 个方面有所关注，但大多数企业对“价值链中社会责任管理”都不太关注。相对而言，企业在“公平竞争”方面做得较好，主要表现为与竞争对手展开公平的竞争；本行业中有部分公司建立了内部相关制度和规定，用以约束员工行为，但只有极少数公司在其社会责任报告中完全没有涉及“反腐败”和“公平竞争”的具体实施情况。在这一方面表现突出的有上海大众公用事业（集团）股份有限公司（股票代码为 600635），公司按照国家相关法律进一步加强了全公司内控管理体系，严格执行公司《内部控制手册》的规定，对公司关键业务流程、关键控制环节内部控制的有效性进行了自我评价，形成了公司《2014 年度内部控制评价报告》，加大监督检查力度。同时，公司还严格按照中国证监会颁布的《公开发行股票信息披露实施细则》进行信息披露，年度报告、中期报告、季度报告、重大事项等信息均在《上海证券报》《中国证券报》《证券时报》和上海证券交易所网站与公司网站上及时发布，对于不合法行为及时整治。

4. 消费者责任

本行业上市公司在“消费者问题”这个维度上的得分最低，主要原因是企业在其发布的社会责任报告中很少提及“消费者服务、支持和投诉及争议处理”“消费者信息保护与隐私”“可持续消费”等内容。这与能源供应行业自身性质也有关系。作为能源企业，企业很少直接面对基层客户，主要利益相关者以政府、供应商等为主。所以在这一维度中整个行业普遍关注度较低。

5. 社区责任

企业在“社会投资”即慈善相对“社区问题”的其他方面投入较大，具体行动包括扶贫、助学、救灾等。“建立公益基金/基金会”则容易被企业忽略，这是企业在“社区问题”这个维度上的共同特点。另外，值得强调的是，部分企业社会责任报告对“社区问题”的披露有待进一步细化和具体。在此部分做得较好的企业有上海电力股份有限公司，公司共有员工志愿者1698 人，全年提供志愿服务 1912 人次。其中“保护母亲河”环保志愿行动已经坚持 10 余年，荣获“上海市 20 大优秀品牌志愿者服务项目”。公司还开展了“学雷锋”系列志愿活动，帮助居民区、村社和敬老院解决困难，提供帮助。公司大力支持无偿献血工作，每年组织员工参加无偿献血，并妥善协调好生产任务与献血工作的关系，2014 年公司荣获上海市年度献血工作“优秀集体”称号。自 2012 年公司开展了“映山红”帮困助学工作，为困难学生提供学习用具，组织学生参观爱国主义教育基地，并保证资助将持续至受助学生年满 18 周岁为止，保证孩子们能够受到良好的教育。

第四节　年报中的企业社会责任

在电力、热力、燃气及水生产和供应业 84 家挂牌交易的公司中，有 32 家企业虽未单独发布企业社会责任报告，但是以下企业在年报中也提到了所履行的社会责任情况，占比 38.1%。还有 14 家企业未发布报告也未在年报中体现企业社会责任履行情况，占比 16.7%。电力、热力、燃气及水生产和供应业的 32 家披露社会责任情况的企业基本信息见表 20－3。

表 20－3　电力、热力、燃气及水生产和供应业企业基本信息表

单位：百万元

序号	股票代码	公司名称	净利润	营业收入
1	000037	深南电	－421.63	1234.10
2	000531	穗恒运	793.06	4394.47
3	000600	建投能源	2660.12	10891.14

续 表

序号	股票代码	公司名称	净利润	营业收入
4	000767	漳泽电力	676.63	10922.84
5	000791	甘肃电投	676.63	10922.84
6	000875	吉电股份	60.79	4752.95
7	000883	湖北能源	1291.05	7292.88
8	000899	赣能股份	387.82	2669.04
9	000966	长源电力	789.22	6595.82
10	001896	豫能控股	471.13	3355.95
11	002479	富春环保	218.72	3730.07
12	600023	浙能电力	7078.08	44178.96
13	600101	明星电力	81.43	1244.90
14	600131	岷江水电	151.82	829.81
15	600236	桂冠电力	950.67	5703.38
16	600509	天富能源	359.06	3558.96
17	600719	大连热电	9.68	694.43
18	600744	华银电力	-212.74	6210.43
19	600863	内蒙华电	2069.03	13633.93
20	600864	哈投股份	307.91	1191.35
21	600868	梅雁吉祥	307.91	1191.35
22	002267	陕天然气	515.71	5322.46
23	002700	新疆浩源	104.93	345.45
24	600207	安彩高科	-263.49	1912.73
25	600917	重庆燃气	355.68	5722.64
26	000544	中原环保	67.96	578.28
27	000605	渤海股份	39.10	728.25
28	000685	中山公用	776.24	1154.87
29	600008	首创股份	688.14	5589.38
30	600168	武汉控股	688.14	5589.38
31	600461	洪城水业	151.90	1448.48
32	601158	重庆水务	1449.24	4136.58

在未发布企业社会责任报告，但在年报中涉及企业社会责任情况的32家企业中，C类企业有1家，D类企业有17家，E类企业有14家（表20－4和图20－5）。该行业企业生产经营几乎全部涉及环保，企业社会责任履行情况一般。

表20－4 企业CSR评级

股票代码	公司名称	评级结果	股票代码	公司名称	评级结果
000037	深南电	E	600509	天富能源	C
000531	穗恒运	E	600719	大连热电	D
000600	建投能源	D	600744	华银电力	E
000767	漳泽电力	E	600863	内蒙华电	D
000791	甘肃电投	E	600864	哈投股份	D
000875	吉电股份	D	600868	梅雁吉祥	E
000883	湖北能源	D	002267	陕天然气	E
000899	赣能股份	D	002700	新疆浩源	D
000966	长源电力	D	600207	安彩高科	D
001896	豫能控股	D	600917	重庆燃气	E
002479	富春环保	D	000544	中原环保	D
600023	浙能电力	E	000605	渤海股份	E
600101	明星电力	D	000685	中山公用	D
600131	岷江水电	D	600008	首创股份	D
600236	桂冠电力	E	600168	武汉控股	E
600461	洪城水业	E	601158	重庆水务	E

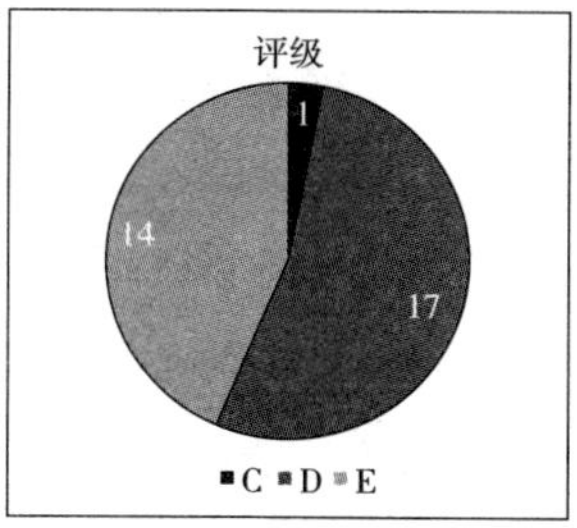

20－5 企业CSR评级分布

第五节　典型案例

瀚蓝环境股份有限公司（原名南海发展股份有限公司，2013年底改用现名）是一家专注于环境服务产业的上市公司，股票代码：600323。业务领域涵盖自来水供应、污水处理、固废处理、燃气供应，秉持“城市好管家、行业好典范、社会好邻居”的责任理念，致力为各大城市提供系统化环境服务与解决方案。

2014年，瀚蓝环境主营业务收入达243530万元，净利润30900万元；发布的社会责任报告篇幅为92页，内容丰富，结构清晰，可读性较强。瀚蓝环境在5个维度上采取的行动，具体表现如下：

“员工责任”维度方面，公司采取的措施主要有：首先公司在招聘、使用、培训、选拔、薪酬待遇、晋升等方面均无对性别、年龄、民族、种族、宗教信仰、身体状况等的歧视政策，并专门指出公司女性管理者比例与男性管理者比例为1：7，高层管理人员男女比例为1：1，支付给员工的工资中男女工资比例分别为74.5%和25.5%；其次，公司严格遵守国家相关劳动法规，倡导平等和发展的用工政策，形成了一系列完善的管理制度。公司所有员工均按照国家和地方有关法律法规与公司签订劳动合同。公司认真遵照国家有关企业职工休假规定，2014年公司员工人均可享受年休假天数为9天；再次，公司严格遵守《劳动法》等各项法律法规，贯彻SA 8000国际标准，高度尊重员工的人权及其他权益，全面禁止强迫劳动。结合国家和地方法律法规为全体员工办理了医疗、养老、失业、工伤、生育等社会保险及公积金，社会保险覆盖率为100%。最后，公司以岗位定薪酬标准，并坚持绩效导向，在同工同酬的基础上，给予员工更高的劳动报酬，员工的工资收入均不低于当地最低标准。在国家规定的法定薪酬之外，公司给予员工实实在在的福利，让员工切实感受到来自公司的物质与精神的双重关怀。对于孕妇、哺乳期员工有明确的保护措施，提供国家规定的假期，并给予带薪休假待遇。给员工提供奖励性礼金或补贴，如发放结婚、生子贺仪、独生子女津贴等。公司还积极帮扶困难员工，捐款达到265282.8元。员工培训方面，公司修订和完善了《培训管理规定》，根据公司实际状况搭建起三级六阶的员工培训体系，通过线下和线上结合的方式对员工进行全方位的培训。公司 ISO 4000 环境管理体系、ISO 18000 职业健康安全管理体系和相关制度明确规定了职业健康安全。针对高危岗位采取专业的防护措施，对生产中的危险废弃物进行分类收集、集中清运和处理以减少危害，并对员工进行安全教育培训，规范生产作业人员的行为活动。公司每年体检覆盖率均达到 100%。公司每年组织多场座谈会，开展员工满意度调查，收集员工意见和建议，维护员工权利。成立工会专门负责策划组织职工活动、讨论和决议职工权益和民主管理等。不定期召开员工代表大会，就工资福利、安全保障等问题进行讨论决议并跟踪议案的反馈和执行情况。

"市场责任"上，公司表现如下：公司有完善的公开披露机制，对于控股股东占用资产等问题建立预防和应对机制，即"占用即冻结"机制，对侵占的资产立刻冻结，凡侵占资产不能以现金偿还的通过变现股权偿还。公司 2014 年度纳税总额为 23953 万元，同时，公司坚决反对任何不正当竞争，保护市场公平竞争，用自己的实际行动赢得顾客的信任、社会的赞誉，以规范的公司治理体系确保所有股东，尤其是中小股东的平等地位，确保股东充分行使合法权益。本报告中并未提及与产权保护相关的内容，这方面需要进行加强和改进。公司每年以现场评审、调查问卷和电话访问三种方式向重点供应商发出社会责任评估表，形成评估报告，通过社会责任履行状况对供应商进行评级，择优选取供应商。同时，在重大设备招标采购过程中投标企业必须取得 ISO 9001：2008 质量管理体系认证证书，2014 年重大设备招标采购供应商社会责任采购比例为 100%。

"消费者责任"上，瀚蓝环境在顾客满意度方面做得较为突出。公司对所有业务都进行了客户满意程度的调查，并对每个服务点或者每项服务进行等级评级。保证业务收费透明，对于客户的咨询和投诉能够及时处理，重视客户反馈的信息，2014 年度客户咨询服务解决率达到 99%，客户咨询及投诉处理及时率达到 94%。公司近年来客户和群众的投诉比例在不断地下降，但是消费者信息保护与隐私以及教育和意识方面在报告中鲜少提及，需要得到重视和加强。

"环境责任"上公司表现非常突出，公司建立了环境管理体系，制定下发了《瀚蓝环境安全环保管理规定》，全公司上下统一执行，成功通过国际权威认证机构 SGS 的 ISO 14000 体系认证。公司还通过专门的考核体系对开展的业务进行专项考核，并设立奖金 50 万元鼓励各单位落实环保。

公司在资源可持续发展方面重视可再生能源的使用，包括垃圾焚烧发电、污泥干化焚烧处理、污水处理和餐厨垃圾处理等可再生能源业务。在工程建设中坚持改造工程废旧物料，采用回收再利用措施保障其循环使用。2014年公司节约煤炭149吨，减少排放甲烷气体396万立方米，二氧化碳减排量为163.473吨。公司工程建设选址尽量远离自然保护区、森林、野生动物走廊等区域，并坚持采用绿色环保的施工方式，将破坏降到最低。但是这部分并未提及具体措施，应在以后的报告中引起关注。

“社区责任”维度上表现也比较好。公司举措主要有，与周边学校进行学校企业合作，让产业园成为周边院校环保专业学生实习和社会实践的场所，每年还接纳各省市学生、参观者数千人，成为学生进行环保教育的场所。公司开发环保课堂两个，进学校和社区上课9次，服务学生和市民1000人次。向教育领域提供了救助但是报告并未写出具体的项目和实施方案，公司报告中仅仅提及关于农村饮用水建设的事件，为农村用户提高了水质、减少了疾病发生率。2014年，瀚蓝环境、南海绿电和南海燃气合计捐款324809.2元。公司发展带动了当地经济的发展，提供了就业岗位，改善了当地的基础设施。

总体而言，瀚蓝环境在社会责任方面关注范围较广，投入深度较大，尤其是在“员工责任”“环境问题”和“市场责任”3个维度上相对本行业其他企业表现突出。

第二十一章

建筑业

第一节　公司基本信息

2013 年，建筑业有 63 家公司挂牌交易，其中有 22 家上市公司发布社会责任报告，占该行业全部企业的比重为 34.92%。2014 年，建筑业有 67 家公司挂牌交易，其中有 25 家上市公司发布社会责任报告，占该行业全部企业的比重为 37.31%，基本信息见表 21－1。

表 21－1　建筑业企业基本信息

序号	股票代码	公司名称	发布报告（年）	净利润（百万元）		营业收入（百万元）	
				2013	2014	2013	2014
1	000065	北方国际	2013、2014	156.1081	224.3227	2958.2569	3024.1008
2	000498	山东路桥	2013、2014	261.2438	311.8862	6957.8201	6842.2455
3	000961	中南建设	2013、2014	1209.3829	936.3385	18326.408	21792.0942
4	002051	中工国际	2013、2014	718.4767	773.1265	9235.7177	9532.8775
5	002062	宏润建设	2013、2014	179.2262	198.9217	7857.7955	7973.6172
6	002431	棕榈园林	2013、2014	398.7579	448.1953	4297.2975	5006.9429
7	300197	铁汉生态	2013、2014	235.7658	243.5859	1489.8985	2003.0927
8	300262	巴安水务	2013、2014	63.9384	75.1053	450.9455	350.7177
9	600068	葛洲坝	2013、2014	1584.737	2960.1267	59527.557	71605.3903
10	600170	上海建工	2013、2014	1618.09	1847.4702	102036.05	113661.6874
11	600284	浦东建设	2013、2014	493.498	447.1181	1935.3138	3765.3158
12	600463	空港股份	2013、2014	75.3896	45.6955	918.2015	758.0680

续 表

序号	股票代码	公司名称	发布报告（年）	净利润（百万元）		营业收入（百万元）	
				2013	2014	2013	2014
13	600502	安徽水利	2013、2014	202. 8626	232. 7043	6812. 2344	8409. 4315
14	600528	中铁二局	2013、2014	421. 6061	369. 0300	79566. 906	71512. 6390
15	601186	中国铁建	2013、2014	10344. 658	11571. 5650	586789. 59	591968. 4520
16	601390	中国中铁	2013、2014	9374. 634	10676. 3840	558798. 66	612559. 1480
17	601618	中国中冶	2013、2014	2980. 864	4341. 3550	202690. 24	215785. 7720
18	601668	中国建筑	2013	20398. 512		681047. 99	
19	601669	中国电建	2013、2014	4555. 9968	5276. 9880	144837. 01	167091. 1870
20	601800	中国交建	2013、2014	12138. 844	13762. 3715	332486. 77	366673. 2340
21	002081	金螳螂	2013、2014	1563. 6052	1898. 2471	18414. 2839	20688. 5959
22	600496	精工钢构	2013、2014	237. 133	264. 9434	7519. 712	6885. 7799
23	002717	岭南园林	2014		117. 0116		1088. 1929
24	002375	亚厦股份	2014		1069. 0039		12917. 1123
25	601886	江河创建	2014		379. 2670		15904. 2767

第二节　企业社会责任评级

2013 年、2014 年分别对建筑业发布 CSR 报告的企业进行社会责任评级，并通过聚类分析将企业履行社会责任划分为“A”“B”“C”三级。建筑业发布 CSR 报告的企业 CSR 评级具体见下表。

表 21－2　建筑业企业 CSR 评级

序号	股票代码	公司名称	CSR 评级		序号	股票代码	公司名称	CSR 评级	
			2013	2014				2013	2014
1	000065	北方国际	C	B	14	600528	中铁二局	A	A
2	000498	山东路桥	C	B	15	601186	中国铁建	A	A
3	000961	中南建设	C	B	16	601390	中国中铁	A	A
4	002051	中工国际	C	B	17	601618	中国中冶	A	A

续 表

序号	股票代码	公司名称	CSR 评级		序号	股票代码	公司名称	CSR 评级	
			2013	2014				2013	2014
5	002062	宏润建设	B	B	18	601668	中国建筑	A	
6	002431	棕榈园林	B	B	19	601669	中国电建	A	A
7	300197	铁汉生态	B	A	20	601800	中国交建	A	A
8	300262	巴安水务	C	B	21	002081	金螳螂	B	B
9	600068	葛洲坝	A	A	22	600496	精工钢构	B	B
10	600170	上海建工	C	C	23	002717	岭南园林		B
11	600284	浦东建设	B	A	24	002375	亚厦股份		B
12	600463	空港股份	B	B	25	601886	江河创建		B
13	600502	安徽水利	C	B					

2013 年 22 家企业的企业规模（营业收入）范围是 4.51 亿至 6810.48 亿元，并主要集中在 1000 亿元以下。1000 亿元以下的企业有 15 家，占比为 68.18%，其中 CSR 评级为“A”“B”“C”的分别有 2、7、6 家。企业规模在 1000 亿元以上的企业共 7 家，CSR 评级为“A”“B”“C”的分别有 6、0、1 家。可以看出，建筑业企业 CSR 评级在一定程度上与企业营业收入呈正相关。相对而言，营业收入较高的企业中，评级为“A”的企业数量较多，评级为“C”的企业数量较少。22 家企业的规模与 CSR 评级分布情况如图 21－1 所示。

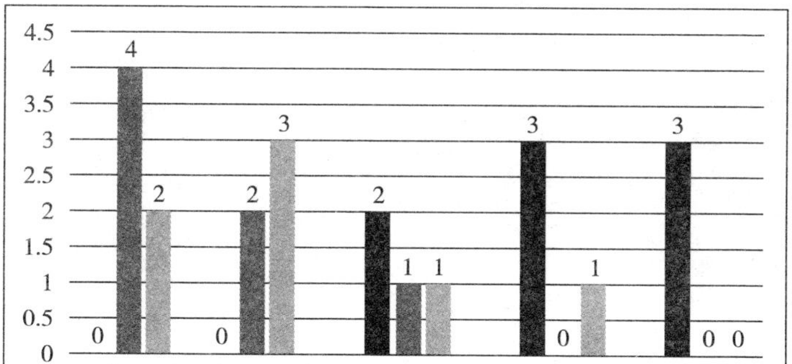

图 21－1　2013 年建筑业企业规模与 CSR 评级分布（单位：家、元）

2014 年 24 家企业的企业规模（营业收入）范围是 3.51 亿至 8000.29 亿元，并主要集中在 1000 亿元以下。1000 亿元以下的企业数量有 18 家，占比为 75%，其中 CSR 评级为“A”“B”的分别有 4、14 家。企业规模在 1000 亿元以上的企业共 6 家，CSR 评级为“A”“C”的分别有 5、1 家。可以看出，建筑业企业 CSR 评级在一定程度上与企业营业收入呈正相关。相对而言，营业收入较高的企业中，评级为“A”的企业数量较多，评级为“C”的企业数量较少。24 家企业的规模与 CSR 评级分布情况如图 21－2 所示。

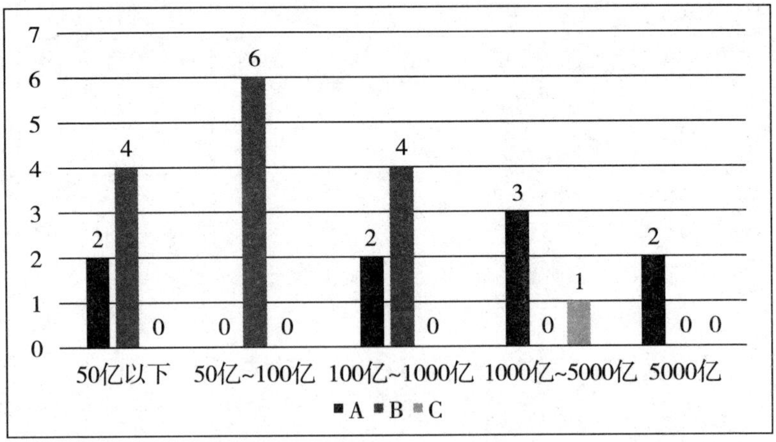

图 21－2　2014 年建筑业企业规模与 CSR 评级分布（单位：家、元）

2013 年 22 家企业净利润率范围是 0.53% 至 25.50%，并主要集中于 5% 以下。净利润率在 0 至 5% 的企业共 13 家，占比达 59.09%，其中 CSR 评级为“A”“B”“C”的分别有 8、2、3 家。净利润率在 5% 以上的企业有 9 家，CSR 评级为“B”“C”的分别有 5、4 家。所以，建筑业企业 CSR 评级与净利润率之间整体呈负相关关系，净利润率越高，CSR 评级越低。这也提醒本行业利润率较高的几个企业需要注意自身的社会责任履行情况。22 家企业的净利润率与 CSR 评级分布情况如图 21－3 所示。

2014 年 24 家企业净利润率范围是 0.52% 至 21.41%，并主要集中于 5% 以下。净利润率在 0 至 5% 的企业共 14 家，占比达 58.33%，其中 CSR 评级为“A”“B”“C”的分别有 7、6、1 家。净利润率在 5% 以上的企业有 10 家，CSR 评级为“A”“B”的分别有 2、8 家。所以，建筑业企业 CSR 评级与净利润率之间整体呈负相关关系，净利润率越高，CSR 评级越

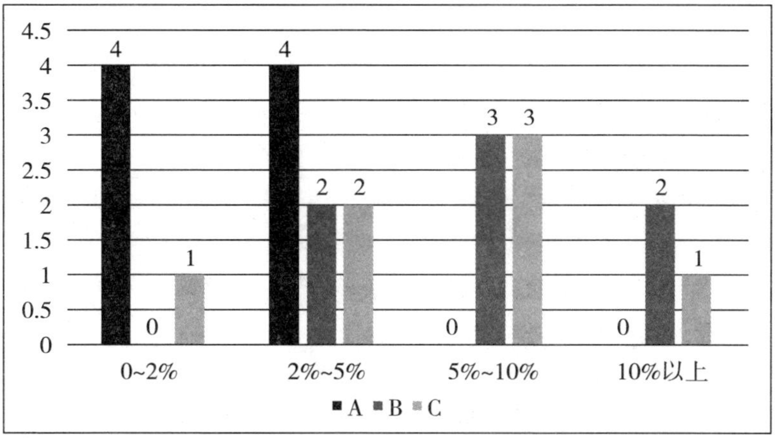

图 21－3　2013 年建筑业企业净利润率与 CSR 评级分布（单位：家）

低。这也提醒本行业利润率较高的几个企业需要注意自身的社会责任履行情况。24 家企业的净利润率与 CSR 评级分布情况如图 21－3 所示。

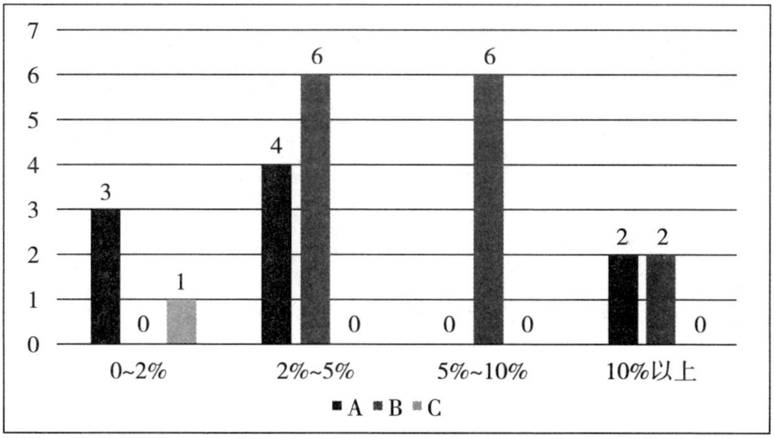

图 21－4　2014 年建筑业企业净利润率与 CSR 评级分布（单位：家）

第三节　企业社会责任各维度特征

2013 年和 2014 年的建筑业上市公司在“员工责任”方面的均值最高，“消费者责任”和“社区责任”方面均值较低。具体分析如下：

1. **社会责任治理**

本行业在责任理念、责任推进、与利益相关方沟通方面评分很高，大部分发布企业社会责任报告的企业都制定了社会责任承诺和战略，并设立了相关的决策程序和机构，组织治理得到了较好的执行。例如，深圳市铁汉生态环境股份有限公司（股票代码为300197）阐述了企业的社会责任理念，不断地完善了社会责任管理体系，搭建社会责任沟通机制，并打造社会责任品牌形象。在与利益相关方沟通方面，充分了解利益相关方的期望，与其进行沟通并制定参与机制和责任承诺。上海浦东路桥建设股份有限公司（股票代码为600284）将社会责任规划落实到企业管理中，组建公司领导领衔的企业社会责任领导小组和工作小组，制订责任行动计划，确定企业文化部作为推进部门。各部门、事业部、子公司按照公司管理制度将责任理念融入本职工作，加强与利益相关方沟通，并收集责任体系相关基础信息。充分注重与利益相关方的沟通，并制定了下一年的社会责任管理目标。安徽水利开发股份有限公司（股票代码为600502）的公司董事会是公司履行社会责任的管理机构，负责制定公司企业文化和发展战略，公司管理层负责实施各项战略和文化，在经济、社会、环境各领域通过公司的生产经营和社会活动履行企业的社会责任，公司各级机构、各个项目、全部员工按照公司制度和指令通过自身的工作及社会活动在独立单元范围内践行企业的文化与社会责任。

2. **员工责任**

2013年，中国铁建股份有限公司（股票代码为601186）在这一问题上做得较好，突出表现在公司积极创造条件为残疾人提供合适的就业机会，全年共安置2268名残疾人就业，支付残疾人就业保障金855万元。2014年，中国化学工程股份有限公司（股票代码601117）重视员工多元化建设，注重使用不同地域、不同背景、不同民族、不同国籍的员工，促进员工思想文化的交流，促进公司业务创新发展。中国化学工程股份有限公司坚持平等雇佣，坚决杜绝强制劳动，反对歧视，建立员工基本信息和个人隐私的保护机制，让员工在自由、公正、安全和有尊严的条件下工作。

3. **环境责任**

2013年以中国葛洲坝集团股份有限公司（股票代码为600068）为例：公司尊重自然规律，积极维护生物多样性。在施工生产中，采取科学和规范的施工方法，最大限度地减少施工活动给周围环境造成的不利影响。例如优化施工组织设计，减少土地占用，严禁乱砍滥伐、滥捕乱杀，严格保护周围环境、动物和植被，保持原始地形地貌；积极开展粉尘、噪声、废渣、生活污水和施工废水等治理，减少污染物排放量；加强开挖边坡治理，防止冲刷和水土流失。2014 年以中铁二局股份有限公司（股票代码 600528）为例：公司作为率先在青藏高原施工的队伍，历来重视对高原施工的生态环境保护，坚持“把西藏的项目都建设成生态文明工程”理念，深得自治区交通厅、环保局的赞誉。

4. 市场责任

中铁二局股份有限公司牢固抓好反腐倡廉工作，全年举行廉洁从业授课 20 余次，开展新任职领导廉洁从业测试和谈话 50 余次。重新修订《工程项目劳务分包管理办法》，从制度上不断修订和完善协作队伍管理制度，严把协作队伍的准入关，确保协作队伍和推荐人负责制，实行“谁推荐、谁负责”的引入机制；结合中央八项规定精神，公司出台《关于改进工作作风、密切联系群众三十二项措施》，全年全公司“三公”经费、会议简报数量都较往年大幅下降，铺张浪费、文山会海等不良风气不断减少。同时，指导督促相关单位抓好管理漏洞剖析和整改落实，持续推进惩防体系建设，认真抓好企检、企纪共建和区域联建工作，不断提升反腐倡廉联建工作水平。全年共受理来信、来访、来电 39 件（次），排查案件线索 13 件，查办案件 2 件，结案 2 件，给予党纪处分 1 人，给予政纪处分 10 人，维护了企业的风清气正。

5. 消费者责任

2014 年中铁二局股份有限公司在“消费者问题”上设计了《顾客满意度测量控制程序》，提升客户对公司的满意度，做好《顾客满意度调查表》《顾客满意度调查表评审记录》《顾客投诉记录表》，全年接到投诉 11 起，处理率 100%，满意度 95%。注重提升质量，2014 年对标验评单位工程 683 件，合格 683 件，单位工程一次验收合格率 100%。

6. 社区责任

企业在“社会投资”“社会捐赠”方面相对于“社区责任”的其他方面投入较大，具体行动包括扶贫、助学、救灾、义务献血等。“社区参与”则容易被企业忽略。

第四节　年报中企业的社会责任

在建筑业67家挂牌交易的公司中，有22家企业虽未单独发布企业社会责任报告，但是这些企业在年报中也提到了所履行的社会责任情况，占比为32.8%。还有19家企业未发布报告也未在年报中体现企业社会责任情况，占比为28.3%。建筑业的22家披露社会责任情况的公司基本信息见表21－3。

表21－3　建筑业企业基本信息表

单位：百万元

序号	股票代码	公司名称	净利润	营业收入
1	000090	天健集团	421.50	5298.72
2	000928	中钢国际	186.29	11061.33
3	002060	粤水电	99.08	6002.45
4	002140	东华科技	264.15	3380.34
5	002307	北新路桥	10.82	5817.93
6	002586	围海股份	110.79	1832.72
7	002628	成都路桥	137.90	1498.00
8	002659	中泰桥梁	11.24	832.79
9	002663	普邦园林	397.79	3160.86
10	600039	四川路桥	924.95	26972.74
11	600133	东湖高新	296.44	7451.20
12	600326	西藏天路	111.21	1415.83
13	600491	龙元建设	242.97	16230.30
14	600545	新疆城建	153.14	5665.00
15	600820	隧道股份	1415.23	25421.81
16	600853	龙建股份	18.83	5569.58
17	601789	宁波建工	196.19	13644.42
18	002047	宝鹰股份	272.95	5382.46
19	002163	*ST三鑫	－131.54	4616.57
20	002325	洪涛股份	294.10	3392.64

续 表

序号	股票代码	公司名称	净利润	营业收入
21	002524	光正集团	-68.26	626.31
22	002620	瑞和股份	54.79	1521.86

在未发布企业社会责任报告，但在年报中涉及企业社会责任情况的22家企业中，C类企业有4家，D类企业有7家，E类企业有11家（表21-4、图21-5）。该行业企业生产经营几乎全部涉及环保，企业社会责任履行情况一般。

表21-4 建筑业CSR评级

股票代码	公司名称	评级结果	股票代码	公司名称	评级结果
000090	天健集团	D	600326	西藏天路	E
000928	中钢国际	E	600491	龙元建设	E
002060	粤水电	C	600545	新疆城建	E
002140	东华科技	C	600820	隧道股份	D
002307	北新路桥	D	600853	龙建股份	E
002586	围海股份	E	601789	宁波建工	D
002628	成都路桥	C	002047	宝鹰股份	C
002659	中泰桥梁	E	002163	*ST三鑫	E
002663	普邦园林	E	002325	洪涛股份	D
600039	四川路桥	E	002524	光正集团	D
600133	东湖高新	E	002620	瑞和股份	D

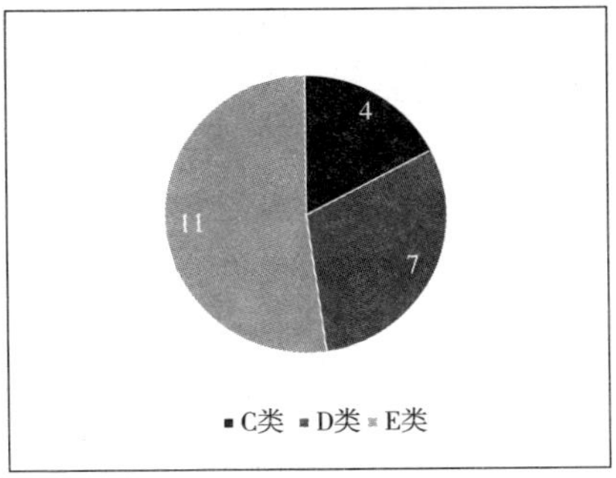

图21-5 建筑业CSR评级分布情况图（单位：家）

第五节　典型案例

1. 中国交通建设股份有限公司

中国交通建设服务有限公司成立于2006年，是由国务院国资委监管的特大型中央企业，简称中国交建，股票代码为601800。主要从事公路、桥梁、港口、航道、铁路、市政轨道交通等交通基础设施的设计、建设、投资、运营，以及装备制造、房地产开发等业务。

2013年，中国交建营业收入达3324.86亿元，净利润为121.38亿元；发布的CSR报告篇幅为24页，内容丰富，结构清晰，可读性较强；公司社会责任评级为A。中国交建在5个维度上采取的行动具体表现如下：

中国交建在“员工责任”方面采取的措施主要有，①“工作中的基本原则和权利”：公司落实有关劳动法律法规，维护员工合法权益，奉行平等、非歧视的劳动用工政策，反对强迫劳动，杜绝使用童工。2013年，公司员工劳动合同签订率100%；②“工作条件和社会保护”：公司为员工提供在同行业中具有竞争力的薪酬待遇，执行统一的企业年薪制度和补充医疗保险制度，社会保险覆盖率100%；③职业健康安全：公司保障全体员工职业健康和心理健康，建立健全劳动保护机制，确立员工每年定期体检。公司先后派出1100余人检查了1690余个境内项目、101个驻外机构和306个项目，覆盖了公司全部业务领域和地区，查出的各类安全隐患均按期进行了整改；④“工作场所中人的发展与培训”：2013年，公司出台了《2013－2015年教育培训工作实施要点》，明确了“十二五”后3年公司教育培训工作的指导思想、基本原则和目标任务。加强中国交通建设工程学院（下设12个分院、1个铁路培训基地）和职业技能鉴定指导中心（下设10个职业技能考核站）建设，发布了《中国交通建设工程学院分院评估管理办法（试行）》。公司全年员工培训投入1.24亿元。举办了学习贯彻党的十八大精神集中轮训暨2013年高级管理人员培训班，402名领导人员参加了培训。

在“市场责任”这个维度上的表现较好，主要体现为公司对该维度包含的4个小问题都有所关注和行动，①“反腐败”：公司围绕“干部清正、企业清廉、管理清明”的目标要求，广泛开展“学党章、转作风、保清正”为主题的反腐倡廉教育活动，引导党员干部牢固树立正确的世界观、权力观、事业观。开展反腐倡廉教育2506场次，开展学习宣传中央八项规定教育活动857场次，党员干部实行廉洁承诺6637人。制定反腐倡廉制度244项，建立健全“三重一大”制度181项，修订93项。排查风险点925个，采取防范措施1269条。建立和完善效能监察点的三级联系机制，确保每个项目都有效能监察立项。2013年，公司效能监察立项467项，整章建制206个，避免经济损失2396万元；②“公平竞争”：2013年，公司共纳税144.07亿元，体现了公司诚信守法经营的原则；③“在价值链中促进社会责任”：公司建立合格供应商和分包商名录，规范供应商和分包商管理制度，健全供应商和分包商准入与退出机制。公司注重工程施工所需原材料的绿色环保要求，建立合格供应商名录，保证采购物资合格率100%。

在”消费者责任”上，中国交建表现较为突出的是“消费者服务、支持和投诉及争议处理”“教育和意识”以及“公平规范的市场营销”3个方面，①“消费者服务、支持和投诉及争议处理”：公司子企业振华重工积极谋划港机产品全球售后服务网络与营销系统布局，加快推进海外8个区域中心、36个服务网点和国内8个办事处的建设，增强售后服务的主动性、针对性、高效性与连续性。②“教育和意识”：2013年，公司工程质量形势总体平稳，全年交工验收项目总数701项，一次合格项目701项，一次合格率100%；竣工项目总数124项，其中参与优良评定的29个项目优良率100%。公司全年未发生重大质量事故，荣获国家优质工程奖17项、建筑工程鲁班奖4项。③“公平规范的市场营销”：建立了完善的授权、合同及法律文件审核程序，将重大项目的全部合同纳入流程化管理与监控。公司对合同合法、合规的把关率实现了100%。

在“环境责任”上除“环保节能”外，还关注到了大部分企业容易忽视的“减缓并适应气候变化”和“环境保护与自然环境的恢复”问题，①“污染预防”：公司对能耗较大、污染严重的老旧设备进行淘汰，同时对新设备实施绿色采购，规定不得采购高能耗和排放不达标的设备。2013年，淘汰各类设备1333台套，淘汰设备总值10.9亿元，采购低碳环保新仪器设备1915台套，资金投入16.9亿元；②“资源可持续利用”：为提高全员环保节能意识，公司组织开展了“创建绿色基层”活动，在保证质量、安全的前提下，通过科学管理和技术进步，最大限度地节约资源和减少对环境的负面影响，向客户提供绿色节能产品或服务，实现基层单位的“四节一环保”（节能、节地、节水、节材和环境保护）。公司能源实物消耗以柴油、燃料油、电力、煤炭、汽油为主，约占总能耗的98%。其中，柴油占总能耗56.7%，燃料油占总能耗23.8%，电力占总能耗10.6%。2013年，煤炭用量比2012年下降了24%，燃料油下降了28%，热力下降了33%，天然气用量上升了11.4%，电力用量上升了7.5%，这些表明公司推行清洁能源成效凸显。③“减缓并适应气候变化”：2013年，公司二氧化碳排放量约693.89万吨，比2012年下降6%。④“环境保护与自然环境的恢复”：公司注重保护生物多样性，因地制宜制定专门保护措施，并纳入业绩考核范围。在斯里兰卡汉班托塔港口建设中，公司高度重视工地附近大象栖息地的生态保护，做到了工程施工与保护大象生存环境和谐共处。公司子企业二公局四公司新疆三岔口至莎车高速公路项目部施工路段，穿过一片有2000多棵胡杨树的胡杨林，为保护当地生态环境，项目部决定先迁移胡杨树再开工，他们积极与当地林业部门联系，确定迁移方案。在林业专家的指导下，项目部仅用一天时间就将胡杨树全部迁移完毕，无一棵受损。

在“社区责任”维度上的举措主要有，①“社区参与”：公司子企业二航局青海茶卡格尔木高速公路项目，地处海拔3300多米的海西蒙古族藏族自治州都兰县，2013年5月开始，项目驻地遭遇严重旱灾，眼看村民就要“颗粒无收”，项目部向当地村民及时伸出援助之手，投入10万余元，为村民抢修导流坝和水渠，解决了500多亩农田灌溉问题。项目部还开展献爱心捐赠活动，将物资、钱款送到受灾严重的困难户手中。项目此举受到当地政府和村民的高度评价；②“教育与文化”：2013年，公司对外捐赠1262.6万元。其中包括向文化体育事业捐赠334.2万元，向定点扶贫地区捐赠332.1万元，向教育事业捐赠192.6万元；③“健康”：公司向中国残疾人福利基金会公益慈善项目捐款100万元。联合8家所属单位向中国儿童少年基金会捐款80万元建立了8所“安康图书馆”，被授予“中国儿童慈善突出贡献奖”；④“社会投资”：2013年，公司对外捐赠1262.6万元；⑤“财富和收入创造”：公司海外项目雇用外籍员工25818人，吸纳当地大学生就业，为当地培养大量的技术人员和熟练工人。

总体而言，中国交建在社会责任方面关注范围较广，投入深度较大，尤其是在“员工责任”和“环境责任”两个维度上相对本行业其他企业表现突出。

2. 中铁二局股份有限公司

中铁二局股份有限公司（简称“中铁二局”）成立于1999年，2001年5月28日“中铁二局”股票上市（股票代码600528），公司逐渐成为工程施工、基础设施建设管理、房地产开发、国际业务、勘测设计咨询、仓储物流、商业物业等业务于一体的大型现代产业集团。

2014年，中铁二局营业收入达795.67亿元，净利润为4.22亿元；发布的CSR报告篇幅为29页，内容丰富，结构清晰，可读性较强；公司社会责任评级为A。中铁二局在5个维度上采取的行动具体表现如下：

中铁二局在“员工责任”方面采取的主要措施和力度有：2014年公司及所属单位集体合同签订率、覆盖率达到100%。职工入会率99.95%，吸纳农民工（劳务派遣工）会员66364名，农民工入会率达96.83%。稳步实施2014年度员工培训计划，全年共举办一级建造师培训、专业技术人员知识培训等40余个班次，共计培训员工4561人次。以培养员工“能干、会写、善表达”为目标，开展公司首届专业技术人员施工技术管理成果演讲比赛，公司16家子（分）公司的33名专业技术人员参加了比赛。举办公司第四届青年技能竞赛，共有85位接触网、工程测量、盾构机械操作人员参加了比赛，在公司内营造了学技练功的良好氛围，公司测量工瞿伟荣获“全国技术能手”荣誉称号。截至2014年底，公司共聘任群安员3500名，发现和消除大小隐患15000余起，确保了职工群众的生命财产安全。针对员工对于健康的要求，公司为职工群众提供符合职业健康要求的工作环境和条件，配备与职业健康保护相适应的设施、工具，组织接触可能发生职业病场所的人员进行进退场体检；项目在职业危害作业现场醒目位置设立职业危害因素公示牌，公布施工现场作业职业危害因素、监测结果、防治措施及监控责任人。

在“市场责任”这一维度，中铁二局相对于同行业的其他企业做得较好，采取的措施及效果为：“反腐败”这一维度，公司不断巩固联动平台，反腐倡廉建设不断系统化、规范化、制度化。一是积极与地方纪委加强沟通联系。搭建了统筹联动试点的平台，极大地增强了企业纪检监察组织在涉及银行账户、房产、车辆等财产信息查验以及通信记录、酒店住宿登记、公共交通购票记录等社会公众信息查验等方面的能力；二是不断加强与地方检察院深度共建。先后与多个省、市、区地方检察院开展共建活动，围绕案件查办合作，对工程招投标、工程发包、材料采购、资金使用和验工计价等腐败风险源进行了防范控制的探索合作；三是探索审企共建。通过配合审计监督，继续加大与国家审计署驻地方部分特别办的沟通联系，维护了企业的清风正气。印发《贯彻落实〈建立健全惩治和预防腐败体系2013－2017年工作规划〉实施细则》，确立有效实施作风建设体系、健全完善惩治腐败体系、科学构建预防腐败体系三大任务。公司坚持守法合规经营，诚信开发，营造良好经营环境。公司坚持“竞争求生存，合作为共赢，创新谋发展”的经营理念，营造良好的经营环境，拓展成长空间。一是规范经营行为。公司系统修订了经营开发管理办法，对经营开发各项业务流程进行了规范，重点对标前调查、投标评审、经营成果计提及投标纪律等环节进行了明确规定；二是强化阵地经营。公司调整了各子公司的经营主责区、配合区，以及与中国中铁投资类公司、恒大地产等大业主的配合单位，让各子公司有更加明晰的目标市场。在供应链环节，公司对大宗物资采购，坚持与供应商建立战略合作关系，降低成本，大力扶持优质供应商，优化供应商结构，控制供应风险。公司《物资管理办法》规定的需集中采购的第二类物资，必须在公司采购平台挂网公开发布招标信息，利用采购电子商务平台实施招标采购。

在“消费者责任”上，中铁二局采取的行动措施是：2014年，公司按照“深入现场、靠前指挥、服务一线”基本原则，通过系列管理工作，实现了均衡快速施工。积极组织现场办公，及时完成上级管理部门及项目业主来函处理，将业主来函及指示通过传真或电话及时通知有关单位和部门，按要求加强对项目的监督，并及时上报进展情况。在“可持续性消费”方面：鉴于人们对饮用水的要求越来越严格，公司在承担中铁东湖怡景房地产等项目的方案设计、施工图设计时，坚持智能环保、绿色生态理念，助力开发商打造高尚社区品牌。公司投入了直饮水设备，将直饮水系统安装到该楼盘售楼部，并对工作人员进行了现场培训，购房客户通过对直饮水的亲身体验，认识到楼盘的智能时尚品质，从而提升客户对中铁东湖怡景的美誉认可度。在平时，公司设计了《顾客满意度测量控制程序》，提升客户对公司的满意度，做好《顾客满意度调查表》《顾客满意度调查表评审记录》《顾客投诉记录表》，全年接到投诉11起，处理率100%，满意度95%。注重提升质量，2014年对标验评单位工程683件，合格683

件，单位工程一次验收合格率100%。交验工程质量达到国家、行业质量验收标准，符合设计文件和有关技术规范要求，杜绝了较大及以上工程质量事故。

在“环境责任”上的主要举措有：公司按照《关于开展质量、环境、职业健康安全管理体系内部审核的通知》，编制下达了2014年节能减排标准化工地创建计划，组织对凯羊高速公路KT－6等13个项目部节能减排标准化工地验收，东莞城市轨道交通R2线2312标项目部、苏州轨道交通Ⅳ－TS－05标项目部、马克公馆二期项目部通过验收。在“环境保护与自然环境的恢复”方面的举措：公司作为率先在青藏高原施工的队伍，历来重视对高原施工的生态环境保护，坚持“把西藏的项目都建设成生态文明工程”理念，如公司在进军高原时，坚持生态环保教育，深刻认识藏区“寸草百年生”的特性，认识“中华水塔”“亚洲水源”的重要，公司所在标段沿线多为草甸地区，草甸犹如铺在地表层上四季常青的绿地毯，是当地生态环境的重要资源。在施工过程中，公司努力减少对植被的破坏，保持水土的系列做法，深得自治区交通运输厅、环保局的赞誉。项目部在不断掀起大战高潮的同时，时刻不忘对沿线管段的水土保持工作，特别是针对弃渣场的水土流失和拦河淤泥坝及交通便道的防治均严格按照设计规范，结合当地要求，采取科学有效的措施，认真组织水土保持工程施工。

在“社区责任”这一维度上的主要措施有：2014年8月4日，公司所属4公司天津地铁项目部联合社区开展座谈会活动，并主动提出，组织员工定期进入社区进行义务劳动，帮助社区清理化粪池及垃圾；同时，慰问孤寡老人及困难户，积极主动帮忙做家务，项目部得到天津市轨道交通工程建设指挥部高度赞许，被树立为“共建”工作的典型，邻近小区王顶堤街居委会的代表，向项目部赠予了“情系社区解忧难，共建文明勇当先”的锦旗。公司所属兰渝项目为兑现进场之初对苍溪县山岔存老百姓的诺言，免费为村民开挖长70多米、宽35米、深8米，容量近20000立方米的鱼塘，并保证了蓄水不会因水压而溃堤，消除了老百姓养鱼的顾虑。2014年3月5日，公司青年志愿者赴重残职工家属区，为19位残疾人职工送上了日常生活慰问品，并积极为他们打扫家里的卫生。青年志愿者与重残职工的亲切交谈，让他们感受到了温暖。2014年上半年，公司组织本部30余名员工为金牛爱心献血屋献血，以实际行动演绎了爱的奉献；组织北京磁浮项目部青年志愿者开展“无偿献血暖寒冬”活动，受到医护人员的赞赏。公司组织四公司本部青年志愿者赴成都龙泉驿区敬老养老中心，开展“相约中秋敬老爱老”活动，与老人亲切交谈，向老人赠送了月饼、大米、菜油等慰问品，祝福他们身体健康。敬老院老人十分感动，并向公司赠送锦旗。成都电视台对此进行了报道。组织杭黄项目志愿者深入施工沿线开展冬日助贫送温暖活动，为当地多户贫困家庭送去被褥、大米和食用油，让他们感受到冬日的温暖。

总体而言，中铁二局在社会责任方面关注范围较广，投入深度较大，尤其是在“市场责任”和“环境责任”2 个维度上相对本行业其他企业表现突出。

第二十二章
批发和零售业

第一节 公司基本信息

2013 年，批发和零售业有 153 家公司挂牌交易，其中有 32 家上市公司发布社会责任报告，占该行业全部企业的比重为 20. 92%。2014 年批发和零售业有 151 家公司挂牌交易，其中有 32 家上市公司发布社会责任报告，占该行业全部企业的比重为 21. 19%，基本信息见表 22 -1。

表 22 -1 批发和零售业企业基本信息

序号	股票代码	企业名称	发布报告（年）	净利润（百万元）		营业收入（百万元）	
				2013	2014	2013	2014
1	000026	飞亚达	2013、2014	130. 1251	146. 1032	3103. 497	3278. 1428
2	000028	国药一致	2013、2014	520. 4882	669. 8412	21199. 4664	23954. 3310
3	000516	国际医学	2013、2014	121. 5358	350. 2609	3565. 6736	3883. 3471
4	000632	三木集团	2013、2014	14. 0626	2. 9975	5227. 7125	4358. 6597
5	000652	泰达股份	2013、2014	116. 3144	603. 0929	10143. 8837	6443. 7103
6	000701	厦门信达	2014		202. 1351		26358. 5526
7	000753	漳州发展	2013、2014	112. 2275	63. 5008	3060. 3577	3388. 3687
8	002024	苏宁云商	2013、2014	371. 77	824. 038	105292. 229	108925. 296
9	002419	天虹商场	2013、2014	615. 4431	537. 2286	16032. 4831	16997. 9566
10	002462	嘉事堂	2013、2014	130. 1688	306. 4228	3544. 2752	5572. 1523
11	300022	吉峰农机	2013	-144. 134		5953. 7654	
12	600051	宁波联合	2013、2014	60. 0276	244. 5935	2823. 4621	4442. 5613

续 表

序号	股票代码	企业名称	发布报告（年）	净利润（百万元）		营业收入（百万元）	
				2013	2014	2013	2014
13	600058	五矿发展	2013、2014	279.7843	-130.2302	203259.15	134559.385
14	600113	浙江东日	2013、2014	20.3516	15.2822	346.4315	444.0929
15	600153	建发股份	2013、2014	2692.9751	3374.4969	102067.7992	120924.831
16	600203	福日电子	2013、2014	76.2996	63.5298	2499.4767	3511.2896
17	600335	国机汽车	2013、2014	681.1116	781.7937	74887.8439	90343.5393
18	600386	北巴传媒	2014		199.9967		3000.4191
19	600511	国药股份	2013、2014	411.5097	498.0512	10081.4742	11538.3425
20	600546	山煤国际	2013、2014	244.0081	-1590.5651	81328.5626	63237.6706
21	600628	新世界	2013、2014	243.2266	247.9948	3450.3197	3332.6283
22	600653	申华控股	2013、2014	172.7867	-180.3447	9205.8281	6299.6467
23	600655	豫园商城	2013、2014	980.8485	1026.3646	22522.7739	19152.8935
24	600693	东百集团	2013、2014	56.222	132.0050	2036.7365	1746.3355
25	600704	物产中大	2013、2014	506.4718	458.5747	40234.6484	38156.8327
26	600739	辽宁成大	2013、2014	846.4059	965.0149	10333.8545	9238.5578
27	600755	厦门国贸	2013、2014	942.4432	868.7056	49068.4787	55287.8949
28	600824	益民集团	2013	165.0366		2979.8663	
29	600858	银座股份	2013、2014	266.4921	170.8250	14217.8762	13818.0338
30	600993	马应龙	2013、2014	186.3244	192.2700	1602.2825	1620.8012
31	600998	九州通	2013、2014	477.9278	568.2697	33438.0497	41068.4045
32	601607	上海医药	2013、2014	2242.925	2992.0148	78222.8174	92398.8936
33	601933	永辉超市	2013、2014	720.5812	852.6882	30542.8167	36726.8030
34	603123	翠微股份	2013、2014	133.4027	167.4555	4685.8514	6141.5438

第二节 企业社会责任评级

2013 年、2014 年分别对批发和零售业发布 CSR 报告的企业进行社会责任评级，并通过聚类分析将企业履行社会责任划分为“A”“B”“C”三级。批发和零售业发布CSR报告的企业CSR评级具体如表22－2所示。

表22－2 批发和零售业发布GSR报告的企业CSR评级

序号	股票代码	企业名称	CSR评级		序号	股票代码	企业名称	CSR评级	
			2013	2014				2013	2014
1	000026	飞亚达	C	C	18	600628	新世界	A	A
2	000028	国药一致	A	A	19	600653	申华控股	B	B
3	000516	开元投资	B	B	20	600655	豫园商城	B	B
4	000632	三木集团	B	B	21	600693	东百集团	C	C
5	000652	泰达股份	B	B	22	600704	物产中大	B	B
6	000753	漳州发展	B	B	23	600739	辽宁成大	C	B
7	002024	苏宁云商	A	A	24	600755	厦门国贸	C	B
8	002419	天虹商场	A	A	25	600858	银座股份	C	C
9	002462	嘉事堂	C	C	26	600993	马应龙	B	B
10	600051	宁波联合	C	C	27	600998	九州通	A	A
11	600058	五矿发展	B	B	28	601607	上海医药	C	A
12	600113	浙江东日	C	C	29	601933	永辉超市	A	A
13	600153	建发股份	B	B	30	603123	翠微股份	A	C
14	600203	福日电子	C	C	31	300022	吉峰农机	C	
15	600335	国机汽车	C	B	32	600824	益民集团	B	
16	600511	国药股份	B	B	33	000701	厦门信达		B
17	600546	山煤国际	B	A	34	600386	北巴传媒		C

2013年批发和零售业有32家企业发布企业社会责任报告，在本研究中以营业收入数据代表企业的规模。2013年该行业的企业规模范围是3.46亿到2032.59亿元，大多集中在200亿元以下。企业规模在20亿元以下的企业有2家，企业CSR评级为“B”“C”各1家；企业规模在20亿到200亿元之间的企业CSR评级为“A”的有3家，评级为“B”的有7家，评级为“C”的有8家；企业规模为200亿到400亿元的企业有4家，评级为“A”的有3家，评级为“B”的有1家；企业规模为400亿元到800亿元的企业有4家，评级为“B”的有1家，评级为“C”有3家；规模为800亿元以上的有4家，评级为“A”的有1家，评级为“B”的有3家。如图22－1所示，评级为“A”的企业集中在20亿到400亿元之间。

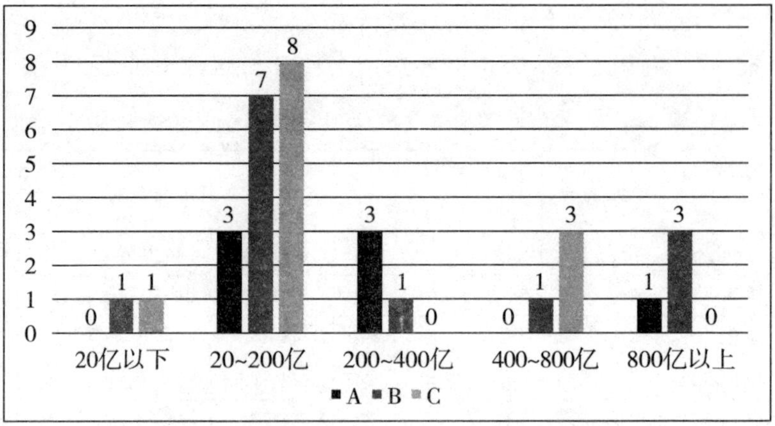

图 22－1　2013 年批发和零售业企业规模与 CSR 评级分布（单位：家、元）

2014 年批发零售业 32 家（原 2013 年发布报告的两家未发布，2014 年新增两家，故总数不变）企业的企业规模范围是 4.44 亿至 1345.59 亿元。企业规模在 20 亿元以下的企业有 3 家，评级为“B”的企业有 1 家，评级为“C”的企业有 2 家；企业规模在 20 亿至 200 亿元的企业共 17 家，评级为“A”的有 2 家，评级为“B”的有 8 家，评级为“C”的有 7 家；企业规模为 200 亿至 400 亿元的企业有 4 家，评级为“A”的有 2 家，评级为“B”的有 2 家；规模为 400 亿至 800 亿元的企业有 3 家，评级为“A”的有 2 家，评级为“B”的有 1 家；规模为 800 亿元以上的有 5 家，评级为“A”的有 2 家，评级为“B”的有 3 家。如图 22－2 所示，较 2013 年，2014 年评级为“A”的企业更平均地分配在 20 亿至 800 亿。

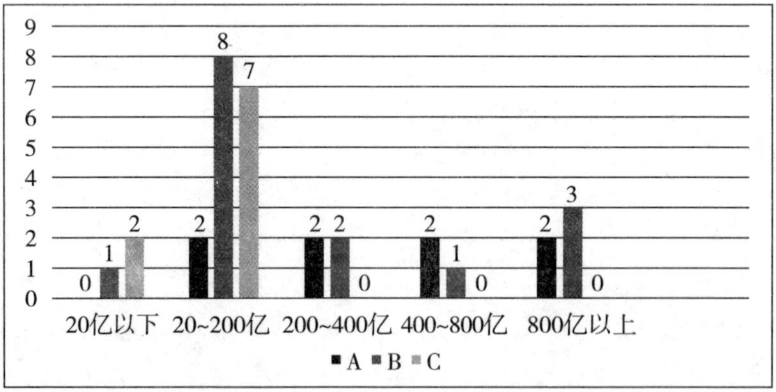

图 22－2　2014 年批发和零售业企业规模与 CSR 评级分布（单位：家、元）

2013 年 32 家企业中有 1 家企业净利润率为负，其他企业净利润率范围是0.14%至11.63%，并主要集中于10%以下。净利润率在0至10%的企业共30家，占比达93.75%，其中CSR评级为“A”“B”“C”的分别有7、12、11家。净利润率在10%以上的企业只有1家，CSR评级为“B”。32家企业的净利润率与CSR评级分布情况如图22－3所示。

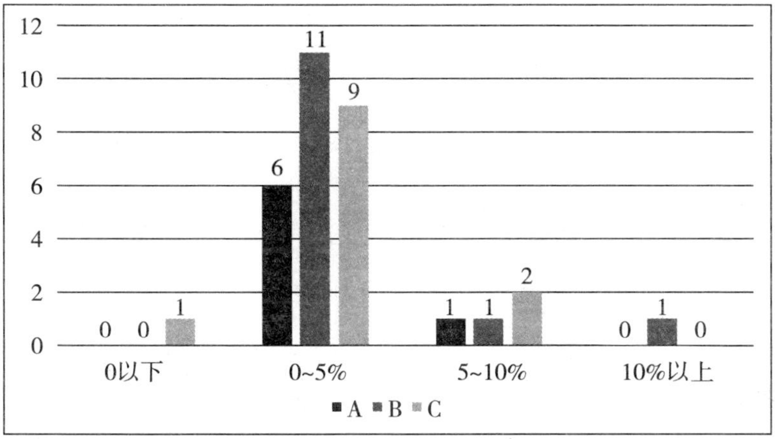

图22－3 2013年批发和零售业企业净利润率与CSR评级分布（单位：家）

2014年32家企业中有3家企业的净利润率为负，其他企业净利润率范围是0.06%至11.86%，并主要集中于10%以下。净利润率在0至10%的企业共27家，占比达84.38%，其中CSR评级为“A”“B”“C”的分别有7、11、9家。净利润率在10%以上的企业有2家，CSR评级皆为“B”。32家企业的净利润率与CSR评级分布情况如图22－4所示。

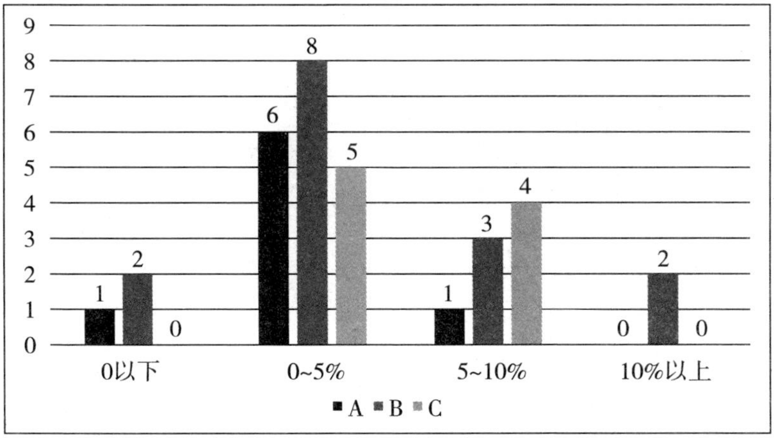

图22－4 2014年批发和零售业企业净利润率与CSR评级分布（单位：家）

第三节 企业社会责任各维度特征

2013 年、2014 年的批发和零售业上市公司在“员工责任”方面的均值最高，“消费者责任”和“社区责任”方面均值较低。在员工责任方面，上市公司对“机会平等无歧视”“就业机会平等和非歧视”普遍较为忽视。在市场责任方面，在“在价值链中促进社会责任”方面做得较好，主要表现为对供应商的管理。在消费者责任方面，本行业上市公司得分相对较低，在其发布的社会责任报告中很少提及“公平规范的市场营销”“消费者信息保护与隐私”“可持续消费”以及“教育和意识”等内容。在环境责任方面，部分企业在“减缓并适应气候变化”方面也有所贡献，体现为削减温室气体的排放。在社区责任方面，本行业上市企业在“社会投资”“社会捐赠”方面相对于“社区责任”的其他方面投入较大。

第四节 年报中的社会责任

1. 批发业

在批发业 63 家挂牌交易的公司中，有 21 家企业虽未单独发布企业社会责任报告，但是这些企业在年报中也提到了所履行的社会责任情况，占比 34.9%。还有 19 家企业未发布报告也未在年报中体现企业社会责任情况，占比 30.16%。批发业的 21 家披露社会责任情况的企业基本信息见表 22－3。

表 22－3 批发业企业基本信息表

单位：百万元

序号	股票代码	公司名称	净利润	营业收入
1	000045	深纺织	－113.59	1210.95
2	000151	中成股份	112.69	2537.96
3	000159	国际实业	132.58	1176.60
4	000411	英特集团	128.36	14073.81

续　表

序号	股票代码	公司名称	净利润	营业收入
5	000554	泰山石油	6.42	3911.81
6	600734	实达集团	-71.29	-71.29
7	000705	浙江震元	40.81	2081.23
8	000996	中国中期	9.32	83.00
9	002091	江苏国泰	219.43	6061.34
10	002221	东华能源	137.74	13314.26
11	002262	恩华药业	221.25	2501.36
12	002441	众业达	216.69	7182.91
13	002589	瑞康医药	181.76	7785.91
14	600175	美都能源	221.64	4211.39
15	600211	西藏药业	20.21	1668.04
16	600278	东方创业	167.95	14548.69
17	600605	汇通能源	7.96	2123.05
18	600677	航天通信	-272.65	7048.60
19	600826	兰生股份	521.79	1386.75
20	603003	龙宇燃油	10.40	5278.81
21	603368	柳州医药	177.27	5655.35

在未发布企业社会责任报告，但在年报中涉及企业社会责任情况的21家企业中，C类企业有3家，D类企业有8家，E类企业有10家，该行业社会责任履行情况相对较好，具体企业CSR评级见表22-4。

表22-4　批发业部分企业CSR评级

股票代码	公司名称	评级结果	股票代码	公司名称	评级结果
000045	深纺织	D	002441	众业达	D
000151	中成股份	E	002589	瑞康医药	C
000159	国际实业	E	600175	美都能源	E
000411	英特集团	E	600211	西藏药业	E
000554	泰山石油	E	600278	东方创业	E

续 表

股票代码	公司名称	评级结果	股票代码	公司名称	评级结果
600734	实达集团	D	600605	汇通能源	D
000705	浙江震元	D	600677	航天通信	E
000996	中国中期	D	600826	兰生股份	E
002091	江苏国泰	E	603003	龙宇燃油	D
002221	东华能源	C	603368	柳州医药	D
002262	恩华药业	C			

2. **零售业**

在零售业 83 家挂牌交易的公司中，有 41 家企业虽未单独发布企业社会责任报告，但是这些企业在年报中也提到了所履行的社会责任情况，占比 49.4%。还有 26 家企业未发布报告也未在年报中体现企业社会责任情况，占比 31.3。零售业的 41 家披露社会责任情况的企业基本信息见表 22－5。

表 22－5　零售业企业基本信息表

单位：百万元

序号	股票代码	公司名称	净利润	营业收入
1	000078	海王生物	83. 63	9802. 35
2	000416	民生控股	99. 7	455. 83
3	000417	合肥百货	446. 14	9972. 17
4	000419	通程控股	137. 86	4349. 63
5	000501	鄂武商 A	641. 25	17160. 87
6	000560	昆百大 A	89. 44	1640. 2
7	000564	西安民生	60. 94	4006. 55
8	000591	桐君阁	－4. 26	4748. 78
9	000759	中百集团	183. 84	16909. 02
10	000785	武汉中商	55. 52	4455. 83
11	000851	高鸿股份	100. 74	7080. 63
12	000889	茂业物流	98. 68	1920

续 表

序号	股票代码	公司名称	净利润	营业收入
13	000963	华东医药	942.76	18947.38
14	000987	广州友谊	262.72	3362.62
15	002187	广百股份	232.88	7645.56
16	002251	步步高	344.92	12296.79
17	002264	新华都	24.8	7018.48
18	002277	友阿股份	335.09	6044.9
19	002336	人人乐	-460.52	12117.38
20	002556	辉隆股份	135.75	9435.72
21	002561	徐家汇	268.54	2602.08
22	002607	亚夏汽车	-58.96	5236.94
23	002640	百圆裤业	28.66	841.82
24	002697	红旗连锁	170.23	4764.21
25	002727	一心堂	295.04	4428.41
26	600272	开开实业	36.64	882.8
27	600361	华联综超	101.8	13331.7
28	600697	欧亚集团	445.6	11542.12
29	600712	南宁百货	16.26	2497.48
30	600713	南京医药	152.41	22075.78
31	600774	汉商集团	24.18	941.33
32	600778	友好集团	264.58	8276.54
33	600814	杭州解百	382.02	6054.68
34	600830	香溢融通	108.08	1195.65
35	600856	长百集团	0.2854	368.53
36	600859	王府井	636.17	18277.1
37	600861	北京城乡	108.77	2219.17
38	600891	秋林集团	45.35	385.36
39	600976	健民集团	118.95	1753.49
40	601010	文峰股份	440.92	7795.17
41	601116	三江购物	109.81	4444.19

在未发布企业社会责任报告，但在年报中涉及企业社会责任情况的41家企业中，C类企业有3家，D类企业有14家，E类企业有24家，见表22－6。

表22－6　零售业部分企业CSR评级

股票代码	公司名称	评级结果	股票代码	公司名称	评级结果
000078	海王生物	D	002607	亚夏汽车	E
000416	民生控股	D	002640	百圆裤业	D
000417	合肥百货	C	002697	红旗连锁	D
000419	通程控股	D	002727	一心堂	E
000501	鄂武商A	E	600272	开开实业	E
000560	昆百大A	E	600361	华联综超	D
000564	西安民生	E	600697	欧亚集团	E
000591	桐君阁	E	600712	南宁百货	E
000759	中百集团	E	600713	南京医药	E
000785	武汉中商	D	600774	汉商集团	E
000851	高鸿股份	E	600778	友好集团	D
000889	茂业物流	D	600814	杭州解百	E
000963	华东医药	C	600830	香溢融通	E
000987	广州友谊	E	600856	长百集团	E
002187	广百股份	C	600859	王府井	D
002251	步步高	E	600861	北京城乡	E
002264	新华都	D	600891	秋林集团	D
002277	友阿股份	D	600976	健民集团	E
002336	人人乐	D	601010	文峰股份	E
002556	辉隆股份	E	601116	三江购物	E
002561	徐家汇	E			

第五节 典型案例

上海新世界股份有限公司（股票代码为600628）2013年净利润为2.43亿元，营业收入为34.5亿元，社会责任报告页数为55页，该企业的CSR评级为A。2014年净利润为2.47亿元，营业收入为33.32亿元，社会责任报告页数为70页，该企业的CSR评级为A。

上海新世界股份有限公司在“员工问题”方面做得比较全面。①不存在使用童工和安排未成年人从事禁忌劳动的相关事宜，为残疾人员提供相应的就业机会，帮助他们自立自强成为对社会有用的人；②公司严格按照《劳动法》《劳动合同法》等法律法规的要求，遵循合法、公平、平等自愿的原则与员工签订书面劳动合同。公司始终坚持同工同酬、男女平等、民族平等的原则，尊重工作机会均等和多元化，根据员工能力和经验提供合适的岗位；③依法为员工缴纳社会保险费用。公司根据有关政策法规，为员工按时足额缴纳各项法定社会保险与福利，并根据企业特点为员工办理意外综合保险等其他补充保险。保证员工的休假和其他福利；④建立管理体系，确保职业健康安全。公司严格按照相关规定，加强对高空、带电等危险特殊作业人员的安全管理，并督促做到持证上岗、正确佩戴劳防用品；⑤注重员工培训，支持职业发展。分类分层次的技能培训：公司构建了分类分层次的培训体系，面向所有员工提供包括管理体系建设、专业技能、实战带教等培训项目。员工正式上岗前培训合格率达100%。开展各种特色培训：公司按照先培训后上岗原则、按需培训原则、分层次培训原则、全员培训与突出重点相结合原则、持续性培训原则，开展了各种形式的培训。员工职业发展规划：公司以员工自我评估和组织评估为依据，为员工制订职业发展规划，为员工开辟适合其自身发展的职业成长通道。

在“市场责任”方面，上海新世界股份有限公司做到了：①通过签订党风廉政建设责任书和廉洁自律承诺书，约束领导干部行为。通过制定员工手册、每月一次班组学习、定期举办培训等，培养员工法治意识，遵守道德行为规范；②坚持诚信经营理念，在上海商界率先推出了“三真理念”，法人行为诚信，遵纪守法，按章纳税；③公司不定期对部分供应商进行实地考察，参观供应商的厂房环境及生产设备，关注供应商的员工生活设施和权益保障，引导促进供应商持续更新自身生产工艺、合法经营及保障员工人权。

在“消费者责任”上做到了以下几个方面：①公平规范的市场营销。坚持创新营销服务手段，有节用节，无节造节，小节大做。积极开拓名人营销、节假日营销、品牌营销、文化营销、慈善营销等营销新模式，实现了规范服务、星级服务、诚信服务、礼仪服务、感恩服务；②建立了“顾客投诉数据库”“售后服务网络数据库”等基础数据库。努力把消费者售前质量风险、售中购物不便、售后服务之忧都降为零，率先落实了“新世界无假货”的承诺，坚决杜绝假冒伪劣产品在企业中出现。退售一致，承诺售后服务诚信。建立消费者权益保护联络点，同时在建立诚信档案基础上推出“诚信二十不”，设立了200万元专项退货基金，主张“售后服务先行赔付原则”，充分展现了企业消费者维权的自律性，彻底保证了顾客的合法权益，为顾客创造了良好的消费环境。

在“环境责任”方面，上海新世界股份有限公司做到了如下几个方面：①针对噪声、空气污染等问题，公司提出了建设低能耗、低污染、布局合理的“绿色”购物环境。地下车库的废气采用机械排风，设置专用风道高空排放。餐饮污水经隔油池隔油处理后排入市政污水收集管网；②公司对各楼面商场的公共区域照明灯具进行了分批置换，把原先高耗低效的灯具置换成低耗高效的节能灯具，对空调冷冻机组水泵进行节能技改。2014年，对5F商场改造工程实行能源合同管理模式，改造后节约能耗折合标煤约60吨；③环境保护与自然环境的恢复，“见缝插绿”是公司环境持续长效管理的根本保证。为了更好地体现公司的外部形象，公司不但在新世界城外的花坛里种植了大面积的黄杨，而且根据季节的不同，各种绿化，确保了四季常青。

在“社区责任”上做到了如下几个方面：①社区参与：定期组织开展为民、便民服务进小区的活动，为社区居民提供小家电维修、羊毛衫织补、修拉链、理发等服务，使广大党、团员更积极地投身于社会公益活动中去，做好文明单位和党团员的服务、示范与辐射作用，帮助社区居民解决热点、难点问题；②社会投资：回报社会，开展资助捐助活动。2013年，公司向老年人慈善基金会捐款35万元。

第二十三章
交通运输、仓储和邮政业

第一节 公司基本信息

交通运输、仓储和邮政业有123家公司挂牌交易，其中有24家上市公司发布社会责任报告，占该行业全部企业的比重为19.5%。2014年，交通运输、仓储和邮政业有83家公司挂牌交易，其中有38家上市公司发布社会责任报告，占该行业全部企业的比重为45.78%，基本信息见表23－1。

表23－1 交通运输、仓储和邮政业企业基本信息

序号	股票代码	企业名称	发布报告（年）	净利润（百万元）		营业收入（百万元）	
				2013	2014	2013	2014
1	600125	铁龙物流	2013、2014	421.4291	340.9804	4280.5997	5905.6583
2	601006	大秦铁路	2013、2014	12691.540	14189.077	51342.7397	53970.7304
3	601333	广深铁路	2013、2014	1273.8394	661.1258	15800.6774	14800.7809
4	000088	盐田港	2013、2014	388.4645	473.4593	307.6955	300.8508
5	000900	现代投资	2013、2014	539.6542	420.5576	1754.1548	4331.4165
6	600012	皖通高速	2013、2014	847.9101	867.6616	2330.1042	2339.5695
7	600020	中原高速	2013、2014	394.595	895.8266	3050.8806	3885.1517
8	600033	福建高速	2013、2014	543.8214	790.9382	2625.1181	2636.0277
9	600269	赣粤高速	2013、2014	653.6762	572.5167	3913.3058	4080.5081
10	600350	山东高速	2013、2014	2322.1477	2438.4136	5831.4632	6354.7385
11	600377	宁沪高速	2013、2014	2707.7431	2647.2891	7614.2267	7879.0763

续 表

序号	股票代码	企业名称	发布报告（年）	净利润（百万元）		营业收入（百万元）	
				2013	2014	2013	2014
12	600548	深高速	2013、2014	719.6916	2271.4695	3279.2811	3620.3575
13	600561	江西长运	2013、2014	135.6412	191.6732	2453.8676	2597.3209
14	600611	大众交通	2013、2014	408.2101	496.4493	2998.4073	2935.2451
15	601107	四川成渝	2013、2014	1010.2794	1059.3746	7134.8624	8300.3558
16	601188	龙江交通	2013、2014	237.116	295.5631	447.7406	493.1580
17	601518	吉林高速	2013、2014	289.0674	265.5355	785.7328	604.1551
18	600017	日照港	2013、2014	801.9101	720.7545	4965.5006	5083.6038
19	600018	上港集团	2013、2014	5255.5285	7847.7933	28162.2985	28778.7035
20	600026	中海发展	2013、2014	-2298.4008	403.3798	11392.0369	12333.8204
21	600190	锦州港	2013、2014	154.6938	231.9176	1844.6303	2126.9947
22	600317	营口港	2013	511.1295	563.0592	3687.1116	3910.4876
23	600428	中远航运	2013、2014	32.6388	196.4673	7441.6144	7663.3226
24	600717	天津港	2013、2014	1067.432	1647.8483	16626.0522	25528.2988
25	600798	宁波海运	2013、2014	5.9527	-12.8620	1061.6702	1089.5839
26	600896	中海海盛	2013、2014	19.7349	-178.9085	1042.8779	1044.0282
27	601000	唐山港	2013、2014	887.5762	1188.920	4549.9153	5126.6271
28	601008	连云港	2013、2014	160.012	102.5377	1542.2758	1529.3711
29	601018	宁波港	2013、2014	2839.82	3016.276	11395.536	13415.207
30	601866	中海集运	2013、2014	-2646.1492	1084.6735	34341.0192	36233.4822
31	601919	中国远洋	2013、2014	235.4699	1550.8212	61934.1365	64374.4563
32	600004	白云机场	2013、2014	894.9576	1156.8547	5141.3134	5527.6786
33	600029	南方航空	2013、2014	1895	2418	98130	108313
34	600115	东方航空	2013、2014	2376.037	3547	88009.236	89746
35	600270	外运发展	2013、2014	680.8328	616.6511	3901.4116	4171.1311
36	601111	中国国航	2013、2014	3318.613	4249.926	97628.253	104825.683
37	600787	中储股份	2013、2014	335.8721	557.7446	27839.0688	21476.9690
38	601880	大连港	2013、2014	781.9736	605.6721	6981.9802	7942.4562

第二节 企业社会责任评级

2013 年、2014 年分别对交通运输、仓储和邮政业发布 CSR 报告的企业进行社会责任评级，并通过聚类分析将企业履行社会责任划分为“A”“B”“C”三级。交通运输、仓储和邮政业发布 CSR 报告的企业 CSR 评级具体见表 23－2。

表 23－2 交通运输、仓储和邮政业企业 CSR 评级

序号	股票代码	企业名称	CSR 评级		序号	股票代码	企业名称	CSR 评级	
			2013	2014				2013	2014
1	600125	铁龙物流	C	C	20	600026	中海发展	C	A
2	601006	大秦铁路	C	C	21	600190	锦州港	C	C
3	601333	广深铁路	B	B	22	600317	营口港	C	-
4	000088	盐田港	C	C	23	600428	中远航运	C	C
5	000900	现代投资	C	C	24	600717	天津港	A	A
6	600012	皖通高速	C	B	25	600798	宁波海运	C	C
7	600020	中原高速	C	C	26	600896	中海海盛	C	C
8	600033	福建高速	C	C	27	601000	唐山港	B	B
9	600269	赣粤高速	C	C	28	601008	连云港	C	C
10	600350	山东高速	C	C	29	601018	宁波港	C	C
11	600377	宁沪高速	B	B	30	601866	中海集运	C	A
12	600548	深高速	B	B	31	601919	中国远洋	A	A
13	600561	江西长运	C	C	32	600004	白云机场	C	C
14	600611	大众交通	C	C	33	600029	南方航空	A	A
15	601107	四川成渝	B	B	34	600115	东方航空	A	A
16	601188	龙江交通	C	C	35	600270	外运发展	A	A
17	601518	吉林高速	C	C	36	601111	中国国航	A	A
18	600017	日照港	B	B	37	600787	中储股份	C	B
19	600018	上港集团	A	A	38	601880	大连港	C	B

2013 年发布社会责任报告的 38 家企业中，评级为“A”的企业有 7 家，评级为“B”的企业有 6 家，评级为“C”的企业有 25 家。本研究中以营业收入数据代表公司规模，将交通运输、仓储和邮政业各公司划分为图 23－1 所示的 4 个营业收入区间。由图可看出，该行业 CSR 评级为“A”的企业基本都是企业规模在 80 亿以上的企业，而企业规模在 20 亿元以下的企业评级皆为“C”；企业规模在 20 亿到 40 亿元的企业绝大部分评级为“B”。相对来说，交通运输、仓储和邮政业营业收入高的企业 CSR 评级较好，社会责任履行情况更为优秀。

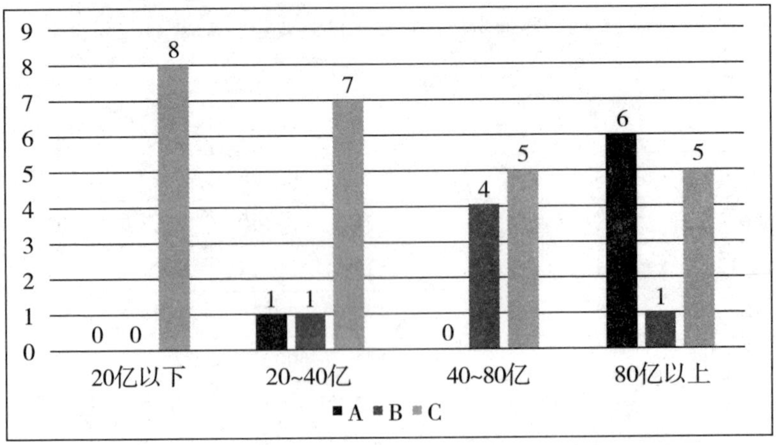

图 23－1　2013 年交通运输、仓储和邮政业企业规模与 CSR 评级分布（单位：家、元）

2014 年发布社会责任报告的 37 家企业中，评级为“A”的企业有 9 家，评级为“B”的企业有 9 家，评级为“C”的企业有 19 家。本研究中以营业收入数据代表公司规模，将交通运输、仓储和邮政业各公司划分为图 23－2 所示的 4 个营业收入区间。由图 23－1 和 23－2 对比可看出，该行业 2014 年 CSR 评级与企业规模的关系基本和 2013 年一致。企业规模在 80 亿元以上且评级为“A”的企业由 2013 年的 6 家增至 8 家，评级为“C”的企业则由 5 家降至 2 家；而企业规模在 20 亿元以上且评级为“C”的企业由 2013 年的 8 家降至 6 家。数据反映了该行业企业规模的总体增长，也反映了该行业 CSR 报告质量的整体提升。

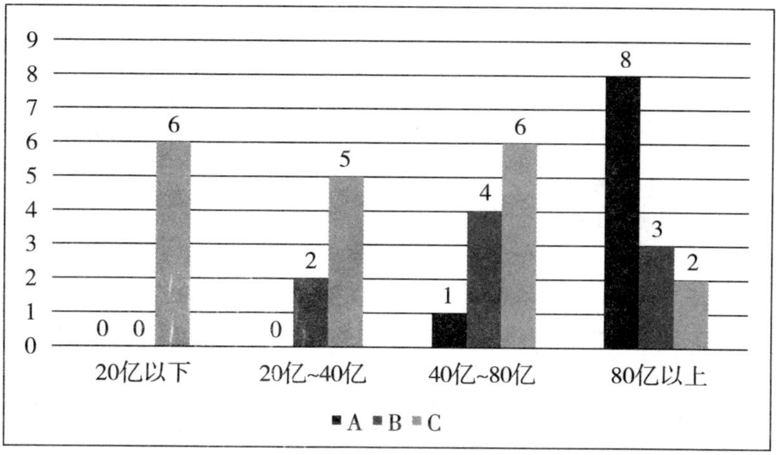

图 23-2 2014 年交通运输、仓储和邮政业企业规模与 CSR 评级分布（单位：家、元）

本研究中采用上市公司净利润/营业收入作为企业净利润率，并结合报告等级，将净利润率均匀分成 5 个区间进行统计分析。2013 年 38 家企业中有 2 家企业的净利润率为负，其他企业净利润率范围是 0.38% 至 126.25%，半数以上集中于 15% 以下。净利润率在 0 至 10% 的企业共 15 家，占比达 39.47%，其中 CSR 评级为“A”“B”“C”的分别有 5、1、9 家。净利润率在 10% 以上的企业，CSR 评级为“A”“B”“C”的分别有 2、5、16 家。38 家企业的净利润率与 CSR 评级分布情况如图 23-3 所示。

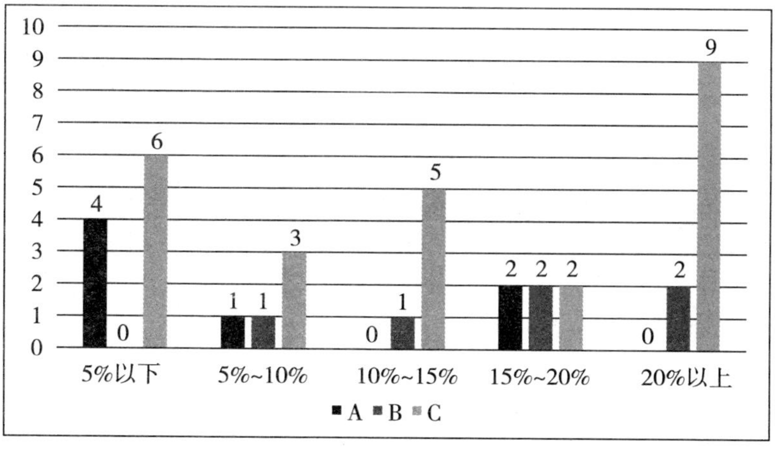

图 23-3 2013 年交通运输、仓储和邮政业企业净利润率与 CSR 评级分布（单位：家）

2014 年 37 家企业中有 2 家企业的净利润率为负，其他企业净利润率范围是2.23%至157.37%。净利润率在0至10%的企业共15家，占比达40.54%，其中CSR评级为“A”“B”“C”的分别有7、3、5家。净利润率在10%以上的企业，CSR评级为“A”“B”“C”的分别有2、6、12家。37家企业的净利润率与CSR评级分布情况如图23-4所示。

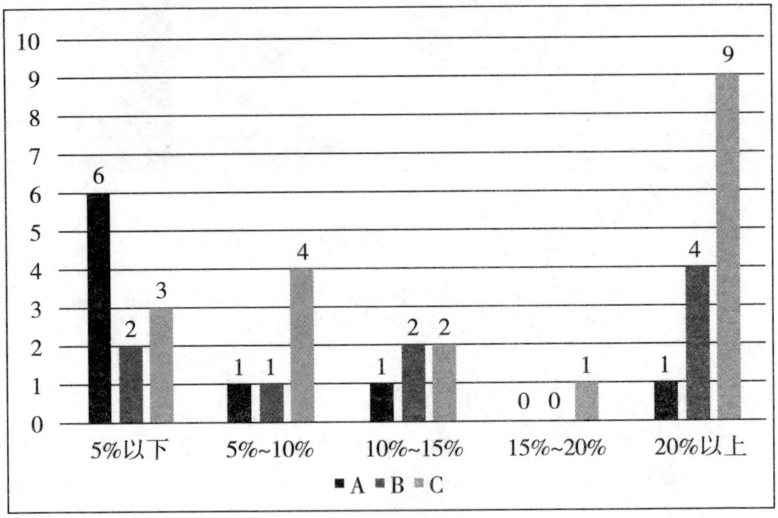

图23-4　2014年交通运输、仓储和邮政业企业净利润率与CSR评级分布（单位：家）

第三节　企业社会责任各维度特征

2013年和2014年交通运输、仓储和邮政业发布社会责任报告的企业在“员工责任”方面的社会责任履行表现位于首位，接下来依次是“环境责任”“市场责任”和“社区责任”。而在“消费者责任”上的责任履行表现则位于末位，具体分析如下：

1. 社会责任治理

本行业在社会责任治理方面的评分普遍较高，在“责任决策”“责任治理”“责任推进”和“责任沟通”方面都进行了充分描述，将企业经营管理行为与履行社会责任紧密结合。很多企业阐明了公司的企业文化观，提及社会责任承诺和战略以及相应的组织机构。一些企业还细致地公布社会责任决策的执行情况，提及了社会责任培训和激励。例如，中储发展股份有限公司（600787）发布了社会责任战略：强调创新发展、实施人才工程、以人为本、强化风险管理、树立和谐发展的企业文化目标；建立了社会责任工作体系：公司董事会是社会责任管理工作的决策机构，负责制定企业社会责任理念、社会责任战略规划以及相关政策和制度，负责建立企业社会责任管理体系，设立社会责任管理机构，并对社会责任工作的开展情况进行监督。在责任沟通方面，与利益相关方充分沟通，采取不同沟通方式听取不同相关方的诉求并进行回应。公司还按照业务、管理职能初步建立了社会责任指标体系，内容包括服务质量、生产安全、风险控制、员工培训与福利、节能环保等方面。公司每年通过信息上报、现场检查、内审等多种方式对绩效指标评估，评估结果与基层企业管理层年度考核结果直接相关。公司在全系统范围内开展了优秀社会责任案例评选活动，提高了整个企业的社会责任意识，使公司理念深入人心，建立了灵活的沟通机制。此外，中国国际航空股份有限公司、中国中铁二局集团有限公司等企业的组织治理描述和评价与中储股份大抵相当。

2. 员工责任

上市公司对“工作中的基本原则和权利”“工作条件和社会保护”“职业健康安全”以及“工作场所中人的发展与培训”等问题的关注度普遍较高，执行力度也较大。而“机会平等无歧视”“就业机会平等和非歧视”则被企业忽视。

2013 年，深圳高速公路股份有限公司（股票代码为 600548）在这一问题上做得较好，突出表现为招聘人员时不因性别、民族、地域、文化背景等因素而区别对待。女性员工占全体员工的 49%。2014 年，中储股份在报告中提到其注重加强对员工隐私的保护，如把开放式体检报告改为密封式，把传统工资单改成工资密函，等等，进一步增强了员工个人信息的保密性。这一点是绝大部分企业报告中未提及过的。

3. 环境责任

在这个维度上，本行业企业普遍重视“污染预防”和“资源可持续利用”这两个问题，即节能减排。部分企业在“减缓并适应气候变化”方面也有所贡献，体现为削减温室气体的排放。只有极少数公司提及“环境保护与自然环境的恢复”，以 2013 年锦州港股份有限公司（股票代码为 600190）为例：公司累计投入 32 万元在地质条件允许的煤场四周及港界四周栽种松、柏等较高树种，在非通道或非堆场铺设植草砖种草，兼顾了港区的绿化和抑尘。2014 年，皖通高速（股票代码为 600012）发布的报告相对 2013 年明显更加翔实。其在“环境保护与自然环境的恢复”方面有具体的措施和技术创新：在强化日常保洁工作基础上，重点清理中央分隔带、路堑边坡、路基下边坡白色垃圾、抛洒物。同时对管理处办公区、收费站所环境进行整治。以互通区绿化整治为突破口，清理沿线农作物，并利用春季补植有利时节，完成互通区绿化提升工程。在养护工作中积极开发、应用、推广新技术、新工艺、新产品，有效降低养护成本。2014 年先后开展课题研究 21 项，累计完成 12 项（暂未报奖 5 项），正在开展的课题 9 项。累计获中国公路学会科学技术二等奖 3 项，安徽省科学技术三等奖 2 项，安徽省交通科技进步二等奖 3 项、三等奖 2 项。研究成果达到国际领先水平 4 项，国际先进水平 4 项，国内领先水平 4 项。其中，有 4 项课题通过省交通运输厅鉴定验收。

4. 市场责任

在“反腐败”上，部分公司建立了内部相关制度和规定，用以约束员工行为，但具体执行情况和执行力度只有极少数公司在其社会责任报告中进行披露。

例如 2013 年，四川成渝高速公路股份有限公司（股票代码为 601107）建立了党风廉洁责任体系，制定党风廉政建设考核制度，推行干部廉政承诺制度，在工程施工、工程监理、物资采购中全面推行招投标制度和廉政合同制度。2014 年，中海油运（股票代码为 600026）的 CSR 报告相对 2013 年有了质的飞跃。其在“反腐败”方面措施突出：对新提任干部开展了 22 人次的廉洁谈话，对重要岗位人员进行集体廉洁谈话，42 名司管干部签署年度廉洁承诺书。全年共组织廉洁教育 21 场次，参加教育人员 2050 人次。

5. 消费者责任

在该行业中的航空运输业企业对消费者问题的关注远远高于其他企业。例如，南方航空（股票代码为 600029）、中国国航（股票代码为 601111）非常注重消费者体验和服务质量。2014 年 4 月 16 日，中国国航进行空地基站模式（Air To Ground，ATG）“宽带互联网航班”的体验飞行，成为国内首家同时实现地面基站宽带互联技术及卫星通信技术应用的航空公司。

6. **社区责任**

2014 年，中海集运（股票代码为 601866）发布的报告相对 2013 年有了质的提升。在“社区问题”责任履行中，该公司描述翔实清楚。在教育方面的投入，如募集爱心款项 150 余万用以改善云南永德县师生的教学工作环境；组织 9 次支教；捐赠书籍 4642 册、衣物 8285 件、文具 5359 件和电脑 17 台。在健康方面的投入，如 2014 年 4 月 11 日甘肃兰州发生自来水苯超标事件后，中海集运协助恒大冰泉捐赠 1200 多万瓶矿泉水，及时送至兰州。

第四节　年报中的企业社会责任

在交通运输、仓储和邮政业 83 家挂牌交易的公司中，有 34 家企业虽未单独发布企业社会责任报告，但是这些企业在年报中也提到了所履行的社会责任情况，占比 40. 96%。也有 12 家企业未发布报告也未在年报中体现企业社会责任情况，占比 14. 5%。交通运输、仓储和邮政业的 34 家披露社会责任情况的企业基本信息见表 23 – 3。

表 23 – 3　交通运输、仓储和邮政业企业基本信息表

单位：百万元

序号	股票代码	公司名称	净利润	营业收入
1	000548	湖南投资	19. 40	205. 68
2	000828	东莞控股	599. 48	935. 85
3	000916	华北高速	246. 32	709. 23
4	002357	富临运业	120. 56	391. 29
5	002627	宜昌交运	66. 70	1303. 89
6	002682	龙洲股份	34. 11	2261. 75
7	600035	楚天高速	278. 18	1130. 24
8	600368	五洲交通	20. 85	3289. 78
9	600650	锦江投资	267. 59	2182. 16
10	600662	强生控股	230. 54	4555. 68

续 表

序号	股票代码	公司名称	净利润	营业收入
11	600676	交运股份	355.55	8935.49
12	600708	海博股份	210.06	4526.40
13	600834	申通地铁	105.17	744.58
14	000022	深赤湾	529.79	1804.77
15	000520	*ST 凤凰	4339.06	981.87
16	000582	北部湾港	608.28	4237.73
17	000905	厦门港务	322.29	7502.33
18	002040	南京港	23.07	150.27
19	002320	海峡股份	83.44	595.42
20	600242	中昌海运	-364.92	297.91
21	600575	皖江物流	-2263.61	19318.09
22	600751	天津海运	78.93	423.62
23	601872	招商轮船	224.96	2602.15
24	601919	中国远洋	1550.82	64374.46
25	603167	渤海轮渡	198.57	1117.36
26	000089	深圳机场	276.20	2973.30
27	000099	中信海直	205.74	1339.11
28	200152	山航 B	287.85	11570.30
29	600009	上海机场	2250.18	5750.88
30	600221	海南航空	2642.65	36043.77
31	600897	厦门空港	477.30	1352.50
32	002245	澳洋顺昌	205.86	1589.85
33	603128	华贸物流	119.19	7966.93
34	002492	恒基达鑫	44.29	174.44

在未发布企业社会责任报告，但在年报中涉及企业社会责任情况的 34 家企业中，C 类企业有 1 家，D 类企业有 10 家，E 类企业有 23 家，见表 23-4 和如图 23-5 所示。说明评级相对较低的企业社会责任履行情况较差。

表 23-4 交通运输、仓储和邮政业企业 CSR 评级

股票代码	公司名称	评级结果	股票代码	公司名称	评级结果
000548	湖南投资	E	002040	南京港	E
000828	东莞控股	E	002320	海峡股份	E
000916	华北高速	D	600242	中昌海运	D
002357	富临运业	D	600575	皖江物流	E
002627	宜昌交运	D	600751	天津海运	E
002682	龙洲股份	E	601872	招商轮船	D
600035	楚天高速	E	601919	中国远洋	D
600368	五洲交通	D	603167	渤海轮渡	D
600650	锦江投资	E	000089	深圳机场	C
600662	强生控股	E	000099	中信海直	E
600676	交运股份	E	200152	山航 B	E
600708	海博股份	E	600009	上海机场	E
600834	申通地铁	E	600221	海南航空	E
000022	深赤湾	D	600897	厦门空港	E
000520	*ST 凤凰	E	002245	澳洋顺昌	E
000582	北部湾港	E	603128	华贸物流	D
000905	厦门港务	E	002492	恒基达鑫	E

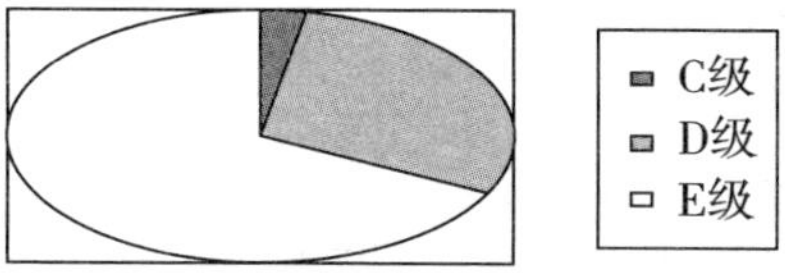

图 23-5 企业 CSR 评级分布

第五节 典型案例

1. 中国远洋控股股份有限公司

中国远洋控股股份有限公司（简称中国远洋，股票代码为 601919）2013 年的营业收入达 619.34 亿元，净利润为 2.35 亿元；2013 年发布的

CSR 报告篇幅为 132 页，内容丰富，结构清晰，可读性较强；公司社会责任评级为 A。中国远洋采取的行动具体表现如下：

在“员工责任”方面采取的措施主要有：①中国远洋在各级领导干部的培养、选拔、任用环节中注重年龄、性别、民族等结构组成。其中公司董事、监事、高管共 22 人，女性 2 人，占 9%；50 岁以下 5 人，占 23%；外籍人员 4 人，占 18%。逐步形成了专业齐全、梯次合理、素质优良、新老衔接的领导干部队伍。中国远洋 CSR 报告涉及该方面的内容相对较少，因此公司有必要加强对员工“歧视和弱势群体”方面的重视。②为维护海员合法权益，构建和谐劳动关系，实现海员“体面的工作和生活”，中国远洋各航运单位积极履行国际劳工组织已生效的劳工公约规定的责任和义务，按照《中国船员集体协议》的要求，遵循合法、公平、平等自愿、协商一致、诚实守信的原则与船员签订劳动合同，确立劳动关系。③中国远洋各级企业严格按照国家法律、法规要求和相关的政策规定，结合行业和企业实际，建立不同形式的工资和福利制度，维护职工根本利益。中国远洋依法为企业员工缴纳各种社会保险，涵盖养老、医疗、工伤、生育、失业保险以及住房公积金等项目，确保职工的合法权益。2013 年度中国远洋基本养老保险单位缴费比例为 20%，个人缴费比例为 8%。④按照公司导入的 OHSAS 18000 职业健康安全管理标准和 ISM 规则，建立运行职业健康安全管理体系，制定职业健康安全管理的相关程序、须知和操作规程，加强对劳动安全和职业健康的管理。2013 年 10 月，由中国船级社质量认证公司考评组对中远散运进行了安全生产标准化考评。在总分为 1000 分的考评测量中，中远散运以 961 分的好成绩顺利通过现场考评。⑤各公司从企业发展和员工队伍建设的实际需要出发，完善体系、优化流程，分层次、分类型地开展了党政方针、经济形势、法律法规、经营管理、业务知识等各方面培训，进一步提高了培训质量，共培训 10112 小时。

在“市场责任”这个维度上的表现较好，主要体现为公司对该维度包含的 4 个小问题都有所关注和行动：①中国远洋致力于通过对员工的培训和沟通，有效地将社会责任的相关理念和文化贯彻到整个公司，向到访人员介绍公司理念和文化，将社区建设、反腐倡廉、反垄断和遵纪守法等相关内容纳入培训计划，并有组织、多形式和不同层次地进行各个方面的培训教育。培训内容包括专题活动、主题征文活动、图片展览活动（如中央八项规定要求、惩防体系建设和“三重一大”）等形式，将相关政策和规定普及至全系统。通过推进廉洁文化建设，将主题目标、原则、主要任务、步骤、措施等做了详细规划。通过有计划、全方位、多层次、分阶段地推进廉洁文化建设，引导企业廉洁诚信、依法经营，陶冶员工灵魂和情操，矫正和克服不良风气，筑牢全体员工拒腐防变的思想道德防线。各公司还利用网络上传相关政策、规章和案例，通过员工的浏览学习，以提高防范意识和自律水平；②在国家和国际有关政策的制定与研究上，中国远洋坚持进行投入，全面推进《联合国全球契约和可持续发展相关理念和指南》，要求在社会公众各层面进行传播和贯彻。以诚信经营、合法生产为原则，努力维护公平、公正和公开的市场环境，旗帜鲜明地反对行业垄断。中国远洋各公司及员工不采用违法手段侵犯竞争对手的商业秘密。中国远洋各公司从未收到过因不正当竞争或垄断行为而引发的投诉；③中国远洋注重发挥知识产权在保护企业技术创新、促进成果转化、提高核心竞争力中的作用。不参与侵犯产权的活动，包括滥用支配地位、假冒和盗版；④在自身积极履行社会责任的同时，还积极帮助价值链企业（包括供应商和客户）更好地履行社会责任。近年来，中国远洋积极实施供应链社会责任，努力促进供应商和客户社会责任工作发展。

在“消费者责任”上，中国远洋集团的表现非常突出，遥遥领先于其他公司：①开发和利用货物操作系统、物流信息平台、船舶管理动态跟踪系统等软件系统，确保产品和服务过程相关信息及时有效地传递。设备交接单有效打印后 48 小时内保证用箱；在货物装船后 1 个工作日内签发正本提单；货物装船后 1 个工作日内提供客户发票；5 个工作日内解决发票争议。②以 ISO 9000 质量管理体系为基础构架，以质量、环境和安全三大管理体系为基础。公司在报告期内检查船舶 73 艘次，检查各类隐患缺陷 1394 条并积极整改；积极开展船岸联合应急演习 26 次，消防、弃船、溢油专项演习活动 322 次。③公司以可持续发展和风险管理为主线进行管理创新，把可持续发展要求和指标全部落实到流程与岗位的指标化社会责任管理体系中。中远集运使用集装箱开展运输服务，为保证货物完好而提供的垫舱物料，制定并执行严格的回收和处理制度，保证包装物 100% 回收和废物利用。④中国远洋坚持“市以诚为本，诚以信为基”的营销策略，在市场推广和营销宣传过程中，始终坚持以质量、品牌和声誉赢得市场、拥有客户。⑤公司保证不与他人共享客户的信息，不泄露或出售客户或潜在客户的信息。在揽货过程中，中国远洋为客户提供真实有效的班轮时刻、班轮配载情况等业务信息，杜绝各下属货代网点或合作机构的虚假信息。

在“环境问题”上除“环保节能”外还关注了大部分企业容易忽视的“气候”和“自然环境恢复”问题，①“污染预防”：中国远洋所属船舶严格按照《MARPOL 公约》附则要求，对固体废弃物进行收集并按规定进行回收和焚化处理，处置率达 100%。②“资源可持续利用”：2013 年中国远洋为满足《MARPOL 公约》附则 VI 要求，减少船舶排放，使用低于 1.5%m/m 以下含硫量的低硫燃油 31.29 万吨，增加成本 9992 万元人民币。③“减缓并适应气候变化”：公司能耗下降 15%，二氧化碳排放量下降 16%。④“环境保护与自然环境的恢复”：中国远洋对远洋运输和相关业务对海洋以及经营场所涉及区域内的生物多样性价值进行识别，认定远洋运输业务所使用的传统船舶油漆、排放的压载水等船舶污染对海洋生物多样性的影响比较大。为此，中国远洋根据国际公约对生物多样性的要求，制定保护生物多样性的策略，积极研究和采取有效措施，从造船、修船供应链全过程使用无毒油漆，以保护海洋生物；提前就压舱水管理作出规划并开始实施，以保护海洋生物区域生活环境；严格实施国际安全管理规则，杜绝海洋污染，以保证海洋生物免受伤害。

在“社区责任”维度上的举措主要有，①“社区参与”：2013 年 9 月 7 日，大连中货与大连市中山区人民路街道兴和社区联合开展了迎十二运青年志愿者爱心服务活动。活动当天志愿者走向街头，为行人指引道路、引导行人遵守交通规则，积极为十二运召开做贡献。2013 年，中国远洋共有 2803 人次志愿者参与社会和社区活动，收到了良好的社会效益；②“教育和文化”：2013 年 8 月中旬至 9 月初，广州中货开展了爱心捐赠活动，募集日常衣物、背包文具、书籍报纸等。大家将闲置物品经保洁美公司进行回收分类、消毒环保处理，再通过《信息时报》赠送给需要的学校和地区，积极促进社区文化教育事业发展；③“健康”：中国远洋将健康视为人的基本权利，支持社区市民健身中心的活动，宣传艾滋病预防控制和公共场所禁烟规定及流行性疾病防治，高度关注所在社区居民的身心健康；④“社会投资”：作为中远慈善基金会的重要成员企业之一，中国远洋及所属各公司透过中远慈善基金会积极开展社会公益项目，中远慈善基金会主要项目涉及助学、助医、赈灾、济困、环保等领域；⑤“财富和收入创造”：中国远洋对海外公司采用属地化管理模式，按照各海外公司所在地法律规定，雇用当地员工。除公司总部派出少数高级管理人员外，大多数中高级管理人员和一般员工均在当地聘用。2013 年中国远洋聘用外籍员工 2502 人，占中国远洋员工总数的 6.35%。

总体而言，中国远洋集团在社会责任方面关注范围比较全面，投入深度较大，尤其是在“消费者问题”和“员工问题”2 个维度上相对本行业其他企业表现突出，是一篇比较优秀的社会责任履行报告。

2. 中国国航

中国国际航空股份有限公司（简称“中国国航”，股票代码为 601111）2014 年的营业收入达 1048.26 亿元，净利润为 42.5 亿元；发布的 CSR 报告篇幅为 72 页，内容丰富，结构清晰，可读性较强；公司社会责任评级为 A。中国国航采取的行动具体表现如下：

在“员工责任”维度的成效主要有：①2014 年，国航在岗员工 26206 人，其中，女性员工占比为 36.3%，并在公司管理层占比 16%；②中国国航严格遵守国家《劳动法》《劳动合同法》等相关法律规定，劳动合同签订率为 100%，积极促进平等就业，反对歧视，坚持同工同酬，杜绝童工，规范用工；③为保障员工健康权益，中国国航建立了多层次的社保体系，其中，社会保险和商业补充医疗保险覆盖全体员工，并为员工子女建立员工子女医疗保险。国航加强对员工的关爱帮扶，帮助员工解决后顾之忧。国航开展了“送温暖、送清凉”活动，并成立了员工互助基金和女职工大病互助基金；④2014 年，国航招募并培训幸福大使 123 人，5652 名员工参加了心理健康体检，受理员工电话 1585 个，形成个案 1088 个，提供网络服务 10313 人次，完成一对一咨询 75 场，心理健康专题培训 51 场，并发送 EAP 电子月报 12 期。中国国航积极组织员工开展各项文体活动，全年共向基层工会发放文化活动经费补助 160 余万元，补助项目 267 个，在文学、摄影、书画以及各类协会活动等方面，推动基层职工文化建设，展现了国航职工良好的文化底蕴，营造健康向上的企业文化氛围；⑤2014 年，国航开展飞行员模拟机培训 20784 人次，飞行理论和运行安全培训 11697 人次。2014 年，国航共计投入培训资金 3385 万元，培训人数 7.98 万人次。

在“市场责任”方面，中国国航主要在 2 方面有具体措施：①2014 年，中国国航制定并下发《关于落实党风廉政建设主体责任和监督责任的实施办法（试行）》，健全了监督执纪问责保障机制，全面推进廉洁风险防控工作，有效加强廉洁防控机制建设；②全面梳理公司范围内采购制度流程文件，构建采购管理制度、标准采购流程、各专项采购管理与实施规程的三级制度流程体系。同时，根据业务发展情况，持续更新完善自身采购制度流程，梳理供应商管理、准入、考察、遴选、日常评价和年度评价等规程。2014年，国航供应商数量6222家，在重要运营地点，当地供应商采购的比例为16%。

在“消费者责任”方面，中国国航主要在2方面有具体措施：①2014年，国航通过整合内部服务生产管理信息系统，减少服务环节与流程，为旅客带来更加便捷、高效的出行体验，针对38个旅客接触点，梳理出航班正点率、机上餐饮服务、行李运输服务、中转服务以及会员服务等旅客最为关注的点，进行重点专项治理，持续提升服务水平和品质。截至2014年底，国航对旗下9个分公司、9个事业管理单位、4个管理支持部门及部分营业部、航站实现CSM的覆盖，深化体系协同，确保服务管理的规范性和一致性；②“教育和意识”，2014年，空防应急演练在公司总部和京外分公司达到全覆盖，圆满完成APEC峰会、亚信峰会、青奥会、达沃斯论坛等重大活动安保任务，妥善处置5起虚假恐吓信息和4起机上扰乱行为事件。2014年，国航在北京总部应急指挥中心开展应急演练，模拟航班在空中出现火警后备降第三地机场的情景，覆盖空中处置、地空联动、航班备降、地面救援、调派包机、新闻发布等多个应急科目，体现较强的专业素质，达到预期目的。国航及时更换老旧机型，积极投入新设备，保障运行安全可靠。2014年，引进飞机40架，包括A320、A330、B737－800、B777300ER、B747－8等机型，退出B737－300、B767－300、B747－400F等老旧飞机22架，平均机龄下降至6.04年。

在“环境责任”方面，中国国航的责任履行比较全面，①“污染预防”：实施绿色采购。环保是国航选择供应商的必要条件之一，国航关注供应商在生产过程中对粉尘、污水等处理是否具有完善的设备系统，是否有对不可再生资源的破坏现象，将《国航供应商企业社会责任与环境行为准则》作为合同附件，如果环保不达标，采取一票否决制；②“资源可持续利用”：国航根据全球应对气候变化形势与国家政策法规，按照公司中长期发展规划，启动《国航“十三五”节能减排规划》编制，把节能减排工作纳入到公司的运营之中，旨在行业内形成示范作用，提升公司的核心竞争力与行业领导力。2014 年 12 月，国航启动能源管理体系建设和认证工作，将通过能源评审、体系建设、运行指导、检查监控等阶段，从能源使用全过程出发，在公司内建立起一套完整有效的标准和规范体系。2014 年，国航每万元收入消耗 0.749 吨标准煤。此外，中国国航还进行了机队更新、发动机改造、飞机减重、新能源车的运用；③“减缓并适应气候变化”：面对持续增长的航空运输业务，国航继续深挖节能减排潜力，提高能源使用效率，引进更为环保的新机型，优化机队能效，在飞行、运行、机务维修等运营环节降低能耗，节能减排工作已形成卓有成效的常态机制。2014 年，国航通过飞行、运行节油管理措施累计节约燃油约 42000 吨，降低二氧化碳排放 132300 吨；④“环境保护与自然环境的恢复”：2014 年 4 月 23 日，国航湖北分公司发起“徒步走健康、行动促环保”百人环保公益行活动，以实际行动宣扬环境保护、提倡全民参与健康运动。此次公益性环保活动共有 160 余名志愿者参与，在全程 7 千米的长江沿岸风景区，开展“捡垃圾比赛”“徒步比赛”等多项有趣的环保定向任务，在培养员工团队精神、倡导健康向上的生活方式的同时，沿路宣传环保理念，唤起广大市民对长江污染现状的忧患意识和危机意识，并号召更多的人和企业加入到自觉保护城市环境的队伍中来。2014 年 11 月，国航总部大楼、运行大楼引进了 4 台塑料瓶智能回收机。员工将喝完的饮料瓶放入这款机器，经过投瓶口的摄像头扫描瓶身的条形码辨认容积后，可获得 0.15～0.5 元至手机、公交一卡通或支付宝账户。

在“社区责任”方面，中国国航责任履行表现非常突出，①“社区参与”：2014 年重阳节，天津分公司“津凤”乘务组和团委共同组织了一场别开生面的“津门重阳，有凤来仪”的敬老、爱老主题活动，20 余名空姐和空哥前往天津“马三立老人院”为老人们送去节日的礼物，与老人一起联欢，让老人们感受到社会的温暖和关爱。2014 年 8 月 15 日，上海分公司举办“志愿青奥、激扬青春”青奥会志愿者活动，开展“寻福、互动、聚福、宣誓”誓师活动，安排志愿者实行 24 小时值班制，在特殊情况下直接现场参与航班保障，并在青奥会期间，选派业务骨干前往南京支援；②“教育与文化”：2014 年 9 月 10 日，国航在北京总部与中国青少年发展基金会举行签约仪式，将在河北省捐建一所国航希望小学。国航希望小学的捐赠款项来自国航广大员工对患病职工余茜及其孩子的捐款，余茜受助康复后，提出将剩余款项用于继续传递爱心。此次国航希望小学项目的启动，既圆了国航一名普通员工的心愿，也是国航全体员工爱心的汇聚和延续；③“健康”：国航关注儿童的生活，特别是孤儿、身患疾病以及家庭生活困难的儿童，与中国儿童少年基金会（以下简称“儿基会”）等发起成立的“中国儿童保险专项基金”，为他们提供力所能及的帮扶。2014年12月20日，国航联合儿基会举办的“手拉手、齐飞翔”活动，旨在呼吁更多爱心人士关注孤儿群体的生存现状，200名小朋友和他们的爸爸妈妈获邀参加。2014年，“中国儿童保险专项基金”筹集善款163.87万元。2014年5月28日，在深圳航空工会的组织下，近20名深航宝宝及家属前往深圳市自闭症研究会，开展面对面的游戏互动，并走进人群中表演舞蹈、唱歌等节目，与研究会的孩子一起过节；④“社会投资”：2014年，国航向苏尼特右旗无偿捐赠200万元扶贫资金，启动苏尼特右旗肉羊集中育肥示范基地建设。扶贫项目将发挥示范带动作用，帮助当地贫困农牧民尽早脱贫致富。2014年8月3日，云南省昭通市鲁甸县发生6.5级地震，给当地造成重大人员伤亡和财产损失。地震发生后，国航迅速做出部署，认真做好抗震救灾的航空运输服务保障工作，并向灾区人民捐款300万元，用实际行动支援灾区人民，送上一份真情，表达一份爱意；⑤“财富与收入创造”：2014年，国航成都区域枢纽新开经昆明至仰光的国际航线，新开成都–伊宁、成都–榆林航线，进一步向纵深方向拓展航线网络，为西部经济发展和民族团结做出贡献。

第二十四章 信息传输、软件和信息技术服务业

第一节 公司基本信息

信息传输、软件和信息技术服务业有123家公司挂牌交易，其中有24家上市公司发布社会责任报告，占该行业全部企业的比重为19.5%。2014年，信息传输、软件和信息技术服务业有136家公司挂牌交易，其中有29家上市公司发布社会责任报告，占该行业全部企业的比重为21.32%，基本信息见表24－1。

表24－1 信息传输、软件和信息技术服务业企业基本信息

序号	股票代码	企业名称	发布报告（年）	净利润（百万元）		营业收入（百万元）	
				2013	2014	2013	2014
1	000839	中信国安	2013、2014	130.5005	195.0033	2130.0832	2443.5870
2	000917	电广传媒	2013、2014	483.6669	387.1758	5102.7846	5473.8763
3	000997	新大陆	2013、2014	220.327	303.0970	1859.823	2235.4562
4	002063	远光软件	2013、2014	340.9541	177.8310	929.2066	816.9455
5	002093	国脉科技	2013、2014	108.4443	45.6946	382.8459	460.2819
6	002153	石基信息	2013、2014	359.6333	395.1520	1094.5863	2186.0721
7	002230	科大讯飞	2013、2014	278.9862	388.4866	1253.7078	1775.2106
8	002331	皖通科技	2013、2014	70.7638	60.7025	794.8481	781.3009
9	002368	太极股份	2013、2014	176.8098	198.1905	3366.3761	4255.6221
10	002405	四维图新	2013、2014	105.3265	129.4184	880.874	1059.0132

续 表

序号	股票代码	企业名称	发布报告（年）	净利润（百万元）		营业收入（百万元）	
				2013	2014	2013	2014
11	002474	榕基软件	2013、2014	62.8387	21.9676	603.1424	598.3052
12	002544	杰赛科技	2013、2014	96.9858	92.3716	1684.8418	1946.8375
13	300047	天源迪科	2013、2014	122.1804	68.6479	1023.0699	1186.6445
14	300248	新开普	2013、2014	24.696	38.0643	221.1695	315.3609
15	300299	富春通信	2013、2014	11.4472	18.7392	182.5518	222.8723
16	600037	歌华有线	2013、2014	376.7462	569.0090	2249.6137	2465.9985
17	600050	中国联通	2013、2014	3442.8538	11967.890	303727.203	288570.874
18	600406	国电南瑞	2013、2014	1600.3212	1301.3575	9575.6349	8907.0019
19	600718	东软集团	2013、2014	410.9387	244.3301	7452.7532	7796.3313
20	600797	浙大网新	2013、2014	36.1957	-149.6658	5205.2366	4704.4713
21	600845	宝信软件	2013、2014	290.111	325.0743	3581.2866	4071.8982
22	600850	华东电脑	2013、2014	239.6896	278.4575	5368.7618	5750.4555
23	601519	大智慧	2013、2014	11.6614	138.4758	894.2623	820.4515
24	603000	人民网	2013、2014	272.8665	445.6153	1027.9067	1584.0594
25	300104	乐视网	2014		128.7966		6818.9386
26	002065	东华软件	2014		1038.6195		5171.0487
27	300017	网宿科技	2014		483.7002		1910.7671
28	600588	用友网络	2014		569.5554		4374.2420
29	000503	海虹控股	2014		19.3375		195.0714

第二节　企业社会责任评级

2013 年、2014 年分别对信息传输、软件和信息技术服务业发布 CSR 报告的企业进行社会责任评级，并通过聚类分析将企业履行社会责任划分为“A”“B”“C”三级。信息传输、软件和信息技术服务业发布 CSR 报告的企业 CSR 评级具体见表 24-2。

表 24－2 信息传输、软件和信息技术服务业企业 CSR 评级

序号	股票代码	企业名称	CSR 评级		序号	股票代码	企业名称	CSR 评级	
			2013	2014				2013	2014
1	000839	中信国安	C	B	16	600037	歌华有线	C	C
2	000917	电广传媒	C	C	17	600050	中国联通	A	A
3	000997	新大陆	B	B	18	600406	国电南瑞	B	B
4	002063	远光软件	B	B	19	600718	东软集团	A	A
5	002093	国脉科技	C	C	20	600797	浙大网新	C	C
6	002153	石基信息	C	C	21	600845	宝信软件	B	B
7	002230	科大讯飞	B	B	22	600850	华东电脑	C	B
8	002331	皖通科技	C	C	23	601519	大智慧	C	
9	002368	太极股份	C	C	24	603000	人民网	C	C
10	002405	四维图新	B	B	25	300104	乐视网		B
11	002474	榕基软件	C	C	26	002065	东华软件		A
12	002544	杰赛科技	A	A	27	300017	网宿科技		B
13	300047	天源迪科	C	C	28	600588	用友网络		B
14	300248	新开普	C	B	29	000503	海虹控股		C
15	300299	富春通信	C	C					

2013 年发布社会责任报告的 24 家企业中，评级为“A”的企业有 3 家，评级为“B”的企业有 6 家，评级为“C”的企业有 15 家。本研究中以营业收入数据代表公司规模，将信息传输、软件和信息技术服务业各企业划分为如图 24－1 所示的 5 个营业收入区间。该行业发布社会责任报告的公司多集中在年营业收入 1.83 亿至 3037.27 亿元的企业；相对来说营业收入高的企业 CSR 评级较好，社会责任履行情况更为优秀。

2014 年在 2013 年 24 家企业的基础上，新增了 5 家发布社会责任报告的企业。企业的企业规模（营业收入）范围是 1.95 亿至 2885.71 亿元。29 家企业的规模与 CSR 评级分布情况如图 24－2 所示，评级为“A”的企业有 4 家，评级为“B”的企业 12 家，评级为“C”的企业为 13 家。相对而言，营业收入较高的企业中，评级为“C”的企业数量较少。

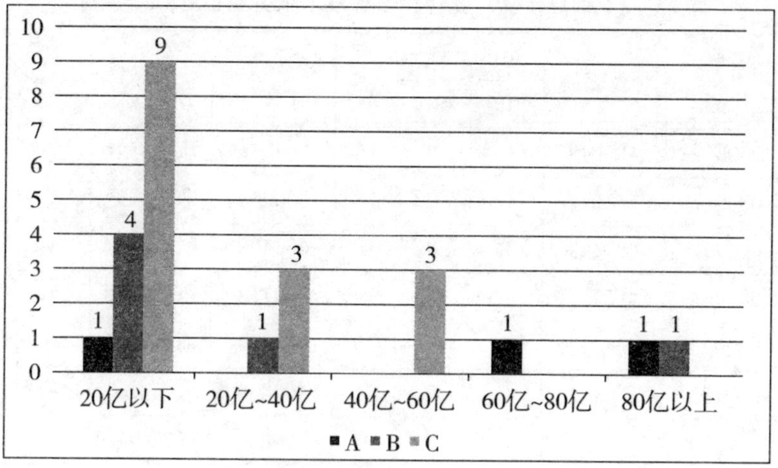

图 24－1 2013 年信息运输、软件和信息技术服务业企业规模与 CSR 评级分布（单位：家、元）

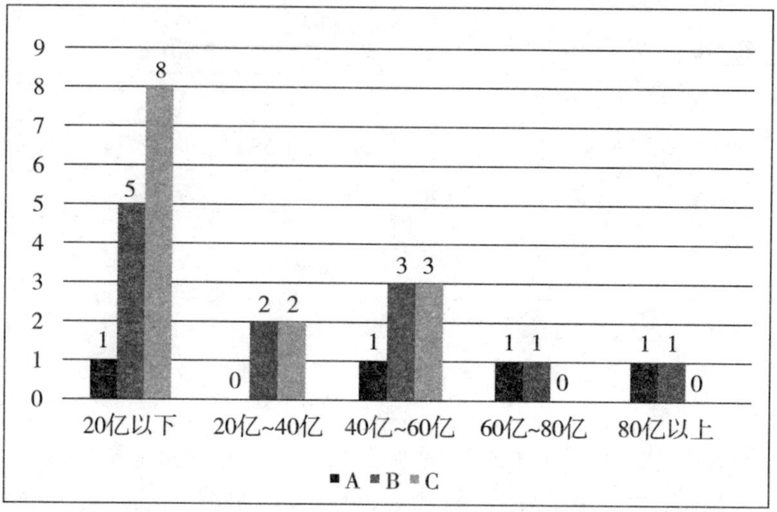

图 24－2 2014 年信息运输、软件和信息技术服务业企业规模与 CSR 评级分布（单位：家、元）

本研究中采用上市公司净利润/营业收入作为企业净利润率，并结合报告等级，将净利润率按照均匀分布分成 5 个区间进行统计分析。从图 24－3 可以看出企业的净利润率主要集中在 15% 以下，A 类报告的净利润率在 10% 以下。

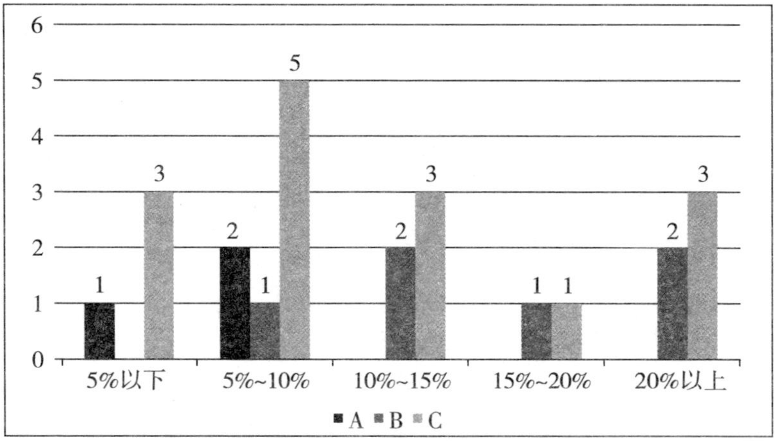

图 24－3 2013 年信息运输、软件和信息技术服务业企业净利润率与 CSR 评级分布（单位：家）

2014 年 29 家企业中有 1 家企业的净利润率为负，其他企业净利润率范围是 1.89% 到 28.13%，半数以上集中于 10% 以下。净利润率在 0 至 10% 的企业共 16 家，占比达 55.17%，其中 CSR 评级为 “A” “B” “C” 的分别有 3、4、9 家。净利润率在 10% 以上的企业，CSR 评级为 “A” “B” “C” 的分别有 1、8、4 家。29 家企业的净利润率与 CSR 评级分布情况如图 24－4 所示。

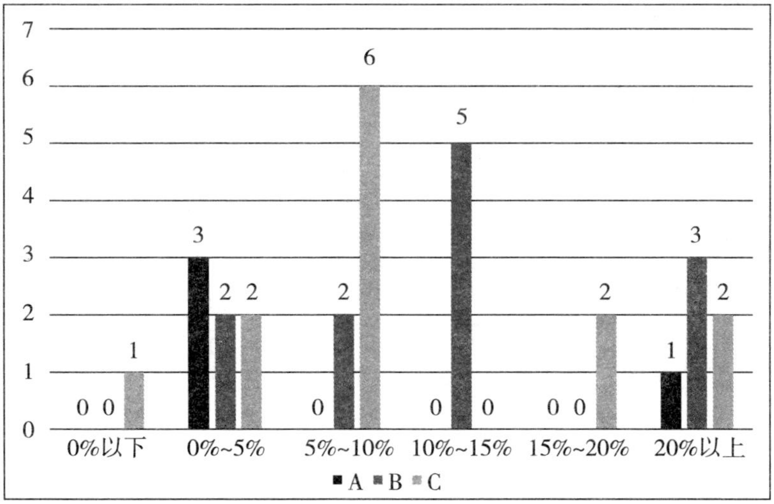

图 24－4 2014 年信息运输、软件和信息技术服务业企业净利润率与 CSR 评级分布（单位：家）

第三节　企业社会责任各维度特征

2013 年、2014 年的信息传输、软件和信息技术服务业上市公司在“员工责任”方面的均值最高，“环境责任”和“社区参与”方面均值较低。具体分析如下：

1. **员工责任**

上海华东电脑股份有限公司（股票代码为 600850）在这方面做得较好，2013 年发布的报告强调了针对女性员工的特殊生理状况，公司贯彻落实《劳动法》《妇女权益保护法》《女职工劳动保护规定》等精神，维护女员工利益，保证女员工孕、产期间的各项福利待遇。华东电脑在 2014 年的报告中提到，截至 2014 年末，女性员工占比已达 25%。2014 年 3 月 15 日，华东电脑工会组织了上海地区部分女员工的“韩湘水博园”之游。此外，2014 年度有 8 位员工得到了员工帮困基金的帮困，缴纳残疾人就业保障金超过 137.11 万元。

2. **市场责任**

多数上市公司对“反腐败”“公平竞争”“尊重产权”和“在价值链中促进社会责任”这 4 个方面都有所关注，但是在重视程度和实施深度上则差异较大。

3. **消费者问题**

本行业上市公司在“消费者责任”这个维度上的得分相对较低，企业关注的重点普遍集中于“消费者服务、支持和投诉及争议处理”和“消费者健康和安全保护”。

东华软件股份公司（股票代码为 002065）在 2014 年的报告中提到，对于公司及第三方所拥有的信息（包括财务信息、业务计划、技术信息、员工和客户信息等），未经适当授权，任何员工不得接触、使用或披露以上信息。

4. **环境责任**

在“环境责任”维度上，该行业的企业披露的内容主要集中在“资源可持续利用”和“减缓并适应气候变化”。“环境保护与自然环境恢复”

和“污染预防”方面做得较少，国电南瑞（股票代码为 600406）在 2013 年的报告中提到，在“减缓并适应气候变化”方面积极推动新能源开发工作，促进节能减排，减少碳排放。而在 2014 年发布的报告中，宝信软件（股票代码为 600845）提到公司打造的新能源互联网服务体系有效地服务和支持了整个新能源汽车产业链，为新能源汽车示范推广、产业发展、汽车节能减排等提供了有力支撑，相对 2013 年的报告有了明显的进步。

5. 社区责任

该行业企业披露的内容主要集中在“社会投资”即慈善方面，具体行动包括扶贫、助学、救灾等。“社区参与”“财富与收入创造”、公众“健康”被大多数企业忽略，尤其是公众“健康”的内容很少涉及。以科大讯飞股份有限公司（股票代码为 002230）为例，科大讯飞在助学方面的活动表现突出。例如，2014 年 6 月，科大讯飞在“教育装备海南扶贫援建工程”中为海南省 10 个贫困县捐赠价值 210 万元的教育教学设备，被授予“铂金牌捐赠企业”。2014 年 9 月，科大讯飞向临泽县捐赠价值 100 万元的教育产品。

第四节　年报中的企业社会责任

在信息传输、软件和信息技术服务业 136 家挂牌交易的公司中，有 21 家企业虽未单独发布企业社会责任报告，但是这些企业年报中也提到了所履行的社会责任情况，占比为 15.4%。还有 78 家企业未发布报告也未在年报中体现企业社会责任情况，占比为 57.3%。信息传输、软件和信息技术服务业的 21 家披露社会责任情况的公司基本信息见表 24－3。

表 24－3　信息传输、软件和信息技术服务业企业基本信息表

单位：百万元

序号	股票代码	公司名称	净利润	营业收入
1	002238	天威视讯	217.98	1315.69
2	600831	广电网络	130.82	2298.13
3	002095	生意宝	33.85	159.69
4	002315	焦点科技	119.21	509.89

续 表

序号	股票代码	公司名称	净利润	营业收入
5	002439	启明星辰	182.12	1195.65
6	600804	鹏博士	533.79	6962.71
7	000555	神州信息	287.12	6559.01
8	002195	海隆软件	113.55	654.08
9	002268	卫士通	125.08	1236.50
10	002316	键桥通讯	13.32	517.56
11	002373	千方科技	268.19	1360.72
12	002401	中海科技	53.12	554.81
13	002410	广联达	605.14	1759.87
14	002421	达实智能	147.74	1263.06
15	002609	捷顺科技	97.98	548.62
16	002649	博彦科技	169.88	1561.46
17	002657	中科金财	78.88	1098.37
18	600410	华胜天成	105.47	4278.54
19	600770	综艺股份	141.08	714.58
20	600764	中电广通	18.19	718.95
21	603636	南威软件	86.17	323.32

在未发布企业社会责任报告，但在年报中涉及企业社会责任情况的22家企业中，C类企业有0家，D类企业有6家，E类企业有16家，见表24-4。

表24-4 信息传输、软件和信息技术服务业部分企业CSR评级

股票代码	公司名称	评级结果	股票代码	公司名称	评级结果
002238	天威视讯	E	002401	中海科技	E
600831	广电网络	E	002410	广联达	E
002095	生意宝	E	002421	达实智能	E
002315	焦点科技	E	002609	捷顺科技	D
002439	启明星辰	D	002649	博彦科技	D
600804	鹏博士	D	002657	中科金财	E
000555	神州信息	E	600410	华胜天成	D

续 表

股票代码	公司名称	评级结果	股票代码	公司名称	评级结果
002195	海隆软件	E	600770	综艺股份	E
002268	卫士通	E	600764	中电广通	E
002316	键桥通讯	E	603636	南威软件	D
002373	千方科技	E			

第五节 典型案例

1. 中国联合网络通信股份有限公司

中国联合网络通信股份有限公司（简称“中国联通”，股票代码为600050）2013年净利润为34.43亿元，营业收入为3037.27亿元，发布的社会责任报告页数为59页，内容较丰富，履行社会责任情况较好。在报告等级评定中为A。

中国联通关注社会责任工作中的全面情况，不仅提出描述性工作，更在报告中给出了社会责任工作的具体数据和执行情况，下面我们从各个维度了解中国联通在社会责任方面所做的具体工作：

员工责任：①公司与所有员工都签订了劳动合同。为员工建立包括养老、医疗、工伤、生育、失业保障在内的社会保险，并及时足额缴纳费用。开展核心岗位的非合同制用工优化，劳务派遣用工比例达到法律规定要求，基本实现同岗同酬。②完善安全生产管理机制，保障员工职业安全。一是建立责任与权力、责任与工作职责相统一的安全生产工作体系和责任追究制度。二是开展覆盖公司生产经营、办公生活全部环节的安全生产隐患排查治理，投入经费6000余万元，发现并整改了一批隐患和问题。三是保障员工人身安全和健康，按标准配发各类劳动防护用品。四是开展“安全生产月”宣传教育活动，投入专项资金1500余万元，设备更新维护整改资金2300余万元；组织观看警示教育片1800余场次，观看人数12万余人；举办各类培训班400余期，培训人员5万余人；超过30万员工参加“打非治违”知识竞赛。③开展多层次、多方位的员工培训和技能提升。为提升各级经营管理团队的素质能力水平，集团总部举办中国联通－西班牙电信联合高管培训（第四期）、移动互联网、运维管理转型、服务领先、人力资源管理、推进规模效益发展等重点领导力培训班19期25个班次，培训各级经营管理者1700余人次，选送23人参加中组部、国资委等举办的干部教育培训班。提高内部培训能力，2013年，提出了由六大领导力要素构成的领导力模型，建立了领导力课程体系。推出移动学习方式“沃课堂”，提供230余门5～10分钟的微课程。加强内部培训师队伍建设，开展集团级讲师和特聘讲师评聘工作，首批培养35名行动学习认证催化师，使人力资源不断增值。

市场责任：①推进反腐倡廉建设，确保公司合规运营。一是与所属单位负责人签订《党风廉政建设责任书》，落实“一岗双责”；二是开展以“改进工作作风、密切联系群众”为主题的反腐倡廉教育活动，重点对管理人员和关键岗位人员进行培训；三是制定中国联通巡视工作规范和管理办法，并对四省分公司开展巡视；四是完善“三重一大”决策机制，针对经营重点方面开展效能监察。②公司守法合规经营、持续健康发展。深入贯彻依法治企，实现公司守法经营中国联通一贯自觉维护电信市场竞争秩序，守法经营，严格自律，不打价格战，提倡共同做大、做强电信行业，努力推动电信行业可持续发展。③以集中采购和电子化采购为手段，建立公平透明的供应商选择合作机制。加强合作伙伴在节能环保、诚信经营、安全健康、守法经营等方面的责任要求，促进供应链持续健康发展。

消费者责任：①中国联通以“打得通、说得清、办得明”为目标，持续开展热线服务提升工作。完善自助服务和业务办理能力，开展智能客服、实现终端应用延伸服务、全面实施10010宽带业务受理服务。全年累计受理客户来电70亿次，热线服务问题解决率90.9%，客户满意率96.9%。加强资费管理，保证客户轻松明白消费；推进全业务电子商务化，便捷服务客户需求；综合提高各项客服能力，全面提升客户感知度。②消费者信息保护和隐私。一是按照合法、正当、必要的原则，完善用户信息收集和使用管理办法，并在营业厅、网站向用户公布，涉及接触用户信息的人员须签订保密协议。二是强化对代理商、合作营业厅的监督管理力度，明确用户信息保护要求和责任，严禁擅自留存或非法提供给他人。三是提高用户信息系统安全防护能力，未经安全评估不得接入第三方系统，并定期排查安全隐患。③保护消费者的健康和安全。对所有定制终端进行入网测试，在自有业务和第三方应用软件上线前进行100%测试。同时，终端须达到更高的安全环保标准，产品软硬件配置功耗低、辐射少。

环境责任：①防止污染。定期进行在库废旧物资清理鉴定，对可利用报废物资建立备查账，对不可用的报废物资进行变价回收处置。通过有相关资质的回收企业处置废旧物资，减少报废物资回收过程中对环境的污染。②资源的可持续利用。中国联通深入推进节能减排，加大管理节能措施，夯实基础管理，全面推广高效成熟节能技术，全年安排专项投资 7.6 亿元，有效控制能耗成本和能源消费总量增幅。③环境保护与自然环境的恢复。公司在网络建设方面注重兼顾人与自然的和谐共处，在进行野外通信路由勘察时，避开矿藏、森林、草原、野生生物、自然遗迹、人文遗迹、自然保护区、风景名胜区；敷设光缆时，采用先进技术，将光缆直接从障碍下方通过，避免改变周围环境。

社区责任：①社区参与。关注贫困地区民生，助力欠发达地区经济发展。南京联通发起“和 WO 一起，衣加衣”爱心捐衣活动，捐助四川凉山布拖县的贫困人民。安徽联通发起“温暖 2013 冬衣捐赠”活动，为合肥市救助站捐赠棉服 172 件。新疆吐鲁番分公司成立“手拉手筑梦献爱心团队”，对一位 10 岁失去父母、依靠奶奶捡破烂生活的小女孩杨婷婷进行长达 7 年的资助。热心公益志愿活动，贡献和谐美丽社区建设。扶持青年人创业。②教育与文化。捐助贫困学生。宁夏联通贺兰县分公司为贺兰县第三中学家庭贫困、品学兼优的在校学生提供帮助；陕西咸阳联通开展爱心助学捐款活动，所筹捐款交给希望工程，帮助 3 名学生实现大学梦。湖北联通导航中心开展“书籍点亮童年”为贫困山区捐书活动，共计收到近 600 本中小学课外读物。③社会投资。2013 年汛期，中国联通累计投入救灾资金 25233 万元、救灾人员 175698 人次、抢险车辆 75169 辆次、应急设备 11199 台次、应急油机 100794 台次。中国联通还向四川省慈善总会捐款 800 万元，支持雅安抗震救灾和灾后重建。

中国联通在员工责任、市场责任、消费者责任、环境责任、社区责任 5 个方面都采取了具体行动，都取得了较好的效果，积极履行了社会责任。

2. 上海华东电脑股份有限公司

上海华东电脑股份有限公司（股票代码为 600850）（以下简称“华东电脑”）2014 年净利润为 2.78 亿元，营业收入为 57.50 亿元，发布的社会责任报告页数为 62 页，内容较丰富，履行社会责任情况较好。在报告等级评定中为 A。

华东电脑不仅提出描述性工作，更在报告中给出了社会责任工作的具体数据和执行情况，下面我们从各个维度了解其在社会责任方面所做的具体工作：

员工责任：①公司严格遵守劳动法律法规，遵循合法、公平、平等自愿的原则与员工签订书面劳动合同，依法进行劳动合同的履行、变更、解除和终止。公司根据国家及各地区有关规定，2014 年度为员工缴纳各项社会保险和住房公积金 9762 万元，缴纳残疾人就业保障金 149 万元。②公司已通过“职业健康安全管理体系认证”，并建立了《工伤事故处理流程》《女职工劳动保护管理制度》和《职业健康安全管理制度》。新员工在入职时进行体检，其他员工每年安排一次体检。针对女性员工的特殊生理状况，公司贯彻落实《劳动法》《妇女权益保护法》《女职工劳动保护规定》等精神，维护女职工的合法权益，保证女员工孕、产期间的各项待遇，给予符合条件的女职工产假、哺乳假等，以更好地保护女职工的身体健康。工会积极组织开展形式多样、健康有益的健身和文娱活动，如年会、旅游、足球联赛、主题训练营、羽毛球、歌唱等活动，共建和谐“大家庭”；③2014 年初，华东电脑公司制订详细的员工培训计划，针对不同的岗位、不同的人群、不同的阶段实施各项培训，涵盖职业素质、专业能力、管理能力、资质认证等范围，内容包含入职培训、专业培训、管理培训，并尽可能地为员工提供广泛的学习机会和途径，帮助员工不断成长。2014 年全年，华东电脑公司参加培训员工 1232 人次，投入培训费用共计 218 万元。

市场责任：①推进反腐倡廉建设，确保公司合规运营。一是与所属单位负责人签订《党风廉政建设责任书》，落实“一岗双责”；二是开展以“改进工作作风、密切联系群众”为主题的反腐倡廉教育活动，重点对管理人员和关键岗位人员进行培训；三是制定中国联通巡视工作规范和管理办法，并对四省分公司开展巡视；四是完善“三重一大”决策机制，针对经营重点方面开展效能监察。②公司不断完善采购流程与机制，保证所有采购在“公开、公平、公正”的原则下进行，采购合同内容公平完整。通过各种形式，加强与供应商的沟通，听取他们的意见和建议。注重维护供应商的产品利益和技术开发利益，充分尊重并维护供应商的商标权、专利权等合法权益，保护其商业机密。通过有效沟通，双方形成了良好的合作伙伴关系，为双方的共同发展奠定了坚实的基础。以国家提出的“信息安全、自主可控的基本要求”为契机，在体系架构、关键软硬件模块上实现国家自主可控，继续注重供应商和业务的国产化，将持续与华为、中科曙光、锐捷、联想、电科华云、迈普、浪潮、华三通信、深信服科技等国产供应商建立长期战略合作伙伴关系。③对供应商开展产销能力、开发能力，以及资质、设备、人员情况的调查及评审，形成合格供应商名录，每年对供应商进行评审，对评审不合格的供应商启动淘汰机制，对评审优秀的供应商加强管理，实现战略合作双赢。

消费者责任：华东电脑2014年推出自主设计的中立服务品牌“信服网”，该网是面向个人家庭客户提供5C产品（家庭电脑、通信电子、智能家电、保健电子、汽车电子）服务及应用的专业第三方O2O平台，它提供最实惠、快捷、专业的手机电脑维修服务，使用户足不出户就可以享受与品牌售后服务中心一样的专业服务。实现维修故障的在线透明报价，杜绝维修黑幕，先报价再上门；为消费者实时通报维修进度，信息透明；全国统一采购配件，原厂品质，质保3个月，确保服务质量，打消用户心中疑虑；所有工程师均经过专业技术认证才能上岗，保障每一个顾客的利益；每个上门的工程师都会全程录像，可有效地监督工程师的服务过程；是史上最全的产品服务信息查询、联络平台（厂商服务政策、客服电话、服务机构查询、保外服务项目收费标准等）；是功能丰富的家庭设备管理系统（保修到期主动提醒功能）。

环境责任：①在数据中心机房工程和建筑智能化工程实施过程中，综合运用绿色节能技术进行节能。如气流组织、冷热通道排列机柜、冷通道封闭技术；智能照明系统建设；智能送风单元技术；机房六面体保温处理；等等。②积极推进低碳经济，坚持把节能降耗、降本增效放在首位，公司建立了电子化、网络化办公模式，充分利用现代信息技术手段，减少办公纸张的使用，实现无纸化办公，重点做好节电节水，最大限度降低能源消耗。

社区责任：①华东电脑建设智慧城市，推动社会转型。智慧城市解决方案，包含智慧教育、食品安全、平安城市3个部分，有利于智慧城市的日常建设推动社会转型。②以智慧教育云平台为核心，集成整合众多业务子系统，形成完整的智慧教育体系，帮助教育行政主管部门和学校进行更加科学有效的管理与决策。推动素质教育、公平教育和个性化教育的发展。③华东电脑的全产业链的食品安全信息化解决方案，包括食品安全智慧监管整体解决方案、食品安全溯源解决方案等推动食品安全的发展。

华东电脑在员工责任、市场责任、消费者责任、环境责任、社区责任5个方面都采取了具体行动，都取得了较好的效果，积极履行了社会责任。

第二十五章

金融业

第一节　企业基本信息

2013 年金融业有 43 家公司挂牌交易，其中有 42 家上市公司发布社会责任报告，占该行业全部企业的比重为 97.67%。2014 年金融业有 45 家公司挂牌交易，其中有 43 家上市公司发布社会责任报告，占该行业全部企业的比重为 95.55%，基本信息见表 25－1。

表 25－1　金融业企业信息

序号	股票代码	企业名称	发布报告（年）	净利润（百万元）		营业收入（百万元）	
				2013	2014	2013	2014
1	000001	平安银行	2013、2014	15231	19802	52189	73407
2	002142	宁波银行	2013、2014	4847.071	5634.13	12761.479	15356.75
3	600000	浦发银行	2013、2014	40922	47360	100015	123181
4	600015	华夏银行	2013、2014	15506	18023	45219	54885
5	600016	民生银行	2013、2014	42278	45567	115886	135469
6	600036	招商银行	2013、2014	51743	56049	132604	165863
7	601009	南京银行	2013、2014	4496.857	5656.232	10478.294	15991.534
8	601166	兴业银行	2013	41211		109287	
9	601169	北京银行	2013、2014	13459.308	15646	30665.154	36878
10	601288	农业银行	2013、2014	166315	179510	462625	520858
11	601328	交通银行	2013、2014	62295	66035	164435	177401
12	601398	工商银行	2013、2014	262649	276286	589637	658892

续 表

序号	股票代码	企业名称	发布报告（年）	净利润（百万元）		营业收入（百万元）	
				2013	2014	2013	2014
13	601818	光大银行	2013、2014	26715	28928	65306	78531
14	601939	建设银行	2013、2014	214657	228247	508608	570470
15	601988	中国银行	2013、2014	156911	177198	407508	456331
16	601998	中信银行	2013、2014	39175	41454	104558	124716
17	000562	宏源证券	2013	1227.2924		4118.5106	
18	000686	东北证券	2013、2014	480.0574	1074.646	1767.0402	3090.984
19	000728	国元证券	2013、2014	664.1319	1371.745	1984.9276	3486.036
20	000750	国海证券	2013、2014	308.7459	715.309	1818.7608	2544.982
21	000776	广发证券	2013、2014	2812.501	5145.513	8207.5407	13394.973
22	000783	长江证券	2013、2014	1005.8584	1705.812	3047.9399	4548.209
23	002500	山西证券	2013、2014	258.5809	586.402	1316.0251	1959.189
24	002673	西部证券	2013、2014	273.9021	660.48	1128.6723	1938.47
25	002736	国信证券	2014		4943.226		11792.322
26	600030	中信证券	2013、2014	5243.917	11861.499	16115.2722	29197.531
27	600109	国金证券	2013、2014	316.9114	836.587	1547.0305	2721.722
28	600369	西南证券	2013、2014	630.3288	1346.797	1964.1265	3674.829
29	600837	海通证券	2013、2014	4035.024	8119.023	10454.954	17978.474
30	600999	招商证券	2013、2014	2229.6689	3884.52	6086.5648	11002.468
31	601099	太平洋	2013、2014	74.6005	572.554	486.4242	1359.159
32	601377	兴业证券	2013、2014	672.9407	1945.873	3103.5534	5609.065
33	601555	东吴证券	2013、2014	382.6362	1124.559	1598.7086	3240.983
34	601688	华泰证券	2013、2014	2211.7094	4539.787	7166.5363	12062.304
35	601788	光大证券	2013、2014	205.7772	2136.623	4019.5446	6601.423
36	601901	方正证券	2013、2014	1105.6252	1800.385	3441.5414	4899.699
37	601318	中国平安	2013、2014	28154	47930	362631	462882
38	601336	新华保险	2013、2014	4422	6407	129594	143187
39	601601	中国太保	2013、2014	9261	11245	193137	219778
40	601628	中国人寿	2013、2014	24765	32514	423613	445773
41	000563	陕国投A	2013、2014	313.0761	350.632	832.7751	835.479

续 表

序号	股票代码	企业名称	发布报告（年）	净利润（百万元）		营业收入（百万元）	
				2013	2014	2013	2014
42	600643	爱建股份	2013、2014	475.2547	512.016	178.2382	1109.274
43	600705	中航投资	2013、2014	844.3151	2783.794	1878.4916	6724.803
44	600816	安信信托	2013、2014	279.6018	1023.528	879.248	1809.38

第二节 企业社会责任评级

2013 年、2014 年分别对金融业发布 CSR 报告的企业进行社会责任评级，并通过聚类分析将企业履行社会责任划分为“A”“B”“C”三级。金融业发布 CSR 报告的企业 CSR 评级具体见表 25－2。

表 25－2 金融业企业 CSR 评级

序号	股票代码	企业名称	CSR 评级		序号	股票代码	企业名称	CSR 评级	
			2013	2014				2013	2014
1	000001	平安银行	B	B	24	002673	西部证券	B	B
2	002142	宁波银行	B	B	25	002736	国信证券		B
3	600000	浦发银行	B	A	26	600030	中信证券	C	B
4	600015	华夏银行	B	B	27	600109	国金证券	B	B
5	600016	民生银行	B	A	28	600369	西南证券	C	C
6	600036	招商银行	B	B	29	600837	海通证券	B	B
7	601009	南京银行	B	B	30	600999	招商证券	B	A
8	601166	兴业银行	B		31	601099	太平洋	C	B
9	601169	北京银行	B	B	32	601377	兴业证券	C	C
10	601288	农业银行	B	A	33	601555	东吴证券	B	B
11	601328	交通银行	B	B	34	601688	华泰证券	B	B
12	601398	工商银行	A	A	35	601788	光大证券	B	B
13	601818	光大银行	B	B	36	601901	方正证券	C	C
14	601939	建设银行	B	A	37	601318	中国平安	B	A

续 表

序号	股票代码	企业名称	CSR 评级		序号	股票代码	企业名称	CSR 评级	
			2013	2014				2013	2014
15	601988	中国银行	A	A	38	601336	新华保险	B	A
16	601998	中信银行	A	A	39	601601	中国太保	A	A
17	000562	宏源证券	B		40	601628	中国人寿	B	A
18	000686	东北证券	C	B	41	000563	陕国投 A	B	A
19	000728	国元证券	B	B	42	600643	爱建股份	C	C
20	000750	国海证券	B	B	43	600705	中航投资	C	C
21	000776	广发证券	A	A	44	600816	安信信托	C	C
22	000783	长江证券	B	B					
23	002500	山西证券	B	B					

2013 年 43 家企业的企业规模（营业收入）范围是 1.78 亿至 5896.37 亿元，并主要集中在 1000 亿元以下。1000 亿元以下的企业数量有 29 家，占比为 67.44%，其中 CSR 评级为“A”“B”“C”的分别有 1、19、9 家。企业规模在 1000 亿元以上的企业共 14 家，CSR 评级为“A”“B”“C”的分别有 4、10、0 家。可以看出，金融业企业 CSR 评级在一定程度上与企业营业收入有关。43 家企业的规模与 CSR 评级分布情况如图 25－1 所示。

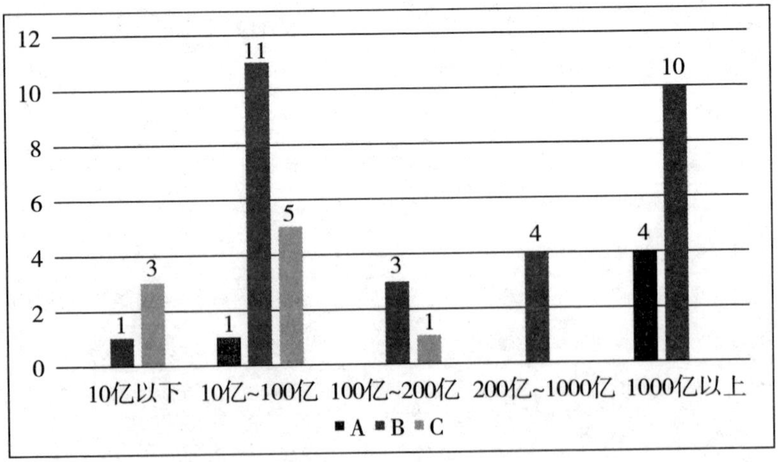

图 25－1　2013 年金融业企业规模与 CSR 评级分布（单位：家、元）

2014 年 42 家企业的企业规模（营业收入）范围是 1.78 亿至 5896.37 亿元，并主要集中在 1000 亿元以下。1000 亿元以下的企业数量有 29 家，占比为 69.05%，其中 CSR 评级为“A”“B”“C”的分别有 3、20、6 家。企业规模在 1000 亿元以上的企业共 13 家，CSR 评级为“A”“B”“C”的分别有 11、2、0 家。可以看出，金融业企业 CSR 评级在一定程度上与企业营业收入有关。42 家企业的规模与 CSR 评级分布情况如图 25－2 所示。

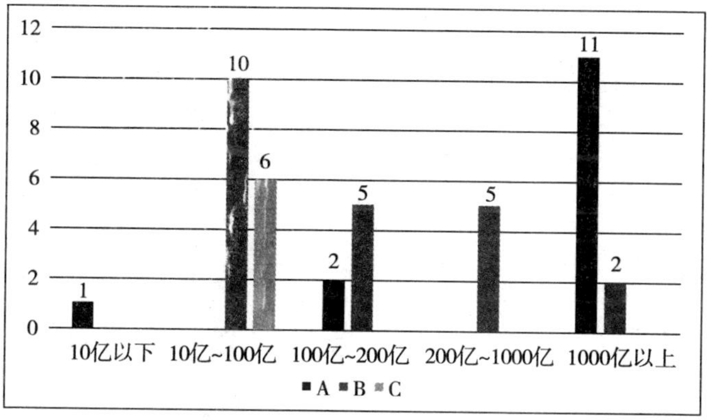

图 25－2　2014 年金融业企业规模与 CSR 评级分布（单位：家、元）

2013 年 43 家企业中没有企业的净利润率为负，其他企业净利润率范围是 3.41% 至 44.95%，并主要集中于 40% 以下。净利润率在 0 至 40% 的企业共 35 家，占比达 81.40%，其中 CSR 评级为“A”“B”“C”的企业分别有 4、24、7 家。净利润率在 40% 以上的企业，CSR 评级为“A”“B”“C”的企业分别有 1、5、2 家。43 家企业的净利润率与 CSR 评级分布情况如图 25－3 所示。

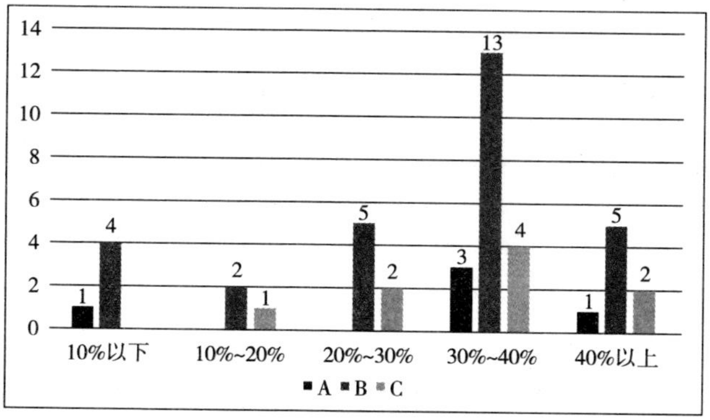

图 25－3　2013 年金融业企业净利润率与 CSR 评级分布（单位：家）

2014 年 42 家企业中没有企业的净利润率为负，其他企业净利润率范围是 4.47% 至 56.57%，并主要集中于 40% 以下。净利润率在 0 至 40% 的企业共 31 家，占比达 73.81%，其中 CSR 评级为“A”“B”“C”的分别有 11、17、3 家。净利润率在 40% 以上的企业，CSR 评级为“A”“B”“C”的分别有 3、5、3 家。42 家企业的净利润率与 CSR 评级分布情况如图 25－4 所示。

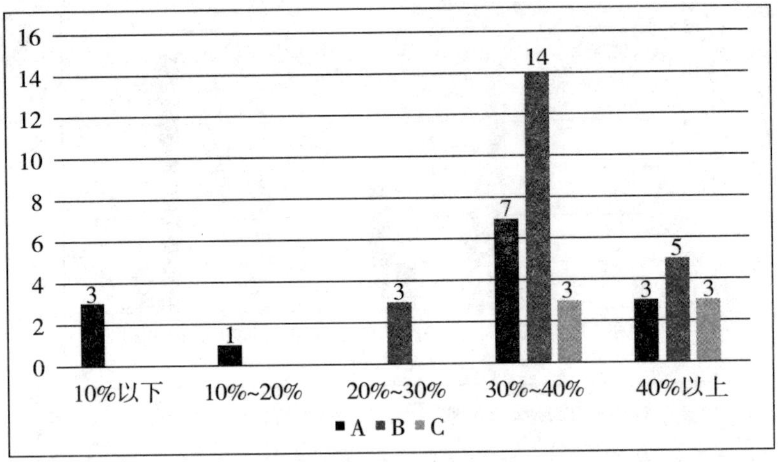

图 25－4　2014 年金融业企业净利润率与 CSR 评级分布（单位：家）

第三节　企业社会责任各维度特征

2015 年的金融业上市公司在“消费者责任”方面的均值最高，“环境责任”方面均值较低，具体分析如下：

1. 社会责任治理

本行业上市公司基本都严格按照有关法律法规等相关要求发布了《企业社会责任报告》或在年报中提及企业社会责任情况。其中在公司治理方面，保险业评价一般，货币金融服务和资本市场服务行业评价较好，主要集中于“责任决策”“责任治理”和“责任沟通”3 方面。大部分企业都详尽地介绍了企业的责任理念、责任治理以及责任沟通，制定了社会责任承诺和战略、机构以及程序与制度，并严格执行，根据企业特点和利益相关方的特性开展沟通工作。

例如，新华人寿保险股份有限公司（股票代码为601336）制定了企业社会责任沟通体系，而中国人寿保险股份有限公司（股票代码为601628）和中国平安保险（集团）股份有限公司（股票代码为601318）着力于利益相关方的管理。中国太平洋保险（集团）股份有限公司（股票代码为601601）将社会责任和可持续发展的理念融入企业的使命与核心价值观，积极推进企业社会责任体系建设，持续优化管理架构，健全工作网络，建立了由管理层深度参与，覆盖集团、子公司及分公司的社会责任管理体系和管理机制。企业通过开展利益相关方调研进行实证性分析，继续完善与利益相关方的沟通机制，充分倾听各利益相关方的意见，积极探索具有创新意义的实践行为，提升与相关方的沟通成效。中信银行股份有限公司（股票代码为601998）则制定了企业社会责任目标：切实履行作为银行业金融机构所应承担的经济责任、社会责任、环境责任，努力塑造绿色银行、人文银行、爱心银行、诚信银行、价值银行、品牌银行，促进经济、社会、环境的和谐可持续发展；完善了社会责任理念；进一步提炼“履行社会责任、追求持续发展”；积极采取有效措施，及时、真诚地回应利益相关方的愿望和需求来加强社会责任沟通；并通过完善组织架构、设立考核指标、统一捐赠管理全覆盖数据收集，坚持第三方鉴证，参与编制评级来推动社会责任管理。

2. 员工责任

金融业上市公司对员工责任的关注度普遍较高，执行力度也较大，男女员工比例适中，同时对于社会当中学历层的招聘也有一定的配比，从本科到博士都有人员分布。对于公司人员的培训也有一套相对严格、合理、公平的体系。做到了对员工权益的基本保障，做得比较完善的如光大证券（股票代码为601788），严格根据国家的《劳动法》《劳动合同法》规定，进行劳动关系管理，签订劳动合同。建立多层次的福利保障制度，为员工提供定期的体检，等等。

3. 市场责任

相对而言，该行业企业在“反腐败”方面做得较好，主要表现为无论是从员工的培训还是业务流程的设置上都可以看得出来；而对“尊重产权”的重视程度则不够。表现突出的有招商证券股份有限公司（股票代码为600999），公司建立了相对完善的内部控制体系，不仅对于内部的量化指标进行监测、审计，同时对于公司的创新产品、服务等内容进行管理，还设置了客户的反馈、投诉服务体系，有效地提供了更合理保护产权的渠道。

4. **消费者责任**

本行业上市公司在“消费者问题”这个维度上的得分最高，主要原因是企业在其发布的社会责任报告中重点放在“公平规范的市场营销”“消费者信息保护与隐私”“可持续消费”以及“教育和意识”等内容。企业在这一维度上，十分重视产品的市场合理性营销、消费者保护以及可持续消费，原因是金融行业主要注重的就是提供金融服务。尤其是在“可持续消费”方面，其中表现突出的是中国平安保险有限公司推行了可持续金融体制，采用互联网手段和新科学技术，让服务更加便捷、低碳。在2014年开展互联网金融战略，开发了深入资本市场、积分市场、房地产市场、汽车交易市场4个领域，为超过1亿的互联网用户提供服务。

5. **环境责任**

在这个维度上，该行业上市公司普遍重视“减少并适应气候变化”和“资源的可持续利用”这两个问题，即节能减排，该行业上市公司大多实行削减温室气体的排放、低碳交通、低碳办公。还有些公司提及“环境保护与自然环境的恢复”，如中国农业银行（股票代码为601288），助力电厂绿色转型，为电厂独家授信13亿元，扶持电厂资源利用技术改造及可循环工程。

6. **社区责任**

该行业上市公司在“社会投资”即慈善方面投入明显，以及在自愿承担责任当中，设立公益基金等参与度广泛的项目。“社区责任”和公众“健康”也是本行业企业很重视的一方面。在“就业创造和技能开发”方面，本行业的企业做得相对较少，关注度也不太高，在此部分做得较好的企业有中国工商银行（股票代码为601398），连续3年支持法律援助事业和“木棉花”计划，为贫困地区的人们提供帮助，扩大自身发展的空间。

第四节 年报中的企业社会责任

在金融业45家挂牌交易的公司中，有2家企业虽未单独发布企业社会责任报告，但是这两家企业在年报中也提到了所履行的社会责任情况，仅占比4.4%。行业内所有企业均发布了企业社会责任情况，金融业的2家披露社会责任情况的公司基本信息见表25－3。

表25－3 金融业企业基本信息表

单位：百万元

序号	股票代码	公司名称	净利润	营业收入
1	601166	兴业银行	47530.00	124898.00
2	000712	锦龙股份	468.88	1136.47

在未发布企业社会责任报告，但在年报中涉及企业社会责任情况的15家企业中，C类企业有1家，D类企业有0家，E类企业有1家，见表25－4。

表25－4 金融业部分企业CSR评级

股票代码	公司名称	评级结果	股票代码	公司名称	评级结果
601166	兴业银行	C	000712	锦龙股份	E

第五节 典型案例

中国建设银行始终砥砺奋进、近虑远谋、锐意改革、创新发展，成为一家位居全球银行业前列的大型综合性商业银行集团。上海证券交易所上市交易股票代码：601939。2014年，建设银行紧密配合国家政策，进一步增强服务国家建设能力、防范金融风险能力和参与国际竞争能力，着力支持国家重点建设和国计民生重点领域，在促进经济、环境和社会可持续发展方面体现了大型银行的责任担当。

积极支持国家经济转型，发挥自身优势，拓展普惠金融，提升服务水平，延伸服务渠道，挖掘潜力，降低企业的融资成本，不断创新，提升银行的价值创造能力。截至2014年末，该行资产总额达到16.74万亿元，净利润达到2282.47亿元，实现了规模、质量和效益的协调发展。发布的CSR报告篇幅为53页，内容丰富，结构清晰，可读性较强；公司社会责任评级为A。建设银行具体表现如下：

在“员工责任”方面的主要表现有：①公司在招聘、使用、培训、选拔、薪酬待遇、晋升等方面均无对性别、年龄、民族、种族、宗教信仰、身体状况等的歧视政策。中国建设银行CSR报告涉及该方面的内容和具体措施相对较少，因此公司有必要加强对员工“歧视和弱势群体”方面的重视。②严格遵守国家相关劳动法规，倡导平等和发展的用工政策，形成了一系列完善的管理制度。公司所有员工均按照国家和地方有关法律法规与公司签订劳动合同。公司认真遵守国家有关企业职工休假规定，并结合国家和地方法律法规为全体员工办理了医疗、养老、失业、工伤、生育等社会保险及公积金。公司严格遵守《劳动法》等各项法律法规，高度尊重员工的人权及其他权益，确保员工在自愿基础上参加工作或劳动，禁止以暴力、威胁或非法限制人身自由的手段强迫劳动。各级支行建立了员工代表大会，广大员工通过代表大会参与经营。③在国家规定的法定薪酬之外，建行依法为员工缴纳基本养老、基本医疗、失业、工伤、生育等基本社会保险，并建立住房公积金以及企业年金、补充医疗保险等员工福利制度。各级分支机构根据地方政府要求并结合自身情况，建立了独生子女补贴、托儿补贴等员工福利制度。④启动全员健身计划，研制开发“网点员工健身操”。针对网点员工环境封闭、工时长、任务重、场地限制的特性，以及久坐、伏案，颈椎、腰椎疾病困扰等突出问题，公司同国家体育总局，为近20万网点员工研制开发“中国建设银行网点员工健身操”。同时启动全员健身计划，以健身运动带动绿色出行，为低碳环保做出贡献。帮扶困难员工。在全行范围内开展送温暖和对特困人员救助活动，各级工会走访慰问困难员工、劳动模范等36544人次；互助资金发放救助款3884万元，救助特困员工15500人次。⑤引入和利用国际先进的心理学工具，从员工心理疏导和人文关怀入手，促进员工自我认知和心理资本提升，在提升员工满意度的基础上激发员工职业潜能与职业活力，营造员工成长与企业发展和谐共赢的企业文化氛围。

在“市场责任”这个维度上，表现如下：①2014年，印发《中国建设银行建立健全惩治和预防腐败体系2014－2017年工作实施意见》，确立了坚持不懈抓好作风建设、坚决有力惩治腐败和科学有效预防腐败3个工作重点，列出了100项具体措施，将惩防体系建设有机融入银行经营管理，建立由业务部门、风险和内控、审计与监察等部门组成的立体防控体系。②高度重视自有知识产权申请和保护工作，制定了《中国建设银行知识产权管理办法（试行）》等规章制度，积极采取知识产权手段保护全行创新成果。2014年，新增商标注册申请113件，新增注册商标112件；新增专利申请196件，新增专利26件；新增计算机软件著作权97件。截至2014年年末，建行共有商标1226件，专利445件，计算机软件著作权453件。③2014年，建行发布了加强供应商管理及内部控制的各项规章制度。a. 针对上百种产品供应市场开展了调研工作，对多家供应商进行生产环境、财务状况、依法纳税、用工保障、环境保护等方面的实地考察调研，从源头防范供应风险；b. 加强对供应商的监测力度，开展对供应商经营状况和服务质量的排查活动；c. 加强供应商不良行为处罚力度，约谈供应商14家，对5家供应商作出禁用或退出处理；d. 积极探索和推进供应商资质等级评估工作，在金融行业中率先开发供应商评级软件，提高供应商管理工作的科学性和针对性。

在“消费者责任”这个维度上，表现如下：①深入贯彻普惠金融的理念，拓展社会保障、医疗卫生、公共交通、社区金融和文化教育基础民生领域行业应用。推出异形卡、芯支付、移动支付等创新产品，产品功能不断完善。针对务工群体，推出专属借记卡产品“惠福龙卡”，给予专属优惠套餐，提升农村金融服务水平；加强县域金融服务，推出“福农通”综合金融服务方案；针对农村地区不同客户群体特征，提供差异化、全方位金融服务。②制定了《消费者权益保护工作指引（试行）》，健全了消费者权益保护工作管理体系。将消费者权益保护嵌入各业务领域和相关流程，从消费者权益保护角度，对个人贷款、信用卡、电子银行等合同文本进行审核修订。持续加强客户投诉监督管理，及时受理和处理客户因对投诉处理不满而进行的申诉。在保护客户隐私方面，要求员工严格保护客户隐私，要求各合作公司严格做好客户信息保护工作，不得泄露给其他销售渠道及任何第三方，并进行严格监督。③持续开展消费者权益保护宣传教育。“3·15”前后，建行以消费者维权为核心内容，在全行范围内部署实施消费者权益保护活动。2014 年 9 月，以青少年群体为重点，开展了金融知识进学校、进社区、进军营等系列活动。开发制作消费者权益保护工作专题培训课程，举办全行消费者权益保护工作培训班，提高员工对消费者权益保护的知识水平和工作技能。

在“环境责任”维度上，表现如下：①建行在日常经营管理过程中，通过尽量减少人员出差、提倡以视频会议代替现场会议、推行无纸化办公、控制办公区域室内温度、在办公场所使用节能节水设备等方式，降低能源消耗、减少碳排放。2014 年，总行本部开始逐步将节能灯更换为 LED 灯，降低办公大楼电量消耗。此外，建行积极倡导员工节约能源，绿色出行，低碳生活。②致力于将发展电子银行业务和保护环境相结合，加大电子银行渠道建设，不断丰富电子银行产品和服务，降低客户成本，节约社会资源，减少对环境的负面影响。③为保护环境，治理雾霾，建行积极行动起来，开展了多项环保公益活动。④2014 年，建行突出加大对绿色环保、节能减排项目的信贷支持力度，严控高耗能、高污染、产能过剩行业的信贷投放。将生态保护、环境治理、污水处理等环保产业，传统产业转型升级以及绿色环保等领域，作为建行信贷投放重点，对具备商业可持续性、市场前景良好、符合循环经济和绿色经济要求的客户和项目给予支持。加大对绿色信贷相关行业的审批研究，制定了涵盖钢铁、水泥等高耗能、高污染和产能过剩行业的审批指引，印发了垃圾焚烧发电、现代煤化工、自来水的生产和供应、污水处理及其再生利用、光伏产业、光伏发电、新能源汽车零部件、水利项目、现代农业机械、新农村贷款等与环保相关的行业的审批指引，为绿色信贷提供决策支持。

在“社区责任”维度上表现也比较好，主要举措有，①“社会捐赠”：2014 年 8 月 8 日，建行及员工个人向云南鲁甸地震灾区捐款 566.27 万元，用于支持灾区人民抗震救灾、重建家园。昭通市分行 9 名员工代表组成了建行赈灾小组，冒雨将满满一卡车赈灾物资送到地震灾区，帮助灾区群众共渡难关。建行是当地金融系统中首家到鲁甸地震灾区现场捐赠救灾物资的单位，受到当地政府和群众的广泛好评。②“教育与文化”：2014 年 12 月、2015 年 1 月，建行先后两次捐款资助内蒙古、四川、新疆、云南、甘肃等省、区的 79 名建行希望小学教师参加教学管理及英语培训班。早在 1996 年，建行就设立了“中国建设银行爱心基金”，通过全行 30 万员工自愿捐款筹集资金 3256 万元，每年支出固定利息用于在贫困地区援建“建行希望小学”，目前已建成并投入使用44所。建行对希望小学的投入，经历了从硬件配备到软件提升，从关心教室、操场、读书室的配备到关注教师能力提升的持续转变，社会效果逐年提升。③“健康”：2014年12月2日，由建行捐赠700万元购置的45辆“母亲健康快车”在北京发车。为了让更多人关注“母亲健康快车”项目、汇聚群力加入到公益实践行列，建行创新公益活动形式，邀请员工、客户及广大网友通过手机微信扫码关注“母亲健康快车”项目，并送上自己的祝福，得到了网友们的积极响应。据统计，建行累计捐款2200万元，购置146辆母亲健康快车，在新疆、西藏、甘肃、青海、云南、广西、贵州、内蒙古、河北、辽宁等10个省、区贫困乡县投入使用，为当地妇女的健康检查、疾病救治、孕产妇卫生保健提供服务，被当地群众称为“救命车”。④“社区参与”：2014年8月，建行首次承办“支援新疆青少年融情夏令营”活动。活动为期8天，共有50名平均年龄11岁的小学生参加。通过安排小营员参观中国抗日战争纪念馆、故宫、长城，走进高等学府，观看天安门升旗仪式，参观中国科技馆、中国国家博物馆，聆听《青少年金融常识小课堂》等特色活动，将爱国教育、参观、联谊有机融合，搭建了青少年互动交流、友谊长存的桥梁。⑤“财富与收入创造”：早在1988年，建行就响应国家号召，开始对陕西安康实施定点扶贫计划，至今已持续26年，先后11届派出67名优秀员工驻点扶贫，为18个项目发放扶贫贷款6.8亿元，解决了当地4000余人的就业问题。

总体而言，中国建设银行在社会责任方面关注范围较广，投入深度较大，尤其是在“消费者责任”“市场”和“社区责任”3个维度上相对本行业其他企业表现突出。

第二十六章 房地产业

第一节 公司基本信息

2013 年房地产业有 139 家公司挂牌交易，其中有 42 家上市公司发布社会责任报告，占该行业全部企业的比重为 30.22%。2014 年房地产业有 136 家公司挂牌交易，其中有 42 家上市公司发布社会责任报告，占该行业全部企业的比重为 30.88%，基本信息见表 26－1。

表 26－1 房地产业企业基本信息

序号	股票代码	企业名称	发布报告（年）	净利润（百万元）		营业收入（百万元）	
				2013	2014	2013	2014
1	000002	深万科	2013、2014	15118.5494	19287.52	135418.7911	146388
2	000006	深振业 A	2013、2014	696.0858	512.4536	4610.855	2328.73
3	000024	招商地产	2013、2014	4202.1521	5509.85	32567.8139	43385.06
4	000031	中粮地产	2013、2014	534.5701	902.8082	10178.6401	9040.833
5	000046	泛海控股	2013、2014	1181.2081	1664.269	5937.5069	7615.853
6	000402	金融街	2013、2014	2891.5173	3112.538	19882.572	22035.89
7	000517	荣安地产	2013、2014	454.5128	300.1284	4641.8477	3433.732
8	000540	中天城投	2013、2014	1081.2528	1602.308	7576.2605	11390.91
9	000671	阳光城	2013、2014	651.6851	1281.79	7444.185	13894.13
10	000718	苏宁环球	2013、2014	487.2228	762.5977	6720.5645	5456.602
11	000732	泰禾集团	2013、2014	728.3584	712.3111	6128.4996	8372.326
12	000797	中国武夷	2013、2014	104.115	98.72141	2385.9342	2123.686

续 表

序号	股票代码	企业名称	发布报告（年）	净利润（百万元）		营业收入（百万元）	
				2013	2014	2013	2014
13	000981	银亿股份	2013、2014	635.9376	602.473	4604.8694	6313.64
14	002146	荣盛发展	2013	2906.3636	3455.481	19170.7754	23118.97
15	002244	滨江集团	2013、2014	1410.1245	806.0075	10381.9164	11758.57
16	600048	保利地产	2013、2014	10747.1616	14231.36	92355.5242	109056.5
17	600052	浙江广厦	2013、2014	55.773	215.94	1920.8296	1759.152
18	600064	南京高科	2013、2014	430.4697	639.1682	3502.0069	3285.599
19	600067	冠城大通	2013、2014	1277.7753	907.4513	8225.4803	7564.207
20	600094	大名城	2013、2014	255.4509	588.2884	2939.8932	5379.903
21	600158	中体产业	2013、2014	136.3119	108.0585	984.9675	1151.641
22	600173	卧龙地产	2013、2014	65.4043	254.0924	1017.1703	1943.478
23	600208	新湖中宝	2013、2014	983.1375	1146.004	9209.0404	11038.34
24	600223	鲁商置业	2013、2014	264.0264	244.0301	5293.0366	5681.863
25	600246	万通地产	2013、2014	380.6727	97.64906	3299.2512	1911.576
26	600266	北京城建	2013、2014	1284.3748	1499.542	7692.2255	10011.05
27	600322	天房发展	2013、2014	143.7044	307.5071	1749.4366	3181.037
28	600325	华发股份	2013、2014	538.3377	628.761	7017.1255	7104.302
29	600376	首开股份	2013、2014	1288.8387	1981.658	13501.3397	20850.5
30	600383	金地集团	2013、2014	3608.835	4963.989	34835.8413	45636.38
31	600503	华丽家族	2013、2014	22.7315	19.81538	721.3798	411.9628
32	600510	黑牡丹	2013、2014	392.3452	319.0759	4557.0561	5274.653
33	600533	栖霞建设	2013	172.4151	12.39789	2157.2774	2848.613
34	600604	市北高新	2014		12.56834		123.2421
35	600639	浦东金桥	2013、2014	427.2845	518.0271	1428.6565	1914.251
36	600649	城投控股	2013、2014	1378.6454	1991.302	3516.5979	4930.738
37	600657	信达地产	2013、2014	703.8992	761.0899	4479.5065	4850.494
38	600658	电子城	2013、2014	498.2427	485.0324	1469.9775	1381.632
39	600663	陆家嘴	2014		1747.623		5116.899
40	600736	苏州高新	2013、2014	230.0097	220.2676	3393.2436	3574.586

续 表

序号	股票代码	企业名称	发布报告（年）	净利润（百万元）		营业收入（百万元）	
				2013	2014	2013	2014
41	600743	华远地产	2013、2014	656.0728	673.903	4729.3933	6759.836
42	600748	上实发展	2013、2014	435.0408	918.6509	3904.6201	3803.102
43	601588	北辰实业	2013、2014	664.535	587.1903	5504.9908	6233.623
44	900950	新城B股	2013、2014	1609.471	1203.501	16583.969	17100.23

第二节 企业社会责任评级

2013年、2014年分别对房地产业发布CSR报告的企业进行社会责任评级，并通过聚类分析将企业履行社会责任划分为“A”“B”“C”三级。房地产业发布CSR报告的企业CSR评级具体见下表26-2。

表26-2 房地产业企业CSR评级

序号	股票代码	企业名称	CSR评级		序号	股票代码	企业名称	CSR评级	
			2013	2014				2013	2014
1	000002	深万科	A	A	23	600208	新湖中宝	C	C
2	000006	深振业A	B	B	24	600223	鲁商置业	C	B
3	000024	招商地产	A	A	25	600246	万通地产	C	C
4	000031	中粮地产	B	B	26	600266	北京城建	B	B
5	000046	泛海控股	B	B	27	600322	天房发展	C	B
6	000402	金融街	B	B	28	600325	华发股份	C	C
7	000517	荣安地产	B	B	29	600376	首开股份	B	B
8	000540	中天城投	C	B	30	600383	金地集团	C	C
9	000671	阳光城	B	B	31	600503	华丽家族	C	C
10	000718	苏宁环球	C	C	32	600510	黑牡丹	C	C
11	000732	泰禾集团	B	B	33	600533	栖霞建设	B	
12	000797	中国武夷	A	A	34	600604	市北高新		B
13	000981	银亿股份	C	B	35	600639	浦东金桥	A	A

续 表

序号	股票代码	企业名称	CSR 评级		序号	股票代码	企业名称	CSR 评级	
			2013	2014				2013	2014
14	002146	荣盛发展	A		36	600649	城投控股	B	B
15	002244	滨江集团	B	B	37	600657	信达地产	A	A
16	600048	保利地产	B	B	38	600658	电子城	C	C
17	600052	浙江广厦	C	C	39	600663	陆家嘴		A
18	600064	南京高科	B	B	40	600736	苏州高新	B	B
19	600067	冠城大通	B	B	41	600743	华远地产	B	B
20	600094	大名城	B	B	42	600748	上实发展	B	B
21	600158	中体产业	C	C	43	601588	北辰实业	B	B
22	600173	卧龙地产	B	B	44	900950	新城 B 股	A	A

2013 年 42 家企业的企业规模（营业收入）范围是 7.21 亿至 1354.19 亿元，并主要集中在 90 亿元以下。90 亿元以下的企业数量有 31 家，占比为 73.81%，其中 CSR 评级为“A”“B”“C”的分别有 3、16、12 家。企业规模在 90 亿元以上的企业共 11 家，CSR 评级为“A”“B”“C”的分别有 4、5、2 家。42 家企业的规模与 CSR 评级分布情况如图 26－1 所示。

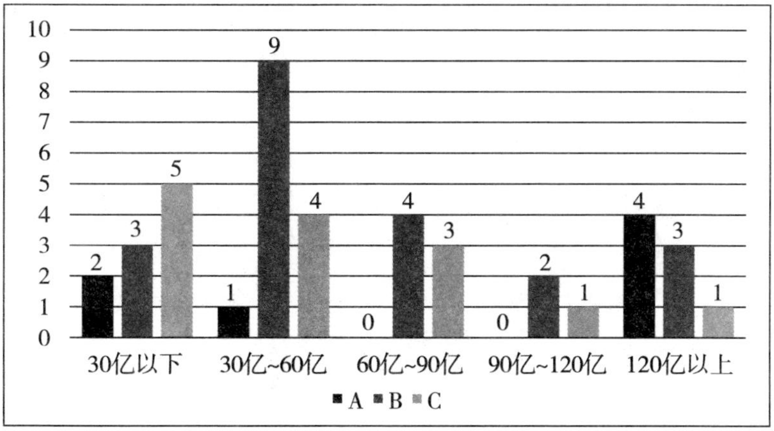

图 26－1 2013 年房地产业企业规模与 CSR 评级分布（单位：家、元）

2014 年 42 家企业的企业规模（营业收入）范围是 1.23 亿至 1463.88 亿元，并主要集中在 90 亿元以下。90 亿元以下的企业数量有 29 家，占比为 69.05%，其中 CSR 评级为“A”“B”“C”的分别有 4、17、8 家。企业规模在 90 亿元以上的企业共 13 家，CSR 评级为“A”“B”“C”的分别有 3、8、2 家。42 家企业的规模与 CSR 评级分布情况如图 26－2 所示。

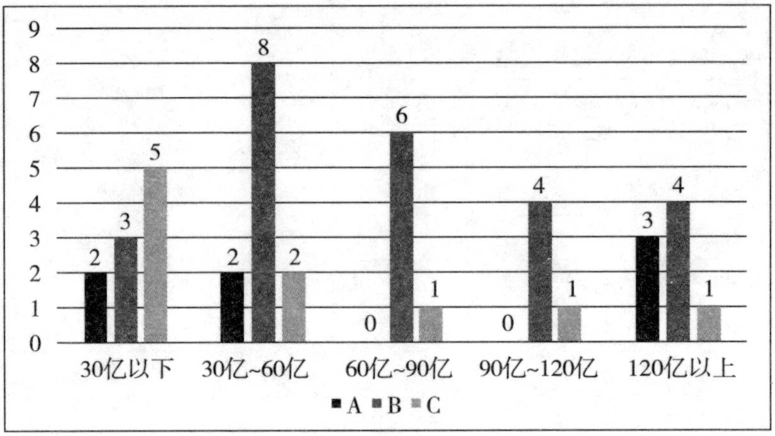

图 26－2　2014 年房地产业企业规模与 CSR 评级分布（单位：家、元）

2013 年 42 家企业净利润率范围是 2.90% 至 39.2%，并主要集中于 15% 以下。净利润率在 0 至 15% 的企业共 33 家，占比达 78.57%，其中 CSR 评级为“A”“B”“C”的分别有 4、16、13 家。净利润率在 15% 以上的企业，CSR 评级为“A”“B”“C”的分别有 3、5、1 家。42 家企业的净利润率与 CSR 评级分布情况如图 26－3 所示。

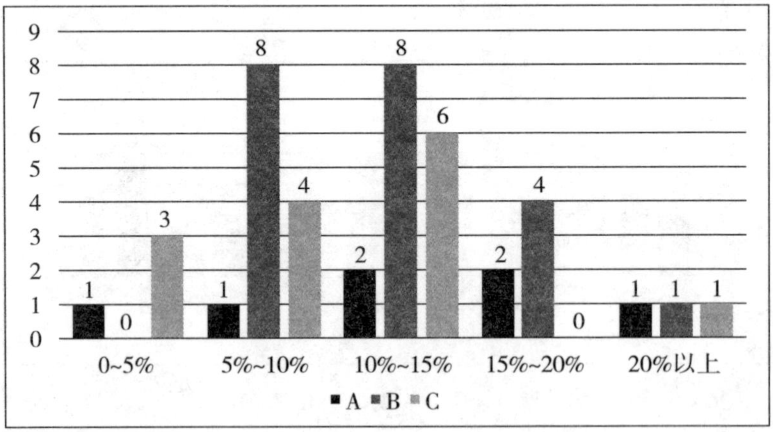

图 26－3　2013 年房地产业企业净利润率与 CSR 评级分布（单位：家）

2014 年 42 家企业净利润率范围是 4.29% 至 40.39%，半数以上集中于

15%以下。净利润率在0至15%的企业共33家，占比达78.57%，其中CSR评级为“A”“B”“C”的分别有4、20、9家。净利润率在15%以上的企业，CSR评级为“A”“B”“C”的分别有3、5、1家。42家企业的净利润率与CSR评级分布情况如图26-4所示。

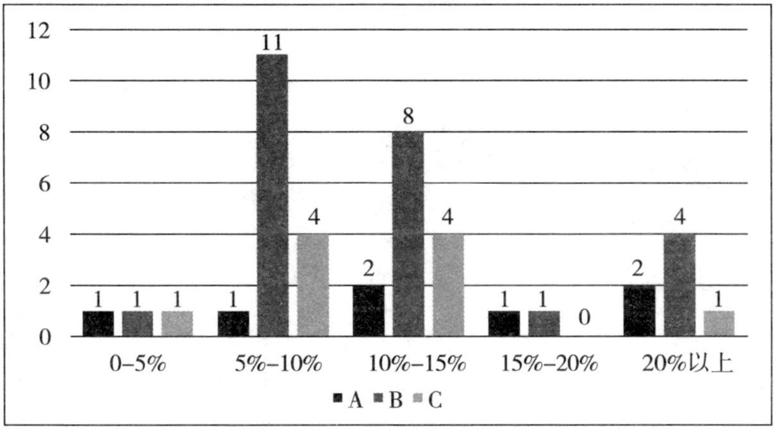

图26-4 2014年房地产业企业净利润率与CSR评级分布（单位：家）

第三节 企业社会责任各维度特征

2013年和2014年的房地产业上市公司在“员工责任”方面的均值最高，“消费者责任”和“市场责任”方面均值较低。具体分析如下：

1. 社会责任治理

本行业上市公司几乎都严格按照有关法律法规等相关要求发布《企业社会责任报告》或在年报中提及企业社会责任情况。本行业在组织治理方面的评价普遍较高，大多发布了社会责任承诺与战略，通过相应机构和领导层的制度与程序来加强执行和推展，但很少提及社会责任培训与员工激励、社会责任文化和环境的营造与培训。例如，万科企业股份有限公司（股票代码为000002）认为利益相关方的信任和支持是万科持续健康发展的基础，并建立了多元化的利益相关方对话机制；深圳市振业（集团）股份有限公司（股票代码为000006）制定了六大责任理念作为社会责任目标体系和下一年社会责任规划；招商局地产控股股份有限公司（股票代码为

0000024）和保利房地产集团股份有限公司（股票代码为600048）通过战略委员会制定相关战略与方针，公司办工会制订具体行动方案，设置社会责任职能部门，协调社会责任工作开展，并落实工作的开展；中国泛海控股集团有限公司（股票代码为000046）、荣安地产股份有限公司（股票代码为000517）等发布了企业社会责任理念。

2. **员工责任**

荣盛房地产发展股份有限公司（股票代码为002146）在这一问题上做得较好，突出表现为：①男女比例：荣盛发展男性员工共计5685人，占员工总数的57.54%，女性员工4195人，占员工总数的42.45%；②民族比例：荣盛发展少数民族员工316人，占比3.2%

3. **市场责任**

相对而言，该行业上市公司在“在价值链中促进社会责任”方面做得较好，主要表现为对供应商的管理；对“反腐败”的重视程度则相对不够。部分公司建立了内部相关制度和规定，用以约束员工行为，但具体执行情况和执行力度只有极少数公司在其社会责任报告中进行披露。

表现突出的有深圳市振业（集团）股份有限公司，公司按照《振业集团廉政建设工作体系》积极开展廉政宣传教育，努力培育廉洁文化。2014年初，公司组织61名总监以上领导干部签署了年度《廉洁自律承诺书》，并组织开展了述职述廉和民主评议干部活动。在年度民主评议党员活动中组织全体党员、干部对照《党章》、“七不准”等文件开展批评和自我批评，提出整改措施，有效地增强了党员、干部的廉洁自律意识。公司在与合作单位签订业务合同的同时签订廉政协议，以合同的形式对合作双方的廉洁自律责任进行明确规范，全年公司共签订和落实《廉政协议》172份，开展合作商廉政约谈191次，涉及合同金额28亿元，并组织开展了廉洁合作双向评价、召开合作商廉洁合作座谈会等，进一步巩固了良好的外部合作环境。

4. **消费者责任**

该行业上市公司在“消费者责任”这个维度上的得分相对较低，关注得不完整。企业关注的重点普遍集中于“消费者服务、支持和投诉及争议处理”，具体表现为努力改善服务以及产品质量。

5. **环境责任**

在这个维度上，本行业企业普遍重视“污染预防”和“资源可持续利用”这两个问题，即节能减排。部分企业在“减缓并适应气候变化”方面也有所贡献，体现为降低温室气体的排放。只有极少数公司提及“环境保护与自然环境的恢复”，以上海大名城企业股份有限公司（股票代码为600094）为例：公司重视原有植被、地貌的保护工作。对原有可利用的植被进行移栽后再使用，并在开发的项目中有意识地提高了绿化率，为业主创造了一个生态宜居型住宅。名城银河湾绿化率大于38%。

6. **社区责任**

企业在“社会投资”即慈善方面相对“社区责任”的其他方面投入较大，具体行动包括扶贫、助学、救灾等。“社区参与”和公众“健康”则容易被企业忽略。在此部分做得较好的企业有中国武夷实业股份有限公司（股票代码为000797），公司累计对诏安县后埔村和建宁县大元村投入扶贫资金73万元，完成3个自然村的村容整治；2013年，中国武夷肯尼亚A104公路工程项目部为项目所在地4所学校捐赠各类学习用品、教学用具和学生桌椅等共12934件，价值达150万肯先令；公司还大力推进雇员本土化，为当地人尤其是普通老百姓解决就业难题。工程高峰时期，雇用当地员工总数超过3000人；近几年平均每年为肯尼亚医疗、教育等领域捐助15万美元以上；下属项目公司也积极做好驻地各项慈善事务，如向当地小学、中学捐助，向行政村捐赠拆迁补助，向当地社区捐助。

第四节 年报中的企业社会责任

在房地产业136家挂牌交易的公司中，有41家企业虽未单独发布企业社会责任报告，但是以下企业在年报中也提到了所履行的社会责任情况，占比为30.1%。还有18家企业未发布报告也未在年报中体现企业社会责任情况，占比为13.2%。房地产业的41家披露社会责任情况的公司基本信息见表26－3。

表 26－3　房地产业企业基本信息表

单位：百万元

序号	股票代码	公司名称	净利润	营业收入
1	000011	深物业	417.50	1268.45
2	000029	深深房	298.06	2132.31
3	000502	绿景控股	3.76	61.16
4	000505	珠江控股	－180.76	238.90
5	000506	中润资源	14.48	722.57
6	000534	万泽股份	41.28	526.64
7	000558	莱茵置业	127.50	3717.36
8	000567	海德股份	4.96	14.72
9	000616	亿城投资	204.36	2000.63
10	000620	新华联	403.30	3501.02
11	000656	金科股份	863.04	17323.51
12	000668	荣丰控股	－46.79	10.82
13	000736	中房地产	67.27	708.46
14	000882	华联股份	65.34	1499.73
15	000886	海南高速	50.45	299.65
16	000897	津滨发展	196.86	1819.47
17	000918	嘉凯城	－74.25	8448.84
18	000926	福星股份	714.24	6686.44
19	002077	大港股份	23.19	1537.69
20	002113	天润控股	0.64	16.79
21	002133	广宇集团	150.10	1683.49
22	002305	南国置业	490.55	2647.23
23	600007	中国国贸	537.10	2234.27
24	600053	中江地产	75.55	803.22
25	600077	宋都股份	54.56	2323.03
26	600159	大龙地产	133.69	1217.45
27	600225	天津松江	44.26	2547.67
28	600239	云南城投	496.47	3947.47

续　表

序号	股票代码	公司名称	净利润	营业收入
29	600238	海南椰岛	42.41	491.56
30	600340	华夏幸福	3801.41	26885.55
31	600393	东华实业	57.65	891.30
32	600555	九龙山	39.69	30.90
33	600621	华鑫股份	152.21	597.39
34	600622	嘉宝集团	399.66	1637.37
35	600675	中华企业	-440.94	4415.23
36	600683	京投银泰	192.98	3486.17
37	600684	珠江实业	267.10	2130.35
38	600732	上海新梅	-35.55	163.47
39	600773	西藏城投	49.69	1049.19
40	600807	天业股份	81.80	846.43
41	900957	凌云 B 股	6.16	18.31

在未发布企业社会责任报告，但在年报中涉及企业社会责任情况的 41 家企业中，C 类企业有 1 家，D 类企业有 11 家，E 类企业有 29 家，见表 26-4 和如图 26-5 所示。

表 26-4　房地产业企业 CSR 评级

股票代码	公司名称	评级结果	股票代码	公司名称	评级结果
000011	深物业	D	002305	南国置业	E
000029	深深房	E	600007	中国国贸	D
000502	绿景控股	E	600053	中江地产	D
000505	珠江控股	E	600077	宋都股份	E
000506	中润资源	E	600159	大龙地产	E
000534	万泽股份	E	600225	天津松江	E
000558	莱茵置业	E	600239	云南城投	D
000567	海德股份	E	600238	海南椰岛	E
000616	亿城投资	E	600340	华夏幸福	D

续 表

股票代码	公司名称	评级结果	股票代码	公司名称	评级结果
000620	新华联	D	600393	东华实业	D
000656	金科股份	E	600555	九龙山	E
000668	荣丰控股	E	600621	华鑫股份	E
000736	中房地产	E	600622	嘉宝集团	E
000882	华联股份	C	600675	中华企业	E
000886	海南高速	D	600683	京投银泰	D
000897	津滨发展	E	600684	珠江实业	D
000918	嘉凯城	E	600732	上海新梅	E
000926	福星股份	D	600773	西藏城投	E
002077	大港股份	E	600807	天业股份	E
002113	天润控股	E	900957	凌云 B 股	E
002133	广宇集团	E			

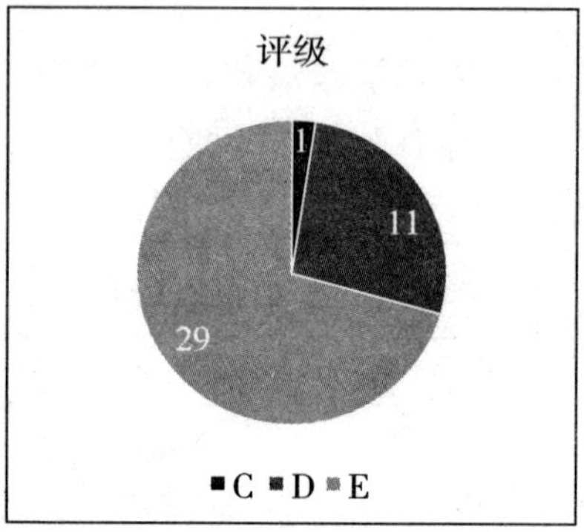

图 26－5　房地产业企业 CSR 评级分布

第五节　典型案例

江苏新城地产股份有限公司创立于 20 世纪 90 年代初，是以房地产开发与经营为主营业务的上市公司，总部位于上海，股票简称：新城 B 股，股票代码：900950。公司具有房地产开发企业一级资质。

2013 年，江苏新城地产营业收入达 165.84 亿元，净利润为 16.09 亿元；发布的 CSR 报告篇幅为 43 页，内容丰富，结构清晰，可读性较强；公司社会责任评级为 A。江苏新城地产具体表现如下：

在“员工责任”维度上的主要表现有：①公司在招聘、使用、培训、选拔、薪酬待遇、晋升等方面均无对性别、年龄、民族、种族、宗教信仰、身体状况等的歧视政策。②新城地产严格遵守国家相关劳动法规，倡导平等和发展的用工政策，形成了一系列完善的管理制度。公司所有员工均按照国家和地方有关法律法规与公司签订劳动合同。公司认真遵照国家有关企业职工休假规定，并结合国家和地方法律法规为全体员工办理了医疗、养老、失业、工伤、生育等社会保险及公积金。公司严格遵守《劳动法》等各项法律法规，高度尊重员工的人权及其他权益，确保员工在自愿基础上参加工作或劳动，禁止以暴力、威胁或非法限制人身自由的手段强迫劳动。另外，工会于 2013 年 7 月完成换届选举，年内两次召开员工代表大会，倾听广大员工的声音，提交改善提案，保障了员工的权益。③在国家规定的法定薪酬之外，新城给予员工实实在在的福利，让员工切实感受到来自公司的物质与精神的双重关怀。向全体员工提供春节、端午和中秋三节的节日津贴、午餐补贴；向特定员工提供通信补贴、车辆补贴；面向特定员工，发放结婚、生子贺仪、住院慰问金；为物业的保安、保洁、绿化人员发放高温补贴。为进一步增强公司凝聚力，拓宽员工优惠享受对象的范围，新城制定了《员工购房优惠管理办法》，规范员工购房制度具体操作的实施流程。员工根据自身在公司的工作年限享受相应的购房优惠额度。2013 年公司还为每位员工提供 2000 元的经费，用于日常团队建设。各单位可运用这笔经费，自行组织丰富多彩的文体活动，营造轻松和谐的工作氛围。④公司定期组织各类健康与安全培训，针对现场工程人员，加大安全培训力度，要求严格遵守工地安全管理规范，人人树立施工安全意识。公司一直重视职业病的预防和控制。通过建立工程质量安全管理规范、安全操作规程、事故应急预案等措施，避免职业病的发生，确保员工的身体健康。每年 3 ~4 月公司组织全员体检，并聘请资深医师进行健康专题讲座、体检报告解读，帮助员工了解个人健康状况。报告期内，公司组织 1348 人（含物业）参加体检，总费用为 44.32 万元。⑤报告期内，新城持续推进新员工带教和内训师队伍建设，新增获 TTT 资格认证的内部讲师 23 名，先后开展近 150 场内部分享、讨论及培训，人均培训超过 30 小时。对新入职的新锐大学生实施周期为一年的深度带教，并对社会招聘的新员工也实施带教制。在带教人员的言传身教下，新员工快速融入公司，在内部形成了良性循环。新城初步搭建完成公司内部的价值链课程体系，涵盖工程、技术、营销、采购、财务、人力资源等20多门专业课程，形成了良好的内部学习分享氛围。

在“市场责任”这个维度上，表现如下：①新城发布《员工职务禁止行为列表》，明确公司倡导的员工职务行为规范的核心是“忠于职守、廉洁自律、维护公司利益、对社会负责”，公司反对和禁止的员工职务行为是“一切利用职务之便牟取私利的行为”；②2013年公司纳税18.11亿元，较2012年增长12%。积极纳税的行为体现了公司诚信守法经营的精神，较好地实现了“公平竞争”；③加强供应商引入的监督、检查管理力度，从源头控制，确保招投标过程的公平、公开，吸收和引入优质供应商，淘汰不合格供应商。

在“消费者责任”上，新城集团在消费者“服务”“健康”以及“公平规范的市场营销”方面，新城的表现较为突出的有：①在4008服务热线的基础上，首创了全国房地产业微信服务平台。据权威调研机构盖洛普数据显示，公司2013年客户满意度得分81分，高于行业均值16分；②2013年，新城产品的标准化率>90%。在标准化工艺的基础上，新城地产不断追求技术的完善、优化和创新，对公司标准化产品的居住空间、户型、套型等方面提出完善性意见；③让客户认同新城的产品，提供超越客户期望的产品信息服务。新城坚持在售前、售中、售后，乃至交付后持续提供产品的详细信息，以诚信和体贴来赢得客户的认同与尊重。

（1）购房时：“阳光宣言”“红线内外不利因素”提示，让客户明明白白消费。

（2）购房后：定期在销售现场公布房屋施工进度照片，让客户了解每一天的变化。

（3）交付前：“工地开放日”活动，让客户亲临施工现场，提前感受并检验产品，及时为客户在交付前做最后的调整。

在“环境责任”上表现非常突出，①新城近年来扩大精装修房的开发比例，减少业主二次开发过程对建筑设计的破坏和建筑材料的浪费，也降低了业主的装修成本。2013年，新城地产的精装修房面积为737618平方米；②地源热泵技术：可再生能源利用技术，利用地球表面浅层地热资源作为冷热源，进行能量转换。比传统空调系统运行效率高40%，节能和节省运行费用40%左右；③2013年减少建筑垃圾约11000立方米，减少二氧化碳排放2154.4吨；④地产交付项目平均绿化率逐年上升，2013年达到了40%，景观总面积达498543平方米。

在“社区责任”维度上表现也比较好，举措主要有：①2013年，以“善行新城，授爱无疆”为主题的新城志愿者服务队成立，服务队设一支总队和新城无锡志愿者服务队、新城上海志愿者服务队、新城南京志愿者服务队、新城常州志愿者服务队、新城苏州志愿者5支分队。“新城志愿者服务队”成员来自新城旗下50多个小区的10万个家庭、30万业主和新城内部3000多名员工，以零星、非贵重物品的捐赠为主要形式，组织公募性的公益捐赠。新城地产仅搭建活动平台，不直接接触钱物。这是新城地产利用自身资源与号召力，积聚并弘扬正能量的实效举措。②2013年，新城地产积极参与了新城控股集团开展的“七色光计划——流动图书馆”项目。“七色光计划”旨在为中国弱势群体提供切实的关怀与援助，而“流动图书馆”是该计划首次推出的项目。2013年，“流动图书馆”进入了浏阳和连云港共6个小学，其中捐赠的图书一部分来自沈南鹏、于丹、洪晃等名人及专业的儿童教育机构所推荐的书单，由新城统一采购；另一部分则是新城向业主、员工及社会人士等募集到的。③2013年11月23日，新城组织了“新城爱跑”活动，在新城已经进入的各大城市，数千人同步起跑。其中，上海赛区“新城爱跑·5km迷你马拉松”在浦东世纪公园举行，一支由新城员工、业主、合作伙伴、媒体、马拉松爱好者以及社会各界朋友组成的近千人的马拉松队伍在世纪公园热力开跑，和新城一起践行健康而积极的生活方式。④2013年以“江苏新城地产股份有限公司”名义支出的各项慈善与公益捐助累计达366万元。⑤新城地产提出供应商及管理人员属地化管理的要求，各新进入城市主要供应商要求在当地选择，同时规定公司整个层面每年新供应商引入比例不得低于5%。

总体而言，新城集团在社会责任方面关注范围较广，投入深度较大，尤其是在“员工责任”“环境责任”“社区责任”3个维度上相对本行业其他企业表现突出。